KB202402

도서출판 리원

우징숑吳經熊 저 / 이호선 역

정의의 원천

Leewon Books

Fountain of Justice: A Study in the Natural Law
by John C. H. Wu / Translated by Hosun Lee

정의의 원천

우징슝吳經熊 저 / 이호선 역

도서출판 리원

목차

역자의 말

정의의 원천: 자연법 연구

살면서 누굴, 무엇을 만난다는 것은 가만히 생각하면 모두가 섭리 속의 신비한 은혜의 선물이 아닌가 싶다. 이 놀라운 만남 속에는 책도 포함되는데, 우징숑吳經熊, 1899-1986 박사의 <Fountain of Justice: A Study in the Natural Law>가 그렇다. 이 책은 역자가 대학 4학년 때 무애無碍 서돈각徐燉珏, 1920~2004 교수님의 강의를 들을 때 당신이 번역한 것이라면서 추천하셔서 처음 접하였다.

그런데 솔직히 말하자면 그 때는 제대로 읽지 못하고, 형광펜으로 몇 군데 줄을 그은 것이 전부였다. 그런데 삼십년도 더 지나 우연히 서재에 꽂혀있던 저자의 책을 다시 집어 들고 대학도서관장을 하면서 구한 원전과 대조하면서 읽어가며 저자의 말처럼 '법학이라는 즐거운 빛', '정의의 아름다움에서 흘러나오는 환희'를 맛볼 수 있었다.

독자들 중에는 1950년대에 나온 책이 오늘날에 무슨 의미가 있을까 의구심을 품을 사람도 있을지 모르지만, 법의 정신이란 도자기와 같아서 오래된 것일수록 진가가 드러나는 것이라는 말로 대신하고자 한다. 특히 대륙법계를 취하고 있는 우리의 경우, 영미법의 연원과 배경, 그 원리에 대하여 조망할 기회를 접하기 어려운데, 저자는 이 책 한 권을 통해 그 모든 것을 아주 간결하고도 쉽게 전달해 준다. 우징숑 저자 자신의 지적 천재성과 신실함에 그 비결이 있지 않은가 싶다.

저자가 말하듯이 이 책은 법률가·법학도를 위한 입문서로서의 역할 뿐만 아니라 일반인을 위한 교양서로서도 손색이 없다. 법률 분야에 종사하는 사람들은 커먼로common law로 대변되는 영미법의 역사와 그 무대에 등장하는 판사·법학자들의 통찰력을 통해 법을 '장중莊重'하게 보는 기회를 가질 것이고, 일반인들은 상식common sense이라는 도토리를 통해 법리라는 참나무가 어떻게 커가는지 흥미있게 관찰하면서 서구적 합리적 사고 방식을 배울 수 있을 것이다.

지금 우리 사회에는 법치주의 위기를 경고하는 현상이 빚어지고 있고, 그 정도는 날로 심해지고 있다. 많은 원인이 있겠지만 가장 큰 책임은 형식적 입법, 기계적 사법 해석을 당연히 받아들이는 자잘해진 법률가들에 있다고 하지 않을 수 없다.

예수께서 바리새인들을 향하여 천국문을 가로막고 서서 자기도 들어가지 않고 남들도 들어가지 못하게 한다고 꾸짖으신 것처럼 역자를 포함하여 이 시대의 법률가들은 진정한 법치주의의 문을 가로막고 서서 들어가지 않고, 다른 사람들도 들어가지 못하도록 막고 있지는 않은지 반성할 필요가 있다.

법이 과연 무엇인지, 인간이라면 어떤 분별력을 갖고 살아야 하는지 진지하게 고민하는 사람들에게 이 책은 뿌리 깊은 샘에서 나오는 시원한 생수를 제공할 것이다. 역자로서는 독자들이 얻을 이런 기대만으로도 보람을 느낀다.

이 책이 지금 다시 세상에 나오는 데는 우연으로만 넘길 수 없는 여러 만남과 도움이 있었다. 강의실과 앞선 번역본을 통해 학문적 은혜를 끼쳐 주신 무애 서돈각 교수님을 뵙지 못했다면 나로서는 이 책을 접할 기회도 없었을 것이다. 다소 가독성이 떨어지는 법학 특유의 문장을 출판 과정에서 현대적 감각으로 되살려서 이해를 돕는데 도서출판 리원 이혜건 대표의 빼어난 언어 실력이 큰 도움이 되었다. 지면을 빌어 감사를 표한다.

테레사 수녀Mother Teresa 1910-97가 했다는 말로 지난 2년간 틈틈이 해왔던 작은 수고의 의미를 생각한다.

"우리의 일이 바다에 떨어뜨리는 물 한 방울에 불과할지 모르지만, 그 한 방울이 없다면 바닷물은 그만큼 줄어드는 것이지요."

2024. 8.

낙형재에서

역자 이호선

역자 소개

정의의 원천: 자연법 연구

이호선 李鎬善, Hosun LEE

학력 및 경력

- 現現 국민대학교 법과대학 학장
- 現現 국민대학교 인권센터 소장
- 국민대학교 기획처장·총무처장·도서관장 역임
- 한국헌법학회 부회장(2016)
- 유럽연합대학원(EUI, 피렌체) 방문교수(2013~2014)
- 영국 리즈대학교(Univ. of Leeds) LL.M
- 사법연수원 제21기 수료(1992)
- 제31회 사법시험합격(1989)

저서

- 유럽연합의 법과 제도, 2006, 세창출판사
- 지속가능한 사회를 위한 정의, 2018, 도서출판 리원
- 질문이 답이다, 2010, 청림출판

역서

- 완역, 유럽연합창설조약, 2019, 국민대학교 출판부
- 위선자들(밀로반 질라스 저), 원제: The New Class - An Analysis of the Communist System, 2020, 도서출판 리원

프롤로그

정의의 원천: 자연법 연구

프롤로그: 몇 가지 기본개념들

프롤로그: 몇 가지 기본개념들

이 책은 법철학의 기본적인 문제에 관심을 두고 있는 법률가들뿐만 아니라 특별한 법적 지식을 갖추고 있지 않은 일반 교양인들도 대상으로 삼고 있는 까닭에 책 전체의 골자가 되는 몇 가지 기본 개념과 용어들을 명확히 해 두기 위하여 도입부를 일반론에서부터 시작할 필요가 있다. 예를 들자면 이렇다.

법이란 무엇을 뜻하는가? 법의 종류는 몇 가지인가?

자연법自然法, Natural Law이란 무엇이며,

인법人法, Human Law이란 무엇인가?

법의 본질은 무엇이며 법의 목적은 무엇인가?

영구법永久法, Eternal Law, 자연법, 실정법實定法, Positive Law의 상호 관계는 어떠한가?

신정실정법神定實定法, Divine Positive Law은 무엇이며,

인정실정법人定實定法, Human Positive Law이란 무엇인가?

인법의 연원은 무엇인가?

공동선共同善, Common Good이란 무엇인가?

이론이성Speculative Reason이란 무엇이며,

실천이성Practical Reason이란 무엇인가?

목적론적 법학Teleological Jurisprudence이란 무엇이며,

개념법학Conceptualistic Jurisprudence은 무엇인가?

이런 모든 질문들에 대해 제대로 답을 하려면 그것만 해도 책 한 권이될 것이다. 필자 입장에서는 내 나름의 법철학의 대강을 설명하고 위에서 예시한 질문들을 순서에 따라 간략하게 취급하는 것이 가장 좋은 방법으로 생각된다.

여기서 '내 나름의' 법철학이라고 한 것은 내게 어떠한 특별한 무엇이 있다는 뜻이라기보다는 필자의 법을 보는 관점이 독자들에게 어느 학파를 대변하는 것이라고 인식되는 것이 내키지 않기 때문이다. 성경이나 토마스 아퀴나스Thomas Aquinas의 책에서 인용을 많이 하고 있는 것은 사실이나 세상에는 크리스찬 법학자들과 아퀴나스 사상에 가깝다고 하는 사람들이 많은 만큼 나의 법사상 체계가 기독교적 법학이나 아퀴나스의 법학을 대표한다고 감히 확신을 갖고 주장할 수는 없는 노릇이다.

독자들이 나의 사고에서 비기독교적인 요소를 발견할 수 없다고 하면 그것으로 만족한다. 다른 연구자들이 저마다 칸트파Kantians, 헤겔파Hegelians, 맑스주의자Marxist, 벤담파Benthamites, 플라톤 학파Platonists, 공자파孔子, 다윈파Darwinians, 스피노자파Spinozists 등등이라고 말하기를 주저하지 않는데, 왜 나는 크리스찬 법학자로 불리는 것을 피하고 싶어 하는가? 그건 나로 인해 기독교의 정신이 왜곡되지나 않을까 하는 두려움 때문이다.

이 책의 내용 중에서 자연이성이라기보다는 신앙에서 나오는 것들이 있을 텐데, 이 점에 관하여는 기독교인이 아닌 독자들에게 미리 양해를 구한다. 나는 그저 내 신앙의 양심대로 논리를 전개하고자 하였다. 그러나 이 책에는 크리스찬이건 아니건 모든 독자들이 공감할 수 있는 자연이성으로부터 나온 논리가 충분히 담겨 있다고 자신한다. 한 가지 더 독자들의 너그러움을 구하고자 하는 것은 이 프롤로그가 책의 골격을 이루는 것이어서 어느 정도 나중에 나오는 본문의 내용과 중복이 불가피하다는 사실이다.

1. 법철학의 필요성

우리가 법에 관하여 이야기할 때는 보통 사회생활에 있어서 인간 상호 간의 거래와 관계를 규율하는 법, 인간 상호 간의 권리와 의무, 민사 책임과 형사 책임의 한계를 정하고 불법행위에 대한 불법행위에 대한 손해배상과 고소나 항변을 주장하기 위한 적절한 절차를 규율하는 법으로서의 인법人法, human law을 의미한다.

그렇다면 왜 우리는 연구 대상을 엄격히 사람의 법에만 국한하지 않고 신학 · 철학 · 윤리학 · 사회학 · 경제학을 도입해야 하는가?

그 답은 두 가지로 이야기할 수 있다. 첫째로 법률가라는 직업은 단순히 먹고 살기 위한 호구지책의 수단이 아니기 때문이다. 흔히 보통 사람들이- 딱히 근거가 있는 것도 아니면서- 자신들이 주변에서 보았다는 법률가들이 가진 편협한 지성을 보고 지레 일반화하여 생각하듯 말이다. 홈스 대법관Justice Homes은 이렇게 말한 적이 있다.

"사람들은 '법은 생각을 좁게 만듦으로서 생각을 날서게 만든다.'

고 했던 버크Burke의 말이나, '법률가란 위대한 마음으로부터 나오는 모든 권능을 하찮은 직업에 쏟는다.'고 했던 쌕커레이Thackeray는 말을 한 번쯤 들어본 적이 있을 것이다. 예술가들과 시인들이 법률가 보기를 마치 외계인 보듯이 하면서 멀리하려고 하는 것을 본 적도 있을 것이다. 누군가는 법 따위가 어떻게 지성인이 관심을 둘 만한 가치가 있는지 의심하기도 한다."[1]

그러나 한편으로 홈스는 스스로 "그럼에도 불구하고 법은 인간적이며, 인간됨의 일부이고, 다른 나머지 것들과 어우러져 하나의 세계를 이룬다."[2]고 하였다. 모든 사람들과 마찬가지로 법률가들 역시 행복을 좇는다. 홈스는 이렇게 말한다.

"행복은 그저 대기업을 의뢰인으로 삼아 엄청난 수입을 거둬들인다고 해서 얻어지는 것이 아니다. 행복을 보수로 받을 만큼 위대한 지성인이 되려면 성공 외에도 다른 요소가 더해져야 한다. 법이 지닌 특성을 더 멀리, 그리고 더 넓게 본다면 법이란 사회 일반에 보편적 이익을 제공하는 기능을 하고 있음을 알 수 있다. 이런 법의 역할에 주목할 때만 법조인이라는 전문직에서도 대가가 될 수 있을 뿐 아니라, 자신을 광대한 세계의 일원으로 자리매김하고 그 속에서 영원히 들려주는 반향을 듣고, 측량할 수 없는 전개 과정, 즉 우주적 차원에서의 법을 깨닫게 되는 것이다."[3]

홈스는 한 걸음 더 나아가 "법을 제대로 보는 사람들이라면 법이야말로 경이로운 이해의 대상이자 천재적인 빛이 번뜩이는 분야임을 알 수 있

정의의 원천: 자연법 연구　　　　프롤로그: 몇 가지 기본개념들

다."[4]라고 한다.

둘째, 법을 관찰해보면 그 일상적 성격 속에서도 홈스가 말한 것 이상으로 영원으로부터 오는 반향과 우주적 법칙에 대한 암시가 그 안에 들어 있음을 보게 된다. 사실 인간의 삶을 놓고 볼 때 법을 제대로 보는 천재적인 사람과 그렇지 않은 보통 사람이 처음부터 구분되는가에 관해서는 홈스가 말하는 것처럼 그렇게 분명한 것 같지는 않다.

홈스 자신도 "당신이 만일 누군가로 하여금 그가 늘 익숙해 왔던 것으로부터 벗어나 더 심오하고 오묘한 다른 그 무엇을 깨닫고 음미할 수 있는 시각을 제공한다면, 그래서 그가 사물을 진짜 그런 식으로 새롭게 접할 수 있게 된다면, 그 사람의 본성은 더 심오하고 오묘한 기쁨을 좇는 것으로 변할 것이다."[5]라고 한 적이 있다. 이렇게 보면 홈스 자신이 인간이란 원래 가능한 한 온전함을 좇고자 하는 본성을 지니고 있다는 점에 대한 굳은 신념을 갖고 있었음을 알 수 있다.

그는 로스쿨에 대하여 이렇게 말한 바 있다. "로스쿨의 역할은 단순히 법을 가르치고 법률가를 양성하는 데 있다는 것만으로는 충분하지 않다. 로스쿨은 법을 장중하게 가르치고, 위대한 법률가들을 만들어 내는 곳이다."[6]

법학도들이 모두 천재일 리가 없으니, 홈스가 이렇게 말한 것은, 법은 평범한 지성을 가진 보통의 존재들을 위해 장중하게 교육되어야 하는 것이라는 그의 가치관을 드러낸 것이다.

그런데 필자가 보기엔 법의 뿌리가 무엇인지 염두에 두지 않고서는 법이 참으로 무엇인지 알 수 없다는 이 단순한 사실 하나만 놓고 봐도 법을 장중하게 가르치지 않고 다른 식으로 가르친다는 건 가능할 것 같지 않다.

판례들을 깊이 들여다보면 "모든 학문들의 불씨는 법이라는 잿더미 속에 묻혀 있다."[7]는 말이 문자 그대로 맞다는 사실을 깨닫게 된다. 법에 대한 이런 관점이 시대에 뒤떨어진 낡은 생각이라 할지도 모르겠으나, 20세기 커먼로Common Law의 한 대가도 같은 말을 하고 있다. 카도조Cardozo대법관은 법학도들을 대상으로 한 어느 강연에서 다음과 같은 조언을 주었다.

"여러분은 철학이란 그저 구름 위를 떠다니는 말들이라 여길지도 모르겠습니다. 그러나 나는 철학이 이 땅 위에 내려올 수 있다는 것을 여러분이 알고 있기를 바랍니다. 여러분은 앞으로 가기도 바쁜 판에 철학이 어떠니 하다간 곁길로 새서 귀중한 시간만 낭비하는 셈이 된다고 생각할지 모르겠습니다.

난 여러분과 내가 가는 목적지가 같다고 믿고 싶습니다. 만일 그렇다면 열쇠는 여기에 있습니다. 서툴고 조악한 도구로는 전혀 열 수 없는 튼튼한 빗장을 사뿐하게 열 수 있는 열쇠가 있습니다. 여러분은 궁극적 개념들을 다루는 이론은 실용적이지 않다고 생각할 수 있습니다. 여러분이 전문 직업을 수행하는 동안 그게 맞을 수도 있겠지요.

그러나 결국엔 더 난이도 높은 문제에 부딪히게 되면 궁극적인 것에 관한 공부가 쓸모가 없는 것이 아니라, 그 밖의 다른 모든 공부가 무용지물임을 알게 될 것입니다."[8]

카도조는 학생들에게 철학을 주입하려던 것이 아니었다. 그는 학생들에게 법을 제대로 가르치려 애쓰고 있었던 것이다. 그는 법의 이면에 무엇

정의의 원천: 자연법 연구   프롤로그: 몇 가지 기본개념들

이 있는지 보여주고 있는 중이었다.

"쟁점이 되는 모든 판결에 암시된 것들, 말하자면 대체로 법의 연원과 목적이라는 철학이 그 안에 있는 것입니다. 그 철학이 비록 배후에 있어 보이지는 않는다 하더라도 사실은 최종 결정권자인 셈이지요. 이것이 어떤 주장은 받아들이고, 다른 주장은 수정하며, 또 다른 항변은 배척하도록 함으로써 하나의 최종적 상소심으로서 버티고 있는 것입니다.

때로는 철학이 잘못 조율되어 단편적인 것에 머무르는 경우도 있습니다. 견고해져 버린 논리 안에서는 그 누구도 쉽게 의심하거나 새로이 보려는 노력을 하지 않기 때문입니다.

변호사들이나 판사들이 어떤 노선을 좇아 앞으로 나아가거나, 반대로 뒤로 후퇴하거나 할 때 자신들을 그 방향으로 이끌도록 하는 동력이 철학이라는 사실을 늘 인식하지는 못합니다. 그럼에도 불구하고 몰이꾼의 막대기는 거기에 있는 겁니다. 우리가 풍랑과 난파라는 바다의 여신들을 피해 갈 길이 없다면 차라리 그녀들을 잘 이해하고 있어야 하겠지요."[9]

카도조 대법관의 이 말에 덧붙여 필자는 대부분의 사건에서 다루는 쟁점들이란 그 자체로 "두루 걸쳐 있다."는 점을 강조하고 싶다. 또 한마디 하자면 법률가가 자신의 전문 직업을 수행하는 동안 비록 그 자신은 인지하지 못할지라도 바다의 여신들이 그 안에서 같이 일을 한다는 것이다. 한 인간에게 있는 가장 교조적이며 완고함은 그의 무의식적 철학의 발로인 경우가 대부분이다.

그럼, 지금부터 필자의 법철학을 솔직하게 개진하기로 하는데, 이것은 단순히 다른 여러 시각들 중의 하나일 뿐이고, 이것이 무엇에 대한 최종적 결론에 해당한다는 주장은 결코 아님을 말해 둔다.

2. 자연법과 실정법의 합성물로서의 인법人法

인법이란 무엇인가를 이해하기 위하여 영구법, 그리고 특히 모든 인법의 기원일 뿐 아니라 인법의 핵심적 부분을 형성하고 있는 자연법을 이해하지 않으면 안 된다.

토마스 아퀴나스가 말한 바와 같이, "인간이 제정한 모든 법은 그것이 자연법에서 비롯되는 한도 내에서 법으로서의 성격을 향유한다."[10] 사실 인간의 왕은 하나님과 법의 신하이다. 왜냐하면 인간 군왕이 갖는 권위란 하나님과 법으로부터 나오기 때문이다. 브랙톤Bracton은 그의 저술에서 왕에 관하여 다음과 같이 말하였다.[11]

"정의를 받아들임에 있어서는 왕도 그 왕국 내의 가장 천한 자와 동등한 것이 사실이다. 반면 권력에 있어서 왕이 다른 누구보다 우월하다는 것도 또한 사실이다. 그렇다고 할지라도 왕의 권력이 속박에서 벗어나 제멋대로 되지 않게 하기 위하여 왕의 마음은 하나님의 손에 있지 않으면 안 된다. 그러므로 굴레를 벗어난 권력이 무법에 이르지 않도록 하기 위하여 절제라는 마구와 중용이라는 고삐를 써야 한다. 하나님의 종이며, 사자로서 왕은 합법적

정의의 원천: 자연법 연구　　　　프롤로그: 몇 가지 기본개념들

으로 행하는 외에 다른 아무것도 할 수 없다.

'왕의 의지가 곧 법의 힘이다'라고 하는 것은 아무런 해답이 될 수 없다. 왜냐하면 그러한 법률 말미에는 반드시 '왕의 권한과 관련하여 인정되는 왕법 Lex Regia에 의하여'라는 문구가 붙기 때문이다. 법으로서 효력을 갖기 위해서는 분별없이 멋대로 행하는 왕의 의지가 아닌 왕의 권한으로 신하들의 의견을 들은 뒤 적정한 숙려를 두고 그것이 행사할 때 비로소 법이 되는 것이다.

왕의 권력은 법 안의 권력이며, 무법의 권력이 아니다. 그리고 그가 법의 제정자이기 때문에 왕에게 무법을 낳는 기회가 허용되어서는 안 되며, 오직 법들만을 낳아야 한다. 타인들에게 나쁜 짓을 금지하는 직분이라면 그가 금지한 것들을 그 자신이 결코 범해서는 안 될 것이다.

요컨대 왕은 지상에서 하나님의 사자나 종으로서 그 권력을 정의를 행하기 위해서만 행사해야 하고, 정의를 행하는 것 오직 그 자체가 하나님의 권능인 것이다. 악을 행하는 힘은 마귀로부터 나오는 것이지 하나님으로부터 나오는 것이 아니다. 왕은 그가 위하여 일하는 대상의 종이 될 것이다. 그러므로 왕이 정의를 베푸는 동안은 영원한 왕이신 하나님의 사자가 되겠지만 불의를 행하는 길로 돌아서게 되면 마귀의 종이 될 것이다.

'왕'이란 용어는 선량한 통치를 의미하고 포악한 지배를 의미하는 것이 아니다. 왜냐하면 왕은 잘 다스릴 때에만 왕이고, 폭력으로 압제할 때는 폭군이 되어 버리기 때문이다.

그러므로 인법은 그것이 그 입법자들을 구속할 때 거룩해지는까닭에 모든 권력에 대한 재갈인 법으로서 왕의 권한을 누그러뜨려 법에 따라 살게 해야 한다.

'법에 구속되겠다고 하는 서약이 왕이 군림하는 존재로서의 가치를 부여한다.Cod.i.14.1.' 참으로 '통치자에게 법에 따라 살겠다고 하는 것보다 더 적합한 일은 없으며', '왕의 권위를 법에 따르게 한다는 것은 제국 그 자체보다 더 위대하다.'Cod.i.14.1 왜냐하면 '법이 그에게 돌린 것을, 그가 법에게 돌리는 것은 마땅한데, 이는 그를 왕이 되게 한 것도 법이기 때문이다.'"

이런 설명은 그 대상이 입법, 사법, 행정 그 무엇이 되었건 간에 모든 인간의 권력에 대하여 타당하다. 어느 법률의 강제력, 법원의 판결 내지 특정 행정행위의 힘은 정의의 정도에 달려 있으며, 정의란 자연의 법과 일치한다는 것을 의미하는 것에 다름 아니다. 자연의 법에서 유래하는 인법은 자연법에 복종해야 하고, 만일 어떤 점에서건 인법이 직접 자연법과 충돌한다면 "그것은 더 이상 법이 아니고 법이라는 이름을 빈 하나의 타락이다."[12]

자연법의 내재적인 효력을 설명하기 위한 사례로 1915년의 <로빈슨 대對 만하임의 대륙보험회사Robinson v. Continental Insurance Co. of Mannheim(1915), I K. B. 155> 사건을 들 수 있다. 이 사건에서 영국 법원에 제소된 피고는 적국 국민이었다. 소송 제기 요건이 충족되었다는 점에 관하여는 논쟁이 없었다. 문제는 그다음이었다. 적국 국민인 피고가 영국 법정에 출두할 수 있는가, 그리고 자신이 직접 아니면 대리인을 통해 변론할 수 있는지였다. 베일해치Bailhache 판사의 답은 아주 의미심장했다. 그는 이렇게 말했다.

정의의 원천: 자연법 연구   프롤로그: 몇 가지 기본개념들

"나는 피고가 확실히 출두·변호할 수 있을 것으로 생각합니다. 적국인을 상대로 소송절차를 개시하도록 허용은 하고 법정에 나와 자신을 방어할 기회를 배척한다면 정의의 근본 원칙에 반하는 것입니다. 내 생각엔 그 어떤 전쟁상태라도 피고의 말을 들어보지도 않고 책임을 지도록 요구하거나, 이를 정당화할 수 없습니다."

다른 말로 하면, 본인에게 변론의 기회를 주지 않고 판결을 내린다면 그것은 너무나 자의적이며 불합리하여 법에 대한 왜곡을 초래한다는 것이다. 이것은 성경에 나오는 니고데모가 바리새인들을 향해 "우리 율법은 사람의 말을 듣고 그 행한 것을 알기 전에 심판하느냐." 요한복음 7:51 라고 했던 것과 같다.

그러나 정작 문제는 그렇다면 법이라면 그 어떤 것이건 막론하고 법의 본질적 성격을 훼손하지 않으면서 이런 식으로 작동될 수 있는가 하는 것이다. 일정한 장소, 역사의 특정한 어느 시기에 그러한 일이 일어난 적이 있었다고 해서 무법無法을 법으로 만들어 주는 것은 아니다. 여기에서 성 어거스틴의 말을 생각하게 된다. "정의가 없다면 왕국들이란 도적의 무리가 아니고 무엇이란 말인가?"i

인법의 모든 체계 속에는 비록 그 구성비율은 다양할지라도 자연법의 원칙들과 실정법규범이 같이 녹아 있다. 전자는 불변이다. 이들은 비록 인간의 권위에 의해 선포되기는 하지만, 인간의 권위로 새삼스럽게 만들어지는 것이 아니다. 그러므로 인법 속에 있는 자연법의 원리는 변경의 대상이 아니다. 교황 레오 13세 Pope Leo XIII는 이렇게 말한다.

---

i_City of God, bk.iv, 4

"인간이 제정한 법 중에 어떤 것들은 그 본질상 선악과 관련된 것들이 있다. 이들은 때로 적절한 제재까지 동원하여 선을 쫓고 악을 피하라고 명한다. 그러나 이런 법률들은 결코 그 뿌리를 시민적 권위에 두고 있지 않다. 왜냐하면 시민사회가 인간의 천성을 창조하지 않은 것처럼, 시민사회가 인간의 천성에 걸맞는 선이나 혹은 반대로 인간의 천성에 반하는 악을 만들어 냈다고 할 수는 없기 때문이다.

법은 사람들이 사회 속에서 함께 살아가기 전부터 있었고, 그 기원은 자연법, 그리고 나아가 영구법에 있는 것이다. 따라서 인간의 법률에 구체화되어 있는 자연법의 계율은 인법으로서의 힘을 가질 뿐만 아니라 자연법과 영구법에 속해 있는 보다 높고 엄한 권위 하의 제재도 갖추고 있다."

한편 교황 레오 13세는 실정법에 대하여는 다음과 같이 설명하고 있다.

"시민적 권위에 의해 여러 법령들은 자연법에서 직접적으로 나온 것이 아니고 어느 정도 거리가 있는 것이 사실이나 자연법이 일반적이며 추상적으로 다루는 문제들에 대한 결정을 내려준다. 예컨대, 자연의 섭리는 모든 사람에게 공중의 평화와 번영에 기여할 것을 명하고 있지만, 그와 같은 봉사를 실천하기 위한 방법, 환경 및 여건은 자연 그 자체에 의해서가 아니라 사람의 지혜에 의하여 정해지지 않으면 안 되는 것이다."[13]

이와 같이 실정법은 실제로 자연법의 실천에 불과하고 사회생활의 환경

정의의 원천: 자연법 연구　　　　　　프롤로그: 몇 가지 기본개념들

과 조건의 변화에 따라 가변적이다. 살아있는 인법 체계를 구성하기 위해서는 두 가지 요소가 필요하다. 토마스 아퀴나스는 이에 관하여 적절하게 설명한다.

> "악한 일을 행한 자는 처벌받아야만 한다는 것은 자연법이지만,
> 어떤 특정한 방식으로 처벌할 것인가 하는 것은 자연법을 구체화
> 해 가는 결정에 속한다."[14]

여기에 한마디 덧붙이자면 이러한 구체화 결정은 인류 문명의 발전과 발맞춰 때때로 바뀌어야 한다는 것이다. 한 예를 들자면, 정의는 모든 사람에게 행해져야 한다는 것은 자연법 원칙의 하나이며, 이성을 가진 자라면 아무도 이 원칙을 부인할 수 없다. 그러나 구체적 사안에 들어가면 무엇이 정의인가 하는 것에 관하여 이성적인 사람들 사이에서조차 종종 견해의 차가 생길 수 있으며 실제로 생긴다. 토마스 아퀴나스는 구약에 나오는 율법이 갖는 구속력이 영구한 것인지의 여부를 둘러싼 문제를 다루면서 이 점에 관하여 분명하게 언급한 바 있다.

어떤 사람들은 율법의 가르침이 영구히 구속력을 가진다고 주장하였다. 이들은 "재판은 정의의 실천인 만큼 율법적 교훈은 정의라는 미덕에 속하는 것이다. 그런데 정의는 영원하고 불멸인 까닭에 율법적 교훈이 갖는 구속력도 영원한 것이다."라고 한다.[15] 이런 주장에 대해 아퀴나스는 이렇게 답변하는데 매우 사리에 합당한 것이라 하지 않을 수 없다.

> "정의는 물론 어느 시대이든지 행해져야 하는 것이지만, 정의가
> 무엇인지를 인간의 법에 의할 것인가, 또는 하나님의 법에 의할

것인가 결정하는 것은 인류가 처한 여러 상황에 따라 변하여야만 한다."[16]

여기서 아퀴나스가 '하나님의 법神定法, Divine Enactment'라고 하는 것은 신적 실정법Divine Positive Law이고, 자연법의 일부가 아니다. 구약의 법은 세 가지 종류의 가르침을 포함하고 있는데, 의식에 관한 것, 법에 관한 것, 도덕에 관한 것이 그것이고, 이 중에서 오직 도덕에 관한 교훈만이 자연법에 속한다.

자연법의 원칙은 영구적이며 포괄적이다. 그러나 포괄적이라는 바로 그 이유 때문에 그것을 실제로 적용하게 될 때는 신축성을 갖게 된다. 실정법은 각양각색이며, 인간의 권위에 의하여 변경할 수도 있다. 하지만 적어도 그것이 유효한 이상 그 적용에 있어서는 엄격하다. 자연법의 원리들이 광범하고 그 적용에 있어서 신축성이 있다는 이유로 많은 법률가들이 피상적으로 그 내재적인 영구불변성을 부인한다. 마찬가지로 실정법이 명백하고 그 적용에 있어서 엄격하다는 이유로 경솔한 법률가들은 그 내재적인 가변성을 인정하지 않으려 한다.

우리는 이런 함정에 빠지지 않도록 주의해야 한다. 펜잔스Penzance 경이 말한 것처럼 "법은 정의의 심부름꾼이고, 그렇게 되어야만 한다. 그런데 정의에 가장 잘 어울리는 불변성이라는 옷이 가끔 법을 괴상하게 만들어 버리곤 한다."[17]

3. 법의 정의定義

법을 완전하게 정의한다는 건 쉽지 않다. 어쨌건 제대로 법을 정의하기 위해서는 법의 본질, 법의 목적, 법의 과정(그 뿌리와 성장)을 고려하지 않으면 안 된다. 여러 시대, 많은 학파의 철학자들과 법학자들이 법은 무엇인가 문제를 놓고 씨름하였다.

그런데 대체로 그들은 법의 한 가지 측면, 특정한 유형에만 주의를 기울이는 바람에 법의 다른 측면, 다른 유형의 법은 등한시하였다. 어떤 이는 법을 존재론적으로, 다른 이들은 목적론적으로, 또 다른 사람들은 기능론적으로 이해한다. 일부는 주로 영구법, 일부는 자연법, 또 누구는 실정법을 생각한다.

플라톤Plato의 저술로 알려진 <미노스Minos>에는 다음과 같은 말이 나온다. "법은 실재의 발견을 모색한다."[18] 디오게네스 라엘티우스Diogenes Laertius는 크리시프스Chrysippus를 인용하여 이렇게 말한다. "보통법은 모든 사물을 살펴본다는 점에서 온 우주를 다스리는 제우스와 같은 것이다."[19] 이런 말들은 확실히 영구법을 염두에 둔 것이라 할 수 있다. "법이 앉아 있는 곳은 하나님의 가슴이요, 그의 음성은 세계의 조화이며, 온 세상 만물이 법에 복종하고, 아무리 낮은 자라도 법의 보호를 느끼고, 아무리 높은 자라도 법의 권능으로부터 벗어날 수 없다는 것처럼 명백한 사실은 없다."[20]고 한 후커Hooker의 말도 같은 것이다. 키케로Cicero가 "법은 자연에 근원을 둔 최고의 이성이다. 그것은 해야 할 일을 명하고, 해서는 안 될 일을 금한다."[21]라고 말했을 때 그는 자연법을 생각하고 있었다. "법ius은 무엇이 선이고 형평인가에 대한 기술이다."[22]라고 말한 켈수스Celsus에게는 법의 과정과 목적이 주된 관심이었다.

법실증주의자들은 모든 법의 최고 근원으로서 정치적 주권자의 의사와 권력을 유독 강조하고 있지만 정작 정치적 주권자를 만들어 주는 것이 법이라는 사실은 잊고 있다. 실용주의자들은 법의 생명력은 강제력에 있다는 사실에 초점을 맞춘다.

예컨대, 카도조는 그 저서에서 "그 권위가 도전을 받을 때 법원에 의해 강제된다는 사실이 합리적으로 예측 가능하고, 그러한 예측이 정당하다는 원칙 내지 규칙이 확립되어 있다면 그것이 우리의 연구의 대상, 즉 법치주의의 원리에서 말하는 법이 되는 것이다."[23]라고 하였다. 그는 대체로 법을 과정으로 보고 있으며, 그의 접근법은 심리학적 경향을 띤다. 이와 같은 정의가 갖는 장점은 자연법의 원리들에 대하여 문호를 개방하여 두었다는 사실에 있다. 만일 법원이 제대로 그 뜻을 음미한다면 이런 관점은 판결의 가장 탄탄한 토대가 될 것이며 우리가 기대하는 반석이 될 수도 있을 것이다.

하지만 이런 식의 정의는 법의 본질을 소홀히 했다는 점에서 한쪽만을 본 것이라 할 수 있다. 법을 둘러싼 비교적 가장 적절한 정의로는 토마스 아퀴나스의 말을 들 수 있다. 그는 이렇게 선언한다. "법이란 공동체의 안녕을 위임받은 자가 공동선을 목적으로 제정하고 공포한 이성의 일정한 규칙에 지나지 않는다."[24]

이런 식의 정의에는 법의 목적과 과정은 물론 그 본질까지 다 포함되어 있다. 법의 본질은 이성과 부합하며, 법의 목적은 공동선이고, 그 과정이란 그 본질의 점진적 구현에 있고, 그 목적의 점차적 실천은 입법·공포·재판·집행이라는 수단에 의하는 것이다. 이 정의는 모든 유형의

정의의 원천: 자연법 연구   프롤로그: 몇 가지 기본개념들

법, 즉 다시 말해 영구법, 자연법, 인법, 그리고 신·구약을 통해 계시된 하나님의 법을 다 담고 있다.

4. 영구법 永久法, The Eternal Law

질서 있는 곳에는 어디든지 법이 있다. 온 우주는 하나님의 이성Divine Reason에 의한 하나의 법령이다. 창조주 하나님은 또한 그 법을 마련하는 자이시며 그 재판관이시고 왕이시다. 그는 모든 피조물을 그 거룩한 섭리라는 계획에 따라 모두의 선을 위하여 다스리신다. 이 계획을 이름하여 영구법永久法, Eternal Law이라 한다. 영구법은 말씀The Word과 동일시되어서는 안 된다. 왜냐하면 그것은 말씀처럼 인격Person이 아니라 최고관념Idea인 까닭이다.

그렇지만 아퀴나스가 지적한 바와 같이 영구법은 특별히 말씀과 연관이 있다. 말씀은 피조물이 창조 전부터 스스로를 나타내신 아버지께서 낳으신 것이다. 만물은 말씀으로 창조되었으며 그들은 아버지의 전지하심 속에서 자기의 존재를 보여주고 있다. "말씀을 통해 드러난 다른 것들처럼 영구법 자신도 역시 말씀을 통해 드러났다."[25]

하나님의 본체를 보는 복 받은 자가 아니고는 누구도 영구법의 본질을 알 수는 없다. 영구법은 물질계의 질서와 도덕적 질서, 두 가지의 근원이다. 우리는 영구법이 현실에 가져다주는 효과라는 거울을 통해 그 본질을 희미하게나마 볼 뿐이다.

어떤 시대이건 시인과 철학자들은 말로 할 수 없는 우주의 놀라움, 물질계의 질서와 도덕적 질서 사이에 있는 신비한 조화에 감탄하며 가슴 벅찬 순간을 노래하지 않은 적이 없었다. 우리의 심장을 불붙여 환하게 밝혀주는 그 사랑과 지혜가 신비로운 온 우주에 생명과 질서를 주고 있기도 하다는 그 깨달음은 우리를 황홀한 기쁨으로 인도한다.[26] 그런데 일상에서 우리는 시야를 잃어버리고 파편적인 것들에 매몰된다.

우리는 십계명의 율법, 중력법칙, 질량보존의 법칙, 멘델의 법칙, 수확체감의 법칙과 형법과 민법은 모두 각기 다른 법칙에 속해 있다는 걸 안다. 하지만 우리가 조금만 엄밀한 태도를 갖고 세상의 모든 법칙에 숨어 있는 의도를 들여다본다면, 다시 말해 하나님만이 유일한 모든 법칙의 유일한 입법자임을 반추해 본다면, 모든 유형의 법과 법칙의 토대가 똑같다는 사실을 알게 된다. 그렇게 되는 순간 우리 자신도 다윗David왕과 같이 노래하게 될 것이다.

> 하늘이 하나님의 영광을 선포하고
> 궁창이 그의 손으로 하신 일을 나타내는도다
> 날은 날에게 말하고
> 밤은 밤에게 지식을 전하도다.
> – 시편 19:1-2

또 이어서 도덕법칙의 놀라움을 찬양하게 된다.

> 여호와의 율법은 완전하여 영혼을 소성시키며
> 여호와의 증거는 확실하여 우둔한 자를 지혜롭게 하며,
> 여호와의 교훈은 정직하여 마음을 기쁘게 하고

정의의 원천: 자연법 연구   프롤로그: 몇 가지 기본개념들

여호와의 계명은 순결하여 눈을 밝게 하시도다.

- 시편 19:7-8

이 모든 것은 다 영구법이 현실로 나타내는 효과에 불과하며, 영구법 자체는 구름 속에 감추어져 있다. 그래서 다윗 왕도 이렇게 노래했던 것이다.

여호와께서 다스리시나니
땅은 즐거워하며 허다한 섬은 기뻐할지어다
구름과 흑암이 그를 둘렀고
의와 공평이 그의 보좌의 기초로다

- 시편 97:1-2

영구법은 그 본질상 우리의 이해를 넘어서는 것이지만, 우리는 "모든 법은 올바른 이성을 공유하는 한 영구법에서 유래한다."[27]는 것을 아는 것만으로 충분하다. 물질계의 법칙이나 도덕적 법은 사물의 실재에 뿌리를 두고 있으며, 동일한 우주에 속해 있기 때문이다. 영구법에 대해 우리가 아무리 아는 것이 없다 할지라도 이런 초월적 존재에 대한 열린 사고는 건전한 법철학의 출발에 있어 필수불가결한 요소이다.

지금의 사상가들이 범하고 있는 가장 흔한 오류 중의 하나는 물질계의 법칙은 객관적이고, 도덕적 법은 주관적이라고 주장하는 것이다. 전자는 무엇이 진실인가를 다뤄야 하지만, 후자는 무엇이 선인가를 다뤄야만 하기 때문이라는 것이 그 이유다. 하지만 진실이 실재 내지 존재에 토대를 두지 않는다면 이미 진실이 아닌 것처럼, 선 또한 실재에 기반하지 않으면 그건 선이 될 수 없다는 점을 굳이 설명할 필요는 없을 것이다. 이런 관점에서 물질계의 법칙과 도덕적 법을 구분하는 동시에 한편으로 둘 다 존재론적 실재에 뿌리를 두고 있다고 하는 프랭크 쉬드Frank Sheed의 주장 일부를 소개하고자 한다.

"이 우주를 지배하는 법칙을 간략하게 생각해보면 물리적 법칙과 도덕적 법칙이라는 서로 다른 두 가지 계열의 법칙이 있음을 알 수가 있다. 현실적으로 만물이 어떻게 작용해야만 하는가에 대한 하나님의 명령이 물리적 법칙이라면, 영적 존재들이 행동해야 할 의무는 무엇인지에 관한 하나님의 명령은 도덕법이다.

도덕법의 작동에는 선택이라는 요소가 있으나 물질계 법칙에는 그것이 존재하지 않는다. 그런데 선택이라는 것이 있다 해도 우리가 생각하는 의미에 딱 맞아떨어지지는 않을지 모른다. 불은 타오른다는 것은 물질계의 법칙으로, 어떤 때는 사람에게 대단히 유용하지만, 때로는 엄청난 재앙을 가져오기도 한다. 유용하건, 재앙이건 불은 여전히 탄다.

얼핏 보기에 도덕법은 다른 것 같다. 그것은 우리에게 이것을 해야 한다, 저것을 해서는 안 된다고 말하는데, 그와 같은 말들 가운데는 우리가 이것을 행하든 저것을 행하든 간에 마음대로 선택할 수 있다는 뜻도 암시되어 있다. 반면 만일 우리가 손을 불속에 넣으면 거기엔 선택의 여지가 없다. 탈 뿐이다.

그런데 실제로는 도덕법도 불은 탄다는 물질계 법칙처럼 단순한 일종의 명령화된 형태로 우리에게 던져지고 있다. 이웃에 대하여 거짓 증거를 하지 말라는 하나님의 명령 속에는 우리가 택한다면

정의의 원천: 자연법 연구   프롤로그: 몇 가지 기본개념들

얼마든지 거짓 증거를 할 수 있다는 뜻이 내포되어 있다.

그러나 그 결과는- 비록 우리가 하나님의 그런 명령을 알지 못하고 어떤 죄의 문제가 야기되지 않는다 하더라도- 불 속에 손을 넣으면 육체적 손상을 입는 것과 마찬가지로 우리의 정신세계를 상하게 할 것이다.

다시 말해, 원한다면 위증과 무고를 할 수 있고, 원한다면 불 속에 손을 넣을 수도 있겠지만, 어느 경우에나 다 스스로를 상하는 결과를 가져올 것이다. 즉, 인간은 인간으로서 존재하는 것이므로 거기에 합당한 물질계의 법칙과 도덕법이 모두 우리 인간에게 적용되는 법이 되는 것이다. 우리가 살肉 아닌 석고상으로 되어 있다면 불이 붙지 않을 것이고, 고자라면 간음을 택할 리 없을 것이다. 물질계 법칙이나 도덕법이 무엇인지 안다는 것은 사물의 실재를 안다는 것이고, 그것에 따라 행한다는 것은 사물의 실재에 따라 행한다는 것이다. 자연법칙이나 정신법칙이 무엇인가를 안다는 것은 사물의 실체를 아는 것이고 그에 따라 행한다는 것은 사물의 실체에 의하여 행동하는 것이다. 그것이 온전한 분별sanity이다."[28]

이 문제를 다룸에 있어 교황 비오 12세Pius XII의 멋진 말을 인용하지 않을 수 없다. 왜냐하면 그의 말 한마디 한마디는 정말 새겨들을만하기 때문이다.

"물질적으로나 영적으로, 혹은 물리적으로나 정신적으로 주의를 기울여 우주를 관찰할 때 각종 각양의 만물을 지배하는 질서와 조화에 경탄을 금할 수 없다. 인간에게 있어서는 그의 무의식적 활동이 끝나고 의식적이고 자유로운 활동이 시작되는 그 경계선까지 하나님이 모든 존재하는 것들 속에 두신 법칙에 따라 질서와 조화가 엄격하게 실현된다. 그 경계선을 넘어서도 여전히 하나님의 예정된 의지는 효력을 발휘한다.

그러나 그것을 현실화하고 발전시키는 것은 인간의 자유로운 결정에 맡겨져 있는데, 그것은 하나님의 뜻에 부합되거나 반할 수 있는 것이다. 선악·명령·허용·금지라는 의식적 인간 행위의 영역 속에 창조주의 미리 정하신 바 된 의지는 자연과 계시 속에 쓰여있는 도덕적 계명으로 드러나고, 또한 가정·국가 및 교회와 같은 정당한 인간의 권위에서 오는 법으로 표명된다.

만일 인간의 활동이 이러한 규범들에 따라 규제되고 인도된다면 그것은 창조주가 의도하는 우주적 질서와 자연스럽게 조화를 이루는 상태가 될 것이다.

이 점에서 참다운 법과 거짓된 법은 무엇인가 하는 문제에 대한 답을 찾게 된다. 한 국가의 입법권력이 어떤 규칙을 정해 의무적으로 지켜야 한다고 선포했다는 그 사실만으로 참다운 법이 되는 것이 아니다. '순전한 사실의 기준'은 모든 법의 창조자이며 최고 규범인 하나님에게로만 향한다.

인간을 권리의 최고 정점에 있는 규범 설정자인양 무제한·무차별적으로 입법자로 생각하는 것은 그 말마따나 적절하고 기술적인 의미에서 사법실증주의라는 오류다. 이것은 국가 절대주의라는 뿌리에 있는 실수이고, 국가 그 자체를 신격화하는 것과 같은

정의의 원천: 자연법 연구   프롤로그: 몇 가지 기본개념들

잘못이다."[29]

참된 실재론과 거짓 실재론이 있고, 참된 실존주의와 거짓 실존주의가 있다. 참된 실재론과 참된 실존주의는 존재와 본질이 정확히 일치하는 것은 오로지 스스로 있는 최고의 존재가 유일하다는 인식으로부터 파생하여, 그 밖의 모든 존재는 그 본질에 못 미치며 다만 그 안에 본질을 향한 열망을 향해 활동할 뿐이라고 본다.

본질을 추구하고자 하는 열망이 없는 존재란 생명력을 지닌 씨앗이 없는 빈 과일 껍질에 불과하며, 이것이야말로 바로 거짓 실재론과 거짓 실존주의의 궁극적 결과이다. 더욱더 온전하게 본질을 구현하고자 하는 존재가 가진 이런 열망은 스스로 있는 최고의 존재Supreme Being, 즉 하나님의 바로 그 속성에 뿌리를 두고 발현된다.

좀 더 분명하게 설명하자면 하나님에게 있어 실재한다는 것은 하나의 사실이지만, 우리에게 있어서 실재란 달성되어야 할 그 무엇이다. 우리의 실재란 지금까지 구현해 낸 것들로 이뤄져 있으며, 점진적인 실제로의 접근이라는 지속적 과정 속에 있는 것이 인간이다. 진정한 현실주의는 본질을 향한 열망을 존재의 필수요건으로 본다는 점에서 가짜 현실주의와 다르다. 한편, 이것은 그러한 열망을 존재론적 현실 안에서 본다는 점에서 단순한 이상주의와도 다르다. 진정한 현실주의는 시편 기자의 "주의 폭포 소리에 깊은 바다가 서로 부르며 주의 모든 파도와 물결이 나를 휩쓸었나이다."**시편 42:7**는 말에 반향을 보일 것이다.

5. 자연법 自然法, The Natural Law

토마스 아퀴나스는 자연법을 정의하여 '이성적 피조물에 의한 영구법에의 참여'[30]라고 하였다. 불필요한 독단론의 함정을 피하려면 영구법과 자연법의 구별을 알아두는 것이 매우 중요하다.

영구법이란 신성한 섭리에 따른 계획이며 따라서 그것은 절대적 완전하다. 반면 자연법은 인간이라는 자연적 이성에 찍어 놓은 영구법의 판각에 불과하며, 따라서 그것은 유한하며 절대적으로 완전할 수 없다. 이에 관하여는 아퀴나스가 그 누구보다도 아주 그 차이점을 명확하게 설명하고 있다.

> "인간이성human reason이 신성한 이성divine reason에 온전히 참여한다는 것은 불가능하며, 단지 제멋대로 불완전하게 참여할 뿐이다. 이론이성에 대해서 말하자면, 우리 인간이 신성한 지혜에 자연적으로 참여함으로써 우리 안에 일정한 일반원칙이라는 지식이 존재하게 되지만, 신적인 지혜가 지배하는 각각의 모든 개별적 진리에 대한 특수한 지식은 없다.
> 마찬가지로 실천이성에 있어서도 인간은 원래 일정한 일반적 원칙에 관하여는 영구법과 같이 이를 자연스럽게 공유하긴 하지만 그들 각 원칙이 갖는 특별한 결정에 있어서는 비록 영구법 내에 있다 할지라도 영구법과 같은 수준으로 공유되어 있지는 않다."[31]

아퀴나스는 더 나아가 실천이성을 이론이성과 구별하고 있다. 이론이성

정의의 원천: 자연법 연구 　　　　　　　　　　프롤로그: 몇 가지 기본개념들

은 주로 인과관계를 취급하나, 실천이성은 주로 목적과 수단을 다룬다. 전자의 목표는 참됨眞, true이고, 후자의 목표는 좋음善, good이다. 이론이성은 사실과 사실적 관계를 다루고, 실천이성은 가치들과 그들 사이의 상대적 중요성, 그리고 이를 향한 목적의 선택과 수단의 결정을 포함한다. 대상에 관한 이런 차이의 결과 법이 속해 있는 실천이성은 그 확신성에 있어 이론이성과는 다른 지위에 있다.

"이론이성은 존재 자체 외에 달리 달라질 가능성이 없는 필수적 관계들을 주로 취급하는 까닭에 어떤 특별한 결론에 이르게 되더라도 그 진리적 측면에서는 일반원칙에서 볼 수 있는 바와 같은 결함이 없다. 하지만 실천이성은 인간의 행동을 포함해 여러 가지 우발적 사건을 다루므로 일반원칙에서 필요로 하는 무엇을 얻기도 하지만, 개별적 결론으로 더 깊숙이 들어가면 거기에 부족한 것이 많다는 사실을 알게 된다."[32]

이러한 통찰은 무엇보다 모든 법학도에게 가장 중요하다. 지금의 법률가들이 저지르는 잘못의 대부분은 따지고 보면 실천이성의 본질과 한계에 대한 명백한 이해가 부족하기 때문이다.

독단론에 기운 사람들은 일반원칙에서뿐만 아니라 구체적 사안에서도 필연성 내지 하나의 온전한 정확성을 찾으려 한다. 반면 회의론자들은 구체적 사안에서는 물론이고, 일반원칙이 갖는 필연성조차 부인한다.

그러니 예컨대, 홈스Holmes 대법관이 독단론자들의 과도한 주장에 대하여 신랄하게 비판한 것도 무리는 아니었다.[33] 자유방임이라는 경제이론이 계약의 자유라는 원칙에 의해 공고히 되었을 때, 무제한적이고 무자비한 경쟁이 적자생존이라는 다윈의 이론을 빌미로 신성한 진리인 마냥 추앙받을 때, 노동은 그저 하나의 상품이고 근로계약은 가격표가 붙어 있는 물건을 매매하는 것과 다름없는 것으로 여겨지던 때, 이성적 사회적 입법이 판사들에 의해 가부장적 소산이라며 비난받고 배척될 때, 그러니까 단적으로 말하자면 법체계가 자연법이라는 이름을 빌려 비인도적으로 되어갈 때 홈스의 신랄한 한마디는 적당한 시기의 해독제 구실을 하였다.

그러나 홈스 대법관은 자연법을 부인하면서 그 자신이 또한 극단으로 치우치고 말았다. 홈스의 말 속에 이런 내용이 있다.

> "낭만에 빠진 기사에게는 그 부인이 아주 미인이라는데 단지 동의하는 것으로 충분하지 못하지요. 그녀가 하나님이 과거에 만드셨던 그 어떤 여인, 앞으로 태어날 그 어떤 여자보다도 아름답다고 하지 않으면 시비를 걸어올 겁니다. 어떤 사람이건 최고를 향한 욕구가 있게 마련입니다. 그게 너무 심해 그걸 얻지 못하는 한심한 작자들은 술에 취해서라도 그걸 얻어내는 법이죠.
> 내가 볼 때 철학자들이 진리는 절대적이라는 것을 증명하려 안간힘을 쓰거나[33] 법률가들이 자연법이라는 표제 하에 보편적 실효성을 갖는 규범을 이끌어 내려는 행동의 밑바탕에 있는 욕구는 이 사람들의 그것과 다를 바 없습니다."[34]

이 대목에서 홈스는 너무 나갔다. 왜냐하면 그런 신랄함이 '법적 개념론 legal conceptualism'을 해체시키는데는 유용하였을지 모르지만, 인간은 그런 신랄한 비판에만 취하여 살 수 없기 때문이다.

이 책에 자주 등장하는 '개념법학槪念法學' 또는 '법 개념주의'라는 단어에 대하여 한마디 하지 않을 수 없다. 이 용어는 예링Ihering이 실용 법학을 의미하는 자신의 '현실법학Wirklichkeitsjurisprudenz'라는 말에 반대되는 다른 모든 법 사상의 경향을 나타내기 위하여 처음 만들어낸 '개념법학Begriffsjurisprudenz'을 번역한 것이다.[35]

물론 다른 학문과 같이 법이라는 학문도 개념을 떠나서 있을 수 없지만, 법적 개념론자들은 개념 자체를 목적에 이르는 수단이 아닌 목적 자체로 쓰고 있다. 그러나 목적이란 어디까지나 정의의 집행에 있는 것이다. 이들은 법을 기술적 형태에 넣어두고 인과법칙처럼 이론이성에 속하는 것처럼 보이게 하여 그 목적론적 동기를 숨기는 경향이 있다. 많은 경우이것은 솔로몬왕이 재판할 때처럼 법관들이 사건을 다룰 때마다 가치판단과 직관에 호소하는 대신 대전제인 법적 개념으로부터 출발하여 소전제인 사건의 사실관계를 확정한 뒤, 거의 자동적으로 법적인 결론을 연역하기만 하면 되도록 만들어 법관들의 수고를 덜어주는 도구 역할을한다.

어떤 법학자들은 이런 과정을 자판기에 비교하기도 한다. 투입구에 알맞은 동전을 넣기만 하면 원하는 물건이 나오는 것이다. (가끔 내 비서가 말하는 것처럼 동전만 먹을 때도 있지만, 그건 돌발 사고다!) 상하이 간이재판소에서 매일 아침같이 사소한 교통 법규 위반 사건을 수백건씩 처리하면서 건당 1 달러 이하의 벌금형을 선고하던 기억이 있다. 한 건 한 건을 놓고 이 사건에서 형평은 무엇이며, 침해된 법익과 선고형 사이의 균형을 고민했더라면 나는 벌써 오래전에 과로사했을 것이다.

그런 경우엔 법적인 자판기가 아주 잘 작동했다. 시市 교통 조례가 있고, 사실관계도 명확하여 그 결론이란 마치 불은 타는 것이라는 자연법칙처럼 맞아떨어졌다. 대부분의 경우 법질서는 비록 그것이 실정법에 의하여 인위적으로 설정된 것이기는 하지만 마치 '자연질서'처럼 당연한 일들로 보인다.

하지만 불행하게도 모든 사건이 그와 같이 단순한 것은 아니다. 재판관이 인위적으로 만들어진 이 '자연질서'들이 보여주는 법칙성을 우주만물의 영구법의 일부인 것 마냥 착각하게 되면 곤란한 문제들이 생겨버린다. 딱딱하게 결정結晶화된 공식 적용 단계에서 자신의 사고를 멈춰버리고, 정의와 공평이라는 원액母水, mother-liquor에 대하여 깜빡 잊어버리고선 재판관은 법을 '프로크루테스의 침대'에 눕혀버리는 것이다.ii

이런 판사들은 토마스 브라운Thomas Brown경의 "자연의 논리가 우세하지 않게 되면, 인위적 논리는 더 자주 실패하는 법이다.", 그리고 "추론 능력은 갖추면 좋은데, 상식은 그보다 반드시 갖춰야 하는 것이다."[36]라는 에버트Evatt 대법관의 말을 기억할 필요가 있다.

그런데, 이들이 말하는 '자연의 논리natural logic' 또는 '상식common sense'이란 토마스 아퀴나스가 말했던 '자연법'과 '실천이성'이란 말과 일맥상통한다. 그의 기본원리는 선을 따르고 악을 피하는 것이다.

예를 들어 소유라는 개념을 보자. 고전적 법률가들은 '소유'를 두 가지 요소로 분석하여 육肉, Corpus과 영靈, Animus으로 보았다. 육肉, Corpus이란 어

---

ii_역자 주: 프로크루스테스는 그리스 신화에 나오는 악당으로 아테네 교외의 언덕에 집을 짓고 살면서 강도살인을 일삼던 그는 행인을 붙잡아 자신의 집에 있는 철로 된 침대에 누이고는 키가 침대보다 크면 그만큼 잘라내고 키가 침대보다 작으면 억지로 침대 길이에 맞추어 늘여서 죽였다고 전해진다. 그의 침대에는 길이를 조절하는 보이지 않는 장치가 있어 누구든 죽음을 피할 수 없다. 나중에 아테네의 영웅 테세우스가 완력으로 그를 제압하여 침대에 눕힌 뒤, 그 방식으로 침대에 맞게 신체를 잘라내어 처단함으로써 이 악행은 끝났다고 한다.

떤 사람의 어떤 사물에 대한 물질적인 지배를 의미하고, 영靈, Animus이란 그 사람이 그 사물을 배타적으로 소유하려는 의도를 말한다. 그런데 우리가 다루는 지금의 소유라는 개념은 대부분의 사물에 임자가 없었고 따라서 먼저 차지하는 쪽이 임자였던 원시사회에 기원을 두고 있다. 따라서 개인 간의 불화, 그리고 무정부 상태로 빠져들어가는 것을 막기 위해 '참된 소유'를 '가짜 소유'와 구분하는 확실하고 틀림없는 기준을 마련할 필요가 있었다. 소유에 관한 고전적 개념은 이런 상황 속에서 확립된 것이었다. 즉, 소유 개념은 그 기원이 현실에 뿌리를 두고 있으며, 하나의 선험적 공리priori axiom로 간주되어서는 안 된다.

그러나 19세기에 이르러 대부분의 재판관들이 이 개념을 그 뿌리로부터 단절된 하나의 추상적 공리abstract axiom로 취급하고 평화와 정의를 유지하기 위한 목적에서 비롯되었다는 사고를 잊은 채, 그 실천적 결과를 고려하지 않고 소유의 개념을 해석하게 되었다.

이와 관련하여 <영 대對 히첸스 사건Young v. Hitchens> 사건 하나의 예만 들어도 충분할 것이다. 이 사안에서 일단 당사자들 사이에서 이견 없는 사실로 정리된 사실관계는 다음과 같다.

> 원고는 문제의 물고기 떼 주변으로 어망을 끌고 와 약 13미터 가량의 공간만 놔두고 나머지는 정치망으로 둘러쌀 작정이었다. 그런데 원고가 배 두 척을 갖고 둥글게 포위하고 한 곳만 조금 틔워 놓은 채 그물을 내리고 있는데, 그 사이로 피고가 배를 저어 들어와 포위되어 있던 물고기들을 탈출시키고 말았다.

능란한 최고위법정변호사Serjeant는 다른 쟁점들도 제기하였지만, 무엇보다 배심원 앞에서 물고기들이 그 당시 원고의 소유possession하에 놓였었는지를 집요하게 물고 늘어졌다. 그렇지만 배심원들은 모든 쟁점에 대하여 원고의 손을 들어 주었는데, 손해배상액을 각각 산정하여 물고기 놓친 손해를 568파운드, 그물 파손에 따른 수선비를 1파운드로 하였다. 그러나 국왕재판소Queen's Bench에서 이 판결은 파기되었다. 재판장 더만 경Lord Derman, C. J.은 다음과 같이 판시하였다.

"피고의 행위가 없었더라면 원고가 그 고기들을 차지할 수 있었을 것이다. 하지만 그보다 그가 소유까지는 하지 못한 상태에 있었다는 사실은 아주 확실하다.

장악custody 또는 소유possession이라는 용어를 어떻게 해석하든지 간에 이 사건의 쟁점은 원고가 물고기들을 장악하고 있었는지 내지 소유를 확보하고 있었는지 여부에 있다.

이 법원의 판단으로는 원고가 당사자가 물고기 떼에 대한 사실상의 권한actual power을 가질 때까지는 소유가 있다고 할 수는 없는 것으로 생각된다.

피고가 부당하게 원고가 그러한 권한을 확보하는 것을 방해하였을 수는 있다. 그러나 그건 하나의 부당한 행위wrongful act가 있음을 보여 주는 것으로 다른 소송의 형태로 적절한 책임을 추궁해야 하는 것에 불과하다."

패트슨Patteson J. 대법관도 다음과 같이 거들었다.

"지금의 증거만 갖고서는 원심의 결론을 지지할 수 없다. 만일 원심 대로라면 소유에 이른 것reducing into possession과 소유에 이를 뻔했던 것all but reducing into possession을 똑같이 주장하는 셈이다."

이러한 견해들은 지나치게 과도하게 법 기술적 측면으로 기울어졌다고 하겠다. 이런 관점들은 소유에 내재된 물리적 요소를 지나치게 강조한다. 만일 피고의 개입행위가 없었더라면 일부만 남기고 포위되었던 고기떼가 고스란히 잡혔을 것임이 사실상 확실하다고 한다면, 또 국왕재판소 판사들이 법은 수학이 아니고 정의에 이르는 수단임을 알았었다면 원고의 소유를 인정한다는 결론이 나왔어야만 했다.

하지만 그들은 개념이라는 폭군에 사로잡혀 있었다. 이것이 바로 예링 Ihering이 말했던 '개념들의 법학'을 의미하는 것이고, 파운드 학장은 이를 '기계적 법학mechanical jurisprudence'으로 부른 바 있다.[37]

토마스 아퀴나스의 자연법 철학은 이와 같은 '개념법학'에서 우리를 구해내고, 다른 한편으로는 순전히 공리적이며 실용적인 법학이 갖는 부작용에서도 우리를 구해낸다. 그는 개념법학이 흔히 빠지기 쉬운 모든 사상에 일률적으로 보편타당하다는 점을 강조하는 순진하고 무의식적인 독단주의와, 정의와 공정에 객관적 기준이란 없고 오로지 각자의 사고와 심리의 상대성에 따를 뿐이라는 실용 만능 법학의 사이를 슬기롭게 조정해 나간다. 아퀴나스의 이론은 가시가 수북한 고슴도치도, 뼈라고는 없이 물컹거리는 해파리도 아니다.

그의 법철학은 목적론에 기반하고 있기 때문에 기계적 법학에 반대되는데, 아퀴나스에 의하면 법의 궁극적 목적telos은 공동선을 이루는 데 있

다고 한다. 이것이 <법의 목적Der Zweck im Recht>[38]의 저자인 예링이 토스
아퀴나스를 매우 높게 평가했던 이유이다.

예링이 이 책을 썼을 때는 아직 아퀴나스의 저술들을 읽어보지 않은 상
태였다. 그가 아퀴나스의 저작을 연구하게 된 것은 초판 출간 이후였다.
1886년 출간된 <법의 목적> 제2판에서 예링은 아퀴나스에 대하여 몇 가
지 중요한 언급을 하고 있다.

> "지금에 와서야 이 격정적인 사상가를 접하게 된 나는 나 스스로
> 그가 가르쳤던 그와 같은 진리가 어떻게 우리와 같은 개신교 학
> 자들 사이에서 완벽하게 잊혀질 수 있었는지 묻지 않을 수 없다.
> 사람들이 이런 이론들을 잘 간수했더라면 얼마나 많은 오류를 피
> 할 수 있었겠는가!
> 내가 만일 그의 가르침들을 좀 더 일찍 알았더라면 처음부터 끝
> 까지 내 논지로 채운 책을 쓰지도 않았을 것이다. 왜냐하면 내가
> 여기서 다룬 기본 개념들은 이미 이 강력한 사상가에 의해 아주
> 분명하고도 설득력 있는 논지로 잘 드러나 있기 때문이다."[39]

현대 법학에 미친 예링의 큰 영향력을 생각할 때 토마스 아퀴나스의 사
상이 현대 세계에도 얼마나 설득력이 있는가 하는 사실을 잘 알게 해주
는 대목이다. 사실 그런 사상들은 옛것도, 새것도 아니며 '진행형 철학
philosophia perennis'에 속한다. 그러나 예링이 지혜롭게도 토마스 아퀴나스
의 법철학이 갖는 목적론적 측면을 보았다고는 하나, 그의 존재론적 기
초가 무엇인지까지는 깨닫지 못한 것으로 보인다. 예링은 모든 실정법

정의의 원천: 자연법 연구   프롤로그: 몇 가지 기본개념들

의 토대로서 자연법이라는 아퀴나스의 철학까지는 흡수하지 않았다.

토마스 아퀴나스에게 있어 자연법은 곧 인간의 자연적 이성의 명령이었다. 이것들은 자명한 이치였다. 첫 번째 수칙은 선은 행하여야 하고, 악은 피해야 한다는 것이다. 다른 모든 수칙들은 여기에 기반을 두고 있다. 실천이성이 인간으로서 인간에게 선악이 무엇인지 분별해 주는 것은 무엇을 하거나 피해야 한다는 자연법의 계율에 속한다. 그는 인간의 선을 세 가지 단계로 자리매김한다.[40]

첫째는 생명은 그 자체가 선이다. 그러므로 "사람의 생명을 보존하는 일은 무엇이건, 그리고 따라서 생명에 장애가 되는 요소를 제거하는 일은 무엇이건 자연법에 속한다."

둘째, 자손을 낳고 교육하는 것은 선이다. 그러므로 가족의 고결함을 지키고, 그 식구들의 안녕을 증진하는 것은 무엇이든지 자연법에 속한다.

셋째, 이성적 피조물로서의 인간은 하나님에 대한 참된 지식을 알고자하고, 또 인간 사회에서 평화롭게, 조화를 이루며 살고자 하는 선천적 성향을 지니고 있다. 그런 까닭에 종교적·지적 활동의 자유를 보장하고, 정의, 평화, 그리고 질서를 확립하는 것들은 모두 자연법에 속한다.

여기서 우리는 아퀴나스가 인간이 본능적으로 끌리는 그 경향, 그 자체를 자연법의 원리를 구성하는 요소로 보지 않았다는 사실에 주목해야한다. 그는 그러한 자연적 경향은 이성에 의해 통제되어야 할 자연적 요소에 지나지 않는다고 보았다. 아퀴나스는 이렇게 말하고 있다.

  "어떤 영역에서건 인간의 모든 본성적 경향, 예컨대 성욕이 강하다든가, 화를 잘 낸다든가처럼 그게 무엇이건 간에, 이성에 의해 다스려지는 한 그것들은 자연법에 속한다."[41]

다시 말해 자연법은 자연적 이성이 자연적 선에 관해 내리는 지시이다. 자연적 선 또는 자연적 가치들을 적절한 관계 속에서 평가·동의·승락·교정·조정하는 것이 이성의 역할이다.

예를 들어 생명은 선이지만, 어떤 상황에서는 보다 높은 차원의 선을 위해 그것을 희생하는 것이 더 명징**明澄**한 의무일 수도 있다. 맹자는 이렇게 말한 적이 있다. "나는 생명을 바라고, 또한 정의도 바란다. 그러나 이 두 가지를 동시에 다 가질 수 없다면, 생명을 버리고 정의를 취할 것이다."[42] iii

선박 파선과 관련된 유명한 <미 합중국 대對 홈스United States v. Holmes> 사건[43]에서 볼드윈 대법관Justice Baldwin은 다음과 같이 말했다.

> "선원에게는 (저명한 글을 하나 빌자면) 자기 자신보다 다른 사람에 자비를 베풀 의무가 있다. 그는 자기 생명보다 타인의 생명을 더 존중해야 한다. 그래서 우리는 단 한 명에게만 허용된 널빤지 하나를 놓고 선원들끼리 다투는 것은 합법적이라고 할 수도 있지만, 만일 물에 빠진 선객 한 명이 그 판자 위에 올라와 있다면 '필요성의 법'에 의해서도 선원이 선객으로부터 그 판자를 빼앗는 것은 정당화될 수 없다."

이런 견해는 사람이 자기 생명을 구하기 위해 다른 사람의 생명을 희생

---

iii_역자 주: 《맹자孟子》의 〈고자편告子篇〉에 나오는 "生亦我所欲也 義亦我所欲也, 二者 不可得兼 舍生而取義者也"구절이다. 사생취의捨生取義라는 말로 요약된다.

시킬 합리적 권리를 가질 수 없다는 사실을 보여준다. 생명은 물질적 이해만으로 따질 수 없기 때문이다.

볼드윈 판사가 "자연의 법은 인간의 법municipal law의 일부를 구성한다."고 한 것은 중요한 의미를 갖는다. 자연의 질서에는 가치들 간의 위계질서가 있다. 프랜시스 베이컨Francis Bacon은 <추들래이Chudleigh's case> 사건 [44]에서 "생명과 자유는 토지나 재화보다 더 귀중하다."고 하였다. 그런데 여기에 정의와 의무가 생명이나 자유보다 더욱더 귀중하다는 사실을 빼놓을 수는 없을 것이다.

토마스 아퀴나스는 성경의 모든 도덕적 율법을 자연법의 수칙으로 생각했다. 이 책에서 성경 속의 도덕적 율법을 상세히 언급할 수는 없다. 그러나 다행히도 예수 자신이 우리에게 법을 바라보는 근본적 관점을 제시하고 있다.

> 한번은 어느 율법 학자가 예수를 시험하여 물었다.
> "선생님, 율법 중에서 어느 계명이 가장 중요합니까?"
> 그의 대답은 이랬다.
> "네 마음을 다하고 목숨을 다하고 뜻을 다하여
> 주 너의 하나님을 사랑하라 하셨으니
> 이것이 크고 첫째 되는 계명이요,
> 둘째도 그와 같으니 네 이웃을 네 자신 같이 사랑하라 하셨으니,
> 이 두 계명이 온 율법과 선지자의 강령이니라."
> - 마태복음 22:35-40

복음서의 다른 부분에서 예수는 이웃 사랑이라는 뜻이 무엇인지 더 구체적으로 정의내리면서 황금률을 가르쳐 주셨다. "그러므로 무엇이든지

남에게 대접을 받고자 하는 대로 너희도 남을 대접하라 이것이 율법이요 선지자니라."마태복음 7:12 예수는 이 말씀을 통해 단지 구약의 도덕적 율법만을 언급하였고, 자연적 이성과 자연법의 영역을 넘어서지는 않으셨다. 공자 역시 생명의 황금률을 제시한 바 있다. "네가 원하지 않는 것을 남을 상대로 행하지 말지니라." 이 두 개의 황금률은 하나는 적극적이고 하나는 소극적인데, 선은 행해야 하고 악은 피해야 한다는 실천이성의 제1원칙에서 흘러나와 인간의 사회적 생활의 최고 규범을 이룬다. 자연법의 모든 다른 교훈들은 이러한 것들을 구체화하는 것이다.

예컨대, "네 부모를 공경하라, 살인하지 말라, 간음하지 말라, 네 이웃에 대하여 거짓증거하지 말라, 네 이웃의 집을 탐내지 말라."출애굽기 20:12-17 와 같은 것들이 그것이다. 더 구체적으로는 이런 것도 있다. "불이 나서 가시나무에 댕겨 낟가리나 거두지 못한 곡식이나 밭을 태우면 불 놓은 자가 반드시 배상할지니라."출애굽기 22:6 그 누구도 여기에 담겨있는 정의를 부정하지 못할 것이다.

특별히 재판관들을 상대로 언급될 만한 것들로 보이는 몇 가지 사법적 계율들조차 자연적 이성에 흘러나오는 것이 아닌가 생각되는 예들도 있다. "무죄한 자와 의로운 자를 죽이지 말라."출애굽기 23:7, "뇌물을 받지 말라, 뇌물은 밝은 자의 눈을 어둡게 하고 의로운 자의 말을 굽게 하느니라."출애굽기 23:8, "다수를 따라 악을 행하지 말며 송사에 다수를 따라 부당한 증언을 하지 말라."출애굽기 23:2 이 마지막 교훈은 지금 시대를 살아가고 있는 우리에게도 특별한 의미가 있다. 재판관이 따라야 하는 것은 진리이지, 다수의 의견이나 여론이 아님을 명심해야만 한다.

인간의 법으로 구현해 낼 수 있도록 자연법의 기본적 계율을 잘 보여주고 있는 것은 유스티니안Justinian의 <법학제요 Institutes>이다. "법이 명하는 바는 다음과 같다. 명예롭게 살며, 남을 해치지 말고, 각자에게 그의 정당한 몫을 주라."[45] 각자에 그 정당한 몫을 주라, 남을 해치지 말라는 말들은 황금률을 적극적·소극적으로 법에 적용한 결과임을 어렵지 않게 알 수 있다. 사비니Savigny에 의하면 "명예롭게 살라."는 말은 '자기 자신의 인격에 내재된 도덕적 가치를 보존하는 것'[46]을 뜻한다. 인법human law에서 이런 계율은 파운드Roscoe Pound 학장이 지적하듯이 "거래에 있어서의 신의성실이라는 원칙, 부패한 거래의 불법성에 대한 제재, 선행boni mores을 인정하고, 이를 위반하는 경우에 초래되는 결과에 대한 다양한 원칙으로 대표된다."[47]

6. 인법 人法, Human Law

영구법, 자연법 및 인법은 하나의 연속선 위에 있다. 이 연속선을 나무에 비유하면 영구법은 그 뿌리이고, 자연법이 그 줄기이며, 여러 가지 계통의 인법은 그 가지들이라고 할 수 있다. 토양이 메마르지 않고 기후가 온화하다면 이 나무는 어디에서나 정의와 형평의 꽃을 화사하게 피우고, 평화와 질서, 덕과 행복이라는 열매를 맺는다.

형식적으로 본다면 영구법과 자연법은 인법보다 고차원적인 질서에 속해 있으며, 자연법은 인법보다 높은 단계에 있다. 그렇지만 실질적으로 보면 인법이 더 풍성하고 학문적으로는 한층 더 흥미로운 영역을 제공하는데, 이는 그 역량이 허락하는 한도 내에서 시·공간에 따라 다양한 형태를 띠는 특정한 실정법 내지 관습법규와 관행과 어울려 자연법의 일부를 구체화하기 때문이다.

토마스 아퀴나스에 따르면 자연법은 모든 인법의 토대이다. 자연법에 역행하는 것은 그 어떤 실정법도 법으로 간주될 수 없다. 예컨대, "사람은 정당한 사유없이도 합법적으로 살해될 수 있다라는 것을 인법이 승인할 수는 없다."[48] 실정법에 대한 자연법의 우월성은 아퀴나스적 법철학의 근본적 출발점이다. 그런데 한편으로 토마스 아퀴나스는 사회 속에 살면서 벌어지는 사람들이 부딪히는 문제에 자연법이 적당하지 못하다는 점역시 강조하고 있다. "만일 인법이 자연법에서 유래한다면 모든 사람들에게 동일한 원칙을 따른다고 하겠지만, 그렇지 않음은 명백하다."

아퀴나스는 이렇게 말한다. "자연법의 일반원칙이 모든 사람에게 똑같이 적용될 수 없는 까닭은 세상만사는 매우 다양하기 때문이다. 그래서 다양한 국가와 민족 사이에서 실정법이 여러 모양으로 등장하는 것이다."[49] 인법이 두 가지 방식으로 자연법으로부터 유래하였다는 것은 진실이다. 첫째는 전제로부터 결론을 도출하는 방식으로, 그리고 둘째는 일정한 보편성을 결정하는 방식으로 이뤄진다. 아퀴나스는 "어떤 것들은 자연법의 일반원칙으로부터 유래된 결론의 형태를 띤다. 그래서 '살인하지 말라.'는 교훈은 '타인에게 악을 행해서는 안 된다.'는 원칙으로부터 나온 어떤 특정한 결론이다."[50] 그렇지만 다른 것들은 결정이라는 방식에서 유래한다. 그렇기 때문에 "악을 행한 자는 벌을 받아야 한다."는 것은 자연법이지만, 어떤 특정한 방법으로 처벌되어야 하느냐 하는 것은 자연법이 내리는 결정의 하나이다.[51]

예를 들면 모든 인법 체제에서는 살인과 반역을 금한다. 바로 이런 획일성은 두 가지의 뿌리가 같다는 것을 말해 준다. 그러나 각 국가에서 정하고 있는 처벌은 매우 다르다. 왜냐하면 처벌은 목적을 위한 수단에 불과하기 때문이다.

수단을 선택함에 있어 인간의 판단은 나라마다 다르고, 시대마다 다르며, 또 사람과 사람에 따라 다르기 때문이다. 사람들의 판단이 가변적일 수 밖에 없다는 좋은 사례 중의 하나로 <로젠버그 대對 미합중국Rosenberg v. United States, 1953> 사건을 들 수 있다.

이 사건의 쟁점은 두 개의 서로 다른 형벌 규정이 있을 때 어느 것을 적용해야 하는지의 문제였다. 여기엔 1927년의 방첩법The Espionage Act of 1927과 1946년의 원자력법The Atomic Energy Act의 두 가지 법률이 관련되었다. 전자는 범죄가 전시에 범해졌을 경우 피고인은 사형 또는 30년 이하의 징역에 처한다고 규정하고 있었고, 후자는 사형 또는 무기징역을 선고하기 위해서는 배심원단의 평결이 있어야만 한다고 명시하고 있었다.
법원은 방첩법에 따라 배심원 평결 없이 피고인에게 사형을 선고하였다. 피고인은 원자력법이 통과되기 2년 전인 1944년부터 이 사건 범죄를 저질렀고, 유죄판결은 방첩법에 따라 내려졌다.

피고인이 유죄라는 점에 대해서는 의문의 여지가 없었다. 문제는 판결을 선고할 당시에 이미 배심 평결을 요하는 새로운 법이 존재하고 있었음에도 법원은 여전히 종전의 방첩법을 적용하였는데, 이것이 가능한가 하는 것이었다.
대법원 판사들의 의견은 세 가지로 나뉘었다. 다수의견은 "각 법률은 그 자체가 완전한 것이며 각각 그 자신의 존재 이유와 역할을 갖는다."는 입장을 취했다. 그래서 이들은 유죄선고를 위해 적용한 법률이 방첩법인 이상 형벌 역시 같은 법에 따랐다는 것을 부당하다고 할 수는 없다고 보았다.

반면 더글라스Douglas 대법관은 "어떤 사람들은 피고인 로젠버그의 범행의 일부가 구법 하에서 저질러진 것이므로 형벌 규정도 구법에 따라야 한다고 한다. 하지만 하나는 사형, 다른 하나는 징역이라는 두 가지 형벌이 적용될 수 있는 사건이라면 법원은 선택권이 있는 것이 아니라 상대적으로 경한 자유형을 부과해야 한다는 것은 너무나 기본적인 원칙이다."라고 하였다.

블랙Black 대법관과 프랑크푸르터Frankfurter 대법관은 또 다른 의견을 폈다. 그들은 다수의 의견이나 더글라스 대법관의 의견이 타당한지에 관하여는 언급하지 않았다. 대신 그들은 대법원의 절차 진행이 지나치게 졸속이라는 점을 비판하였다. 블랙 대법관은 "이 문제는 좀 더 충분하게 토론의 기회를 얻도록 정부와 피고인들에게 시간을 준 다음에, 또 법원 입장에서도 더 많이 숙고하는 기회를 가진 다음에 결정되는 것이 타당하다고 본다. 본인의 소견으로는 그렇게 하는 것이 가장 훌륭한 사법적 전통과 더 잘 조화를 이룰 것으로 생각한다."라고 하였다.

프랑크푸르터 대법관은 이렇게 말했다. "정부는 물론 1944년에 시작하여 원자력법이 발효하기 전인 1946년 7월 31일 이전에 끝난 반역행위에 대하여도 소추할 수 있었지만 그렇게 하지 않았다. 이 사실이 이 사건에 있어서 결정적으로 중요한 관전 포인트이다." 이 문제를 중요한 쟁점으로 삼는 것이 결정적으로 중요하였다.

하지만 "…내가 피고인 로젠버그를 옹호하고자 하는 것은 아니다."라는 말에서 보듯이 프랑크푸르터 자신은 정작 어떤 결론을 내리지는 않았다. 다만 그는 "그러나 분명한 것은 피고인 주장은 일리가 있으며, 적절한 사법적 판단을 위해 피고인에게 기회가 주어져야 한다는 것이다."라고 하였다.

그의 의견의 요지는 "적절한 정상 참작을 위해서는 더 많은 시간을 필요로 하며… 적절한 공부 없이 적절한 숙고는 불가능하며, 적절한 숙고 없이 적절한 토의가 있을 수 없고, 적절한 토의없이 지혜로운 결론에 불가피한 소통과 의견 교환은 불가능한바, 설득력 있는 의견이란 이런 과정을 통해서만 가능한 것이다."라고 하였다. 그러면서 프랑크푸르터 대법관은 이렇게 마무리하였다.

"이 사건은 법에 따른 정의가 무엇인지 지평을 넓히고 그 정의를 집행하고자 하는 길고도 끝없는 수고를 요하는 사건이다.

이렇게 분투하면서 지불하는 수고가 확실히 열매를 맺을 수 있는가의 여부는 비록 과거를 통째로 소환할 수는 없다고 해도, 미래에 대한 전망을 위해 과거를 얼만큼 잘 분석해 내는가 하는데 달려 있다. 오직 건강한 자기검증과 자기비판만이 중립적이며 지혜로운 판결을 확립하고 강화하는 데 필요한 습성이며, 이런 것이 쌓일 때 사법절차가 사회·정치적 긴장과 압박 아래 놓였을 때 효과적으로 작동할 수 있는 것이다.

미국의 형사 사법절차가 비록 오랜 역사를 통해 본질적인 정당성을 그 배경으로 확보하고 있다고는 하나 결함이 있는 것도 사실이다. 어떤 체제의 법이건 그것이 아무리 현명하게 만들어졌어도

사람들에 의해 다뤄지는 이상 결과적으로 사람들이 지닌 약점을
종종 드러내 보이기 마련이다.
법에 완전함을 요구할 수는 없겠지만, 불가피하게 드러나게 되는
법의 결점에 맞선다는 것, 이런 역량이 있다는 것이 바로 문명화
된 법적 체계를 갖고 있다는 표지이다."

이 사건은 인법은 그때그때 일어나는 우발적 문제들을 취급하는바, 비
록 거기에 일반원칙이 필요하긴 하지만, 사건의 실체를 더 깊숙하게 파
고들면 들수록 일반원칙에서 바로 도출되는 필연성이나 확실성은 더 줄
어들게 된다는 토마스 아퀴나스의 명제를 잘 보여주고 있다. 처벌을 달
리하는 두 가지 규정이 있다는 것은 둘 다 자연법의 입장에서는 특별한
결정이다. 하지만 하나의 공통된 결론은 반역행위는 처벌되어야만 한다
는 것이다.
둘 중의 어떤 쪽으로 결정할지의 문제에 관해서는 이것은 전적으로 어
떤 것이 옳다, 그르다고 하는 문제가 아니고, 어느 쪽을 선택했다는 이
유로 자의적이라고 비판할 것도 아니다. 두 개의 규정 모두 처벌이라는
공포를 통해 반역죄를 금지해야 한다는 목적에 나름대로 비례적으로 부
합하는 것이다.
법에 있어서 목적과 수단의 비례성에 대해 수학적 정교함을 기대할 수
는 없다. 사물의 본질상 정확성이 없는 곳에서 정확성을 기대한다는 건
학문적 소양이 없다는 말밖에 되지 않는다. 예컨대, <사이크스 대對 캔
터키Sikes v. Commonwealth> 사건에서 스탠리Stanley 판무관은 다음과 같이 말
했다.

정의의 원천: 자연법 연구   프롤로그: 몇 가지 기본개념들

"사람이 만든 법은 인간의 본성, 적어도 자기 보존에 대하여 눈감지 않는다. 그러므로 이성적으로 판단할 때 그대로 두면 자기 자신의 생명에 임박한 위험을 예견할 수 있거나, 또는 자기 신체에 대하여 엄청난 고통이나 상해가 예상되는 공격에 대항하여 다른 사람의 생명을 빼앗는 것에 대하여 책임을 물을 수는 없다. 물론 그 공격과 방어 사이에 상호 연관성이 적으면 적을수록 자기방어도 법의 제재를 받을 것이다.

일반적으로 말하자면, 힘과 폭력의 상호 기준이나 수단은 같은 것이다. 방어행위가 과도하거나 공격과 관련하여 행사되는 힘이 균형을 잃지 않아야 한다는 점이 본질이다.

그렇다고 해서 공격을 맞아 방어하는 사람이 '약제사가 저울로 약을 다는 정도의 정확성'을 갖고 있을 필요는 없다. 그 수단은 어떤 상황에서 그 위험을 피하는 데 필요한 합리적 판단의 구현이면 된다. 이것이 법이 요구하는 전부이다."

<브라운 대對 미합중국Brown v. United States> 사건에서 홈스 대법관은 "높이 치켜든 칼 앞에서 공정한 사려를 요구할 수는 없는 법이다."라고 하였다. 로젠버그 사건으로 돌아오면, 아마도 법원의 판결이 실질적으로 타당할 것이다. 1917년의 방첩법은 명백히 '전시 하'로 명시하고 하고 있고, 피고인들의 행위 중 일부는 전시에 시작되어 전시에 종료되었다는 사실은 다수의견의 강력한 논거가 되고 있다. 피고인들이 종전 이후에도 계속 간첩행위를 했다는 사실이 이미 그전에 저질렀던 전시 하의 간첩행위라는 성격을 달리 만들 수 없다.

더글라스 대법관의 지적은 두 개의 법률이 동일한 사실관계에 적용되었다면 타당성이 있었겠지만, 두 법률이 적용되는 사실관계가 동일하지는 않은 것으로 봐야 한다. 하지만 그와 같이 미묘하고 전례가 없는 쟁점이 대두된 사건에서는 그 누구도 절대적 확신을 갖고 말할 수는 없다. 이런 때는 자연법도 우리에게 별 도움이 되지 못한다. 사법절차적 관점에서 블랙 대법관과 프랑크푸르터 대법관의 견해는 비록 결론과는 거리가 있지만 단지 '결정determination'뿐만 아니라 '결론conclusion'까지 대변하는 것으로 보이기 때문에 신중히 새겨들을만한 가치가 있다.

자연적 이성이 구체적 사건에 대한 판결을 내리기에 적절하지 못하다는 바로 그 사실이 코크Coke경이 말한 '연마된 이성artificial reason'의 필요성을 강력히 뒷받침한다. '연마된 이성'을 작동시킴에 있어서는 수많은 연구와 숙려를 요한다.

7. 법학에서의 자연과 연마

위대한 법률가가 나오기 위해서는 높은 수준의 정의라는 도덕적 미덕과 분별이라는 지성적 미덕이 요구된다. 브랙톤Bracton은 "법학은 무엇이 각자의 정당한 몫인지 인식하는 것이고, 정의는 그 몫을 그에게 주는 것이다. 왜냐하면 정의는 하나의 미덕이고, 반면 법이라는 분별은 학문이기 때문이다."[52]라고 하였다.

그러므로 법학은 정의의 학문이다. 미리암 T. 루니Miriam T. Rooney 박사는 "무엇이 공정한가에 대한 판단을 목적으로 하는 학문으로서, 인간 이성이 이를 결정하기에 적합한 범위 내에 있는 그것을 우리는 법학이라 부른다."[53]라고 하였다.

이 정의의 학문을 배양하기 위해서 자연이성뿐만 아니라 '연마된 이성 artificial reason'이 필요하다는 점은 코크경이 아주 설득력 있게 뒷받침한 바 있다. 그런 그는 한편으로는 가장 충실한 자연법의 지지자이기도 하였다. 그의 학설이 미국 법학계에 미친 영향은 엄청나다. 얼마나 굉장한 영향력을 행사했는지 몇 가지 예만 들어도 충분히 알 수 있을 것이다. <뱅크 대對 쿠퍼Bank v. Cooper> 사건에서 그린Green 대법관은 자신의 판결 중에서 코크의 말을 다음과 같이 인용하였다.

"'어떤 정부도 무시할 권리가 없는 영구적 정의의 원칙들이 있다. 그러므로 입법부의 특정한 행위를 금지하는 헌법상의 제한이 없다는 이유로, 그러한 행위가 합헌이라는 결론이 나오지는 않는다. 어떤 행위는 명문으로 금지되어 있지는 않다고 하더라도 명백하게 이성의 명령에 위배될 수 있다. 커먼로common law는 이런 식으로 제정법을 무효라고 판단해 오고 있다.'고 코크 경은 말했다."iv

1866년의 <면허세 사건License Tax Cases>에서 대법원장 체이스Chase는 다음과 같이 판시하였다. "어떤 입법도 무시할 자유가 없는 도덕과 정의의

---

iv_"There are eternal principles of justice which no government has right to disregard. It does not follow, therefore, because there may be no restriction in the Constitution prohibiting a particular act of the legislature that such act is therefore constitutional. Some acts, although not expressly forbidden, may be against the plain obvious dictates of reason. 'The common law', says Lord Coke, 'adjudgeth a statute so far void.'"

근본원칙들이 있다는 사실은 그 누구도 의심할 수 없다." 1910년 <모농가헬라 B 회사 대對 미합중국Monongahela B. Co. v. U.S.> 사건에서 할란Harlan 대법관은 "법원은 스스로가 기술적 규칙에 속박되어 있다는 사실을 잘 깨닫지 못한다. 정부든 개인이든 자연적 정의를 침해하거나 소유권의 본질적 부분을 보호하기 위한 근본적 원칙들에 위반되는 행위를 한다는 걸 알면서도 그렇다. 그럼에도 법원이 그래서는 안 된다거나, 법에 따른 구제 방안을 제시해 줄 필요성이 있다는 걸 느끼는 건 극히 드물게만 그렇다."[54]고 솔직하게 토로한 바 있다.

그러나 법학에 특별한 의의가 있는 것은 자연법과 자연이성의 위대한 옹호자였던 코크 경이 인법을 만들고 배우는 데 있어 '연마된 이성'의 필수 불가결한 역할에 대하여 아주 명확하게 인식하고 있었다는 점이다. 지금 코크는 몇몇 현대의 법학자들로부터 커먼로는 '이성의 완전함the perfection of reason'이라는 말을 했다는 이유로 조롱을 받고 있다. 내가 볼 때는 생각 없이 내뱉은 냉소의 한 사례인 것 같다. 그가 말한 참뜻은 이랬다.

> "법의 생명은 이성이며, 따라서 커먼로 자체도 이성 외에 아무것도 아니다. 여기서 말하는 이성은 모든 사람이 갖는 자연적 이성이 아니라 오랜 연구, 관찰 및 경험에 의해 얻어진 연마된 완전성artificial perfection of reason으로 이해된다. 왜냐하면 누구도 태어날 때부터 기예를 가진 사람으로 나는 것은 아니기 때문이다.nemo nascitur artifex"[55]

만일 내가 잘못 안 것이 아니라면 코크는 커먼로가 원래부터 완전하였다는 것이 아니라 오히려 많은 세대의 축적된 경험에 의하여 끊임없이 완전을 향해 진전 중이었다는 뜻으로 말한 것이다. 특히 그는 법학도라면 커먼로의 정신을 이해하려고 하기 전에 우선 꾸준한 연구와 오랜 사색이 필요하다는 것을 강조하였다. 우리는 자신의 추상적 추론에만 전적으로 의존해서는 안 되며 당면하고 있는 사법적 현실에서 얻은 지식과 경험으로 우리 사고를 배양해야 한다. 이 대목에서 공자의 지혜로운 말이 생각난다. "생각없는 학문은 소용없고, 학문없는 생각은 위태롭다.學而不思則罔, 思而不學則殆" 그러나 코크의 말 중에서 내가 제일 좋아하는 구절은 법률 공부를 우물에서 물을 긷는데 비유한 내용이다.

"법률지식은 깊은 우물과 같아서 우리 법학도들은 각자는 그 우물에서 그의 이해력만큼만 물을 길어 올릴 수 있다는 사실을 유념해야 합니다. 가장 깊이 두레박을 내린 사람일수록 법이 지닌 쾌활함과 감탄할 만한 신비를 보게 될 겁니다. 여러분이 그 바닥 깊숙한 곳에 이르면 전 시대의 법의 현인들을 만나리라 확신하는데, 그중에서도 윌리엄 헐William Herle 경 같은 사람이 주요한 인물이죠.

그리고 그 깊숙한 곳에서 두레박을 수면까지 끌어올리기는 쉽지만, (왜냐하면 '어떤 사물이건 원래 같은 곳에 있을 때는 무게가 느껴지지 않는다.Nullum elementum in suo pro prio loco est grave'는 법칙으로 인해[57] 끌어 올리는 과정에서 수면 밖으로 나올 때 중력으로 인해 많은 힘이 드는 것과 마찬가지로, 이 법학 연구란 세상으로 끌어올리기 시작하는 단계에서는 무겁고 어렵지만, 두레박을 내릴 때처럼 법학 연구자가 그 깊숙한 곳으로 들어가는 그 단계에서는 즐겁고 별 무게를 느끼지 못하고 자신만의 적성을 쫓아 연구할 수 있는 것입니다."[58]

우리는 코크의 '법학이라는 즐거운 빛'[59]이라는 아름다운 구절에 신세를 톡톡히 지고 있는 셈이다. 영구법이나 자연법이 없다면 거기에 '즐거운 빛'이란 게 있을 리 없다. 한편, 자연이성을 인간이 정교하게 다듬는 일이 없다면 거기에 '법학'이 있을 리 없는 것이다.

8. 인법의 근원

자연법은 인법의 기반일 뿐만 아니라 그 본질적 근원을 구성한다. 많은 성문법 국가들은 이 근원을 명시적으로 인정하고 있다. 예를 들면, 1811년의 오스트리아 법전 제7조는 어떤 사건에 대하여 적용할 제정법이 없고 유추에 의하여서도 결론내리기 어려운 경우 "사실들에 대한 세심한 수집과 신중한 고려를 거쳐 자연법 원칙에 따라 판결하여야 한다."고 규정하고 있다. 루이지애나 주 민법 제21조는 "모든 민사 사건에 있어서 적용할 명백한 법이 존재하지 않는 경우 판사는 형평의 원칙에 따라 심리하고 판단해야 한다. 실정법이 침묵을 지키고 있을 때 형평에 따라 판결하기 위해서 자연법 및 이성 또는 관행에 쫓아야 한다."고 하고 있다. 이와 유사한 것으로 스위스 민법 제4조는 "법이 판사에게 명시적으로 재량의 여지를 부여하고 있거나 정상참작을 하도록 하는 경우, 혹은 주장의 논거가 상당한지 여부를 평가하도록 하고 있는 경우, 판사는 정의

정의의 원천: 자연법 연구 　　　　　프롤로그: 몇 가지 기본개념들

와 형평의 원칙에 따라 판단해야만 한다."고 명시하고 있다.

피상적으로 본다면 위 사례들은 모두 자연법에 권위를 부여하는 것이 마치 실정법인 것처럼 생각할 수 있다. 그러나 현실적으로 세상만사의 무수한 다양성과 끝없이 변하는 환경과 여건의 변화를 미리 다 내다보고 인간적 권위를 통해 구체적 경우마다 예측 가능하게 규제해 둔다는 건 불가능한 일이다. 토마스 아퀴나스는 이와 관련하여 이렇게 말했다.

> "모든 개별적 사건들을 예측할 수 있을 정도로 대단한 지혜를 가진 사람은 없다. 그래서 그가 염두에 두고 있는 의도를 말로써 적절하게 미리 표현해 둘 수는 없는 노릇이다. 설령 입법자가 모든 경우를 고려할 수 있다고 해도, 혼란을 피하기 위해서는 그 모두를 다 열거해서 법으로 만들어서는 안 된다. 그러므로 가장 일반적으로 일어날 수 있는 경우를 다루기 위한 법들을 만들어내지 않으면 안 되는 것이다."[60] v

사람의 법의 근원이 되는 자연법은 개별적 사건에 대한 판결에 있어, 말하자면 잔여 권한residuary power을 지속적으로 보유하고 있다. 이것은 법체계가 관행과 판례로 이뤄지고 있는 커먼로 국가라면 어디에서건 그렇다. 이와 관련하여 알렌C.K.Allen은 이렇게 기술한 바 있다.

> "원칙을 발견하기 위해서만 판례를 채용하는 것이 사실인 것처

---

v_No man's wisdom is not able to set forth in words adequately those things which bear upon the purpose he has in mind. Even if a legislator could consider every case yet to avoid confusion, he ought not to set forth all of them: but he should enact laws to cover the most common occurences.

럼, 정의를 발견하기 위해서 원칙들을 채용한다는 것 역시 사실이다… 법이 항상 이상적인 도덕적 정의를 달성한다고는 그 누구도 주장할 수 없고, 법학이라는 학문이 기술성 측면을 불가피하게 지닌다고 하더라도 법학은 단 하나의 목적, 판사라는 직업에 따르는 목표, 다시 말해 소송당사자들 사이에 정의를 구현토록 하는 데 있지, 법이론의 지적 만족에 공헌하기 위해 존재하는 것은 아니다. 모든 판례와 학설, 어떤 주장이나 원칙들도 이 우월한 목적에 이바지하지 않으면 안 된다. 그래서 판례들이 별 도움이 되지 않을 때는 다른 곳에서 빛을 찾아야 한다. 여기서 '첫인상'을 좌우하는 사건들이 생기는데, 수많은 상황과 경우의 수가 누적되어 치환과 결합을 하고 기록으로 남아 있는 오늘날에도 법원에 이 첫인상이 결코 드물지 않게 생긴다. 그러면 판사가 향하는 곳은 어디인가? 영미법을 비롯한 모든 법계의 원천인 이성, 도덕, 사회적 효용성이라는 원칙들이다. 판사는 자신이 첫 사람으로서 내려야 할 사건임이 명백한 경우에도 끌어올 판례라는 권위가 존재하지 않는다고 해서 당황하지 않는다. 법의 본질 자체를 확인함에 있어서는 그런 권위가 필요하지 않기 때문이다."[61]

사실 이것은 윌레스Willes 판사의 다음과 같은 고전적 진술을 확인한 것에 불과하다. "사적 정의, 도의적 정당성 그리고 공공의 편익이라는 원칙들은 선례가 없이도 새로운 사건에 적용되어 커먼로를 만들어 가는 법이다."

제정법과 계약의 해석 및 구조화에 있어서도 이성은 통제적 기능을 수행한다. 얼Earl 판사가 <릭스 대) 파머Riggs v. Palmer> 사건에서 말한 바와

　　　　정의의 원천: 자연법 연구　　　　　프롤로그: 몇 가지 기본개념들

같이 "…모든 법과 계약은 그 작동과 효력이 커먼로의 일반적이며 근본적인 원리에 따라 통제될 수 있다. 자신이 저지른 사기 행위로 인해 이익을 얻거나 또는 자신의 잘못을 되레 편의적으로 이용하거나, 형평에 반한 행위를 통해 권리를 주장하거나, 자신의 범죄로 재산을 취득하도록 하는 것은 그 누구에게도 허용되지 않는다. 이러한 원리는 공공 정책이 명하는 바요, 모든 문명국에서 시행되는 보편적인 법에 근거를 가지고 있기에 제정법으로 이를 대체할 수 없다."

그래서 자연법이 인법의 본질적 일부라면, 인법이 갖는 목적, 다시 말해 인법이 운명적으로 지향하는 종착역인 공동선은 명백하게 정치적 조직체의 효용이라는 원칙만으로 구성될 수 없는 것이다. 공동선에는 무엇보다 인간이 인간으로서 갖는 독특한, 그리고 보다 높은 가치가 포함되어야만 한다. 공동선이란 개념은 국가의 공공복지보다도 훨씬 넓은 의미의 개념이라는 사실이 강조되어야만 한다. 공동선은 공공복지를 포함하지만 미덕을 또한 포함한다.

토마스 아퀴나스는 "급격하게는 못 하더라도 인법의 목적은 점진적으로나마 인간들을 미덕으로 이끄는 데 있다."[62]라고 말한다. 다시 그는 이렇게 말하기도 한다. "인법의 주된 목적은 사람과 사람 사이의 우애를 가져오는 데 있다."[63] 그러나 이것도 인법이 가지는 궁극적 목적은 아니다. "인간의 삶과 사회의 목표는 하나님이다."[64] 사람을 위하여 법이 만들어진 것이지, 사람이 법을 위해 만들어진 것이 아니듯, 인법이 인간의 궁극적 목적을 좌절시키는 경향을 보인다면 그 어떤 것이건 정당하고 이성적이라고 할 수 없다.

그러나 인법은 그 능력 범위 내에서만 공동선에 이바지할 수 있다는 한계를 지니고 있다. 모든 인법이 선을 행하고 악을 피하라는 자연법의 제1차적 명령에서 유래한다고 할지라도, 각각의 미덕의 행위를 다 기술하고 모든 악을 다 금하는 것이 인법은 아니다. 인법은 종종 평범한 사람들에게 조롱거리가 되는 경우도 있다.

보통 사람들은 법이 모든 악을 금하지 않거나 모든 미덕을 다 나열하지 않는 것을 보고 법이 부도덕하다든지 하다못해 도덕중립적amoral이라는 결론을 내린다. 이들은 효과적인 입법조치에는 제한이 따른다는 사실을 깨닫지 못하고 있다.

인법이 금하지 않는 행위라 해서 그 악을 인정하는 것이 아니고, 인법이 지금 당장 그것을 명하는 것이 지혜로운 처사가 아니라고 결론을 내린다고 해서 그 미덕이 별 가치가 없다고 폄훼하는 것도 아니다. 실제로 통상적으로 법적으로까지는 인정되지 않는 일정한 도덕적 의무들이 경우에 따라 예외적으로 법적인 중요성을 지니게 되는 수도 있다.

이것은 법이 도덕에 무관심한 것이 아니라 법이 시간과 장소에 따른 한계와 여건을 고려하지 않으면 안 된다는 사실을 보여줄 뿐이다. 토마스 아퀴나스는 우리에게 이렇게 상기시켜 주고 있다.

"인법은 도덕적으로 불완전한 불특정다수의 대중을 포용해야 한다. 그러므로 인법은 도덕적인 인간이라면 삼가야 할 모든 악행을 금하는 것이 아니라, 보통의 인간이 저지를 수 있는 심각한 악만을 금하고 있는 것이다. 그렇게 하지 않는다면 불완전한 인간은 자발적으로 그와 같은 (기대치 높은) 명령에 복종할 수 없기 때문에 더욱 나쁜 악으로 굴러떨어지고 말 것이다."[85]

인법은 종종 연관된 모든 가치를 다 저울에 달아보고 그중에서도 상대적으로 가벼운 악을 택하지 않으면 안 될 경우도 있다. <모걸 대對 맥그레거Mogul v. MaGregor> 사건에서와 같이 선량한 도덕과 공공정책이 충돌하는 수가 적지 않다. 이 사건은 거래의 자유 쪽으로 치우친 공공정책이 선량한 도덕에 반하여 정의의 저울을 그르치고 있는 것처럼 보인다. 보웬Bowen 경은 이 사건에서 다음과 같이 판시하고 있다.

"누구든지 그가 상인이거나 아니거나 간에 사기 또는 허위표시를 하여 자기가 하는 거래에서 다른 사람에게 손해를 끼치는 것을 정당화할 수는 없다. 협박·방해·괴롭힘 등은 금지된다. …그러나 피고들이 이런 행위로 유죄판결을 받은 사실은 없다. 피고들은 자신들의 영업 이익에 몰두하여 경쟁상태를 끝내기 위해 원고에 대하여 사생결단의 경쟁을 벌인 것에 불과하다. 누구나 자유롭게 거래할 수 있다고 하면서도, 다른 업자들을 해친다고 간주될 수 있는 행위나 자기 점포로 고객들을 끌어들일 작정으로 구상한 행위를 중단해야 한다고 한다면 이는 완벽이라는 허울을 쓴 기괴하고도 실현 불가능한 조언이 아닐 수 없다."

하지만 사기나 허위표시를 하지 않아야 한다거나, 상대를 접박해서는 안 되는 의무와 같이 중대한 도덕적 의무가 개입되어 있는 경우에는 어떤 공공정책이라 하더라도 이런 의무를 뒤집을 수 없다.
선량한 도덕은 공동선의 본질적 성분을 이룬다. 사실 공공질서와 선량한 도덕은 법이라는 기계를 작동하게 하는 두 개의 모터이다. 자유중화

민국 민법에[68] 이들은 언제나 짝을 이루어 나타난다. 몇 개의 예를 들어보면 다음과 같다. "관행은 공공질서와 선량한 도덕에 반하지 않는 경우에 한하여 민사 문제에 적용된다."제2조 "자유는 공공질서와 선량한 도덕에 반하여 제한되지 아니한다."제17조 "공공질서와 선량한 도의에 반하는 법률행위는 무효이다."제71조 vi 이와 같은 규범은 모두 공공선을 보여주는 표식이며, 따라서 자연법에 속한다. 그러나 그것을 구체화하고 완성하는 과제는 절대적 정확성을 주장할 수 없는 '연마된 이성'에 맡겨져 있는 것이다.

9. 합리주의·의지주의·현실주의

법의 본질이 이성에 있는지, 아니면 의지에 있는지에 관하여는 수많은 논쟁이 전개되어왔다. 이성과 의지, 모두 다 법 정립에 관여한다는 것은 명백하다.

어떤 주州도 "법의 적정절차에 따라 그 누구로부터도 생명, 자유 또는 재산을 박탈할 수 없다."는 미합중국 수정헌법 제14조에 규정된 원칙의 예를 들어보자. 모든 주가 자신들의 입법, 행정 및 사법기관에서 이 원칙을 준수하여야 한다는 것은 확실히 미국 국민의 의지will의 표현이다. 그러나 이 원칙 자체가 이성reason의 원칙이라는 점 또한 명백하다. 좀 더 명확히 말하자면 불의, 악은 피하여야 한다는 자연법 계율의 결론에서 파생된 하나의 원칙이다.

---

vi_역자 주: 우리 법에는 이러한 정신이 다음과 같이 표현되어 있다. 민법 제2조(신의성실) ① 권리의 행사와 의무의 이행은 신의에 좇아 성실히 하여야 한다. ② 권리는 남용하지 못한다.

정의의 원천: 자연법 연구   프롤로그: 몇 가지 기본개념들

모든 법에 이성과 의지는 존재하는데, 문제는 법의 본질이 이 두 가지 중 무엇이냐 하는 것이다. 의지만으로 법이 형성되는 것은 분명 아니다. 법 개념 자체는 의지wilfulness와는 반대된다.

토마스 아퀴나스는 "모든 법은 이성과 입법자의 의지로부터 나온다. 하나님의 법과 자연법은 하나님의 이성적 의지로부터 나오지만, 인간의 법은 이성에 의해 규제되는 인간의 의지로부터 나온다."[67]라고 한다.

토마스 아퀴나스가 '이성에 의해 규제되는 하나님의 의지'와 관련하여 자연법을 언급하지 않고 있다는 점은 주목할 만한 가치가 있다. 왜냐하면 하나님의 의지는 바로 이성에 다름 아니기 때문이다. 스탠리스Peter J. Stanlis 박사가 말하는 것처럼 "하나님은 무한히 완전한 신이기에 하나님의 이성Divine Mind과 하나님의 의지Divine Will가 분리된다는 것은 사실상 있을 수 없다. …하나님이 이를 의욕하였기 때문에 법이 정당한가, 또는 그것이 정당하기 때문에 하나님이 이를 의욕하셨는가 하는 문제는 하나님께는 해당하지 않는다."[67a]

다시 말해 하나님 안에서 사랑과 지혜는 하나이므로, 영구법과 자연법상의 의무가 하나님의 의지 또는 이성에 기반을 두고 있느냐 따지는 것은 핵심을 벗어난 접근이다. 인간 입법자의 의지에 관하여는 이렇게 말할 수 없다. 법을 만들기 위한 인간의 의지는 먼저 '이성에 의하여 규제regulated by reason'되어야만 한다. 아퀴나스는 이 점을 엄청 강조한다.

의지론에 입각하여 주장하는 사람들은 이렇게 말한다. "법은 수범자들에게 바르게 행하도록 강제한다. 그러나 행동을 강제하는 것은 전적으로 의지의 기능이다. 그러므로 법은 이성에 속한다기보다는 의지에 속한다."[68] 이런 주장을 좇아 심지어 법학자들 중에서도 주권의 만족이 법의 강제력이라고 보는 사람들이 있다. 이에 대한 아퀴나스의 답변은 예리하다.

> "의지로부터 행동을 강제하는 힘을 가져오는 것은 이성이다. 의
> 지는 어떤 목적을 의욕하고, 이성은 그 목적을 향해 필요한 것을
> 명한다. 이때 목적을 향해 명하여지는 것들이 법이라는 성격을
> 갖기 위해서는 그 의지가 어느 정도까지는 이성에 의해 규제되어
> 야만 한다. 주권자의 의지가 법적 강제력을 갖는다는 표현은 이
> 런 맥락에서 이해되어야만 한다. 그렇지 않으면 주권자의 의지란
> 법이라기보다는 불의injustice가 될 것이다."[69]

그래서 인간의 법을 달리는 기차에 비유하자면 의지는 동력이고, 이성은 궤도 위의 엔진이고, 이 둘의 협력으로 기차는 공동선이라는 종착지를 향하는 것이다. 의지를 법의 실존적 요소라고 본다면, 이성은 실존의 본질이라 할 수 있다. 결국 법이 발전한다는 것은 그 본질인 이성을 구현해 가는 정도에 의해 측정되는 것이다.

현대 독일의 법학자인 구스타프 라드브루흐Gustave Radbruch는 법은 '가치 판단'이라고 말한다. 그 주된 논리는 이렇다. "이것은 정의와 일반의 선을 위해 필요하다. 법이 갖는 힘을 그 명령을 강제하는 위협이나 제재에서만 찾는 것은 비현실적일 뿐 아니라 사악하다."[70] 뉴저지New Jersey주의 밴더빌트Vanderbilt 대법원장도 이와 비슷한 견해를 밝힌 바 있다.

> "우리 법의 대부분은 변호사들과 법관들에 의해 사적 소송이라는
> 모루 위에서 쇠망치로 두들겨지고 단련되어 나온 것이다. 사건이

항소심에 올라가게 되면 판사들은 정기적으로 자신들의 판결 이유를 서면을 통해 공표하기로 되어 있다. 이런 의견들은 법의 전개에 있어 이성과 경험이 끼어들 공간이 있음을 보여주는데, 그래서 우리는 으레 법을 법답게 만들어주는 것이 실제로 법을 뒷받침하고 있는 국가의 물리력이 아닌, 이성과 경험이라고 착각하게 되는 것이다."[71]

이런 사고는 토마스 아퀴나스의 통찰에 가까운 것이라 할 수 있다. 인간의 법이 법이라는 이름에 걸맞기 위해서는 세 가지 측면에서 이성과 조화를 이루지 않으면 안 된다. 첫째, 인간의 법은 자연적 이성의 그 어떤 명령에 반하여서는 안 된다. 둘째, 인간의 법은 공동선을 그 궁극으로 하여야 하며, 이것이 법의 존재이유(레종 데뜨르, raison d'être)이다. 셋째로 인간의 법이 취하는 수단은 반드시 이 목적에 합리적으로 비례하여야 한다. 법의 정당성은 인간의 법이 이러한 요건들을 얼마나 잘 충족시키는가에 달려 있다. 물론 그렇다고 해서 인간의 법체계가 이성의 완벽한 구현이 될 수 있다는 뜻은 아니다.

사실 토마스 아퀴나스가 말했던 것처럼 "불완전에서 완전으로 점차적으로 나아가는 것이 인간이성에게는 자연스러운 것으로 보인다."[72] 자연법의 보편적 계율은 물론 불변이다. 그러나 특정한 결정 및 구체적인 결론을 내리는 과정을 통해 자연법에서 파생되어 나온 인간의 법은 늘 변화하는 인류 문화와 문명의 여건에 자신을 적응시켜 나가야만 한다. 게다가 자연법이 인간이성과 밀접한 관계가 있는 한, 인간이성이 자람에 따라 자연법도 자라게 된다. 아퀴나스가 자연법은 덧붙이는 방식으로 변할 수 있다고 한 이유는 바로 이런 점 때문이다.

자끄 마리땡Jacques Maritian이 언급한 바와 같이 "자연법은 쓰여 있지 않은 법이다. 자연법에 대한 지식은 인간의 도덕의식이 발전함에 따라 조금씩 증대되어 왔다. …우리의 도덕의식 속에 있는 법에 대한 지식이 아직 불완전하다는 사실은 의문의 여지가 없으며, 인류가 존재하는 한 그것은 계속 발전하고 더욱더 정제될 것이다. 복음이 인간의 본질 깊숙이 침투하게 되면 비로소 자연법은 꽃피고 온전해질 것이다."[73]

아퀴나스의 법철학은 합리적이지만, 합리주의적이지는 않다. 그는 이성의 중요성을 알지만, 또한 역사의식도 갖고 있다. 그는 시간에 따라 합리성이 점차 발전할 것으로 믿는다. 그는 합리주의와 비합리주의의 두 가지 오류를 다 피한다. 근대 합리주의의 건전한 핵심은 이성을 강조하는데 있지만, 그 오류의 씨앗은 이론이성과 실천이성을 정확히 이해 못하는 무지에서부터 시작된다. 많은 법학자들은 법을 마치 자연과학처럼 이론이성에 속하는 것처럼 취급한다. 이런 사람들은 불가피하게 자기확신이라는 환상에 빠지게 된다.

반면 일부 사람들은 확신이라는 환상에 반대하는 나머지 이성을 가볍게 여기고, 너무나도 동물적 맹신·의지·본능·느낌·정서·감상·경험 그리고 모호한 가치판단에 기댄다. 이론이성은 윤리와 법과 같이 인간이 부딪치는 현실적인 문제들에는 작동하지 않는다는 사실을 알고, 실천이성의 참다운 성격을 알지 못한 채 이성을 집어 던지고 역사와 심리학에서 답을 찾으려는 사람들도 있지만, 역사와 심리학은 설명만 할 수 있을 뿐 정당성을 제공하지는 못한다. 정당화하고자 하는 어떤 시도도 합리화의 일환으로 의심받는다.

많은 현대의 사상가들은 프라이팬에서 버둥대다가 불로 뛰어드는 물고기와도 같다. 나는 현대 철학이 범하고 있는 잘못에 가장 많은 책임이 있는 것은 '실천이성practical reason'에 대한 칸트의 잘못된 개념과 그가 실천이성을 감성과 신앙의 자리에 갖다 놓은 점이라 생각한다. 법학과 기타 윤리학에 있어 실천이성을 바라보는 아퀴나스식 사고와 칸트식의 개념을 구별하는 것보다 더 중요한 일은 없다. 아퀴나스에게 있어 실천이성은 이론이성speculative reason에 대비되는 것이고, 칸트는 실천이성은 '순수이성pure reason'의 반대되는 개념으로 보았는데, 그렇게 해석하니 실천이성은 뭔가 좀 순도가 떨어지지만, 그냥 예의상 '이성'으로 불러주는 무언가처럼 보이게 되는 것이다.

토마스 아퀴나스에게는 실천이성이나 이론이성, 둘 다 본질적으로 같은 기능을 한다. 이론이성은 주로 인과관계와 관련 있는 문제를 직면하는 이성이다. 실천이성은 이론이성과 같은 것이지만 주로 목적과 수단을 다루는 다른 쪽의 문제를 직면하도록 하는 것이다. 이 둘의 차이는 직면하는 대상의 차이에 있는 것이지, 이성 그 자체에 있는 것이 아니다. 이 점에 관한 토마스 아퀴나스의 입장은 아래와 같은 설명을 통해 매우 명확하게 드러난다.

"학문적 연구의 모든 분야에서 확실함이란 다 같은 종류일 수는 없다. 대가의 경지에 이른 연구자라면 그 학문적 성격으로부터 나올 수 있는 그 이상의 확실성을 요구하거나 그 이하도 요구하지 않을 것이다. 수사학적 설득과 수학적 진리를 같은 수준에 놓는다는 건 거의 죄악에 가깝다. 웅변가로부터 수학적 증명을 요구하는 것 역시 마찬가지다."[74]

정확도는 사물의 성질에 달려 있다. 자연과학은 더 높은 정확성을 제공할 것이고, 윤리학이 제공하는 정확도는 비교적 낮을 것이지만, 합리성에 있어서 양자는 동일하다. 칸트의 입장은 그의 저서 <순수이성비판 Critique of Pure Reason>에서 다음과 같이 드러나고 있다.

> "비판적 견지에서 볼 때 도덕론과 과학 이론은 각각 자기 영역 내에서는 진리일 수 있다. 그러나 비판이라는 것을 통해 실제 세계에 대한 우리의 피할 수 없는 무지를 깨닫기 전까지는 이러한 인식의 틀이 존재함을 알 수가 없었고, 과학적으로 알 수 있는 것들조차 단순한 현상으로 인식하는 것으로 그치게 만들어 버렸다. 그래서 나는 믿음의 여지를 발견하기 위해서는 먼저 하나님, 자유, 그리고 영생에 대한 우리의 지식을 부인하는 것이 필요하다는 사실을 발견했다."[75]

그렇다면 칸트의 전 비판체계가 하나의 무엇을 위한, 경건한 동기에 있음은 명백하다. 이것은 철학자의 전제로는 칭찬할 만하지만, 지적인 관점에서 볼 때는 극단적인 두 길만을 그 위에 둠으로써 현실을 왜곡하고 있다. 결국 칸트가 밝힌 대로 이성은 믿음의 장벽이고, 믿음은 이성의 장벽인가? 나로서는 (칸트)보다 깊은 심리학적 및 형이상학적 통찰력으로 정밀함을 갖춘 현대적 사고가 믿음과 이성을 그렇게 일도양단식으로 나누고, 그렇게 극단적 무비판적으로 수용하는 것에 만족할 수는 없다.

화이트헤드Whitehead는 어디에선가 '중세는 이성을 기반으로 한 신앙의 시대라면, 한편 현대는 신앙에 토대를 둔 이성의 시대'라고 말한 바 있다.[76] 사실은 이성 가운데 신앙이 있으며 신앙 가운데 이성이 있는 것이다. 여기에도 다른 모든 곳과 마찬가지로 서로 상대가 알아차리지 못하는 사이에 그림자를 드리우는 중간 지대가 있다.

결국 따져보면 자연과학, 윤리학 및 미학 사이에 합리성이나 지성에서의 본질적인 차이란 없는 것이다. 왓킨E.I. Watkin이 던진 질문과 같이 "이성은 신뢰할 만하다는 직관과 석양이 아름답다거나 잔인함은 나쁘다는 직관이 어떻게 다르다는 것인가?"[77]

그러나 칸트가 실천이성을 믿음과 도덕적 정서로 밀어낸 까닭에 그의 추종자들은 두 개의 큰 집단으로 나뉘고 말았다. 한 집단은 '실천이성'을 그들의 체계에서 내버리고, '순수이성'의 방법론을 윤리학에마서 적용하였다. 반면 다른 한 집단은 비합리주의자들irrationalists, 낭만주의자들romantics, 의지주의자voluntarists, 실용주의자들 및 사이비as-if 철학자들이 되고 말았다. 헤겔Hegel, 니체Nietzsche, 창조적 진화론의 초기 앙리 베르그송Henri-Louis Bergson같이 칸트에서 벗어나 독립적이라고 선언한 사람들조차도 주관을 자의적으로 객관화함으로써 이원주의를 극복하려 안간힘을 쓰는 한 여전히 칸트의 영향 하에 놓여있다. 특히 헤겔주의는 이성의 외피를 쓴 극단적인 비합리주의이고, 정신의 탈을 쓴 유물론인데, 마르크스에 와서야 비로소 그 탈은 벗겨지고 말았다.

요컨대 칸트는 의지가 명하는 바에 따라 실천이성과 판단이라는 이름 하에 한 그룹으로 묶어 놓은 도덕적 감정·의지·직관·느낌·신앙이 현상계에 국한된 이성과 지식 안에 자리하도록 만들어 두었던 것이다.

9. 합리주의 · 의지주의 · 현실주의

그러므로 칸트가 이해하는 실천이성이란 전혀 이성이 아니었다. 그것은 능력 면에서 순수이성과는 다르다.

칸트주의자들이 현상계와 비현상계, 자연과학과 윤리적 원리, 논리적 정확성과 도덕적 정밀함, 이성과 신앙을 일도양단식으로 분리한 것은 너무 극단적이어서 현실을 왜곡한다. 이런 식의 접근이 존재론 측면에서는 일정한 근거를 갖고, 사고의 도식으로서 생각을 명확하게 정리하는 데는 유용할 수도 있다. 그러나 일단 생각이 그 도식에 꽂히게 되면 그것이 실재하는 현실 그 자체의 특징으로 오인되기 쉽고, 생각을 명료하게 정리하는 대신 그 결과는 '이중삼중의 대혼란'의 초래로 이어질 것이다. 루이 드 래이매커Louis de Raymacker 교수는 이렇게 설명한다.

"칸트주의는 적어도 이론적인 이성 혹은 이론이성에 관하여는 철학적 실증주의의 한 형식이다. 이것은 이론적 이성이 초현상적 실재로 들어가는 걸 금하는 주관적 형식주의의 전도자이다. 그러나 칸트는 이런 불가지론에 만족하지 못했다. 그는 이론철학에 철저하게 닫혀있는 본체의 영역noumena에 도달하는 수단을 실천이성 안에서 발견했다고 믿었다. 칸트식의 접근은 많은 철학자들이 모방하게 되었는데, 현상 너머 일어나는 일들을 어떤 식으로 접근해야 할 것인지에 대한 갈급함이 없는 사람은 거의 없기 때문이다. 칸트식의 불가지론을 옹호하는 사람들은 현실에 대한 만족스러운 설명 방법을 찾아내기 위해 종종 비합리주의의 길- 감정, 행동 또는 원천적인 몇몇 직관의 길- 로 들어선다."[78]

순전히 현상학적 관점에서 보더라도 칸트의 이원론은 사물을 지나치게 단순화하고 있다. 존 듀이John Dewey는 이렇게 말한 바 있다.

> "우리가 살고 있는 세상은 예측가능성과 통제를 담보할 수 있는 충분성, 완전성, 질서와 반복, 그리고 한편으로는 아직 결론이 미정으로 남아 있는 개별성, 모호성, 불확실성, 과정이 인상적이며 불가항력적으로 섞인 혼합물이다. 이것들은 기계적으로 섞여 있는 것이 아니고 마태복음 13장에 나오는 비유 속의 곡식과 가라지처럼 극도로 섞여 있다."[78]

이것은 경험적 현실empirical reality이라는 아퀴나스식의 관점과도 유사한데, "내내 일관된 견고한 균질 덩어리도 아니고, 속속들이 단절된 입자들을 모아둔 것도 아니며, 내부에서 미묘하게 차별화되어 있다."[78b] 그러므로 경험철학에서의 아퀴나스식 관점은 이원론적dualistic이라기 보다는 다원론에 가깝다.

법적 현실도 마찬가지이다. 법학은 법적 현실 전반을 마주 대하여 참다운 학문적 기풍으로 씨름하여야 한다. 법학은 깔끔하고 명확히 보이도록 하기 위해 제멋대로 법적 현실의 일부만을 따로 떼어 학문을 위한 학문의 상아탑을 쌓아서는 안 된다. 참된 학문적 기질을 가진 법률가라면 법을 마치 이론이성에 속하는 것처럼 다루지 않을 것이다. 그는 재료를 그가 원하는 대로가 아니라 있는 그대로 다룰 것이다. 그는 단지 칸트식 개념의 '순수이성'에 적합하지 않다는 그 이유만으로 정의를 불합리한 관념으로 치부하지 않을 것이다.

신新 칸트주의자들은 크게 슈탐러Stammler [79]와 켈젠Kelsen [80]으로 각각 대표되는 두 가지 학파로 분류될 수 있다. 슈탐러 쪽은 정의의 문제를 순수이성의 방법론으로 다룬다. 칸트의 체계를 더 객관적으로 이해하는 것으로 보이는, 다시 말해 실천이성에 대한 칸트식의 개념에 내포된 실천이성은 사실상 이성이 아니라 감성이라 보는 견해에 동조하는 켈젠 쪽은 정의의 문제를 불합리한 관념[81]으로 간주하여 법학은 합리적이어야 한다며 여기에서 제외해 버렸다.

난 양쪽에 다 같이 깊은 경의를 갖고 있다. 이들은 각각 자신의 분야에 있어서 지대한 공헌을 하였다. 슈탐러의 정법론正法論, Theory of the Right Law은 법 이론이 순수한 실증주의로 퇴행하는 것을 막았으며, 켈젠의 법질서와 법규범체계의 각종 단계설은 분석법학에 귀중한 공헌을 하였다. 그러나 슈탐러와 켈젠, 둘 다 칸트의 순수이성과 실천이성의 순진한 분리를 무비판적으로 받아들인 까닭에 출발점 자체가 잘못되었고, 이것은 결과에까지 영향을 미치고 있다. 슈탐러의 체계는 비판적 이상주의란 깃발 아래 합리주의의 재판再版이고, 켈젠의 '순수법론Pure Theory of Law'은 법학의 영역에서 정의라는 관념을 단순히 감정으로 여겨 불합리한 것으로 배제하는 순전한 법실증주의이다.

괴테Goethe는 "관념에서 떠나는 사람은 결국 개념조차 갖지 못한다."[82]고 했다. 슈탐러는 이 말을 켈젠보다는 더 잘 이해했던 것 같다. 내 생각엔 '관념'은 본질essential과 연관이 있고, 개념은 '존재existential'와 연관되어 있다. 본질에서 떠나는 법 실증주의자들은 마침내 존재까지도 잃고 말 것이다.

아퀴나스식 관점은 합리주의와 비합리주의 또는 의지주의, 모두에 대하

정의의 원천: 자연법 연구   프롤로그: 몇 가지 기본개념들

여 답을 제공한다. 합리주의에 대하여 아퀴나스는 법은 인과의 문제를 다루는 이론이성이 아닌 수단과 목적을 다루는 실천이성에 속하는 것이라고 말한다. 이론이성이 그 본질과 양상이 서로 달라질래야 달라질 수 없는 자연현상과 연관된 '필연적 사물necessary things'의 잣대라면, 실천이성은 이성과 함께 자유의지를 각각 부여받고 있으면서 목적에 대한 평가 및 목적에 이르는 수단에 대한 선택 역시 저마다 달리하는 인간의 행위로부터 나오는 '우연적 사정contingent matters'의 가늠자이다. 이론이성의 경우 일반적 상황에서나 개별적 상황에서 다 필연성이 있다. 반면 실천이성의 경우 일반원칙에서만 필연성이 있고, 개별적 사정의 내부로 들어가면 들어갈수록 필연성의 여지는 줄어든다. 인간들이 천사거나 아담이 원죄로 낙원에서 쫓겨나지 않았더라면 얘기가 달라졌을지 모르겠다. 사실 확률 내지 개연성이 세세한 문제에 부딪힐 때마다 삶의 안내자가 되어주는 것만은 틀림없다.

한편 비합리주의자들에 대하여 아퀴나스식 관점에서는 실천이성도 모호한 판단이나 맹목적 의지가 아니라 여전히 이성이며, 비록 "일반명제가 구체적 사건을 결정하지는 않지만"[83], 그럼에도 불구하고 법이라는 구조물이 세워지기 위한 불가결한 토대라고 답할 것이다. 토마스 아퀴나스가 말했던 것처럼 세부적 사안으로 들어가면 절대적 정확성은 없을지라도 상대적 정확성은 여전히 있을 것이기 때문이다. 이런 문제들에 있어 아퀴나스는 전적인 이성이나 전적인 비이성이란 말을 쓰지 않고, '다소 이성적more or less reasonable'이란 표현을 쓰고 있다.

　"사람이 연관된 문제를 다룰 때 가시적이며 완벽한 입증을 요구하기는 어렵다. 다만 웅변가가 사람들을 설득하는 재주에 들어 있는 것처럼, 일정한 추론적 확률을 얻어낼 수 있다면 그것으로 충분하다."[84]

토마스 아퀴나스는 존재론적으로나 경험적으로 철두철미하게 현실주의적이었다. 하인리히 롬멘Heinrich Rommen이 지적한 것처럼 경험주의empiricism와 철학적 존재론philosophical realism의 차이는 전자의 경우 무대 앞의 광경을 보는 것으로 만족하는 반면, 후자는 지적 추구의 기쁨을 갖고 생기발랄하게 수용하고 있는 현실 그 너머까지 배경을 조망하는 데 있다.[85]

10. 개인주의 · 집단주의 · 인격주의

가톨릭 전통을 잘 모르는 학자들은 흔히 가톨릭의 사회이론이 집단주의적 성격을 띠고 있는 것처럼 생각하고 있으나, 이것처럼 진실과 동떨어진 분석도 없다. 가톨릭 사회철학의 근본은 인간의 존엄성이다.[86] 이 점에서 가톨릭 사회이론은 그야말로 집단주의적인 파시즘이나 공산주의와 정면으로 충돌한다.

파시즘이나 공산주의에게 집단은 지극히 중요하지만, 그 개별적 구성원은 정치체의 세포들로서 지니는 정도의 중요성 외에는 달리 중요하게 취급되지 않는다. 집단이 목적이고, 개인은 단지 수단에 불과한 것이다. 모든 권력은 국가에 의해 창조된다. 국가 위에 법이 없으며, 인간에게 고유한 생래적인 자연권이란 없다. 국가는 줄 수 있고, 그 국가는 박탈할 수도 있다. 그리하여 카이사Caesar, 라틴 발음으로 카이사르가 하나님의 지위를 박탈한다. 정치사회의 이해관계가 옳고 그름의 유일한 기준이다. 예컨대, 소비에트 형법전은 법의 목적을 다음과 같이 풀이하고 있다.

> "소비에트 형법의 목적은 사회적으로 위험한 행위(범죄)를 범한 자들에게 본법에서 규정하는 사회방위의 수단들을 적용함으로써 노동자·농민의 사회주의국가 및 확립된 질서를 보호하는 데 있다."[87]

이와 같이 공산주의는 공동선을 국가 내지 특정한 계급의 집단적 선과 완전히 동일시한다. 농민이나 노동자가 아닌 사람은 국가에 대하여 아무런 법적 지위를 갖지 못하며 '사회적으로 위험한' 존재로 무자비하게 숙청될 수 있다. 사실상 국가는 하나의 계급과 동일시된다.
비신스키Vyshinsky가 말하는 바와 같이 "법은 (a) 지배계급의 의지를 표현하면서 법질서를 통해 확립된 행동 규정들, 그리고 (b) 국가 권위에 의해 승인되는 관행과 공동체 삶의 규칙들로서 그 집행을 통해 지배계급에 유익하고 수용될 수 있는 사회적 관계와 사회질서를 수호, 보장 및 발전시키기 위한 규범의 총체이다."[88]
그는 나아가 "소비에트 법은 노동자들의 권위에 확립된 규칙들 및 그들의 의지의 총합이다. 이러한 규칙들의 효과적인 작동은 사회주의 국가의 전폭적 강제에 의해 담보된다. 그 목적은 노동자들에게 유익하고 받아들여질 수 있는 관계들과 방식들을 방어, 확보 및 발전시키고, 공산주의 사회를 건설하기 위해 경제체제, 삶의 양식 및 인간의식 속에 있는 자본주의와 그 잔재를 종국적으로 완전하게 청산하는 것이다."[89]고 하였다. 이것은 자신의 논리적 목적을 향해 강박적으로 나가는 전형적 모습이다. 지배계급의 의지가 법의 본질이고, 이성은 의지의 시녀로 전락하는 것이다.

론 풀러Lon Fuller가 지적하듯이 "실체적인 모든 관점에서 볼 때… 아리스토텔레스와 마르크스 공산주의 철학은 양극단에 있다. …아리스토텔레스의 대전제의 거의 대부분은 소비에트 법 및 윤리적 교리와 반대된다. 인간은 타인과의 관계를 정립함에 있어 그 자신이 책임지는 주체라는 점, 형벌은 일종의 고의나 과실에 근거하며 비례성을 가져야 한다는 점, 윤리적 및 법적 문제는 특정한 사회의 경제 조직과는 무관하게 합리적 분석의 대상이 되어야 한다는 점 등이 그것이다. 이 모든 명제들에 소비에트 학자들은 반대할 것이다."[90]

가톨릭 법철학의 대표자로 간주할 수 있는 토마스 아퀴나스가 아리스토텔레스의 영향을 얼마나 많이 받았는지 생각해 본다면 가톨릭의 입장과 집단주의, 전체주의의 관점 사이에 얼마나 큰 차이가 있는지 이해하기 어렵지 않다. 현대 사회의 어느 신新토마스주의자는 이렇게 말하고 있다.

"토마스 아퀴나스는 어느 인간 공동체가 하나의 실질적 전체가 될 수 있다는 주장을 뚜렷하게 부정한다. 궁극적 실체는 인간이다. 사람보다 고차원적인 합성물은 존재하지 않으며 대령大靈, Over-Soul과 같은 것도 인정되지 않는다. 어떤 집단들은 그 자연적 속성이 매우 강하다는 사실을 느끼고 있었음에도 불구하고 아퀴나스는 그것들이 그 자체로 진화한다든지, 구성원인 개인들을 떠나 그 집단 자신이 생명력을 가지는 유기체로 된다고 생각하지 않고, 비교적 약한 지위의 개인을 집어삼키는 법인격으로 발전된다고 생각하지 않았다."[91]

인간이 목적이며, 사회는 비록 필요한 것이지만 어디까지나 하나의 수단에 불과하다. 비오 12세Pius XII에 의하면 이것은 그리스도의 거룩한 몸Mystical Body of Christ와 관련해 볼 때도 맞는 말이다. 그는 그리스도의 몸과 기타 인간사회, 다른 한편의 육체를 구분하였는 바, 가톨릭 사회철학을 제대로 공부하는 사람이라면 그의 말을 가볍게 넘길 수 없다.

"보통의 육체에 있어서는 결합의 원리를 통해 각 부분이 서로 연결되어 있으나 그들만의 완전한 독자성은 없다. 반면, 그리스도의 신비한 몸 안에서는 강제적 힘이 밀접하게 각 구성원들을 연합시켜주면서도 각자는 완전히 그 자신만의 인격을 완전하게 보유할 수가 있다. 전체와 각 개인 구성원 사이의 상호 관계를 고려하면 더 큰 차이를 볼 수 있다. 왜냐하면 살아있는 육체의 궁극적인 목표- 즉, 육체를 구성하는 개개인들의 존재 이유는 전체 조직의 유익benefit이고, 반대로 인간들이 만든 사회조직의 궁극적인 목적은 그 구성원들이 사람들인 한 각자, 각 구성원의 선good이다."[92]

교회의 사회철학은 따라서 집단적이라기보다는 오히려 개인적이다. 한편, 인격주의personalism와 개인주의individualism는 분명하게 구분되어야 한다. 전자는 인간을 온전한 도덕적인 인격으로서 취급하나, 후자는 주로 경제적 단위로 취급한다. 예를 들어 인격주의가 노동의 존엄성에 방점을 둔다면, 개인주의는 노동을 수요와 공급이라는 경제법칙에 따라 움직이는 하나의 단순한 상품으로 본다. 개인주의가 거의 자연적 권리만을 생각할 때, 인격주의는 자연적 의무도 아울러 고려한다. 물질은 쪼개고 개별화시키는 원리를 그 바탕에 깔고 있기 때문에 개인주의는 물질주의로 기울기 쉽다. 반면 인격의 원리는 정신이다. 따라서 인격주의의 목표는 인간의 완성에 있는데, 그것은 사랑과 정의를 배양하지 않고서는 결코 달성될 수 없다.

<1953년 인간의 존엄에 관한 미국주교성명American Bishops' Statement of 1953 on 'Man's Dignity'>은 중도적 입장에서 개인주의와 집단주의를 확실하게 배척하는 입장을 드러냈다. 이 성명은 다음과 같이 선언한다.

"기독교적 관점은 개인주의와 집단주의라는 상반되는 양극단을 피하는바, 두 가지 모두 자유에 대한 잘못된 개념 위에 서 있다. 개인주의라는 제어되지 않는 자유는 '개인'에게 사회를 무시할 권리를 부여하고, 다른 한편 집단주의는 무제한의 독재의 자유를 통해 개인을 하나의 민족이나 계급 속으로 흡수할 수 있는 권리를 정부에 줌으로써 선택의 자유를 말살한다. 개인주의의 잘못된 자유는 해방을 개인적 방종으로 정의함으로써 사회를 파괴하고, 독재의 잘못된 자유는 개인의 인격을 파괴할 독재자에게 부여된 권한을 자유로 보고, 이 권한은 사회의 필요로부터 파생되는 것이라고 정의함으로써 인간을 파멸시킨다."[93]

그럼 이제 공동선을 기독교적 개념을 통해 이해해 보자. 이것은 첫째 하나님으로부터 인간이 인간으로서 부여받은 생래적 선을 의미한다. 이러한 선은 만인에게 공통된다. 공동선의 개념 속에는 국가나 다른 사회조직의 집단적인 이익이 포함되지만, 이런 집단적 이익은 법의 일차적 목적을 달성하기 위한 수단에 불과하다. 무엇보다 궁극적 공동선은 하나님이라는 사실을 잊지 말아야 한다. 개별적 인간(인격)과 사회는 모두 하나님과 그분의 법 아래에 있다. 어떤 식으로 접근하더라도 법의 온전한 완성은 사랑이다.

주註

1. O. W. Holmes, Collected Legal Papers (Harcourt, 1920), p.164-5.

2. 위 같은 글, p.195.

3. 위 같은 글, p.202.

4. 위 같은 글, p.276-7.

5. 위 같은 글, p.37.

6. 위 같은 글, p.37.

7. Sir Henry Finch, Nomotechnia (1613), quoted by Richard O'Sullivan in The King's Good Servant (Newman, 1948), p.19.

8. Cardozo, The Growth of the Law (Yale University Press, 1914), p.23.

9. 위 같은 글, p.25-6. 로버트 윌킨(Robert N. Wilkin) 판사도 마찬가지로 진술한 바 있다. "자연법의 원칙, 기준 및 교훈은 헌법, 법령 및 판례가 끊임없이 변화하는 삶의 상황에 맞춰 해석되고 적용됨에 따라 법원에 의해 지속적으로 활용되고 있습니다. 또 유언, 계약, 일상적 행위와 관계를 해석하는 데에도 사용됩니다. 자연법은 인간 본성의 일부이며 삶과 분리될 수 없는 것입니다."(Proceedings of the Natural Law Institute, 2 [1948], p.147)

10. Summa Theologica, I-II, 95.2. in corpore. 특별히 따로 주석을 달지 않는 한, 이 책에 나오는 토마스 아퀴나스의 〈신학대전〉은 뉴욕 브루클린의 앤써니 로 가토(Rev. Anthony Lo Gatto) 신부의 새 번역본을 너그러운 양해 아래 인용한 것이다; 이 책에서 〈신학대전〉의 각주 표기는 저자가 한 것처럼 일반적 방식에 따라 S. T. 라고 한다.(역자 주)

11. Translated from Bracton, De legibus et consuetudinibus Angliae, ed. by Woodbine (1915), folios 107a and 107b. 이 책에 나오는 브랙톤에 관한 인용 구절은 세톤 홀 대학(Seton Hall University)의 에드워드 사이난 신부(Rev. Edward Synan)의 도움을 얻어 저자가 번역하였다.

12. S. T., I-II, 95. 2. in corp.

13. From Encyclical Letter Libertas Praestantissimum, June 10, 1888. The Great Encyclical Letters of Pope Leo XIII (Benziger, 1903), p.141-2.

14. S. T., I-II, 95. 2. in corp. 자연법의 '결정(determination)'은 경험적 이성의 산물이며 최종이라고 주장할 수 없다는 점에 유의해야만 한다.

15. S. T., I-II, 109. 3. 1.

16. 위 같은 글, ad 1.

17. Combe v. Edwards (1878), 3 Probate Division 142.

18. Minos, 315 A.

19. Diogenes Laertius, Lives of the Philosophers, vii, 88.

20. Hooker, Ecclesiastical Polity, i, sec. 16. 현대판을 사용하였다.

21. Cicero, De Legibus, I, 6.

22. Justinian, Digest, 1, 1, 1.

23. Cardozo, The Growth of the Law, p.52.

24. S. T., I-II, 90. 4. in corp.

25. S. T., I-II, 93. 1. ad 2.

26. 이것은 단테가 그의 〈신곡, Divine Comedy〉에서 최종적으로 본 장면이다. 유교 고전인 중용에 '도덕의 본체는 사시사철이 이어지고, 해와 달이 끊임없이 교대로 밝혀주는 그 법칙과 같은 뿌리를 두고 있다(道體之常 比如四時之代替 日月之交明 循環無窮)'는 말이 있는데(구흥밍 역), 칸트 자신도 자신이 스스로 만든 이원론의 감옥에서 탈출했던 순간이 있다.

27. S. T., I-II, 93. 3. in corp.

28. Sheed, Theology and Sanity (Sheed & Ward, 1947), p.116-17. 최근 어느 논문에서 조지 고블(George W. Goble) 교수는 "사랑 · 우정 · 동정심 · 아름다움과 같은 단어들이 논리적 용어가 아니기 때문에 비현실적이라고 해서는 안 된다."(American Bar Association Journal, vol.41, p.403)라고 했는데, 만일 그가 여기서 '현실(real)'을 경험적이라는 의미뿐만 아니라 본체론적인 의미까지 포함해서 썼다면 저자는 그의 견해에 전

적으로 공감한다.

29. 이 대목은 1949. 11. 13. 사법년도 출범식에서 로마신성법원에 보낸 교황의 훈시에서 인용한 것이다. 원제목은 "법과 양심: 법의 객관적 규범"으로 비오 12세의 회칙집 〈지적 지식에 관한 회칙, Discorsi agli Intellettuali: 1939-1954 (Rome, 1954)〉에 실려 있다. 이 문헌은 현대 법 실증주의에 대한 가장 핵심적인 비판인 동시에 자연법 철학의 근본적인 출발점을 제시하고 있다.

30. S. T., I-II, 91. 2. in corp.

31. 위 같은 글, 91. 3. ad 1. 사변적 자연법 철학자들은 이러한 영구법과 자연법 사이의 구분을 잊어버렸다. 그 결과 인간의 이성이 하나님의 이성을 대신하며, 우주를 위한 법 제정도 인간의 영역으로 간주하게 되었다. 최악의 사변철학이라 할 수 있는 헤겔주의는 하나님에게도 이 법칙을 적용한다. Sheed, Communism and Man (Sheed & Ward), Chap. I on "What Hegel Thought."

32. 위 같은 글, 94. 4. in corp.

33. Collected Legal Papers, p.174

34. 위 같은 글, p.310.

35. 많은 이들이 루돌프 폰 예링(Rudolf von Ihering, 1818-1894)을 19세기 최고의 법학자로 꼽는다. 홈스는 그를 '천재'라고 불렀다. (The Common Law, p.208) 그는 미국식 유머 감각을 가진 독일 학자였다. 그의 문체는 활기로 넘친다. 그의 기념비적인 저서인 〈로마법의 정신, Der Geist des römischen Rechts〉 (영어 번역본이 없음)과 〈법의 목적, Der Zweck im Recht〉 (이 책의 첫 권은 '목적에 이르는 수단으로서의 법 (Law as a Means to an End)'이라는 제목으로 번역되어 '현대 법철학총서(Modern Legal Philosophy Series)'에 수록되어 있음) 외에 그는 〈법학의 유머와 냉정한 진실, Scherz und Ernst in der Jurisprudenz〉을 썼는데, 여기에 '법 개념의 천국에서 (Im juristischen Begriffshimmel)' 라는 재치있는 글이 실려 있다. 이 글의 영어 버전은 여기서 찾을 수 있다. Cohen and Cohen, Readings in Jurisprudence and Legal Philosophy (New York, Prentice-Hall, 1951), p.678 ff. 이 유머 넘치는 에세이에서

그는 법제도의 목적에 대하여는 일체 생각하지 못하는 법률가들이 머리를 쥐어짜며 추론에 몰두하는 모습을 조롱한다.

36. Browne, Christian Morals (Bonn's ed.), p.111; and Justice Evatt in R. v. Connare, 61 C.L.R. 620.

37. Roscoe Pound, "Mechanical Jurisprudence", Columbia Law Review, vol.8 (1908), p.1 ff. 현대 법학의 두드러진 경향 중의 하나는 판사들의 법치주의의 '바탕을 이루는 철학' 내지 '합리성' 혹은 '목적'에 대한 인식이 점점 높아지고 있다는 것이다. 미국의 법학은 형식보다는 실질을 더 중시하는 형평과 자연적 정의라는 정신으로 점점 더 충만해지고 있다. 심지어 소제기기한(statute of limitations)을 따짐에 있어서도 도덕적 고려를 전혀 배제하지 않는다. 예컨대 프란시스(Francis) 판사는 "공소시효는 고의범이건 과실범이건 가해자의 손에 쥐어진 몽둥이가 아니다. 그것은 피해자의 등에 꽂혀 있는 바늘로 본질적으로 악용 가능성이 현저하다."라고 하였다.(108 A. 2d 458, at 464)

38. 앞, 각주 37.

39. The Second Volume of Der Zweck im Recht (1886), p.161 참조.

40. S. T., I-II, 94. 2. in corp.

41. 위 같은 글, 94. 2. ad 2.

42. 孟子, 告子上 第十章.

43. Circuit Court, E.D. Pennsylvania, 1842. 1 Wall. Jr. 1, 26 Fed. Cas. 360.

44. Works (Spedding's ed., 1879), Vol.VII, p.634.

45. Institutes, 1. 1. 3. 이 말은 울피안에서 인용하였음.

46. 사비니Savigny의 말은 그의 〈현대 로마 법학〉에서 찾아볼 수 있다.(System des heutigen römischen Rechts, vol.i, p.407 et seq.) 사비니 철학의 깊은 기독교적 토대는 그의 "모든 법의 보편적 목적은 기독교 생명철학에 나타난 것처럼 인간 본성의 도덕적 지향에서 도출될 수 있다."는 말에서도 짐작할 수 있다.

47. Pound, "The End of Law as Developed in Juristic Thought", Harvard Law Review 1914), p.609.

48. S. T., I-II, 100. 8. ad 3.

49. S. T., 95. 2. ad 3.

50. 이로부터 '결론(conclusions)'은 '선(good)'과 '악(evil)'의 구체화에 있다는 것이 명백하다. 그래서 그것들은 가치 및 목적에 가까운 것들과 관련이 있는 것이다. 반면 '결정(determinations)'은 목적을 이루는 수단과 관련되어 있다. 결론은 자연법의 제1차적 계율과 계통을 같이 하지만, 결정은 그와 간접적이며 부수적 관계에 있다. 시코나니(A. G. Cicognani) 대주교의 말을 빌리자면, "모든 인간의 법과 교훈이란 근본적으로 보자면 필요한 '결론' 혹은 자연법의 일반원칙에 따른 좀 더 세밀한 결정이다. 그러므로 인정법은 멀거나 가깝거나 간에 거리의 차이는 있을지 몰라도 자연법으로 환원될 수 있는 것이다." Canon Law (Newman, 1949), p.25-6.

51. S. T., I-II, 95. 2. in corp.

52. De Legibus, fol. 36.

53. Rooney, Lawlessness, Law, and Sanction (Catholic University of America, 1937), p.70.

54. State v. Otis Elevator Co. (1953), 95 A. 2d 715, 721-2. 여기에서 대법원장 밴더빌트(Vanderbilt)는 브랙톤과 코크를 인용하였다. 또 어윈 그리스월드(Erwin N. Griswold) 학장은 왕은 하나님과 법 아래에 있다는 브랙톤의 고전적 선언에 관하여 언급하면서 "이 말들은 그 원어인 라틴어 'Non sub Homine sed sub Deo et Lege(인간의 아래가 아닌 하나님과 법 아래에)' 그대로 하버드 로스쿨 정문에 새겨져 있습니다."라고 자랑스럽게 말한 적이 있다. The 5th Amendment Today (Harvard University Press, 1955), p.33.

55. Coke on Littleton, 97b. 이 라틴어 속담은 "누구도 처음부터 재주를 타고 태어나지는 않는다."라는 말로 번역될 수 있다.

56. 論語 爲政 第二.

57. "어떤 원소도 그 자리에 그대로 있을 때는 무겁지 않다." 이 말을 좀 더 이해하기 쉽게 한다면 "그 자신의 성격에 있을 때 무거운 것이라고는 없다."

58. Coke on Littleton, 71a.

59. Coke on Littleton, Epilogue.

60. S. T., I-II, 96. 6. ad 3.

61. C. K. Allen, Law in the Making, 5th ed. (Oxford: at the Clarendon Press, 1951), p.276-7.

62. S. T., I-II, 96. 2. ad 2.

63. 위 같은 글, 99. 2.

64. 위 같은 글, 100. 6.

65. 위 같은 글, 96. 2. ad a.

66. English translation by Ching-Lin Hsia.

67. S. T., I-II, 97. 3. 11 corp.

67a. Newman Review, vol.4, p.36.

68. 위 같은 글, 90. 1. 3.

69. 위 같은 글, 90. ad 3.

70. Law Quarterly Review, vol.3, p.534.

71. Vanderbilt, Law and Government in the Development of the American Way of Life (University of Wisconsin, 1951), p.10.

72. S. T., I-II, 97. 1. in corp.

73. Maritain, "The Philosophical Foundations of Natural Law", in Natural Law and World Law: Essays to Commemorate the Sixtieth Birthday of Kotaro Tanaka (Yuhikaku, 1954), p.137.

74. Commentary, Ethics, i, Lect. 3. Thomas Gilby의 번역본을 인용하고 있다. St. Thomas Aquinas: Philosophical Texts (Oxford, 1951), p.9.

75. Fulton Sheen, The Philosophy of Religion (Longmans and Brown & Nolan, 1952), p.42.

76. 그의 '과학과 현대 세계Science and the Modern World'에서 수년 전에 이렇게 말

한 것을 본 기억이 있는데, 정확하게 어디인지 페이지를 표기할 수 없다.

77. The Catholic Center (Sheed & Ward, 1939), p.99.

78. The Philosophy of Being (Herder, 1954), p.5-6.

78a. Experience and Nature, (New York, 1925), p.47.

78b. Gilby, Between Community and Society, (Longmans, 1953), p.14.

79. 루돌프 슈탐러(Rudolf Stammler, 1836-1938) 일반적으로 금세기 들어 가장 위대한 법철학자로 간주된다. 파운드(Pound)학장은 그에 대해 "슈탐러는 의심할 여지없이 금세기 법철학에 있어 가장 강력한 영향력을 끼친 인물이다."(Harvard Law Review, vol.51, p.448)라고 했다. 그의 입장이 중요한 이유는 실증주의가 절정에 달하고 자연법이 가장 쇠퇴하던 시기에 글을 썼고, 칸트의 방식을 채택하여 (1) 존중의 원칙과 (2) 참여의 원칙이라는 두 가지 범주로 통해 정의라는 기본원칙의 보편타당성을 옹호했다는 사실에 있다. 그의 체계는 초월적 관념주의였지 초월적 현실주의가 아니었다. '보편타당성(universal validity)'에 대한 그의 생각은 인간의 마음에 국한된 것이었다. 그는 정의의 개념에 대해 어떤 본체론적 근거도 주장하지 않았다. 이십대 초반에 필자는 그로부터 사사받고 있었다. 그 때 이미 나는 그의 사상 체계가 현실과 정신 사이의 중간지점이라고 느꼈다. 나는 그의 체계에서 과도한 형식주의가 보이는 것으로 인해 받아들이는데 어려움이 있었다. 나는 법의 개념은 그 자체로서 법을 전제하고 있기 때문에 개념적 지식만으로는 법을 완전히 알 수 없다고 주장하는 논문을 썼다. 인식은 개념만큼이나 중요하며, 개념과 인식을 넘어서는 '지적 직관(intellectual intuition)'이 필요하다고 했다. 한 마디로 법을 알기 위해서는 온전한 정신이 필요하다는 것이었다. 놀랍게도 나의 위대한 스승은 "이것은 지금까지 내 철학이 만난 것 중 가장 강력한 비판이다!"라고 평가했다.

그러나 법학에 대한 슈탐러의 공헌은 이루 말할 수 없다. 그는 당시 널리 퍼져 있던 실증주의에 대해 우리가 이해할 수 있는 언어로 싸웠다.

그의 가장 유명한 저서는 1902년에 출간된 〈정당한 법의 이론, Die Lehre vom dem richtigen Rechts〉인데, 1925년 '현대 법철학총서' 속에 〈정의론, The Theory of Justice〉란 제목으로 출판되었다. 비슷한 경향을 보이지만 좀 더 형이상학적인 성향의 이

탈리아 법학자 조르지오 델 베키오(Giorgio del Vecchio)도 있다. 일반적으로 신(新)칸트주의자로 분류되지만, 사실 그는 순수하고 소박한 인본주의자이다. 그의 〈법철학〉은 최근 미국 가톨릭 대학교 출판부(Catholic University of America Press, 1953)에 영어로 번역되어 출판되었다. 이 책의 서문에서 브렌단 프란시스 브라운(Brendan Francis Brown) 박사는 베키오의 체계가 "프랑수아 제니(François Geny)의 스콜라주의에 미치지 못한다."는 점을 잘 지적하고 있다. 제니와 또 다른 위대한 프랑스 법학자 조르주 리페르트(Georges Ripert)의 저작이 영어로 번역되어 나오기를 학수고대한다.

80. 한스 켈젠(Hans Kelsen)은 '정의라는 이상으로부터 법의 개념을 자유롭게 하기를' 갈망하였다.(General Theory of Law and State, [Harvard, 1945], p.5). 정통 칸트주의 이원론자인 켈젠은 법과 정의를 동일시하거나 법과 정의를 완전히 분리하는 두 가지 대안만 있다고 생각하여 후자의 길을 선택하였다. 내가 볼 때 이런 양자택일은 순전히 자의적인 판단으로서, 법은 정의와 동일하지도 않고 정의와 분리될 수도 없다. 설문이 잘못되면 거기에 대한 모든 찬반양론이 헛된 것이 되고 만다.

81. Kelsen's essay "The Metamorphoses of the Idea of Justice" in Paul Sayre, Interpretations of Modern Legal Philosophers (Oxford, 1947), p.390 ff.

82. Quoted in Gustav Radbruch, "Legal Philosophy", in The Legal Philosophies of Lask, Radbruch, and Dabin (Harvard, 1950), p.72.

83. Justice Holmes dissenting in Lochner v. New York (1905), 198 U.S. 45 at 74.

84. S. T., I-II, 105. 2. ad 8.

85. Heinrich Rommen, The Natural Law (Herder, 1947), p.166.

86. 교황 비오 12세는 이렇게 말한 적도 있다. "무슨 일이 일어나거나, 어떤 변화, 변형이 있다고 하더라도 모든 사회생활의 목적은 하나님의 형상대로 지음 받은 인간 개인적 가치의 발전이라는 항상 신성한 의무에 매여 있는 것입니다."(Broadcast on Christmas, 1942. English translation by Canon G. D. Smith) 이 교리의 결론 중 하나는 노동의 존엄이다. "인간의 사람됨의 존엄성은 생계를 위한 자연적 토대로서 지상의 재화를 사용할 수 있는 권리를 요구하며, 그 권리에 대응하여 가능한 모든 사람에게 사유재산을 허용해야

하는 의무가 있다."(Ibid.)

87. 제1조.

88. Vyshinsky, The Law of the Soviet State (Macmillan, 1948), p.50.

89. 위 같은 글.

90. Problems of Jurisprudence (ed. Temporary, Foundation Press), p.65.

91. Gilby, Between Community and Society (Longmans, 1953), p.114.

92. Encyclical Letter Mystici Corporis Christi (1943), ch.iii (English translation by Canon G. D. Smith).

93. 베드로는 몇마디 간단한 말로 사회적 철학을 요약하였다. "너희는 자유가 있으나 그 자유로 악을 가리는 데 쓰지 말고 오직 하나님의 종과 같이 하라. 뭇 사람을 공경하며 형제를 사랑하며 하나님을 두려워하며 왕을 존대하라." 베드로전서 2:16-17.

제 1 부 자연법과 우리의 커먼로

제1부 자연법과 우리의 커먼로

들어가는 말

이 논문은 1953년 12월 5일 뉴욕 가톨릭 법률가협회 주최의 <자연법 심포지엄>에서 행한 연설을 기초로 한 것이다. 이 심포지엄은 하루 종일 진행되었는데, 연사는 네 명으로 맥아니프John E. McAniff 교수가 "자연법- 그 본질과 범위 및 효력", 데스몬드Charles S. Desmond 판사가 "자연법과 미국 헌법", 오스카 할렉키Oscar Halecki 교수가 "자연법과 지금의 국제문제", 그리고 저자가 "자연법과 우리의 커먼로"라는 주제로 각 발제를 하였다.

이 주제는 당시 협회 회장이었던 로한Thomas E. Rohan 판사가 협회 명의로 저자에게 보내온 초청장에 적시되어 있었다. 물론 나는 그 초청을 영광으로 생각하는 바이었으나 커먼로 속에서 자라난 그들이 이방인인 내게 그런 주제에 관해 말해 달라고 했다는 점에 대하여 다소 의아한 점도 없지 않았다.

나는 항상 커먼로를 은근히 사랑했지만, 뉴욕의 가톨릭 법률가들이 어떻게 나의 은밀한 생각을 알았는지는 그때나 지금이나 수수께끼이다. 하여간 그 초청은 내게는 큰 도전이었으며 남자답게 수락하였다. 어떻게 보면 그들에게는 사족 같은 주제를 내가 떠맡게 된 것은 순전히 커먼로 문화 속 법률가들의 요청 때문이었다.

그 후 이 발제문을 가필하여 1954년 3월호 포드함 법학평론Fordham Law Review에 게재하였다가 이번에 다시 이 책의 다른 부분에 맞춰 넣었는데, 몇 가지 추가 설명이 필요하다.

'자연법'의 의미는 이미 서두에서 언급하였고, '커먼로'란 용어는 영미 법학 체계의 전부에 상당하는 가장 광의의 것으로 쓰고 있다. 따라서 이 용어는 공법이나 사법, 또는 커먼로 재판소, '형평법' 법원 또는 기타의 심판기관의 판정을 통틀어 법률의 모든 부문과 분과를 다룬다.

나는 커먼로를 미시적이 아닌 거시적인 눈으로 보고자 한다. 여기에서 관심을 두고자 한 것은 커먼로의 기본 원칙들과 특징 및 그 개성이 두드러지는 방법론과 태도이다.

커먼로의 두드러진 특징은 법체계가 개개의 사건을 통해 법관에 의해서 형성된다는 점이고, 이것은 특히 민사법 분야에서 더욱 그러하다. 따라서 판결을 내리는 법관에게 사안에 적용할 민법전이 주어지는 대륙법 체계와는 현저한 대조를 이룬다.

커먼로 국가에 있어서 법관이 사건에 직면하여 밝혀야 할 제일 우선적 과제는 선례로 작동할 판례가 있는지, 아니면 적어도 당해 사건과 유사한 이전의 판결들이 있는지 여부를 확인하는 것이다. 물론 커먼로 국가에도 성문법령이 있기는 하지만, 성문법령조차도 사법적 해석과 전통의 맥락에서 보게 된다.

커먼로 국가의 재판관의 견해는 대륙법 국가들의 재판관들의 그것보다 훨씬 더 흥미롭다. 대륙법 국가에서는 일반적인 것에서 개별적인 것으로 연역적인 해석을 해 나간다. 적어도 형식에 있어서 삼단논법이 적용되는 것이다. 프랑스식 판결은 보통 다음과 같은 형식으로 이뤄진다. "법은 이러저러한데, 이 사건이 이러저러하므로 …따라서 본 법정은 이러저러하게 판결한다."

물론 가끔 실천이성이 삼단논법의 틈에 슬그머니 끼게 되는 수도 있기는 하나, 그 형식은 연역적인 탓에 경험적이며 실증적이고 귀납적인 성격이 더 명확하게 드러나는 커먼로에 익숙한 사람들에게는 매우 이질적으로 느껴진다. 커먼로 국가의 재판관들은 하나의 큰 전제로부터 출발하지 않는다. 그들 스스로 자신들 앞에 놓인 사건을 규율하는 대전제에 도달하도록 시도해야 하고, 이를 찾기 위한 과정에서 온갖 종류의 방법과 유추를 사용하게 된다.

예를 들어 이런 식의 추론이 된다. 즉, 통상적으로 '(결론적으로 취하고 있는 것과) 다른 규정이라면 바람직하지 않거나 불합리한 결과를 수반할 것이다'라는 '~일 것이다would be'의 형태, 두 가지 상황이 명백하게 다르지만, 법적인 쟁점에 있어서는 실질적으로 동일한 때에 적용되는 '마치as if'라는 방법, 그리고 어느 일방 당사자에 의하여 당해 사건에 적용되어야 한다고 주장되는 선례를 판사가 구체적 정의의 측면에서 이를 배제하는 차별화방식method of differentiation이 그것이다. 커먼로의 실증적이며 역동적이고 구체적 성격은 대륙법 국가의 법원 판결보다 훨씬 세밀한 사고를 자극하며, 또 유익한 탐구를 하게끔 한다.

커먼로의 다른 특징 중 하나는 대륙법계에서는 잘 알려지지 않은 '반대의견dissenting opinion'에 있다. 예를 들어, 근대 대륙법계 민법을 채택한 중화민국의 경우 반대의견은 인정되지 않고, 공표도 되지 않는다. 그 논거는 일단 국민이 심지어 재판관들조차도 어떤 법적 쟁점에 관해 의견이 갈릴 수 있다는 사실을 알게 되면 법의 권위가 흔들릴 수 있다는 것이다. 커먼로 국가에서는 그렇지 않다. 법원이 어떤 쟁점을 놓고 첨예하게 갈리는 사례는 흔히 볼 수 있다. 중요한 헌법상 문제를 둘러싼 많은 미연방대법원의 판결들이 5:4로 내려진다. 주 법원에서도 반대의견은

정의의 원천: 자연법 연구   제1부 자연법과 우리의 커먼로

잦다. 그러나 미국민은 전체적으로 볼 때 세계 그 어느 나라 국민들보다도 법에 대한 존중의식이 강하다. 국민은 재판관이 완전무결할 것을 기대하는 것이 아니라 다만 정직하고 공정하며, 솔직하고 합리적이기만을 기대한다. 그러므로 법관들 편에서 서로 다른 견해들을 솔직하게 표명하는 것은 국민 의식 속에 전 국민이 신뢰감을 불어넣어 주고, 결과적으로 법치주의를 약화시키는 것이 아니라 오히려 강화시키는 것이다. 이러한 전통은 있는 그대로의 법, 다시 말해 법은 전통적인 인간의 제도로서 인간을 뛰어넘어 있는 것도, 인간 아래에 있는 것도 아니라는 사실을 보여준다.

영미법의 실질적 성격은 더 나아가 절차법을 강조하는 데서도 볼 수 있다. 어떤 권리가 유효하다는 것은 보호된다는 것이고, 그 보호는 주로 그것이 침해되었을 때 시정하는 형식을 취한다. 타인에 의한 권리 침해가 없을 때는 일반적으로 법원과는 거리가 멀다. 구제조치를 위해 법원에 제소하는 것은 어떤 권리가 침해당했을 때만 그런 것이고, 이런 제소가 없다면 권리가 보장된다고 할 수 없다.

아주 현실적인 가정주부처럼 커먼로는 푸딩이 푸딩이라는 증거는 먹어봐야 안다고 믿는다. 권리를 갖는다는 것이 중요하기는 하지만, 권리가 침해되었을 경우 복구와 배상이 이뤄지도록 하는 적절하고도 효과적인 시스템을 마련하는 것이 그에 못지않게 중요한 것이다. 이것은 권리를 실행시킬 뿐만 아니라 진정한 의미에서 권리에 대한 인가이기도 하다.

예를 들면, 인신보호영장the writ of Habeas Corpus은 개인의 자유권에 대한 필수적인 보완물이다. 절차법 없는 실체법은 발 없는 몸뚱이와도 같은 것이다. 절차의 중요성에 관한 법관들의 언급은 무수히 많다. 이와 관련하여 최근 캘리포니아주 법원의 판결 일부를 소개한다.

"사법적 절대주의judicial absolutism는 미국적인 생활방식이 아니다.
목적이 수단을 정당화한다는 끔찍한 원리는 우리의 법 집행제도
에 통용되지 않는다. 재판관에게 부여된 권한은 심문하고 판결을
내리는 것이지, 심문 없이 판결하는 것이 아니다. 헌법이 심문을
요구할 때에는 확립된 절차적 요건에 부합하는 법정 앞에서의 공
정한 심문을 요구하는 것이다. 권리장전 가운데 대부분의 규정이
절차적 사안과 관계있다는 점을 결코 사소하게 넘겨서는 안 된다.
절차는 심리를 이끌어내는 공정하고, 질서있으며, 신중한 방법인
것이다. 논쟁이 있는 절차에서 판정을 한다는 것은 공개된 법정에
서 양측의 증거를 심리하고, 각자의 증거가 갖는 가치를 비교하
고, 진실한 증거로부터 결론을 도출한 뒤, 인정된 사실에 적절한
법리를 적용하여 그에 따라 판결을 선고하는 것을 의미한다."i

지금까지 우리는 커먼로의 양상만 보았다. 그러나 그 바탕에 깔려 있는
철학이라는 관점에서 본다면, 커먼로가 갖고 있는 정의의 이념은 주로
인간의 존엄과 평등을 고수해 온 기독교 사상에서 유래하였다. "왕은…
하나님과 법 아래에 있다."고 한 브랙톤Bracton과 "이 나라의 그 누구도
법 위에 있다고 할 만큼 높은 사람은 없다."고 한 밀러Miller 대법관의 말
에서 나타나듯 말이다.
전반적으로 우리는 커먼로 재판관들이 항상 공정과 성실이라는 이념을

---

i Justice Vallee in In re Buchman, 267 p.2d 73

정의의 원천: 자연법 연구   제1부 자연법과 우리의 커먼로

간직해 왔고, 자신들의 판결 근거를 자의보다는 합리성에 두려고 애써 왔으며, 그들이 가진 실용적인 상식 덕분에- 본능적으로는 적당히 타협안을 끌어내어 마무리 짓고자 하는 생각이 들 수도 있었겠지만- 상충하는 이해관계 사이에서 끈기 있게 중용을 지키며 판결을 내렸고, 표면적으로는 단순히 재산권을 둘러싼 분쟁일지 몰라도 그 이면에 있는 영적인 이상주의를 종종 언급했다고 평가할 수 있다. 이는 그들이 싫건 좋건 어렸을 때부터 마셔왔던 기독교 전통이라는 공기 덕분이다. 실증주의와 유물론 철학이 성행했을 때라도 이들이 재판관들의 심중에 있는 기독교적 사랑의 불꽃까지 꺼뜨리지는 못했던 것이다.

모든 걸 종합해 볼 때 커먼로는 기독교적 관점에서의 자연법 사상과 가깝다. 권한과 권리가 그에 상응하는 책임과 의무로부터 서로 떨어져 있는 것으로 생각하지 않는 것이다.

커먼로가 알아볼 수 없으리만큼 뒤틀리고 자연법 그 자체가 부정되는 일은, 재판관들이 근본적으로 유물론 법철학을 지지하면서도 그것을 자연법으로 부르겠다고 고집하는 경우에만 그렇다.

지금 법학은 불확실한 미래에 직면하고 있는바, 하나의 방향을 정하지 않으면 안 된다. 희망이 크면, 위험 역시 그만큼 큰 법이다. 내 생각엔 우리에게 가장 필요한 것은 참다운 보편적 정신과 문제를 직시할 수 있는 도덕적 용기이며, 그것만이 우리가 새로운 생명력으로 넘치는 통합에 이르는데 쓸모가 있는 것이다.

제 1 부 제 1 편 옛 고향 영국에서의 커먼로

제1장 요람 속 크리스찬으로서의 커먼로

저명한 영미법학자들 중에는 커먼로를 '우리 숙녀 분Our lady'이라고 하는 사람이 더러 있다. 실제로 카도조 대법관과 폴록Frederick Pollock 경은 '커먼로라는 우리 숙녀 분'라는 애칭을 썼다. 나로서는 그들이 그 표현이 갖는 참된 의미를 완전히 깨닫고 있는지 어떤지는 모르겠다. 가톨릭 신자에게는 아기 예수를 부드럽게 안고 있는 성모Our Lady who holds the divine Infant의 모습을 연상케 함직도 하다. 커먼로가 성모라고 한다면 자연법은 성모의 품에 안긴 성자와도 같다. 겉으로는 성모가 성자를 안고 있는 듯하지만, 실상은 성자가 성모를 안고 있다.

우리는 성자가 '태초에 하나님과 함께 계셨던' 말씀Word이라는 것을 알고 있다. 그렇지만 우리가 더 쉽게 찾아낼 수 있는 것은 성모의 팔에 안긴 아기이다. 이제 독자들은 내가 쓰려고 하는 '자연법과 우리의 커먼로'라는 주제를 어떤 식으로 풀어나갈지 짐작할 수 있으리라 생각한다.

솔직히 말해서 나의 방법론은 경험론적이고 역사적이다. 적어도 나는 커먼로의 순수한 경험에서 출발하고자 한다. 점점 올라가 마침내 자연법을 초월한 시야, 심지어 영구법의 경지까지 이를 수도 있겠지만, 우리의 출발점은 사법적 경험에 서 있어야 한다.

자연법을 성육신한 말씀에 비유하자면, 우리 주님은 인류 안으로 들어오실 때 하나의 이념이 아닌, 살아있는 인격체로 오셨다. 마찬가지로 커먼로를 성모에 비유하자면 그 자체로 순결하면서, 한편으로 맨스필드Mansfield경의 기분 좋은 문장에 있듯이 커먼로는 '정의의 원천에서 길

정의의 원천: 자연법 연구   제1부 자연법과 우리의 커먼로

어낸 규칙들에 의해 스스로 순수하게 작동'[1]한다. 하지만 이것은 커먼로가 최선의 상태에 있을 때에만 그렇다. 최악이 될 경우에는 테니슨Tennyson이 말하듯이 '무법의 학문lawless science', '법전없는 선례의 난무 codeless myriad of precedent', '사례없는 황무지wilderness of single instances'가 되고 만다.

나쁜 판결을 볼 때마다 나는 괴테의 <파우스트Faust>에 나오는 학생과 메피스토펠레스 사이의 재미있는 대화를 연상하게 된다.

- 학생: 전 아무래도 법학을 좋아할 것 같지는 않습니다.
- 메피스토펠레스: 법학이 어떤 류의 학문인지 잘 아는 나로서는 자네를 나무라지 않겠네. 모든 권리와 법률 따위는 영원한 전염병처럼 세대에서 세대로 이어지고, 곳곳에 퍼지지 않는 데가 없지. 이성은 사기꾼이 되고, 복지는 질병이 되지. 자넨 이 모든 걸 상속받았으니, 자네 몫으로 남겨진 것은 비참함이겠지. 출생이 우리(악마)와 같은 법에 대해 더 이상 탐구할 이유가 없지.[2]

그러나 커먼로가 최선의 상태로 작동하는 곳, 그 유익한 규정 아래에 있는 곳은 참된 국가로, 다시 말해 '선례에서 선례로 감에 따라 자유가 서서히 지평을 넓혀가는 곳'[3]이 된다.

어떤 인간의 제도에도 있게 마련인 결함이 커먼로에도 있을 수 있지만, 한 가지 부인할 수 없는 사실은 커먼로에 그 어떠한 나라의 어떤 법제보다도 나은 이점이 있는데, 그것은 그 역사의 초기부터 기독교적 성격을 갖게 되었다는 것이다. 서기 600년경에 나온 에델버트Ethelbert의 법전과 관련하여 메이트랜드Maitland는 "이교도 시대를 담은 성문 게르만법은 없다. 모든 기록은 교회 성직자들의 손을 거쳐 나왔으므로 고대 종교의 흔적은 극히 미세한 것들까지도 세심히 삭제되고 말았다. 그래서 우리는 이교도들의 법 전반적 내용을 지금 우리가 접하는 문자로 표현된 법이 나오기 전부터 새로운 세력이 이를 일찌감치 변형시키기 시작했다고 추정할 수 있다."[4]고 하였다.

에델버트 법전보다 수십 년 앞서서 유스티니안Justinian 황제는 분명하게 '우리 주 예수 그리스도의 이름으로In the name of Our Lord Jesus Christ'의 이름으로 훌륭한 '민법전Corpus Juris Civilis'을 반포하였다. 로마법은 잉글랜드법이 겨우 아기처럼 옹알이를 시작할 때 벌써 완성의 단계에 도달한 상태였다. 그 후의 수 세기 동안 잉글랜드법이 그 선배인 로마법보다 더 훌륭한 법체계로 자라날 운명일 거라고는 아무도 예견하지 못했다. 홉스 대법관이 "잉글랜드법은 로마법보다 더 넓고 심원한 일반화에 이르렀으며, 동시에 지금까지 이룩해 놓은 세밀함에 있어서도 훨씬 우월하다."[5]고 말한 것은 결코 과장이 아니다.

이 우월성의 요인으로 물론 여러 가지가 있으나 내 소박한 견해로는, 로마법은 임종 시에 비로소 기독교로 개종한 늦깎이 크리스찬이었으나 커먼로는 그 태생부터 크리스찬이었다는 점이 가장 크지 않았을까 생각한다. 이 내용을 정리하면서 필자는 그 기원까지 보려고 했는데 그 과정에서 커먼로의 훌륭한 법의 지혜자들은 교회의 성인들이기도 한 사실을 발견하고 짜릿한 감흥을 느끼지 않을 수 없었다.

에델버트 왕은 성인 중 한 명이었고, 헨리 8세 시대까지 그의 무덤 앞에 늘 등불이 밝혀져 있었다는 사실은 잘 알려진 유명한 이야기이다.[6] 잉글랜드에 기독교식 혼인법을 심은 사람은 성 테오도르St. Theodore였다.[7]

참회왕 에드워드Edward the Confessor는 그의 법전뿐만 아니라 공정한 법집행으로 백성들의 민심을 샀던 왕이었다. 백성의 복리를 위한 그의 사심 없는 헌신은 백성으로 하여금 그의 법과 정부를 좋아하도록 만들었다. 그는 '하나님께 헌신토록 선택받은 사람이자, 왕국을 다스림에 있어 천사의 삶을 살면서 하나님에 의해 인도받은 자'[8]로 묘사되고 있다. '선한 왕 에드워드의 법과 관습The laws and customs of good King Edward'라는 말은 모든 세대를 관통하는 하나의 격언처럼 되었다. 그의 삶은 '그러므로 사랑은 율법의 완성'로마서 13:10 [9]이라는 진리를 예증해 준다.

내가 받는 인상은 커먼로는 정의에 기반을 두고 있을 뿐 아니라 더 중요한 것은 은혜에 기원을 두고 있다는 것이다. 커먼로는 추상적인 이론으로서가 아니라 실제적인 인간 행동에 대한 중요한 규칙으로서 점차로 자연법과 동화되어 간다.[9b] 누룩은 느리지만 꾸준히 퍼져나갔던 것이다.

노르만 정복Norman Conquest 이후 랑프랑Lanfranc, 토마스 베킷Thomas a Becket, 샐리즈베리의 존John of Salisbury과 같은 덕망 있고 학식 있는 성직자들, 그리고 그밖에 많은 사람들이 계속하여 자연법 원칙을 커먼로에 주입시켰다. 교회법Cannon Law이 커먼로의 산파이며 교사였다고 말해도 무방할 것이다. '커먼로common law'란 이름 자체가 교회법학자들이 말하는 'ius commune'에 유래한다.[10] 12세기에 이르러 비로소 법률가들 사이에 일반적으로 커먼로란 용어가 쓰이기 시작하였는데, 이것은 왕국의 관습 전반을 의미한다기보다 국왕재판소의 관습과 사법적 전통을 의미하였다.[11]

따라서 커먼로가 엄연히 사법적인 기원이 있다는 점은 그 초기부터 분명하였다. 커먼로라는 '법적 기억'[12]을 거슬러 올라가면 기껏해야 1189

년 9월 3일 리처드 1세의 대관식에 도달한다. 당대를 한번 들여다보자. 폴록과 메이트랜드Maitland는 다음과 같이 말한다.

"잉글랜드 법률을 다룬 사람들은 왕국 내에서 가장 유능하고, 최고로 교육받은 사람들이었다. 뿐만 아니라 이들은 교회 재판소의 '일상판사judges ordinary'로서 최소한 일정 정도 교회법을 배울 의무가 있었다. 헨리는 주교 세 사람을 한꺼번에 최고 사법관으로 임명한 적도 있다. 리차드Richard 시대에 이르러 이런 경향은 최고조에 이르렀다.

그래서 국왕 재판소는 매일 같이 열렸음을 알 수 있다. 흔히 캔터베리 대주교와 두 명의 다른 주교, 두세 명의 부주교, 두세 명의 주교 후보, 두세 명의 평신도만으로 국왕재판소가 구성되었다. 이 구성원들 중 대다수는 교황이 칙령을 보내면 그 교리와 법적 의미를 듣고 배우도록 수시로 불려 갔다."[13]

폴록과 메이트랜드에 따르면 "잉글랜드 외부의 법률을 고집하는 '주교들과 성직자들', 그리고 다른 한편에서는 오랜 커먼로에 대하여 그에 못지않은 애착을 갖고 있던 '귀족과 서민층', 이 양측으로 갈라져 있었다고 기술한 블랙스톤Blackstone의 설명은 사실이 아니다." 반대로, "우리 잉글랜드 커먼로를 조악한 관습의 덩어리들로부터 또렷한 체계로 전환시킨 것은 '교회 성직자들popish clergyman'이었으며, 이 교회 사람들이 교황의 명령에 따라 국왕재판소의 핵심 재판관으로서 더 이상 역할을 하지 않음에 따라 우리 중세법의 창조적 시대는 종언을 고하였다."[14]

정의의 원천: 자연법 연구   제1부 자연법과 우리의 커먼로

제2장 마그나 카르타

커먼로의 바탕에 놓여있는 마그나 카르타에 대한 고찰 없이는 커먼로의 정신을 이해할 수 없다. 하지만 여기서는 간략하게 다룰 수 밖에 없다. 한마디로 정리하자면 즉위 초 수십 년 동안은 법을 준수하던 존 왕이 만년에 이르면서 점점 강압적이고 변덕이 심해져 직접적으로 이해관계에 영향을 받고 있던 귀족들은 더 이상 참을 수 없는 정도에 이르렀다. 인내의 한계에 도달한 이들은 힘을 모아 존으로 하여금 국왕의 자의적인 침해로부터 자신들의 자유권과 재산권을 보장할 수 있는 몇 가지 조문을 만들어 제시하며 서약을 압박하였다. 이것이 마그나 카르타, 즉 대헌장의 정치적인 유래이다.

형식적으로는 왕이 자진해서 베푸는 은전과 참정권 수락이었으나 사실은 봉건영주들이 그에게 강요하여 체결하도록 한 협약이었고, 여기엔 왕이 만일 이 조건들을 준수하지 않으면 국왕의 땅을 잃게 될 것이라는 협박이 들어 있었다. 그 일례로 1215년 헌장 C, 61에 의하면 스물다섯 명의 귀족은 왕이 그들의 권리를 침해하면 왕실 소유 토지를 압류할 권한을 가지고 있었다.

역사적으로 볼 때 결코 이것은 '민중' 운동은 아니었다. 그러나 마그나 카르타는 그 지대한 영향만큼 깊은 의의가 있다. 폴록이나 메이트랜드가 한마디로 정리하듯, "간단히 말하자면 마그나 카르타가 의미하는 것은 왕도 법 아래에 있고 또 그래야만 한다는 것이다."[15] 그러므로 왕이 법 아래 있을진대, 그 누구도, 심지어 왕을 상대로 승리를 거둔 귀족들조차 법 위에 있을 수는 없었다.

비록 상층부에서 시작된 것이기는 하지만 하나님과 법은 모든 사람보다 우위에 있다는 이런 사상은 시간이 지나면서 점차로 모든 민중에게로까지 스며드는 강력한 누룩이었다. 이 헌장을 칼끝으로 끄집어냈다는 점이 이런 가치를 훼손하지는 않는다.

그와 반대로 신민臣民들 편에서는 아무런 권리를 주장하지도 않았는데 그저 자비로운 어떤 군주가 자비를 베풀었다는 단순한 미화보다는 이것이 훨씬 더 생생한 역사적 사실로서 교훈을 주는 것이다.

자연법의 요인으로서 특히 중요한 것은 교회와 자유민의 권리와 자유를 보장하는 것이었다. 아래 두 가지 정도 인용으로 이 사실은 충분히 입증될 것이다.

"(제1조) 첫째, 우리는 이 헌장을 통해 영국 교회는 자유로울 것이며, 그 권리와 자유는 완전하고 불가침임을 하나님께 서약하고, 우리와 우리 자손만대에 확인하는 바이다."

"(제29조) 자유민은 누구도 그의 동료 시민의 합법적 재판 없이 또 국법에 의하지 않고 체포되거나 구금되지 아니하고, 주거·자유·자유로운 관습을 박탈당하거나 법의 보호를 상실하거나 추방되지 아니하며, 기타 어떤 방법으로건 침해받지 아니하는바, 우리는 그 누구 위에 올라서지도, 그 아래에 있지도 않을 것이며, 그 누구에게도 권리와 정의를 팔거나, 부인하거나, 지체하지 않을 것이다."

마지막에 인용한 내용, 그리고 이와 비슷한 성격을 지닌 규정에 대하여 폴록과 메이트랜드는 사려깊은 분석을 하고 있다.

> "헌장의 가장 유명한 문구 속에서도 우리는 시간이 지남에 따라
> 인간들이 그 뜻을 왜곡하려 들기로 한다면 말로만 그치고 말 위
> 험에 처할 수 있는 봉건적 주장의 요소를 발견할 수 있다."[16]

한 예로 국왕의 재판은 백작과 남작 같은 귀족과는 거리가 있었다. 이런
문구가 문자 그대로 해석되면 사법제도의 통합에 중대한 장애물이 되었
을 것이다. 그러나 여러 가지로 법과 정치가 진행되어 가는 현실적 경로
속에서 삶의 논리가 언어적 표현에 앞서게 되었다.

또 하나의 예를 들면, 헌장에서는 '자유민freemen'만의 권리 보장이 언급
되었고, 이 자유민에는 '농노villani'라고 불리우던 대부분의 농민들은 포
함되지 않았다. 토지를 소유하고 있다는 사실이 자유민이라는 표시였
고, 당시에 알려졌던 토지소유의 유일한 형식은 자유보유freehold였다.

그러나 그 후에 법률가들이 '등본보유謄本保有, copyhold'제도를 고안해냈고,
이로 인해 원래는 자유민이 아니었던 수많은 소작인들이 장원 영주의
집사로부터 영지 중의 어떤 부분에 대한 사용권을 승인받았다는 인정을
받게 되면, 그것이 재판소의 기록을 통해 외부에 공시되는 방식으로 토
지보유자가 되었다. 비록 등본에 의한 재산권은 영주의 의사에 따르는
것이었지만, 그 역시 장원의 관습에 따라야 했기 때문에 마음대로 그것
을 도로 회수할 수 없었다.

세월이 지남에 따라 등본보유자copyholder도 자유소유자freeholder와 같은 정
도로 안전하고 자유롭게 되었는데, 이에 관하여 코크는 다음과 같이 기

록하고 있다.

"그러나 이젠 등본보유자들도 든든한 기반 위에 서게 되어, 영주의 눈치를 보지 않아도 되었고, 갑작스레 바람이 일 때마다 동요하지 않고, 안전하게 먹고, 마시고 잘 수 있게 되었다."[17] 이런 비전이 대헌장을 위해 투쟁했던 영주들의 머릿속에 들어있던 결과는 아니었지만 마그나 카르타라는 축복이 대중에게 사실상 스며들었음을 의미한다.

맨스필드경의 시대에 이르면 마그나 카르타의 '자유민'은 '모든 사람'에 가깝게 되어 유명한 <서머셋 사건Sommersett's case>에서 그는 다음과 같이 판결할 수 있었다.

"농노제가 이 나라에 존재했을 때 그것은 서인도의 노예제와는 많은 점에서 달랐다. 영주라고 해서 자신의 농노를 '개별적으로나 regardant 또는 집단적으로in gross'[18] 쇠사슬에 묶어 서인도에 보내고, 광산이나 수수밭에서 일을 시키기 위해 팔아먹을 수는 없었다. 어쨌건 영국에서 농노제는 볼 수 없게 되었으며 부활시킬 수도 없다. 영국의 공기는 노예라는 개념으로부터 벗어나 오랫동안 청정했고, 이 땅에서 숨 쉬는 자는 모두가 자유했다. 영국에 들어오는 사람은 누구나 다 영국법의 보호를 받을 자격이 있으며, 지금까지 무슨 억압을 당하였는지 상관없고, 그의 피부색이 무엇이건, 그가 지극히 흑인이고 당신이 지극히 백인이더라도Quamvis ille niger quamvis tu candidus esses 관계없다. 흑인을 석방하라."[19]

이리하여 마그나 카르타의 보호의 손길은 모든 영국인에게만이 아니라

정의의 원천: 자연법 연구 제1부 자연법과 우리의 커먼로

영국 땅에 발을 들여놓는 모든 사람에게 미쳤다. 폴록과 메이트랜드의 우려와는 다르게 대헌장의 문구의 변화도 없었고, 의미에 대한 사실상의 왜곡도 없었다. 마그나 카르타는 마치 호수에 던진 돌과 같다. 풍덩 하고 파동이 일어나 점점 더 커지던 동심원이 결국 수면 전체를 덮어버린 것이다. 사실 이것이 커먼로의 모든 기본원칙이 자라나는 방식이다.

마그나 카르타에 대한 언급을 마치기 전에 캔터베리의 대주교였으며 사실상 모든 운동의 영적 기둥이었던 스테판 랑톤Stephen Langton 추기경에 대하여 한마디 하지 않을 수 없다. 마그나 카르타의 기초자가 성령에 대한 찬송, <성령이여 오소서Veni Sancte Spiritus>[20]의 작사가이기도 하다는 사실이 내게는 특별한 의미로 다가온다. 그 찬송가에 영감을 불어넣고 힘을 부어준 그 거룩한 영이 한편으로 마그나 카르타로 결실을 맺게 된 그 움직임에 동일하게 역사하였다.

필자는 바로 그 영이 커먼로에 생기를 불어넣어 자연적 정의와 형평이 갖는 자유로운 영향력을 인간 세상으로 가져왔다고 생각한다.

만일 성직자들이 관습이라는 조잡한 덩어리를 단순히 체계화시키는 네 그쳤더라면, 그것대로 놀랄만한 지적 성취는 되었을는지 모르겠지만, 모든 커먼로 연구자들이 탄복해 마지않는 생명력을 갖추지는 못하였을 것이다. 내 나름대로의 생각은 커먼로의 생명력이란 성령의 역사 덕분이 아닌가 싶다. 그 성직자들은 토기를 빚어냈을 뿐 아니라, 거기에 생기 넘치는 전통을 담아내기 시작했다.

제3장 브랙톤 시대

내가 볼 때 헨리3세Henry III의 치세1216-1272는 커먼로의 역사상 가장 중요한 시대이다. 폴록과 메이트랜드가 말하고 있듯이 "그 시대의 말엽에 중세 잉글랜드법의 주요 윤곽 대부분이 뚜렷이 그려졌다. 그 뒤 수 세기 동안은 그들 앞에 놓인 변경할 수 없는 틀 속에 그저 세부적 사항을 채워넣는 정도에 그칠 수 밖에 없었다."[21]

이때가 바로 '커먼로의 아버지'[22]인 브랙톤이 그의 위대한 업적을 남긴 때이다. 훌륭한 업적을 남긴 이들이 대부분 그러하듯이 그도 때를 알맞게 타고 태어났다.

잉글랜드의 법은 오랜 세월을 두고 서서히 발전하고 있었으며 풍부한 자료들이 어느 천재의 창조적 두뇌에 의해 정리되고 종합되어 생동감 있는 체제로 전환되길 기다리고 있었다. 그의 논문 <영국의 법과 관습에 대하여De Legibus et Consuetudinibus Angliae>는 '중세 잉글랜드법의 절정이며 정화'[23]였다. 수많은 자료를 인용하면서 그는 타고난 재능으로 그는 이것들을 조화시켜서 전체적인 하나로 묶어 냈다.

브랙톤은 볼로냐의 아쪼Azo of Bologna로부터 로마 민법을 배웠으며[24], <그라티아누스 교령집Gratian's Decretum>과 <그레고리 9세 법령집Decretals of Gregory IX>에서 교회법의 원리를 흡수하였다. 로마법은 그에게 원자료들을 다루는 방법과 결함을 메꾸는 요령을 가르쳐 주었다. 그는 아쪼가 로마 법학자들의 의견이나 그 후대의 주석들을 다루듯이 재판기록에서 하나의 원리를 추출하여 그의 전임 재판관들이었던 페이트셜Pateshull과 라레이Raleigh 판결들을 다루었다. 진정한 영국인답게 인과관계 분석 방식

정의의 원천: 자연법 연구   제1부 자연법과 우리의 커먼로

에 능했던 그는 판례들 속에서 법의 원리를 추출함에 있어서 이 방법을 사용하였다. 그의 노트에는 2천건 이상의 사례들이 수집되어 있었고, 그의 논문Treatise에는 5백 건 정도가 인용되었다. 물론 그가 선례구속의 원칙stare decisis 정립에까지는 이르지 못했으나, 유추라는 방식을 통해 법 이론을 전개한다는 생각을 처음으로 한 사람이 브랙톤이었다는 사실은 부인할 수 없다.

유사한 사실들은 유사한 결론으로 이어져야만 한다.[25] 그는 참으로 법적 실재를 연구하고 현실적 문제를 해결하는 새로운 방법론을 발견해 냈다. 이 방법은 추상적 개념에 호소하는 대신 사물을 있는 그대로 취급하려는 탄탄한 앵글로-색슨족의 사고 습관에 뿌리를 둔 것이었다. 법을 이런 식으로 구체적 시각으로 보는 것은 앵글로-색슨족의 정신에서 우러나온 것으로서 그 토양은 매우 비옥하였다. 이것이 그의 중요한 사상이 시간이 지남에 따라 하나의 거목으로 자랄 수 있던 배경이고, 또한 그가 응당 커먼로의 아버지라 불릴 수 있게 된 까닭이기도 하다.

브랙톤이 처음 고안한 것은 아니지만 그 발전에 브랙톤이 기여한 바 있는 영장제도[26]에 대해서도 한마디 하지 않을 수 없다. 절차나 구제를 강조하는 것 역시 앵글로-색슨의 실용적 정서의 전형이다. 이 점에서 그들은 현대의 대륙법계 학자들보다 실제로 더 로마인들에게 가깝다고 할 수 있다.[27] 그들은 너무나 로마적이어서 고대 로마의 민법전Corpus Juris을 통째로 받아들이지 않았다.

메이트랜드와 폴록이 언급한 것처럼 '로마법학자들보다 더 로마적이었던' 그들은 '새로운 양식을 제도화하는 큰 실험을 하였다. …페이트셜, 라레이, 그리고 브랙톤을 위시하여 웨스트민스터에 모여 있던 몇몇이 대서양 건너편 왕이 없는 새로운 세상에서 써먹게 될 영장제도를 고안하고 있었다. 그들은 우리와 우리 후손에게 옳고 그름을 만들어 주고 있었던 것이다."[28]

또 다른 의미에서도 브랙톤은 커먼로의 아버지이다. 우리가 이미 본 것처럼 커먼로는 요람에 있던 어린 크리스찬이었다. 그런데 커먼로에서 기독교적인 요소가 성숙의 단계로 접어든 것은 13세기에 이르러서였다. 브랙톤은 그의 탁월한 흡수력으로 진정한 의미에서의 기독교적 법철학을 형성하는데 성공하였던 것이다.

그의 위대함은 독창성에 있다기보다는 당대의 정치철학과 법철학의 가장 좋은 점들을 한데 모았다는 점에 있다. 예를 들자면, 그는 대관식에 따르는 선서를 해설하면서왕은 자신에게 세 가지를 스스로 맹세하여야 한다고 한다. 첫째로, 왕은 자신의 치세 중 하나님의 교회와 모든 기독교인들에게 참된 평화를 확보해 주기 위하여 자신의 권력을 행사하여야 하고, 둘째, 왕은 모든 계층의 사람들 중에서 어떤 형태이건 약탈과 비행을 금지하여야 하며, 셋째, 왕은 그 자신이 온유하고 관대한 하나님으로부터 자비를 바라듯이 그가 하는 모든 재판에서 형평과 자비를 드러내기를 약속해야 한다는 것이다.[29]

사실 브랙톤에 의하면 왕이란 존재는 모든 사람에게 정의를 행하는 바로 그 목적을 위해 고안되고 선출된 것이다. 왕은 지상에 있는 하나님의 대리이며 대행자이고, 그래서 왕의 의무는 선악을 분별하고, 공정과 불공정을 구별하여 그의 신민들이 정직하게 살아가고, 누구도 다른 사람을 해치지 않고, 각자가 그의 몫을 받는 대신 적당한 반대급부로 기여하도록 하는 것에 있다.[30] 왕이 정의를 행하면 그는 하나님의 심부름꾼이 될 것이지만, 불의를 행하게 되면 마귀의 대리인으로 되고 만다. 그는 백성 위에 있지만, 하나님 아래에, 그리고 법 아래에 있다. 왜냐하면 그를 왕위에 올려준 것이 법이기 때문이다. 이 점과 관련하여 장엄한 한 구절을 소개하고자 한다.

"왕은 백성 아래에 있어서는 안 되지만 하나님 아래 있어야 하며, 법 아래 있어야 한다. 법이 왕을 정하기 때문이다. 그러므로 왕으로 하여금 법이 그에게 준 것, 다시 말해 지배와 권력을 다시 법에게 돌리게 해야 한다. 왜냐하면 법이 아닌 의지가 통치권을 행사하는 곳에는 왕이 없기 때문이다. 하나님의 대리인으로서 왕이 법에 복종해야 한다는 것은 예수 그리스도께서 먼저 모범을 보이셨다. 이 예수의 자리를 지상에서는 왕이 차지하고 있는 것이다. 하나님의 입장에서는 하나님으로 가는 길, 인류에 대한 구원을 위한 우리의 이성을 넘는 수많은 길과 수단이 있을 수 있지만, 마귀의 역사를 멸함에 있어 하나님의 참된 자비는 이 방식을 택하셨다. 예수는 당신의 권능과 힘을 쓰지 않으시고, 주의 정의가 말하는 바에 따랐다. 그래서 예수는 기꺼이 법 아래 복종하셨고, 이를 통해 '법 아래에 있는 자들을 구속'하시려 하였다. 이는 그가 권능을 쓰지 않고 판결에 따랐기 때문에 가능했다. 또한 이렇게 성육신한 하나님, 우리 주님의 부모, 성모 마리아도 겸손의 본을 보이기 위해 합법적 법령에 따르기를 주저하지 않았다. 왕 역시 자신의 권력이 재갈 물려지지 않은 채 남아있지 않도록 그와 같이 행동하여야만 한다."[31]

"법이 아닌 의지가 지배권을 휘두르는 곳에는 왕이 없다." 이 말 만큼 법의 우위라는 관념이 명확하게 드러내 주고 있는 문장도 없다. 법의 본질은 의지와 힘이 아니라, 정의로운 판단과 변론이 다. 다른 대목에서 그는 이렇게 말하기도 한다. "분별은 법을 인 식하게 하고, 정의는 각자에게 합당한 바를 준다. 마찬가지로 정 의는 미덕이고, 법적 분별은 지식이다." [32] i

이 말은 다음과 같이 바꿀 수 있다. "법이 갖는 분별은 각자에게 합당한 것이 무엇인지 인식하는 데 있고, 정의는 그것을 실제로 주는 데 있다. 왜냐하면 정의는 미덕이며, 법의 분별이란 하나의 학문이기 때문이다." 이것이 참된 의미의 법학jurisprudence임에도 불구하고 몇몇 현대의 실증 주의 법학에 기운 자들은 정의를 법학에서 떼어 내 버리려 한다. 이것은 법적 분별juris-prudence, 법학보다는 법적 경망juris-imprudence에 가깝다.

에드워드 S. 도어Edward S. Dore 대법관은 <인권과 법>이라는 주제로 훌륭한 연설을 한 바 있는데, 거기에서 그는 브랙톤이 의도하였던 바를 다음과 같은 몇 마디 말로 완전하게 잘 설명하였다.

"쥬브널Juvenal, 55-140 ii의 풍자시 중에 제멋대로 고집 센 아내가 로마인 남편에게 아무 까닭 없이 노예를 십자가에 못 박아 죽이라고 닦달하는 대목이 있다. 남편이 왜 꼭 그래야 하는지 묻자, 그녀는 의지로서의 법을 상징적으로 보여준 고전적 표현을 하였다. '내가 원하니까요, 그래서 요구하는 거고요. 그게 바로 이유죠.Hoc volo; sic jubeo; sit pro ratione vluntas'" [33]

---

i_역자 주: Iuris enim prudentia agnoscit, et justitia tribuit cuique suum est. Item justitia virtus est, iuris prudentia scientia est.

ii_Juvenal(55-140). 1세기 후반에서 2세기 초반에 활동한 고대 로마의 시인으로, 당시의 사회상에 대한 통렬하지 만 유쾌한 풍자시를 남겨 당시의 라틴 문학은 물론 후대의 풍자작가들에 많은 영향을 끼쳤다.

'sit pro ratione voluntas' '내가 원하니까 그게 이유'라는 짧은 문장 속에 얼마나 깊은 뜻이 숨어있는가! 이 네 단어가 이성에 터잡은 법이 아니라 의지 내지 힘에 터잡은 법의 속성을 잘 표현해 주고 있다."[34]

에드워드 3세Edward III의 연감에 법의 본질에 대한 아주 재미있는 대화가 들어 있다. 어느 한 변호인이 변론하면서 재판관들은 유사한 사건에서는 다른 판사들이 한 대로 해야 되고, "그렇지 않으면 사람들이 법이 무엇인지 알 수 없게 된다."고 하였다. 그러자 대법관 힐러리Hillary가 "판사 마음이오."라며 말을 가로챘다. 그러자 대법원장 스토노어Stonore가 응수했다. "아니죠, 법은 이성입니다."[35]

물론 의지will와 이성reason, 둘 다 법을 만드는데 기여한다. 의지는 하나님이 인간에게 부여하셨고, 인간의 영적 본질에 속하는 것이므로 무시되어서는 안 된다. 토마스 아퀴나스가 말했던 것처럼, "모든 법은 이성과 입법자의 의지로부터 시작된다. 신법과 자연법은 하나님의 이성적 의지로부터 시작되고, 인간의 법은 인간의 의지로부터 나오며, 이성에 의해 통제된다."[36]

다시 말해 "명령의 형태로 내려진 자유의지가 법적 속성을 지닐 수 있게 되기 위해서는 이성의 어떤 규칙과 일치될 필요성이 있다."[37] 분명히 토마스 아퀴나스의 <법학 논문Treaties on Law>을 읽을 기회가 없었던 브랙톤의 사고가 아퀴나스의 생각과 매우 가까웠다는 것은 그에게는 명예로운 일이다. 법에 대한 브랙톤의 정의는 다음과 같은 구절로 구체화 되고 있다.

"그러면 법이 무엇인가 보도록 하자. 법은 공회에 출석한 지각 있는 사람들이 공통적으로 지키는 수칙, 고의 또는 과실로 저지르는 범죄에 대한 강제적 금지, 공동의 이이해관계를 둘러싼 불편부당한 방벽이라는 사실을 알아야 한다. 또한 하나님이 정의의 저자이시니, 이는 정의는 창조주 안에 있는 것이기 때문이다. 따라서 정의와 법ius et lex은 같은 의미이며, 가장 넓은 의미에서는 우리가 인식할 수 있는 위에 해당하는 모든 것이 법이라 불리게 되고, 엄격하게 좁은 의미로 본다면 공정하고 적절한 것을 장려하고 그 반대되는 것들을 금하는 공정한 제재just sanction를 말한다."[38]

미리암 루니 박사가 정확하게 적한 바와 같이 브랙톤이 내린 법에 대한 정의와 제재의 원칙은 "그 당시까지의 커먼로의 발전과 기독교 사상의 전개를 통해 지나온 유산을 탁월하게 집대성한 것이었다."[39] 그가 코크, 홀트Holt 및 블랙스톤과 같은 후세의 법학자들과 지금 이 시대의 몇몇 주요한 법률가들에게 끼친 영향은 유익하고 심원한 것이었다.

판례법과 법의 우위Supremacy of Law라는 관념에 대한 브랙톤의 공헌은 커먼로에 대해서만이 아니라 자연법 철학에 대해서도 지대하였다. 로스코 파운드는 그의 저서 <커먼로의 정신The Spirit of the Common Law>에서 커먼로의 가장 두드러진 두 가지 특징은 '선례 원칙'과 '법의 우위의 원칙'이라고 한 바 있다. 그는 나아가 이 두 가지 원칙에 하나의 공통된 요소가 있는데, 그것은 바로 이성이라고 하였다.

"동일한 정신이 각 원칙의 배후에 있다. 선례의 원칙이란 재판에

서의 추론은 과거의 사법적 경험으로부터 귀납적으로 도달했던
원리에 따라야지, 주권자의 의지에 의해 자의적으로 설정된 규칙
들로부터 연역적으로 해야 할 것이 아님을 뜻한다. 다시 말해 자
의적 의지가 아닌 이성이 판결의 최종 근거가 되어야 한다는 것
이다. 법의 우위 원칙도 같은 바탕에 있다. 그것은 주권자와 그 대
행 기관들은 원칙에 입각해야지, 자의적 의지에 따라서는 안 된
다는 사실, 다시 말해 내키는 대로 변덕을 좇는 자유 대신 이성에
따라야 할 의무가 있다는 점을 의미한다. 이 두 가지가 법은 창조
주의 정의와 진리를 탐색하는 것이라는 게르만적 법사상을 대표
한다. 커먼로 원리는 경험에 적용되는 이성의 하나이다."[40]

파운드 학장의 이 말 속에는 커먼로의 정신에 대한 예리한 통찰이 들어
있다. 다만 필자가 한 가지 아쉽게 생각하는 것은 그가 이 글을 쓸 무렵
이러한 정신의 근원을 거슬러 올라가도록 하는 13세기 스콜라철학에 대
한 지식은 충분히 갖고 있지 않았던 것으로 보인다는 점이다.
사실 커먼로의 특징인 법 우위의 원칙과 사건들을 다루는 실용적이며
구체적인 방법은 교회의 지혜에서 온 것이었다. 자연법을 둘러싼 현대
의 사변적이며 타산적인 철학은 스콜라적 전통이라는 주류에서 벗어
난 아류이다. 이와 관련하여 교회법의 현대적인 권위자인 쿠트너Stephan
Kuttner 교수의 매우 의미심장한 글을 인용하지 않을 수 없다.

"자연법에 관한 학문은 실천이성 분야에 있어서의 모든 지식과
같이 인간 행위를 다루는 것이며, 실제적인 인간관계와 사회적

복합성에 대한 경험적 자료나 정보 없이, 기하학적 구조나 추상적이며 사변적인 방식으로 해석될 수 없다. 자연법이라는 개념을 인간의 타산적이며 사회적 본성으로부터 직접 유래하는 원리라는 좁은 의미로 볼 때는 그 나름대로의 실재도 갖고 있고, 보편적인 방식으로 지적 질서 내에 '존재'한다는 것은 사실이다.

하지만 현실 속에서는 지금 여기에 존재하는 인간의 사회적 존재가 갖는 우연성과 일정하게 연관된 것에서만 규칙과 예측regula et mensura으로서의 규범적 기능을 발휘할 수 있다. 그리고 이러한 우연성은 매우 다양하며 가변적이다.

여기서 우리는 중세 학자들의 지혜를 볼 수 있다. 그들은 모든 실정법과의 본질적 관계에 필요한 철학적 사유의 바탕으로 자연법을 두는 것으로 만족했다.

실정법은 모든 다양성과 상대성을 다루게 되는데, 한꺼번에 인간의 모든 행태를 세세하게 모두 규율할 수 있는 완전한 법전을 만들겠다고 꿈꾸면서 실정법을 불필요하게 너저분하게 만들거나, 거꾸로 자연법을 구름 위에 있는 영원히 도달할 수 없는 초월적 영역으로 취급하여 지레 포기하지도 않았다."[41]

이것은 토마스 아퀴나스의 방법론과 맞아떨어진다. 또한 여기엔 브랙톤의 방법론도 설명하고 있기 때문에 당연히 커먼로의 전통도 포함된다. 17세기, 18세기, 그리고 19세기에서도 자연법 철학자들이 실질적으로 이 위대한 전통에서 벗어나고 있다는 것만큼 유감스러운 일도 없다. 이들은 거미가 자신의 배에서 실을 배출하여 그물을 짜듯 이른바 자연법

정의의 원천: 자연법 연구   제1부 자연법과 우리의 커먼로

의 전 체계를 기하학적 모형 이상으로 짰다. 그중 몇 명을 꼽자면 홉스 Hobbes, 스피노자Spinoza, 로크Locke, 푸펜도르프Pufendorf, 월프Christian Wolf, 토마지우스Thomasius, 블라마키Burlamaqui, 칸트Kant, 헤겔Hegel, 그리고 공리주의자 벤덤Bentham까지 들 수 있는데, 이들은 모두 사변적인 집단speculative group에 속한다.[42]

19세기 미국의 많은 판사들이 자연법이라는 이름을 남용하여 자연법을 위와 같은 사람들이 갖고 있던 개인적 편견과 동일시해버렸다. 그들 중 일부는 심지어 자신들이 갖고 있던 부당한 인종적 편견을 자연법의 존엄성을 빌어 합리화하기도 하였다. 여기에 대하여는 뒤에서 설명하기로 한다.

제4장 연감年鑑의 시대에서 토마스 모어에 이르기까지

브랙톤의 사후에 곧 연감Year Books들이 출현하였다. 그중 가장 오래된 것은 1292년에 나왔다. 법조학원들The Inns of Court과 형평법원Chancery에 배치되어 있던 법률가들 손에서 이 연감들이 나왔는데, 이 법조학원들이 사실상 법률연구의 중심기관으로서 커먼로의 전통을 보전하며 발전시켰다.

14세기를 법학 이론의 관점에서 이렇다 빛난 시대라고는 말할 수 없지만, 법제도로서 지속성을 갖도록 한 그 숨은 공로를 무시해서는 안 된다. 15세기에 오면 리틀톤Littleton과 포테스큐Fortesque가 등장한다.

리틀톤과 관련하여서는 부동산법에 있어서의 이정표가 되는 종신토지 보유권tenures에 관한 그의 고전적 노작을 빼놓을 수 없다. 자타가 공인하는 아퀴나스의 제자인 포테스큐는 '왕이 하고자 하는 바가 곧 법의 효력이다Quod principi placuit legis habet vigorem'라는 로마식 수칙에 반대하였다.[43]

그는 "영국의 어떤 왕도 자기 멋대로 영국의 법을 절대 고칠 수 없다. 왜냐하면 그의 통치는 정부를 통해 이뤄지는데, 이 정부는 왕의 것이기도 하지만, 정치적 성격을 갖기 때문이다."[44] 라고 주장하였다. 그가 볼 때 왕이 법을 바꾸는 것은 오직 인민의 동의가 있을 때 가능하였다. 포테스큐에게는 구약 성서와 복음서에 나타난 자연법이 최고의 권위를 갖고 있었다.

"왜냐하면 어떤 칙령이나 왕의 행위가 자연법의 규율에 반하여 시작되었다면, 설령 그것이 정치적으로 유래하였고 왕으로부터 비롯되었어도 하나님의 거룩한 심판을 면할 수 없기 때문이다."[45]

사실 15세기의 법철학은 아직도 깊숙하게 기독교적이었다. 예컨대, 1468년 형평법원Chancellor은 귀족원House of Lords에 대하여 "정의는 모든 번영, 평화와 공공규칙의 토대이자 원천이고 뿌리여서, 세상의 모든 법은 여기에 터잡아 있으며, 정의는 다음의 세 가지, 즉, 하나님의 법, 자연의 법 및 실정법에 있는 것이다."라고 하였다.[46]

1469년 민사법원Court of Common Pleas 엘버튼Yelverton, J. 판사는 배심원들에게 이렇게 말한 바 있다. "교회법학자들과 민법학자들이 적용할 법을 찾지 못하는 상태에서 사건을 대하는 것처럼 우리도 그렇게 행동해야 합니다. 그들은 모든 법의 바탕인 자연법에 호소하지요."[46a]

헨리6세 재위 기간 중 나온 어느 연감에는 아주 의미심장한 대목이 실려 있다. "법은 왕이 갖고 있는 가장 고귀한 유산이다. 왜냐하면 법에 의해 그와 그의 신하들이 규율되고, 따라서 법이 없다면 왕도 없을 것이고 상속(왕위계승의 정당성)도 없을 것이기 때문이다."[47]

16세기 초에 매우 흥미진진한 <카슬에이커 수도원장 대對 성 스테판교회 부감독 사건The Prior of Castleacre v. The Dean of St. Stephens>[48]이 일어났다. 어느 말사수도원末寺修道院, priory이 해체되고 그 재산이 의회의 법률에 의하여 왕실에 귀속되게 되었다.

이 사건의 쟁점은 이로 인해 왕실이 교회의 '교구목사parson'이 되는가 하는 것이었다. 그렇게 되면 왕이 십일조를 받을 권리가 있게 되는 것이었다. 민사법원은 만장일치로 왕이 교구목사가 되지는 않는다고 판정하였다. 법원장 프로윅Frowicke은 "나는 어떤 속세의 인간이라도 교회수장Supreme Head의 동의 없이 교구목사가 될 수 있다는 걸 본 적이 없다."고 말하였다. 여기서 교회수장이라 함은 물론 교황을 의미한다. 킹스밀Kingsmill 판사도 같은 취지로, "의회의 법은 어떤 세속의 인간에게도 영적 권한을 줄 수 없다. 왜냐하면 교회의 수장을 제외하고는 아무도 그런 일을 할 수가 없기 때문이다."라고 판시하였다. 피셔Fisher 판사 역시 "…왕은 이 의회의 법에 따라 교구목사가 될 수 없으며 어떠한 세속의 인물도 이 법에 따라 교구목사라고 불리워질 수 없다."고 하였다. 단 하나의 반대의견도 기록에 나타나 있지 않다.

그로부터 28년 후에 의회가 법률을 통해 '교회수장'이라는 칭호를 헨리8세에게 돌리게 될 줄을 그때 누가 상상이나 할 수 있었을까? 그 법은 하나님의 법과 자연법에 위배될 뿐만 아니라 커먼로 그 자체에 위반되는 것이었다.

커먼로에서 가장 걸출한 현인이자 성인인 토마스 모어가 반역죄로 고발되어 유죄 판결을 받은 것은 바로 그 법에 따른 것이었다. 의인을 죽이려고 비굴한 의회와 아첨꾼 법원이 무법자 폭군과 결탁하였던 것이다.

토마스 모어의 영광스러운 순교는 너무나도 잘 알려져 있으므로 더 자세히 말할 필요가 없으리라. 내가 말하고 싶은 것은 커먼로 그 자체가 모어의 죽음에서 치명상을 입는 바람에, 적어도 영국에 있어서는 아직까지도 온전히 회복되지 못하고 있다는 사실이다. 가톨릭 법학자가 아니더라도 이런 사정은 충분히 알 수 있다.

가톨릭교도도 아니고, 영국 국교회 교도도 아닌 메이트랜드는 이에 관해 다음과 같이 말하고 있다.

"모어가 죽음을 당한 해인 1535년에 연감the Year Book도 끝나고 말았다. 다시 말해 에드워드 1세 때부터 근 250년간이나 흘러 내려오던 판례집Law Reports의 큰 물줄기가 끊어지고 마침내 말라버린 것이다. 이 불길한 사건의 정확한 의미는 여태까지도 완전히 규명되지 않고 있지만 사건 자체가 불길했던 것만은 틀림없다. 에드먼드 버크Edmund Burke가 던졌던 몇 마디가 떠오른다. '판례집이 끝났다는 것은 잉글랜드 법이 종말을 고했다는 뜻이다.'"[49]

또 한 명의 비非가톨릭 교도인 챔버스R.W.Chambers는 자신의 훌륭한 토마스 모어 전기의 서문에서 이렇게 기록하고 있다.

"이 책에서는 모어를 단지 순교자로서만이 아니라(물론 그는 순교자가 맞다), 한 명의 위대한 유럽의 정치가로서 그려보고자 한다. 모어의 선견지명은 당대의 이기적 폭군정치에 묻히고 말았지만, 그의 언행과 고난은 전 생애를 일관하여 불후의 원칙에 터잡고 있었다. 모어는 죽음을 당하였으나 그가 견지했던 원칙은 결국 틀림없이 승리하고 말 것이다. 만일 그렇지 못하다면 유럽의 문명은 불행한 운명을 맞고 말 것이다."[50]

이런 원칙들은 무엇인가? 챔버스는 현대 영국의 가장 탁월한 가톨릭 법학자들 중 한 사람인 국왕 재판소 변호사 설리반Richard O Sullivan, K. C.의 다음과 같은 말을 인용하고 있다. "토마스 모어의 삶과 죽음은 왕이나 의회의 권한에 한계가 있어야 한다는 점에 관한 증언이다. 또한 모어가 살면서 지키려했고, 심지어 죽음으로써 지키고자 했던 자연법의 원리와 신법의 원리들을 현대에도 종파를 불문한 일군의 기라성같은 역사가들과 법학자들이 재확인해 주고 있다."[51]

헨리 8세에 관하여 메이트랜드는 다음과 같이 기술하고 있다. "만일 헨리가 '교황, 완전한 교황, 나아가 교황 이상의 무엇'이 되려는 마음이 있었다면 교회의 수장이 되는 명분 만들기를 법학자들에게 맡겼을 수도 있다. …그런데 그 법학자가 법 이론에 제대로 충실했다면 그런 논리는 교회가 국가의 한 기관으로 전락해 버렸을 때, 그리고 그런 경우에만 가능하다는 사실을 알게 될 것이다."[52] 그렇지 않으면 주권자의 의지와 법을 일치시키는 방법은 없을 것이었다.

제5장 크리스토퍼 저메인

1518년에 형평법에 관한 유명한 저술이 나왔다. 저자는 '런던도심법조학원The Inner Temple'의 변호사Barrister였던 크리스토퍼 저메인Christopher St. Germain이었는데 그는 신학박사이기도 했다. <박사와 학생The Doctor and Student>으로 제목이 붙은 이 책은 대화체의 형식으로 양심conscience이라는 관점에서 잉글랜드의 법과 관습을 상술하고 있다. 영어로 쓰여진 형평법학에 관한 최초의 논문이다. 잉글랜드 법사학자들은 이 글이 그 후의 형평법 발전에 끼친 영향을 다양하게 분석하였다.[53]

특히 지금 이 글의 목적상 우리의 관심을 끄는 것은 자연법의 관점에서 본 형평법에 내재된 철학을 언급한 대목인데, 저자는 자연법을 이성의 법law of reason이라는 말로 표현했다. 우리는 종종 자연법과 형평법 사이의 복잡한 연관성에 대한 성찰 없이 한쪽에서는 표현만 다를 뿐 같은 것이라고 하거나, 반대로 둘이 서로 다른 것이라고도 한다. 아래에서 필자가 인용하는 구절을 잘 들여다보고 스스로 생각을 좀 해보면 이 문제에 관하여 명확하게 가닥이 잡힐 것이다.

"형평이란 당해 행위를 둘러싼 모든 특별한 사정들을 고려하는 올바른 지혜이고, 이것은 또한 자비라는 온정과도 조화를 이루는 것일세. 그와 같은 형평은 인간의 모든 법에서, 그리고 거기에 따른 모든 일반적인 규칙에 있어 준수되지 않으면 안 된다네. 이것을 잘 알기에 그는 이렇게 말했던 것일세. '법은 형평이 자기를 잡아주길 바란다.Laws covet to be ruled by equity'고. 그리고 그 현자는 이렇게 말했지. '너무 지나치게 옳다는 것에 집착하지 말게. 왜냐하면 극단적인 바름이란 극단적인 잘못이니까. 자네가 법이 말하는 모든 것을 곧이곧대로만 받아들인다면, 언젠가 자네는 그로 인해 법에 위반될 테니.'

형평이 무엇인지 좀 더 명확히 말해 볼까. 자넨 법이 명하고 있는 인간의 모든 행태와 행동은 무한히 다양한 형태로 일어나기 때문에 법을 통해 일반적 규칙을 만든다는 것은 불가능하고, 법이 있다 하더라도 어떤 경우엔 맞지 않다는 사실을 이해해야 하네. 그러므로 입법자는 일어나리라 예상되는 것들에만 주의를 기울이게 되고, 모든 개별적인 구체적 사정을 다 염두에 두지는 않지. 설령 그렇게 하고 싶어도 할 수 없다네. 그렇기 때문에 법조문을 문자 그대로 따르면 때로는 그로 인해 정의와 공동체의 복리에 반할 수 있지. 법의 문언을 떠날 필요가 있는 경우, 그래서 이성과 정의가 요구하는 바를 따라야 할 필요가 있는 바로 그런 경우를 위해 형평이 마련된 것이지. 다시 말해 법의 경직성을 누그러뜨리고 완화하자는 것이야. 이걸 어떤 이들은 에이피에키아epieikeia, 고대 그리스어로 ἐπιείκεια라고 하기도 한다네.i

이것은 하나님의 법 내지 이성의 법에 따른 예외, 그러니까 인간이 만든 법의 일반적 규칙에 대한 예외지. 다시 말해 일반적 규칙이 어떤 특별한 경우에 있어 하나님의 법이나 이성의 법에 반할 때는 하나님의 법 또는 이성의 법에 따른 예외를 두어야 한다는 것이네. 이런 예외는 모든 실정법의 모든 일반 규칙에서는 암암

---

i_역자 주: 그리스어인 epieikeia 는 영어로는 indulgence에 해당한다. 이 말의 뜻 중에는 (남의 결점에 대한) 관용 내지 인내라는 의미도 들어 있다.

정의의 원천: 자연법 연구   제1부 자연법과 우리의 커먼로

리에 인정되고 있지. 그렇기 때문에 형평을 통해 올바름 그 자체를 제거하자는 것이 아니고, 법의 일반적 문언으로만 바른 것처럼 보이는 그걸 치우자는 것이야. 그런 뜻에서 형평은 단지 법의 엄혹함에 반대하여 마련된 것이 아님을 기억해야 하네. 왜냐하면 법이 엄혹하게 되어 있는 경우 일반적으로 적용되는 법은 그 자체가 법으로서 좋기 때문이지. 인간의 법의 일반규칙이 반대하더라도 옳음과 정의가 요구하는 특별한 경우에 있어서는 형평이 법의 뒤를 쫓아야 하는 것일세.

그러므로 만일 인간이 만든 어떤 법률에 명시적으로나 묵시적으로 예외가 인정되지 않는다면, 이것은 명백히 비이성적인 것이고 참을 수 없는 일이 될걸세. 왜냐하면 법을 그대로 지키는 것이 오히려 하나님의 법과 이성의 법을 다 어기게 되어버리는 상황은 반드시 생기기 마련이기 때문이네. 어떤 사람이 앞으로 흰살 고기는 절대 먹지 않겠다고 맹세한 후에 우연히 그런 고기 외에는 먹을 것이 전혀 없는 곳에 갔다고 가정해 보세나. 이런 경우엔 그에게 자신의 맹세를 깨뜨리는 것이 허용되겠지. 왜냐하면 이런 특별한 경우에서는 형평 또는 우리가 전에 말했던 에이피에키아 epieikeia에 의해 그의 일반적인 규칙에서 암암리에 자유로울 수 있기 때문이야. 또한 예컨대 어떤 도시에 해 뜨기 전에는 죽어도 성문을 열어서는 안 된다는 법률이 있다고 해 보세. 하지만 성 밖에 몰래 진주한 적군에 붙잡혀 있던 사람이 이 사실을 성안에 알리기 위해 탈출했다면, 해 뜨기 전이라도 성문을 열어 그를 맞아들이는 것이 법을 위반한 것이라 할 수 있겠나. 이 역시 형평이나 에

이피에키아에 따라 법의 일반성에서 예외를 인정받는 경우라 하겠지.

그래서 형평이란 법에 쓰여진 글자보다 그 글자들이 의도한 바가 무엇인지를 따르는 것이라고 보면 될 것일세. 그래서 이 왕국의 법이 갖는 일반적 규범성 위에는 일종의 형평이 같은 비중으로 자리하고 있다는 것이 내 생각일세."[54]

그런 까닭에 형평법은 하나님의 법과 이성의 법이 실정법이 갖는 일반 규범의 작동을 통제하도록 하는 대행자이다. 형평법의 기능은 일반적 규칙이 자연법의 원리에 반하여 그 자체로 무효인 경우에는 작동되지 않는다. 왜냐하면 그런 경우엔 그 법규 자체를 무효화하는 것은 자연법 자신이고 형평법이 아니기 때문이다.

형평법의 역할은 제한적이다. 일반적 규칙이 본질적으로 나쁜 경우에 전면적으로 대체 작용되는 것이 아니라, 어떤 특별한 사정 하에서 일반 규칙이 그대로 적용된다면 정의롭지 못한 결과가 초래되는 경우에만 그 역할이 허용된다. 이럴 때 형평법이 일반규칙의 작동 과정에 끼어들어 예외를 만들어 줌으로써 이를 정지시키는 것이다.

그러나 크리스토퍼의 관점이 철학적으로 중요한 의의를 띄고 있는 것은 그가 이러한 예외를 규칙을 바로잡을 필요가 있을 때 인간이 가져온 하나의 발명품으로 여기지 않았다는 데 있다. 그는 이런 예외를 '모든 실정법의 모든 일반적 규칙에 감추어진 것으로 이해' 한다. 그래서 그에 따르면 예외란 비록 늦게 알려지고 들어오는 것 같지만, 실제로는 일반 규칙의 작동을 그 내재적 한계 내로 묶어두는 역할을 한다. 바꿔 말하면

정의의 원천: 자연법 연구 제1부 자연법과 우리의 커먼로

형평법은 규칙을 바꾸는 것이 아니라, 그 규칙의 적용 범위를 그 고유한 범위로 획정해 주는데, 그것을 이성의 법이라는 이름으로 행한다는 것이다.

형평법과 실정법, 둘 다 이성의 법에 종속되어 있고, 이성의 법이 실정법에 대하여는 법을 만들어 낼 권한을 주고, 그와 동시에 형평법에게 당초의 입법목적에 반하거나, 적어도 본래의 목적과 무관한 경우에까지도 일반적 법규가 적용되는 것을 감독하고 통제할 권한을 위임하는 것이다.

영국법의 역사를 연구하는 학자들은 한결같이 <박사와 학생Doctor and Student>이라는 저술이 가장 적절한 시기에 등장하였다고 평가한다. 우리는 토마스 모어를 국새國璽, Great Seal가 맡겨진 첫 평민이었다고 기억하는데, 그가 실은 크리스토퍼보다 더 낫지는 못하였더라도 비슷한 정도로 스콜라 법철학에 능하였음을 기억할 필요가 있다. 두 사람은 신학적으로는 다소 불일치를 보이는데, 이 글에서 이를 논할 필요는 없을 것이다. 어쨌건 <박사와 학생>은 이후의 대법관들에게 형평법학에서의 자연법 전통을 계속 유지시키는데 도움이 되었다.

하지만 형평법에 관한 크리스토퍼의 설명은 어느 정도 합리주의에 흐르는 경향이 있음에 유의해야 한다. 그는 형평법이 법의 일반원칙을 교정하는 역할을 한다는 아리스토텔레스식의 입장과는 결을 달리한다.[55] 형식적으로 보면 그의 입장은 옹호될 수 있으나, 실질적으로나 기능적으로 볼 때 형평이 가져오는 모든 예외가 법 자체 내에 '일반적으로 감추어져 있는 것으로 이해'해야 한다고 하는 것은 비현실적이다. 형평법의 권위 역시 실정법과 같이 자연법에서 도출되지만, 형평을 위해 채택하는 조치들이 반드시 자연법의 일부는 아니다. 크리스토퍼는 "형평은 인간이 만든 법들의 일반적 규칙에 대한 하나님의 법 또는 이성의 법이라는 예외에 지나지 않는 것"이라고 했는데, 사실 아리스토텔레스나 토마스 아퀴나스가 염두에 두었던 형평은 이 정도보다는 훨씬 덜 절대적이고 더 인간적인 것에 가깝다고 보아야 한다. 따라서 크리스토퍼의 입장은 그 순수한 형태에서 보자면 스콜라적 전통을 대표한다고 생각되지는 않는다.

지금까지의 설명을 몇 마디로 요약하면 다음과 같다. 형평법은 특수한 경우 실정법의 적용을 배제함으로써 실정법을 교정하고, 형평법은 자연법이라는 권위에 따라 이런 기능을 수행한다. 한편으로 형평법이 가져오는 교정 내용은 반드시 자연법의 일부일 필요는 없다. 대개의 경우 이런 교정은 관련된 가치들을 교량하고 균형을 잡아가는 절차를 통해 그 목적지에 도달하게 되는데, 이런 절차는 완전무결함과는 거리가 멀다. 그래서 그러한 절차를 거쳐서 나온 결과는 직접적으로 이성법의 소산이라 할 수 없고, 하나님의 법의 소산이라고는 더더욱 할 수 없다.

정의의 원천: 자연법 연구　　　　　　제1부 자연법과 우리의 커먼로

제6장 세익스피어에서의 자연법

스콜라 법철학은 영국의 토양에 너무나 깊숙이 뿌리를 내리고 있어서 종교개혁 이후에도 완전히 뽑히지 않았다. 예컨대, 세익스피어Shakespeare 는 커먼로와 자연법을 매우 잘 알고 있었던 것 같다. 그는 판례법의 존립 근거와 법을 보는 민중의 심리를 훤히 꿰뚫고 있었다. 그는 포샤Portia 의 입을 빌어 이렇게 말한다.

> "…베니스의 어떤 권력도
> 기존의 법률 하나라도 변경할 수 없소.
> 그것이 판례로 기록이라도 되는 날이면
> 선례를 따라서 수많은 편법과 부정이 자행되어
> 국가의 화근이 될 것이오."[56] i

그는 또한 커먼로의 경직성을 형평으로 완화하는 것이 중요하다는 점도 알고 있었다.

> "자비심을 발휘하여 정당함을 완화시킬 때
> 지상의 권세는 비로소 하나님의 권세와 가까워지는 것이오."[57]

그는 등급級 · 비중 · 형식과 질서를 준수하는 것이 얼마나 중요한지 알

---

i_역자 주: 이 대목은 법학박사(실은 포샤가 법복을 입고 변장)에게 포샤의 남편인 바사니오가 간청한 데 대한 답이 다. 바사니오는 이렇게 탄원하였다. "청컨대 당신의 직권으로 한번만 법을 굽히셔서 정의를 행사하기 위해서 작은 부정을 행하시어 이 잔인무도한 악마의 의도를 꺾어주십시오."

고 있었는데, 그에게 이것들은 존재론적 근거를 갖고 있기 때문에 옳고 그름의 객관적 기준이기도 했다.

"등급을 없애고, 악기의 가락을 헝클어보시오.
그리고 어떤 혼란이 빚어지는지 잘 들어보시오.
각자 서로 부딪치고, 아주 작은 불일치에도 충돌이 생길 겁니다.
저기 머물도록 명받은 바다는 그 큰 가슴으로 해안을 덮치고
이 모든 육지를 유린하겠지요.
폭력은 허약한 자들의 군주가 되고
망나니 아들은 아비를 때려죽일 겁니다.
힘이 권리가 되고, 옳고 그름은 그 이름마저 잃고
이 둘의 한없는 싸움을 저울질 해줄 정의도 없어지고 말 것입니다.
그러면 모든 것은 힘에 돌아가고
힘은 의지로, 의지는 변덕으로 화하니
변덕은 한 마리 늑대처럼
의지와 힘을 뒷배로, 이중으로 힘을 얻어
세상을 삼키고
결국 자신조차 먹혀버릴 것입니다…." [58]

세익스피어는 자연이성의 명령에 깊은 존중심을 갖고 있었기 때문에 심지어 엄숙한 맹세를 했다고 해도 이것이 정의의 기본원칙에 반하는 경우 그런 약속에는 하등 구속력이 없다고 주장하였다. <헨리 6세, 제2부>

에서 그는 셀리스베리 백작Earl of Salisbury로 하여금 이렇게 선언하게 한다.

"죄악을 행하겠다는 서약은 대죄이나,
보다 더 큰 죄는 죄악된 서약을 지킨다는 것입니다.
아무리 엄숙히 서약을 했더라도,
그것 때문에 살인하고, 강도질하며
처녀를 능욕하고
고아의 유산을 박탈하고
미망인의 관습적 권리를 빼앗을 수 있겠습니까?
단지 맹세에 구속되어야 한다는 그 이유 하나 말고
이런 악행을 정당화할 수 있는 것이 있겠습니까?"
- 5막 1장

그는 누구보다도 '법과의 정의의 위엄과 권능'을 생생히 묘사했다. <헨리 4세 제2부>에는 헨리 5세와 그를 부왕의 집정 시에 어떤 죄목으로 투옥시킨 적이 있는 대법원장과의 대화가 나온다.[59] 새로 왕이 된 그는 대법원장에 대하여 여전히 분개하고 있었다. 신왕新王이 그에게 첫 번째 던진 말은 이것이었다.

"경은 내가 경을 좋아하지 않는다고 확실히 생각하는 것 같군."
이에 대법원장은 다음과 같이 대답하였다.
"폐하께서 저를 제대로 평가하신다면, 저를 미워하실 정당한 이유는 없는 줄로 압니다."

"뭐라고?" 헨리 5세는 격분한다.

"곧 잉글랜드의 왕위에 오를 나를 꾸짖고, 거칠게 몰아붙여 굴욕을 주고, 감옥에 처넣은 일이, 그래 별거 아닌거요? 이게 망각의 강에 들어간다고 씻겨지고, 잊혀질 일 같은가?"

그러자 대법원장은 자신은 다만 법의 위엄을 세우고 부왕을 위해 정의를 시행하였을 뿐이라는 내용의 이야기를 조곤조곤 말한 뒤에, 이 새로운 왕의 마음에 와닿는 몇 가지 이유를 더 부연한다.

"가령 폐하께서 지금 한 아들을 둔 아버지이고, 왕자가 있다고 해보십시오. 그런데 그 왕자가 폐하의 존엄을 더럽히고,
국가의 큰 법을 능멸한다고 가정해 보시지요.
그때 신이 폐하를 대신하여,
폐하께서 주신 권능으로 조용히 그 왕자를 경계하고 징벌을 내린다고 냉정히 상상하신 뒤에, 제게 판정을 내려 주십시오.
국왕의 자격으로 공정하게,
신이 제 자리에서, 폐하의 신하로서
잘못한 일이 무엇인지 알려주소서."
- 5막 2장

이에 대한 헨리 5세의 답변은 정치적 지지 확보를 고려함에 있어서 정의가 국정의 대내외적으로 얼마나 필요한지 잘 보여주는 대목으로서 인용할 가치가 있다.

"경의 말씀이 맞소. 당연하오.

그런즉 앞으로도 심판의 저울과 정의의 칼을 담당해 주시오.

그래서 경의 명예가 점점 커져서

짐의 소생이 내가 한 것처럼 경에 대해서 무례한 짓을 하면 또 경

이 판정을 내리고,

그가 순종할 때까지 장수하기 바라오.

짐은 또 그때까지 살아서 부왕이 하신 말씀을 하고자 하오.

'아, 내 아들에 대해서도 정의를 행함을 두려워하지 않는

담대한 재판관을 갖고 있는 나는 행복하도다.

그리고 정의 앞에는 태자의 체면도 버리길 주저하지 않는 아들을

갖는 것은,

그에 못지않게 행복하도다.'라고 말이오. 경은 나를 감옥으로 보

냈으나,

과인은 그 보답으로 수년간 경이 지니던 때묻지 않는 칼을 다시

맡기오.

이 칼을 전에 내게 했던 것 같이

담대하게, 공정하게, 그리고 공평무사하게 사용하시오.

자 악수합시다."

- 5막 2장

이상론자 입장에서는 위엄에 가득 찬 법의 왕국이 효용이라는 소박한
기반 위에 서 있어야만 한다는 사실에 의아할 것이다. 그러나 이는 자연
이 그 목적을 달성하기 위하여 언제나 취하는 방법이다. 자연의 주된 관

심은 미덕에 있고, 제대로 실현을 하기 위한 나름의 지혜도 있기 마련이다. 예를 들어, 만일 자연이 인간에게 달콤한 맛을 보여주지 않는다면 (수고와 고생이 따르는) 출산과 양육을 누가 하겠는가.

세익스피어의 작품들에는 도처에 법적 지혜라는 알갱이들이 흩뿌려져 있는데, 많은 유명한 법학자들 중에서도 독일의 조셉 콜러Josef Kohler가 해박한 지식을 활용한 논문을 통해 이들을 다루고 있다. 여기서는 잠깐 일별하고 넘어가되, 세익스피어에 깃든 휴머니즘을 짚고 가지 않을 수 없다. 커먼로 그 자체가 그러하듯이 그는 사람이 사람 이상이 되기를 기대하지 않으면서도 사람 이하가 되는 것도 용납하지 않았다.

세익스피어에 따르면 보통의 사람은 하나님이 주신 자신의 천성 속에 내재된 존엄을 지니고 있다. 세익스피어를 그와 같은 탁월한 예술가로 만든 것은 그가 항상 인간 본성을 끌어내 비춰 보았다는 점에 있다. 그는 햄릿Hamlet을 통해 이렇게 선언한다.

"인간이란 도대체 무엇인가?
평생 먹고 잘 뿐, 그밖에 하는 일이 없다면
한 마리 짐승과 다를게 뭐냐 말이다.
창조주에게서 받은 이 영특한 이성의 힘
그것이 있기에 과거를 뒤돌아 보고,
미래를 살피며 분별력있게 행동할 수 있다.
이 능력, 신에 가까운 두뇌의 날카로움, 그것을 쓰지 말라,
곰팡이가 피게 하라. 설마 이것이 신의 뜻은 아니리라."
- 햄릿 4막 4장

정의의 원천: 자연법 연구   제1부 자연법과 우리의 커먼로

인간을 '세상의 아름다움, 동물의 영장'[60]으로 만드는 것은 인간의 합리적 이성이다. 하지만 이 이성이 격정에 의해서 부패될 때 그는 그 본래의 천성을 잃고 짐승보다 더 못한 존재로 전락하게 된다.

<트로일러스와 크레시다Troilus and Cressida>에서 그는 헥토르Hector를 통해 미친 마음에 의해 격발된 혈기는 시비를 자유롭게 판단하지 못하게 한다는 아리스토텔레스의 말을 인용한다. "왜냐하면 향락과 복수심은 어떤 진실한 판단에서 나오는 소리에도 독사의 귀보다 더 어둡게 만들기 때문이다." 그리고 나서 헥토르는 정통 아리스토텔레스식의 법철학 이론을 전개한다.

"자연이란 모든 것을 그 주인에게 돌려주기를 원하는 거야.

그런데 아내와 남편과의 관계처럼

모든 인간관계에 있어 밀접한 것이 또 어디 있을까?

이러한 자연의 법칙이 음란한 행위로 해서 타락되든가,

신분이 있는 자들이 마비된 의지로써 일탈 행위에 몰두하고

이 법칙에, 항거한다면, 각기 질서가 유지돼 있는 국가에는 법률

이 있어 가장 반항적이요, 이러한 난폭한 부정을 억제하는 거야.

헬렌이 스파르타 왕의 아내이고 그 사실을 우리도 잘 알고 있다

면, 자연의 도덕률도, 국가의 법률도

그 여인을 돌려주기를 소리 높여 부르짖을 거야.

부정을 하면서도 고집을 써서 부정을 안 한다고 우기는 것은

부정을 더욱 배가하는 꼴이 되는 거야."

- 2막 2장

이 철학은 자연이성과 헥토르의 양심으로부터 직접 발원하였으나, 참으로 기이하게도 헥토르는 '헬렌을 그대로 데리고 있기로to keep Helen still' 결정하였고, 트로일러스Troilus는 이 불합리한 결단을 명예욕과 죽은 뒤에도 그 이름이 후대에까지 알려질 기회를 놓치면 안 된다는 인습적 철학에 기대어 합리화하려고 시도하였다.

이것은 셰익스피어의 <당신 뜻대로As You Like It>에서 인습적 철학자 터치스톤Touchstone과 자연철학자 코린Corin 사이의 흥미있는 토론 장면을 떠오르게 한다. 물론 터치스톤의 '아무말대잔치'에 비해 코린에게 분별력 있는 대사를 할당한 걸 보면 틀림없이 셰익스피어는 코린 쪽에 마음이 더 갔던 모양이다.

> "나리, 저는 진짜 일꾼입지요. 제 손으로 벌어서 먹고, 입고, 남의 원한도 안 사고, 남의 행복을 시샘하지도 않고, 남의 기쁜 일은 같이 기뻐하고, 손해가 있어도 그러려니 하고 말지요. 제 가장 큰 자랑거리는 풀 뜯어 먹는 암양과 젖 빠는 새끼 양을 보는 것입죠."
> - 3막 2장

우연찮게도 이것은 당시 영국 사람들의 사회적 삶의 조건을 보여준다. 셰익스피어의 시대에 대부분의 시민이 이미 오래전부터 자유민으로 살았다. 분명히 양치기 코린은 등본보유자copyholder였다.

정의의 원천: 자연법 연구   제1부 자연법과 우리의 커먼로

제7장 에드워드 코크

여기쯤 이르면 에드워드 코크 경으로 넘어가지 않을 수 없는데, 일찍이 홀즈워드Holdsworth는 그에 관하여 "잉글랜드 공법 및 사법에서의 코크가 갖는 비중은 …문학에 있어서 세익스피어가 차지하는 지위와 같다."[61]고 말한 적이 있다. 정치적 논란으로 주권자로서의 개인이나 단체를 법 위에 두려고 하던 경향이 있던 당시에 코크는 하나님의 법과 자연법을 고수할 통찰력과 용기를 지녔고, 법의 우위라는 중세적 사고를 그대로 유지하고 있었다.

<칼빈 사건Calvin's case>[62]에서 그는 "자연법은 잉글랜드법의 일부"이 며, "자연법은 어떤 사법이나 토착법에 앞서는 것"으로, "자연법은 불 변이다."라고 선언하였다. 그는 자연법을 영구법eternal law과 동일시하였 다.[63]

그는 "자연법은 하나님이 인간의 본성을 창조하실 때 인류의 보존과 지 향을 위해 그 심령에 넣어둔 것이다. 이것이 영구법lex aeterna · 도덕률이 고, 또한 자연법으로 부르기도 한다. 그리하여 세상에 법이 무엇인지 알 린 첫 사람 내지 기록자였던 모세에 의하여 법이 성문화되기 전에도 오 랫동안 하나님의 백성은 하나님께서 인간의 가슴 속에 당신의 손으로 쓰신 법에 의해 다스려졌던 것이다."라고 하였다. 또한 코크는 <본함 박 사 사건Dr. Bonham's Case>[64]에서 제정법에 대한 사법심사의 원칙을 정하 였다.

"우리 판례집에는 많은 경우 커먼로가 의회의 법률들을 통제하고, 때로는 전면 무효 판결을 내리는 사례가 등장한다. 왜냐하면 의회의 제정법이 보통의 시비 기준과 이성에 반하거나 혐오스럽 거나 이행 불가능한 경우 커먼로가 이를 통제하고 그러한 법률들 을 무효화하기 때문이다."

이런 배아 단계의 사고는 영국에서는 발아하지 못했고, 뒤에도 살펴보 겠지만, 후일 미국으로 이식되어 거기에서 만개하였다.[65] 그러나 의회제정법의 사법심사에 대한 이 이론은 영국에서도 얼마 지나 지 않아 상당한 반향을 가져왔다. <데이 대對 사빗지 사건Day v. Savadge>[66] 에서 대법원장 호바트Hobart는 "의회 제정법이라 할지라도 자기 사건의 심판관으로 자기 자신을 법관으로 만드는 식의 자연적 형평에 반하는 것은 설령 의회의 법이라 해도 그 자체로 무효이다. 왜냐하면 자연법은 불변이고Jura naturae sut immutabilia [67] 법 중의 법leges legum인 까닭이다"[68]라 고 하였다. 브랙톤의 영향이 호바트와 코크에게까지 미쳤음이 명백하 다.

사실 제임스 1세King James I와의 투쟁에서 코크는 브랙톤을 권위의 근거로 인용하였다. 그는 왕의 면전에서 영국의 법에 따르면 왕은 친히 어떤 소 송을 재판할 수 없고, 민사 재판이나 형사 재판을 막론하고 모든 소송은 왕국의 법과 관습에 따라 법원에서 판정되어야 한다고 주장하였다.

자연적 이성은 법적 논란을 둘러싼 어떤 판정을 내릴 때는 '연마된 이성' 에 호소하도록 지시한다. 연마에 의해 자연이 완성되는 까닭에, 자연법 은 인간의 법에 의해 보충되어야 한다. 그리고 이것은 또한 자연법의 계 율이기도 하다. 코크와 국왕 제임스 사이의 이 중대한 충돌은 생각할 여

정의의 원천: 자연법 연구 제1부 자연법과 우리의 커먼로

지를 많이 준다. 코크 자신의 회고를 들어보도록 하자.[69]

당사자 사이에 토지 분쟁이 있어 왕이 심리한 뒤에 판결을 내렸는데, 이로 인해 그 판결은 파기되었다. 왜냐하면 그 판결은 커먼로에 속하지 않았기 때문이다. 그러자 왕은 법은 이성에 기초를 둔다고 생각하고 있으며, 재판관들과 마찬가지로 자신이나 다른 사람들 역시 이성을 갖고 있다고 하였다.

이에 대해 나는 "하나님께서 폐하께 탁월한 학식과 위대한 천품을 주셨으나 폐하께서는 잉글랜드 왕국의 법에 익숙하지 않으시니, 백성들의 일상이나 상속, 재산, 소유에 관한 문제들은 자연이성이 아니라 연마된 이성과 법의 판단에 맡기시도록 해야 합니다. 법은 어떤 한 사람이 그 문제를 접하기 이전에 오랫동안 경험과 연구를 필요로 하고, 이런 법이 바로 왕국의 백성들에게 황금지팡이와 잣대가 되는 것이며, 이것이 폐하도 안전하고 평화롭게 지켜주는 것입니다."라고 답변했다.

왕은 그렇다면 자신도 법 아래에 있어야 한다는 말이냐면서, 이건 대역죄에 해당한다고 대노하였다. 거기에 대하여 난 브랙톤의 "왕은 어떤 인간 밑에 있어서도 안 되지만, 하나님과 법 아래에 있어야 한다.quod Rex non debet esse sub homine, sed sub Deo et lege"라는 말을 인용하는 것으로 대답을 대신하였다.

이것은 토마스 아퀴나스식의 입장과 맥락을 완전히 같이한다. 자연법의 일반원칙이 필요하기도 하지만, 반면 자연법과 거리가 먼 결론 내지 특별한 결정은 인정법의 영역이 되어 코크가 지적한 바와 같이 경험과 연구에 의존하여 인류가 처한 제반 상황과 시대적 여건에 따라 변화되어야 한다. 사실 아퀴나스는 영구법·자연법·인정법을 하나로 이어지는 연속선상에 있다고 보았다. 나아가 그는 자연법도 무엇인가 더해짐으로써 변화될 수 있다고 주장했다. 자연법도 문명화가 전개되는 과정에서 등장하는 새로운 가치들을 인식함으로써 성장하는 것이다.[70]

코크에게 있어서도 하나님의 법, 자연 내지 이성의 법, 그리고 토지법은 하나의 연속적 관계를 형성한다. 그에게 커먼로는 하나님과 자연 속에 깊이 뿌리를 박고 있는 한 그루의 나무이고, 그것은 늘 상록으로 자라는 존재이다. 코크처럼 커먼로의 정신을 속속들이 아는 사람은 없는 듯하다. 메이트랜드가 그를 '커먼로의 화신'이라고 부르는 것도 무리는 아니다.[71]

제8장 홀트

왕 그리고 심지어 의회까지도 하나님과 법 아래에 있어야 한다는 코크의 사상은 견고한 이념이었다. 18세기 말 <런던시 대對 우드London City v. Wood> 사건[72]에서 우리는 홀트경이 코크의 생각을 지지하고 있음을 알 수 있다. 그는 이렇게 판시한다.

> "코크경이 본함 박사의 사건에서 했던 말은 절대 지나친 것이 아니었다. 만일 의회의 어떤 법이 동일인이 한 사건에서 당사자이기도 하면서 법관이 될 수 있도록 한다거나, 또 자기 사건을 자기가 재판할 수 있도록 규정한다면 그런 의회의 제정법은 무효가 될 것이라는 주장은 지극히 타당하고 진실한 말이다. 왜냐하면 판사란 당사자와 당사자 사이, 당사자와 정부 사이에 판정을 내리는 까닭에 한 사람이 판사도 되고 당사자가 된다는 건 불가능하기 때문이다."

그는 나아가 의회가 '매우 이상하게 보이는' 입법을 할 수는 있을지 모르나 명백하게 한계가 있다고 말한다. 예컨대, 의회가 '간음은 합법'이라는 법률을 만들 수는 없다.

<래임 대對 노리스Raym. v. Knollys) 사건[73]에서 홀트는 상원은 그 특권을 자의로 확장할 수 없다고 판시하였다. <애쉬비 대對 화이트 등Ashby v. White et al.> 사건[74]과 <패티Paty's Case) 의 사건[75]에서 하원도 권한 확장을 위한 주장을 폈으나, 역시 홀트는 이 주장도 배척하였다. 과연 의회라 해

도 할 수 없는 일이 있는 것이다. <애쉬비 대對 화이트 등> 사건의 판결이 1839년 <스톡데일 대對 한샤드Stockdale v. Hansard>사건[76]에서 선례가 된 것은 그 의의가 크다. 이런 관점에서 볼 때 민사고등법원의 어느 판사가 1871년에 말한 내용은 순리에 썩 맞다고 보기 어렵다.

> "내 생각에는 호바트 같은데, 한번은 의회의 제정법이 자기 사건에서 본인을 그 사건의 법관이 되게 하는 법을 만든다면, 법원은이를 무시할 수 있다고 천명한 사람이 있었다. 하지만 이런 금언은 선례로써 따라야 한다기 보다는 하나의 경고로서 상징적인 메시지에 그친다고 봐야 한다. 여기 앉아 있는 우리의 신분은 여왕과 입법부의 관리이다. 여왕과 상·하의원들의 동의를 얻어 의회가 행한 일에 우리가 섭정으로 나서야 하는가? 나는 그러한 권위가 존재한다는 것을 부정한다."[77]

이 사건의 경우 뭔가 특별한 판단을 요했던 사정이 있었을 것이다. 다른어떤 근거를 들이댔더라도 같은 결론에 이르렀을 수도 있다. 그러나 판사가 그런 식으로 비굴한 어조로 말하는 걸 들으면 제3자 입장에서는 커먼로가 그 영혼을 잃기 시작한 것이 아닌지 충분히 걱정할 만하다.

이제 홀트의 이야기를 하기로 하자. 커먼로의 정신에 푹 빠진 그는 인간개인의 자유와 존엄성을 매우 존중하였다. 몇몇 사건에서 그는 영국의땅에서는 그 누구도 노예가 될 수 없다고 선언하였다. 어느 사건에 그는 "커먼로에 따르면 누구도 다른 사람을 재산으로 삼을 수 없다…."[78]고 판시하였다. 또 다른 사건에서는 "흑인은 영국에 도착하자마자 자유

인이다. 그는 농노가 될 수는 있을지 몰라도, 노예가 되지는 않는 법이다."[79]라고 하기도 하였다

수많은 그의 판결들 중에서 우리는 커먼로가 가지는 온유한 합리성의 특징을 감지할 수 있다. 예를 들어 <브란카드 대對 갈디Blankard v. Galdy> 사건[80]에서 그는 자연적 정착 식민지settled colonies와 피정복 식민지conquered colonies를 구분하였다. 정착 식민지에서는 "영국에서 유효한 법은 일체 그 곳에서도 유효하다…." 반면, 피정복 식민지에서는 "정복자에 의하여 선포되기 전까지는 영국의 법이 거기서 시행되지 않는다…." 만일 어느 이교도 나라가 정복된다면 "그 국가의 법률이 정복에 의해 전면적으로 중단되는 것이 아니라, 하나님의 법에 위반되는 그런 법들만 폐지된다. 그리고… 그런 경우, 다시 말해 법률이 폐지되거나 달리 적용할 법이 없는 경우는 자연적 형평이라는 규칙에 따라 피정복국가는 다스려져야 한다."

한 국민의 관습과 전통을 이렇게 고려한다는 건 다양성의 여지를 많이 남기고 있는 스콜라 학파의 자연법 철학의 원만하고 중용적인 지혜를 흡수한 커먼로의 가장 위대한 자질 중의 하나이다.

실제 법률가로서의 홀트가 판결한 가장 유명한 사건은 <콕스 대對 버나드Coggs v. Bernard>[81]일 것이다. 이 사건에서 홀트 경은 브랙톤의 판결을 토대로 신탁을 여섯 종류로 구분하고, 학자로서의 인내심과 능숙한 대가다운 지혜로 각 유형별로 수탁자가 기울여야 할 주의의무의 정도를 정하려고 하였다. 이 사건은 학문으로서의 법학에 끼친 의의가 큰데, 왜냐하면 여기서 우리는 재판절차의 작동, 다시 말해 각각 다른 상황에서 판사의 반응이 어떠한지를 볼 수 있기 때문이다.

각 사건에서 어느 정도의 주의가 필요하며, 수탁자에게 책임을 지우기에 충분할 정도가 되기 위해서는 그에 상응하는 과실은 어느 정도여야 하는가에 대한 가장 섬세하고 예리한 척도를 볼 수 있다. 어떤 상황에서는 가장 최고도의 주의의무가 요구되고, 그렇기 때문에 가장 가벼운 과실이라도 책임을 지우는 근거로서 충분하다. 또 다른 경우엔 공정함의 견지에서 가벼운 정도의 주의의무만을 요하고, 그래서 수탁자 입장에서 중대한 과실이 있는 경우에만 책임을 지게 된다. 또 통상의 주의의무를 요구하는 것으로 보이는 경우에는 과실 역시 보통의 과실로 충분하다. 물론 이러한 분류는 끝이 없다.

실제로 스토리Story 대법관은 신탁을 세 가지- 신탁자의 이익을 위한 경우, 수탁자의 이익을 위한 경우, 그리고 양자 모두의 이익을 위한 경우-로 가닥을 잡았다. 그리고 나아가 각 유형에 적합한 주의와 과실의 정도를 정리하였다.

그런데 여기서 특기하고 싶은 점은 이런 커먼로의 양상이 로마법이 법전화되기 이전, 그러니까 로마법 형성기에 있었던 현상과 매우 흡사하다는 사실이다. 말하자면 커먼로는 이음매가 없는 옷을 한 땀 한 땀 바느질할 줄 아는 인내심 많고 상냥한 가정주부와도 같은 것이다.

물론 법적 구별을 한다고 해서 흑백이 확실하게 가려지는 경우란 드물다. 알다시피 중과실은 고의적 불법에 이를 정도를 말하고, 심각하게 의도된 불법은 범의malice로 인정될 수 있다. 울피안Ulpian의 말에 의하면 "중대한 과실은 태만이고, 중대한 태만은 기망이다.Magna negligentia culpa est, magna culpa dolus est" [82]

큰 위험이 일어날 가능성이나 작은 위험이 일어날 개연성은 서로 같다.

그래서 법률은 정밀한 과학이 아니라서 소송의 결과를 '약제사가 저울에 약을 올려놓고 달아보는 정도의 정밀성으로'[83] 재야 한다고는 요구되지 않는 것이다. 대체로 우리에게 요구되는 바는 평균인의 신중함을 갖고 합리적인 판단을 내리는 것이다.

커먼로는 그 가장자리로 드리운 반그늘과 그림자, 미묘한 뉘앙스로 가득하여 인간적이면서 매력적이고, 그리고 또한 자연적이다. 커먼로라는 황홀한 정원에는 마음을 명랑하게 하고 영혼을 시원하게 하는 그늘진 수풀이 많은데, 이들은 또한 새로운 조망으로 우리를 이끌어 준다.

이것은 막힌 정원이 아니라 한쪽은 넓은 뜰과 언덕 및 시냇가로 이어지고, 다른 한쪽은 거리와 시장으로 이어진다. 처음엔 미로에서 길을 잃는 것 같아 정원의 도면을 좀 봤으면 하기도 하겠지만, 그런 걸 발견하지는 못한다. 그러나 그 정원에서 매일 같이 여유 있게 걷다 보면 점차 그곳의 오묘한 정서와 분위기, 늘 변화하는 정원의 정취에 익숙해지고, 결국엔 정원의 매력에 점점 깊이 빠져들게 될 것이다. 그러다 막연하나마 정원 디자이너의 의도를 추측해 보려고도 하다가도 매번 새롭게 느껴질 것이다. 계절에 따라 변하며 새로운 광경을 연출하는 정원의 돌발변수는 그치지 않기 때문이다. 혹시 여기저기에서 사람의 손길이 닿은 흔적을 찾아볼 수도 있겠지만 어디에서 자연이 끝나고, 어디에서 인위적 설계가 시작되는지 정확하게 구분하진 못한다. 아마도 자연의 디자인, 또는 신비한 섭리라는 디자인 외에 달리 하나의 일반적 디자인을 찾아내지는 못할 것이다. 우리가 보는 것은 한번 도달함으로써 끝나는 논리적 일관성이 아니라 매일같이 새롭게 되어야만 할 유기적 생명체의 끊임없는 적응의 과정이다.

제9장 맨스필드

커먼로는 닫힌 시스템이 아니라, 열린 시스템이다. 그 황금시대에는 하늘로부터 바람이 불어주었다. 그리고 맨스필드의 경우와 같이 그 확장의 시기에는 바다로부터 바람이 일었다.

맨스필드 경은 영국의 판사직을 수행 사람 중에서 가장 박력있는 성격을 가진 인물이 아니었나 생각한다. 나는 그를 일류의 법학자나 철학자로 보지는 않는다. 그러나 그는 키케로Cicero에서 인용하는 인간성에 든든한 토대를 갖고, 현실적인 상식과 심오한 도덕적 직관을 소유한 사람이었다. 그는 가이우스Gaius [84]가 그랬던 것처럼 만민법ius gentium과 자연법ius naturale을 구분하는 데 까지는 이르지 못한 듯하다.

그러나 실용적 목적을 갖고 있던 그에게 만민법ius gentium이 자연법이라고 여겨졌더라도 무방하였다. 어쨌건 국제 교역에 종사하고 있던 상인들 사이의 보편적 관행은 어느 한 국가의 지역적 법들보다는 자연법에 훨씬 더 가까웠다.

용선료 청구를 둘러싼 <루크 대對 라이드Luke et al. v. Lyde> 사건[85]에서 맨스필드는 "해상법은 특정한 국가의 법률이 아니라 모든 국가의 일반 법률이다. 로마에 이 법이 있고, 아테네에 저런 법이 없을 것이다. 오늘은 이 법이, 내일은 저 법이 따로 있을 리 없다. 다만 하나의 동일한 법률이 모든 국가와 모든 시대를 통틀어 적용되어야 하는 것이다."[86] i 라고 판시하였다.

상인특별배심제도Mercantile Special Juries를 만들어낸 업적만큼 그의 스코틀

---

i_Non erit alia lex Romae, alia Athenis; alia nunc, alia posthac; sed et apud omnes gentes et omni tempore una eademque lex obtinebit.

랜드인 특유의 상식과 천성적 기지를 잘 보여주는 사례도 없을 것이다. 캠벨Campbell경은 이렇게 기록하고 있다.

> "맨스필드 경은 길드집회소Guildhall에 특별배심단을 꾸리고, 모든 상사관련 재판은 거기에 회부하였다. 그는 배심원들과 대단히 친밀한 교제를 하였고 법정에서 자유로이 그들과 담화를 나누었을 뿐 아니라, 식사에도 초대하였다. 그들로부터 그는 상관습이 뭔지 배웠고, 대신 그들에게는 그들이 따라야 할 법학의 원리들을 일일이 설명하는데 많은 수고를 하였다."[87]

법이 생활의 실제적인 측면에 시선을 맞추어 고정시켜 두면 성장과 발전을 하게 되어 있다. 만민법을 채택하고 적용함으로써 맨스필드는 여러 집들로 이뤄진 커먼로 대저택에 새로운 집 한 채를 덧붙인 셈이 되었다. 그는 이론적으론 자연법의 개념과 국제교역의 관행을 혼동한 듯하지만, 그의 행동은 인정법은 인류의 문명 전개에 따른 상황에 끊임없이 적응해가야 한다는 자연법의 정신에 입각하고 있었다. 발전하지 못하는 법 제도는 몰락하는 법이다.[88]

준계약quasi-contracts에 관한 그의 판결은 자연법과 더 긴밀한 연관성을 갖고 있다. 피고가 원고와 '부정하게iniquitously' 통모하여 받아 보관하고 있던 6파운드를 반환하라는 부당이득반환청구indebitatus assumpsit 관련 소송이었던 <모세 대對 맥퍼란Moses v. Macferlan> 사건[89]에서 맨스필드 경은 하나의 커다란 원칙을 세웠다.

"정의적 차원에서는 가질 수 없는 금전을 돌려받기 위한 형평법 상의 이런 소송은 대단히 유익한 것이고 더욱 장려할 만하다. 이는 형평과 선에 의하여ex aequo et bono 피고가 반환해야 할 금전에 대하여만 성립하고, 어떠한 법도 원고에게 지급을 명할 수 없지만 원고 스스로 명예와 정직함을 지키기 위한 차원에서 지불한 금전에 대하여는 성립하지 않는다."

바꿔 말하면 '실정법이 원고에게 지급을 금하는 경우라도 이를 받은 피고가 안심하고 보유할 수 있는 경우'에는 그러한 소송은 인정되지 아니한다. 하지만 "착오나 불이행으로 끝난 계약의 약인約因으로 지급된 금전, 명시적 내지 묵시적 기망, 공갈이나 협박, 궁박한 상황에 있는 사람들을 보호하기 위한 법에 위반하여 원고의 처지를 악용하여 부당한 이익을 취한 경우'에는 적용된다. …한마디로 말하면 이런 유형의 소송의 취지는 각 사건의 사정에 따라 자연적 정의와 형평에 기반하여 피고에게 그 금전을 반환토록 하는 것이 강제되는 것이다."

커먼로의 대통을 이은 맨스필드 경은 '자연적 정의와 형평법'이 요구하는 경우 기존의 소송 형식들을 새로운 사정에 맞춰 확장하는 방법을 알고 있었다. 커먼로는 강직하지만 신축성을 갖고 있다. 이것이 커먼로가 갖고 있는 활력이고 성장해 가는 능력의 비결이다. 그러나 19세기 벤담Bentham과 오스틴Austin의 영향으로 많은 영국의 법관들은 점점 더 의회를 법률의 유일한 창조자로 보게 되었고, 그러면서도 한편으로는 자신들은 선례에 구속되어 있다고 여기면서 새로운 선례를 만드는 일에 감히 나서는 걸 주저했다. 그러는 동안 그들은 더 이상 '하나님의 법, 자연법, 그

정의의 원천: 자연법 연구   제1부 자연법과 우리의 커먼로

리고 국가의 법'이라는 관점에서 생각하지 않게 되었다. 그들에게는 실정법보다는 더 높은 법률이 없었다. 그들은 그 이상 토마스 모어Thomas More, 크리스토퍼 저메인Christopher St.Germain, 코크Coke, 홀트Holt, 맨스필드Mansfield와 같은 견해를 갖지 않았다.

그들의 정신세계는 존 오스틴John Austin에 가까웠는데, 그에게 자연법과 자연권이라는 관념은 한낱 조롱거리에 지나지 않았기에 다음과 같이 말한 적도 있다. "신성불가양神聖不可讓이란 권리는 고귀한 것임에 틀림없다. 왜냐하면 그것이 의미하는 대상이란 보이지도 않고, 그것과 견줘서 비교할 그 어떤 것도 없으니 말이다."[90]

20세기 들어 법실증주의는 몇몇 영국 법관들과 함께 그 절정에 도달한 것으로 보인다. 1913년 해밀턴 대법관Lord Justice Hamilton은 <모세 대對 맥퍼란Moses v. Macferlan> 사건을 언급하면서 "146년 전에는 어떠했을지 몰라도, (지금은) '인간과 인간 사이의 정의'라고 종종 근사한 외양을 갖추었던 그런 식의 모호한 법 해석을 하는 것이 자유롭지 않다."고 하였다. 1923년 스크러튼Scrutton 대법관은 "만일 역사라고 부를 수 있다면 - 그렇게도 못 부를 바 아니지만 - 이런 특별한 형식의 소송의 전반적 역사란 기껏해야 자기감상에 빠져 버린 사상의 퇴행이었다."[91]라고 단정하였다.

이런 극단적 실증주의가 자연법과 커먼로의 진수인 형평법의 정신에 다만 일시적 역행에 그치기만을 바랄 뿐이다.[92] 현대의 영국의 법률 풍조는 알렌C. K. Allen의 신중한 말에서 일부 짐작해 볼 수 있다.

"찰스 디킨스Charles Dickens는 '하나님의 사랑과 자비를 위하여' 찾아온 사람들에게 예전의 형평법 법원의 냉정한 손이 펼쳤던 그 황량함을 과장하지 않았다. 모든 건 지나간 옛일이 되었고, 우리는 다시 건강한 공기를 마신다. 그러나 오늘날 현대의 형평법원의 판사가 '이 법정은 양심 따위를 찾는 법정이 아니다'라고까지 말할 수 있다는 건 냉소가 아니라 냉혹한 진실이다. 관례와 형식에 대한 존중이 커질수록 양심에 대한 우리의 회의는 비례하여 커진다. 양심과 기계적 법기술 사이에는 보다 관대한 공존의 기반을 모색할 필요가 있어 보인다."[93]

선지자는 자기 고향을 빼놓고는 어디서나 그에 합당한 환영과 명예를 누린다. 맨스필드 경의 정신이 아메리카에서 적절한 집을 찾았다는 사실에 나는 기분이 좋다. 그가 밭에 뿌린 준계약과 부당이득이라는 씨앗은 이 커먼로의 새집에 이식되었고, '배상Restitution'이라 불리는 멋진 나무로 자랐는 바, 이것은 커먼로가 그 본래의 활기를 되찾았다는 하나의 상징으로 보아도 무방하다. 미국 법률가협회American Law Institute는 배상제도에 대한 수정안을 낸 적이 있다.
하버드 대학의 시베이Seavey 교수와 스캇Scott 교수는 이 문제에 관한 공저 논문을 통해 법정신탁이 되는 일곱 가지 경우를 열거한 뒤에 다음과 같이 결론을 내리고 있다.

"이상의 모든 경우에 있어서 하나의 공통되는 요소가 있는데, 그것은 소유를 주장하는 자로 하여금 그대로 보유하도록 허용한다면 타인의 희생으로 부당하게 이득을 취하게 된다는 것이다. 그래서 이런 경우엔 재산의 법정수탁자constructive trustee로서 책임을 지울 수 있다."[94]

이 전반적인 개념은 카도조 판사가 <베티 대對 구겐하임 익스플로레이션 사Beatty v. Guggenheim Exploration Co.> 사건[95]에서 유려한 문장으로 판시한 내용에 잘 드러나 있다. "도의적 기준에서 볼 때 법적 소유자가 취득 당시 그 수익권을 갖지 않았을 상황에서 어떤 재산을 취득했다면, 형평법은 그를 (소유자에서) 수탁자로 변경한다."

법정신탁이라는 이 도구적 개념에서 나온 많은 파생법리가 미국 법학에 어떻게 녹아들어 있는지는 최근 데스몬드 판사가 내린 어느 판결을 통해 볼 수 있다.

"법정신탁은 정의의 요구를 만족시키기 위하여 필요한 때에는 언제든지 원용될 수 있다. 법정신탁은 '형평법이 양심을 찾아 재판하는 하나의 공식'에 지나지 않으므로, 자기 것이 아닌 것들을 가로채 이득을 취하고자 하는 자들이 온갖 궁리를 하는 한, 법정신탁의 법리 역시 그 적용을 그치지 않을 것이다."[ii]

사람들이 '가장 오래된 죄들을 가장 새로운 방법으로' 저지를 때, 법원은 가장 오래된 방법으로 가장 새로운 구제책을 제공한다.

---

ii_299.N.Y. at 27

제10장 자연법은 지하로

파운드 학장Dean Pound 은 그의 훌륭한 논문 <미국법의 발전과 영국법과의 차이점The Development of American Law and Its Deviation from the English Law>에서 제3자가 보기에 충분히 수긍할 만한 긍지를 갖고 다음과 같이 논평하였는데, 꽤나 정확한 평가라 할 수 있다.

"미국법과 영국 사이에 가장 큰 간격이 있는 것이 헌법이다. 그러나 이 미국 헌법의 출발은 철저하게 영국적이다. 영국의 커먼로 판례의 이론은 중세부터 17세기까지 계속 발전하였는데, 영국은 이미 1688년에 스튜어트Stuart왕조에 의하여 주장되던 절대군주제가 의회절대주의로 대체되었으므로 커먼로 법률가들의 이론과는 결별하였다."[96]

그러나 영국의 모든 현대의 판사들이 하나님의 법, 자연법 및 국가의 법으로 이어지는 커먼로의 리듬에서 완전히 벗어났다고 생각해서는 안 된다. "영국 이론은 입만 살았다."[97]는 굿하트Goodhart 교수의 말은 많은 진실을 담고 있다. 의회 제정법에 대한 사법심사권에 관한 한 공식적으로는 자연법의 최우선적 권위를 거부하고 있다. 하지만 의회제정법의 효력을 둘러싼 문제가 아닌 한, 자연법은 '자연적인 정의와 형평 natural justice and equity', '공정과 합리성 just and reasonable', 기타 이런저런 용어로 실정법의 틈을 메꾸는 소박한 보충적 수원지水源池 역할을 해 왔던 것이다.[98]
일례로 <쿠퍼 대對 원즈워쓰 노동평의회 Cooper v. Wandsworth Board of Works,

1868>에서 바일스Byles 대법관은 "비록 제정법에는 당사자의 말을 들어줄 것을 요구하는 청문절차가 명시되어 있지 않더라도 커먼로라는 정의가 입법의 누락을 메꿔야만 한다."라고 판시하였다.

마치 해석권을 통해 법원이 여전히 법적de jure으로는 아니지만, 사실적de facto으로 제정법을 통제하는 것처럼 보인다.[99] 최근의 <린세이 파킨슨 대對 노동장관Sir Lindsay Parkinson v. Co. v. Commissioner of Works> 사건[100]에서 항소심은 피고가 원고로부터 보수로 받는 금액은 특정하게 제한되어 있으면서, 반면 원고에게 제공하는 노동이 무제한으로 읽히는 문서를 문언 그대로 해석하기를 거부하였다. 아스퀴쓰Asquith 대법관은 "아무리 확실한 언어로 표현되어 있다 하더라도 법원으로 하여금 기록에 첨부된 자료를 해석함에 있어 어느 일방은 상대방의 일방적 처분에 맡겨질 뿐이다라고 해석하게 하는 일은 있을 수 없다."[101]라고 하였다.

이것은 필자의 은사인 베를린 대학의 루돌프 슈탐러Rudolf Stammler의 말을 떠올리게 한다. 그는 아무도 다른 사람의 자의에 속박되어서는 안 되며, 법적으로 무엇을 요구하는 것은 그 채무자가 여전히 그의 이웃으로 남아 있을 수 있는 방식으로만 그렇게 할 수 있는 것이라고 하였다. 그런데 슈탐러는 신칸트주의자로 정의에 관한 자신의 원칙들이 보편적으로 유효하다고 생각하였으나, 자연법을 믿지는 않았다.

슈탐러의 법철학 및 정의, 그리고 실체론이 아닌 관념론자로 생각되는 다른 법학자들을 향한 내 자신의 현재의 관점은 길슨Gilson이 칸트주의에 대하여 말했던 다음과 같은 평가와 별반 다르지 않다. "아마 칸트식 윤리란 그것을 정당화해 주는 기독교의 형이상학에서 떼어 온 한 조각 크리스찬 윤리로서 아직은 그럴싸하게 보이나 기초가 허물어진 사원에서 가져온 흔적이 뚜렷하다."[102]

영국 판사들이 아직도 자연법의 커먼로적인 전통을 다소라도 그대로 지니고 있는 것은 가족법 분야이다. 자녀에 대한 부모의 후견권리와 관련한 어떤 사건에서 보웬Bowen 대법관은 실제로 '자연법natural law'이란 용어를 사용했다. 그는 '지금 우리 법정은 무엇보다도 신성한 가정생활의 권리를 절대로 잊어서는 안 되며, 절대로 잊지 않을 것'[103]이라고 말했다. 또 아동의 복리에 관하여 그는 이렇게 판시했다. "자녀에게는 법원의 생각보다 자연법에 근거한 아동의 유익을 우선시해야 한다. 일반적으로 그 자녀들에 대하여 무엇이 더 좋은지 법원보다는 아버지가 더 잘 안다는 것은 자연법이 지적하고 있는바, 이 점을 고려해야 하는 것이다."[104] 최근의 이와 비슷한 성격의 사건에서[105] 슬레써Slesser 대법관은 토마스 아퀴나스의 <신학대전Summa Theologica>에서 두 가지를 인용한 바 있다.

그가 인용한 아퀴나스의 말은 다음과 같다. "만일 어린이가 이성을 구사할만한 나이에 도달하기도 전에 그 부모의 후견으로부터 떼어 놓는다거나, 그 부모가 원하지 않는 일을 하도록 한다면 자연적 정의에 반한다. 왜냐하면 그 아이는 마치 정신적인 자궁과 같은 부모들의 보호 안에 있는 까닭이다."i 그리고 또 다른 토마스 아퀴나스의 말을 인용하여 만약 아이가 "자유의사를 아직 사용하지 못하고, 자기 자신을 돌볼 수 없는 한 자연법에 따라 아이들은 그 부모의 돌봄 아래에 있는 것이다."[106] ii라고 하였다.

무엇을 하는 것뿐만 아니라, 무엇을 하지 않는 것을 통해서도 커먼로는 아이들의 사소한 잘못과 결점은 못 본 척하고 넘어가는 지혜롭고 대범

---

i_IIa IIae Q. 10, a. 12
ii_III Q. 68, a. 10

정의의 원천: 자연법 연구   제1부 자연법과 우리의 커먼로

한 자애로운 어머니의 역할을 하는데, 이런 어머니는 자녀들에게 지나치게 까탈스럽게 굴지 않는 것이 얼마나 중요한지 잘 알고 있는 것이다. <밸포 대對 밸포Balfour v. Balfour> 사건[107]에서 아트킨Lord Atkin경이 제시한 의견은 이런 커먼로의 특질을 잘 보여주는 좋은 사례이다.

> "커먼로는 (금슬좋게 살고 있는) 부부 사이에 어떤 식으로 합의
> 가 있어야 한다는 식의 형식을 따로 정해주지 않는다. 이들 사이
> 의 약속은 증서에 날인하는 따위로 존재하는 것이 아니다. 이들
> 사이의 약속에서 고려해야 하는 것은 자연적 사랑과 애정으로,
> 이런 것들은 냉혹한 법정에서는 정말 하찮은 것이다. …당사자
> 자신들이 변호사요, 재판관이며, 법정이고, 집행관이고 법원 서
> 기이다. 이런 약속들을 존중하는 차원에서 각 가정에는 왕의 영
> 장이 들어갈 수 없고, 가정은 왕의 집행관이 받아들여질 여지가
> 없는 영역이다."

비록 여기에 자연법이란 말은 언급되어 있지는 않으나, 인정법은 그 한계를 알아야만 하고, 상당 부분 윤리적 판단의 여지를 남겨 두어야 한다는 자연법의 결론과 같아서, 필자로서는 이 대목은 자연법에 관한 내용으로 보아야 한다고 생각한다. 패튼Paton이 말한 것도 같은 맥락이다.

> "혼인에서 사랑이 지속되는 한 부부 관계를 규율하는 법은 필요
> 없다. 그러나 사랑이 창밖으로 날아갈 때 앞문으로는 변호사가
> 들어오는 법이다."[108]

자연법이 비단 가족법 분야에만 국한되는 것은 아니다. 예컨대, 1768년 재무재판소Court of Exchequer에서 내려진 만장일치 항소심 판결에서 맨스필드 경은 "자연법은 하나님의 법이다. …이는 우리의 이 판결이 하나님의 법, 이성의 원칙, 도의와 커먼로에 기반하고 있음을 의미한다…."[109]고 하였다.

법원이 이런 모든 용어들이 동일한 바를 뜻하는 것처럼 한데 묶어 놓았다는 점은 흥미롭다. 이것이 영국 법관들이 지닌 사고방식의 특징이다.[110] 그러나 그들의 인식은 정확하다. 그들은 실용적이고, 이름에는 그렇게 신경 쓰지 않는다. 결국 이들의 생각이란 셰익스피어의 다음과 같은 대사로 함축될 수 있다.

"이름 자체에 무엇이 있으랴, 우리가 장미라 하는 것은

어떤 다른 이름으로 불러도 마찬가지로 향기가 날 것을."[111]

<브래드포드 대對 페란드Bradford v. Ferrand> 사건[112]에서 파월Farwell 대법관이 "비록 영국 판례의 많은 용어에서 '자연의 법law of nature' 또는 자연법natural law으로 언급되어 있는 경우가 흔하지 않지만, 형평 및 선aequum et bonum의 개념과 자연법ius naturale에 녹아 있는 데서 나오는 권리는 영국 커먼로의 대부분을 차지한다."라고 설시한 것 역시 같은 생각이다.

커먼로는 너무나 깊숙이 기독교에 뿌리를 내리고 있기 때문에 자연법의 전통에서 완전히 벗어날 수 없다. 커먼로에는 인간에 대한 고귀한 이념, 인격에 대한 고상한 사고가 담겨 있다. 인간의 이성적이며 사회적인 성격, 인간의 삶과 자유에 가장 높은 가치를 부여한다.

커먼로가 가치들을 일일이 그 어떤 척도로 나눈 것은 아니지만 전체적으로 들여다보면 소유에 따른 이해보다는 인격에 따른 이해에 훨씬 더 높은 가치를 부여하고 있다는 사실을 알게 된다. 예를 들어 해상법 사건인 <스카라만가 대對 스탬프Scaramanga v. Stamp> 사건[113]에서 브레트Brett 대법관은 다음과 같이 판시하였다.

> "생명을 구하기 위해 선박이 그 항로를 바꿔서는 안 된다는 것은 공익에 반한다. 사람을 구할 목적으로 선박을 항로에서 벗어나게 한 행위는 그 선박이 예정 목적지 항구로 직항해야 한다는 계약 조항을 위반한 것이 아니다."

대법원장 콕번Cockburn은 어떤 배가 오로지 경제적 이익을 도모할 목적에 따라서만 항로를 변경했다면, 그와 같은 계약상의 면책은 누리지 못할 것이며, 항로 이탈에 따른 통상적인 모든 책임을 져야 할 것이라고 하면서 다음과 같은 말을 덧붙였다.

> "위험에 빠진 인명을 구하려는 열망은 인간에게 있는 가장 이로운 본능 중의 하나이다. …이 점을 고려하여 자신의 생명을 바다에 맡기고 있는 모든 사람에게 도움을 주는 과정에서 (자기) 선박이나 화물에 손해가 생기지 않도록 신중한 고려를 하도록 함으로써 도움을 주는 행위를 억제하거나 방해받지 않도록 인도주의를 장려하는 것은 무엇보다 중요하다. …하주荷主는 그 자신이 한 인간으로서 선천적 본능이 이끄는 바에 의하여, 또는 바다의 위

험에 노출되어 있는 모든 사람들의 공동익에 기초하여 해상세계의 보편적 관행을 수인하는 것으로 간주되어야 할 것이다."[114]

여기서 우리는 커먼로의 진수를 본다. 이것은 공정하고 이성적이며 공동선에 부합하는 판결이다. 진정한 법학은 때로는 신중함을 넘어서야 하며, 오히려 경우에 따라서는 낮은 수준의 신중함에서 보다 큰 신중함으로 시선을 돌릴 줄 알아야 한다. 커먼로라는 우리의 숙녀는 그녀의 마음에 따라 즉흥적으로 자신을 표현할 때만큼 우아하고 자신에게 진실한 모습을 보일 때도 없다. 대법원장 비슬리Chief Justice Beasley는 "법은 재산을 보호할 때 사용하는 주의보다 훨씬 더 높은 주의를 갖고 사람의 신체와 생명을 지켜준다."[115]라고 말함으로써 커먼로의 정신을 대변하였다. 토마스 아퀴나스는 "법이란 하나의 (대표적) 문제와 여기에서 파생되는 무한한 가변적 속성을 야기하는 문제들과 연관된 인간 행위를 위해 제정된 것이다. 모든 사안에 적합한 하나의 규칙을 만들기는 불가능하다."[116]고 말했다. 이것은 성문법 국가이건 판례법 국가이건 간에 모든 나라에서 사법적 경험을 통해 수긍되고 지지를 받고 있다.

알렌Allen이 지적한 바와 같이 유일무이한 사건, 즉 적용할 제정법도, 선례도 없는 사건의 경우 판사는 단순히 "잉글랜드 법뿐만 아니라 모든 법의 근원을 제공하는 이성, 도의 및 사회적 유용성이라는 원칙에 의거할 수 밖에 없다. 법관은 이런 유형에 참조할만한 명확한 선례가 주는 '권위'가 없다는 사실에 당황해서는 안 된다. 왜냐하면 법의 진수, 본질을 확인함에 있어서는 선례의 권위가 필요 없기 때문이다."[117]

알렌이 자기주장의 근거로 인용하고 있는 최근의 판례들을 보면 영국에

서는 비록 자연법이 그 형이상학적 내지 실체론적 근거를 상실하고, 브
랙톤과 코크의 시대처럼 더 이상 실정법을 무효화하는 권한도 박탈당했
지만, 그러나 여전히 실정법을 보완하는 잔여권한을 갖고 있다는 결론
에 도달함에는 큰 무리가 없다. 앞문으로는 쫓겨 나갔으나, 뒷문으로 돌
아 들어온 것이다. 이 법실증주의 시대에서도 인간이 인간으로 남아있
는 한 자연법을 통째로 뿌리 뽑을 수는 없다.

실제로 모든 현대의 법전에서 자연법은 그 이름이 어떤 식으로 불리워
지건 간에 법원法源 중의 하나로 인정받고 있다. 다음과 같은 한 가지 예
만 간단히 들어보자.

> "모든 민사 사건에서 성문화된 법률이 없으면 법관은 형평의 이
> 념에 따라 심리하고 판결하여야 한다. 실정법이 침묵하는 곳에서
> 형평에 따라 재판하기 위해서는 자연법과 이성, 그리고 사회적으
> 로 수긍되는 관행에 의지해야 한다."[118]

주註

1. Omychund v. Barker (1744), 26 English Reports 15.

2. 파우스트, 제1부.

3. Tennyson, "You Ask Me Why"

4. Maitland, A Short Sketch of English Legal History (Putnam, 1915), p.5.

5. Collected Legal Papers, p.156.

6. Butler, The Lives of the Saints, ed. by Herbert Thurston, S. J. (Burns and Oates, 1932), February 25.

7. 위 같은 글, September 19.

8. 위 같은 글, October 13.

9. 역자 주: 원문에는 로마서 13장 10절을 출처로 표기하였으나, 이 내용은 본문의 맥락과 전혀 맞지 않다. 역자가 보기에는 로마서 2장 14-15절이 맞지 않은가 싶어 부기한다. "율법 없는 이방인이 본성으로 율법의 일을 행할 때에는 이 사람은 율법이 없어도 자기가 자기에게 율법이 되나니, 이런 이들은 그 양심이 증거가 되어 그 생각들이 서로 혹은 고발하며 혹은 변명하여 그 마음에 새긴 율법의 행위를 나타내느니라."

9b. 에드워드 바렛(Edward F. Barrett) 교수처럼 "자연법이 커먼로와 형평의 근원이다."라고 말할 수 있는 것은 이런 의미이다. Catholic Lawyer, vol.I (April, 1955), p.135.

10. Pollock & Maitland, History of English Law, 2d ed. (1905), vol. I , p.176.

11. 위 같은 글, p.184.

12. 좀 가벼운 기분으로 이야기를 풀어가고자 한다. 사실 이러한 법적 기억은 역사적 우연성에 의해 제한된다. 아주 전에는 관습법을 근거로 소송을 제기하는 당사자는 그러한 관습이 '호랑이 담배필 때부터(from time immemorial)' 있었다고 주장하곤 했다. 이 모호한 기준에 명확성을 부여하기 위해 13세기초 하나의 법령이 반포되었는데, 이 법에 따르면 법적 기억의 한계를 리처드 1세 즉위년인 1189년으로 정했다.
그 때를 기준으로 존재하였던 것으로 입증된 관습은 '호랑이 담배필 때부터' 있었던 것으로 간주되었다. 분명히 그 법령이 선포될 당시 그 해의 일을 기억할 수 있는 나이 많은 사람들이 여전히 생존해 있었으므로, 어떤 관습이 당시에 존재했다는 증언을 받아낼 수 있었다. 이 날짜가 언급된 마지막 법령은 1275년 웨스트민스터 1세 법령이다. 그 후 수 세기가 지났지만 법적 기억의 한계는 나중의 법령에 의해 폐지되지 않았기 때문에 그대로 이어졌다. 20세기인 오늘날 기준으로 보면 이 날짜는 터무니없는 것이 확실하지만, 그렇다고 전혀 쓸모없는 것은 아니다. 키튼(Keeton) 흥미로운 분석을 한다.

"현실적으로 해당 관습이 살아있는 기억으로 지속적으로 이어져 왔다는 사실을 입증하는 것이 쉽지는 않은데, 이것은 '가장 연장자'의 진술에 높은 신빙성을 부여함으로써 해결되었다. 하지만 그 관습의 유효성을 부인하는 당사자가 어느 시기에 그 관습이 통용되지 않았다는 사실을 입증하게 되면 그 관습의 법원(法源)으로서의 지위는 치명타를 입을 수 밖에 없다. 이런 이유로 최근 수많은 관습이 무효로 된 것이다."(The Elementary Principles of Jurisprudence, 2d ed. [Pitman, 1949], p.80).

이것이 관습법의 특이한 점 중 하나이다. 독자들이 가벼운 마음으로 관습법의 세계를 이해하고, 상상력을 발휘하여 그 시대로 들어가보도록 하기 위한 애피타이저로서 소개해 봤다.

13. Pollock and Maitland, op. cit., Vol.I, p.132.

14. 위 같은 글, p.133.

15. 위 같은 글, p.173.

16. 위 같은 글, p.171.

17. Coke, Compleate Copy-Holder (1641), sec. 9.

18. 'Regardant'라는 단어는 여기에서 '개별적으로'라는 의미를 갖고 있다.

19. Sommersett's Case (1772), 20 State Trials 1.

20. Powicke, Stephen Langton (Oxford, 1928), p.47-48. 여러 사료들을 면밀히 살펴본 포윅(Powicke)은 "위대한 찬송가 중 하나인 'The Veni Sancte Spiritus'의 작사가는 프랑스의 로베르 왕이나 교황 이노센트3세가 아닌 스테판 랑톤이다."라고 결론을 내렸다.

21. Pollock and Maitland, op. cit., vol.i, p.174.

22. 제임스 켄트(James Kent)는 브랙톤을 '영국법의 아버지(the father of the English

law)' 라고 불렀다. Commentaries on American Law, 12th ed. by O. W. Holmes, Jr., Vol. I , p.499.

23. Pollock and Maitland, op. cit., vol.i, p.206.

24. Maitland, Bracton and Azo (Selden Society, 1894), passim.

25. Bracton, De Legibus et Consuetudinibus Angliae, ed.by Woodbine, 1915, I, 16.

26. 처음에는 불만이 있는 당사자가 왕에게 정의를 호소하였다. 그러면 왕은 보안관이나 다른 적절한 인물에게 사안을 조사할 수 있는 영장을 발부하고, 아울러 개별적인 지시까지 명하였다. 점차적으로 이러한 절차는 일련의 규칙적인 영장으로 이어지기에 이르렀다. 영장의 서식이 확립되었고, 구제해야 할 권리의 종류에 따라 왕의 지시 역시 유형별로 구체화되었다. 개인의 실질적 권리와 의무가 명확하게 윤곽을 잡게 된 것도 이러한 실질적 방식 안에서였다. 커먼로는 주로 절차적 통로를 통해 성장했다. 커먼로가 절차를 통해 발전하는 과정은 우물을 파거나 관(管)을 통해 물을 모으는 것과 비슷하다. 그러나 이런 발전 양상을 보이던 커먼로는 특정한 시점, 특히 17세기와 18세기에 이르면 스스로 물길을 내며 흐르는 강과 같이 되었다. 즉, 판사들이 실체법의 바탕에 깔린 기본 철학에 대한 지식을 갖게 되면서 그들은 정의를 구현하기 위해 소송의 형식들을 유연하게 확장하는데 주저하지 않았던 것이다.

27. 에를리히(Ehrlich)는 영국법과 로마법 사이의 몇 가지 유사점을 지적하였다. "로마법에 있어서와 마찬가지로 잉글랜드에 있어서도 실질적 법률은 주로 여러 소권(訴 權, actiones) 관련법이었다." Fundamental Principles of the Sociology of Law, trans. by Moll (Harvard, 1936), p.275 참조. 이런 소송들은 정의와 자연법의 원칙들이 흘러가도록 만든 수로이다. 이런 수로들은 코크가 말하는 '연마된 이성과 법의 판단'에 의해 만들어지지만, 원칙들은 '자연적 이성(natural reason)'으로부터 파생된다. 전자는 가변적이나, 후자는 불변이다.

28. Pollock and Maitland, op. cit, vol.ii, p. 674. I '새로운 서식 체제' 즉, 영장제도가 옛날 것과 다른 것은 로마법상의 영장은 법정의 소송절차를 종료시키지만, 영국에서의 영장은 소송절차 개시를 알린다는데 있다는 사실은 유념할 필요가 있다. 그러나 절차를 강조

한다는 점에 있어서 양자는 같다.

29. Carlyle and Carlyle, A History of Mediaeval Political Theory in the West, 3d ed. (London, 1915), vol. ⅲ, p.34.

30. Bracton, De Legibus, (fol. 107).

31. 위 같은 글, fol. 5b.

32. 위 같은 글, fol. 3b.

33. 라틴어로는 "Hoc volo, sic iubeo, sit pro ratione voluntas."인데, 그 뜻은 다음과 같다. "내가 하려고 해서 그렇게 명하는 것이니, 내 의지가 바로 그 이유로 충분하다."

34. Fordham Law Review, vol.15 (1946), p.11.

35. Year Books 18-19, Edward Ⅲ, pl. 378. 현대어 판을 사용하였음

36. S. T., Ⅰ-Ⅱ, 97. 3. in corp.

37. 위 같은 글, 90. 1. ad 3.

38. Bracton, De Legibus, fol.2.

39. Rooney, Lawlessness, Law and Sanction, p.76. 이 책은 브랙톤의 법철학에 대한 탁월한 설명을 담고 있다. (p.58-76).

40. Pound, The Spirit of the Common Law (Marshall Jones, New Boston, N.H., 1921), p.182-3. 이 책은 1939년 미국 가톨릭 대학교에서 한 '법사학 속의 교회' 강의와 같은 해 'Jubilee Law Lectures'에서 출간된 그의 후기 강연과 함께 읽어야 한다.

41. "The Natural Law and Canon Law" in Natural Law Institute Proceedings, vol.3. (1949), p.85 (Notre Dame, 1950).
나는 자연법이라는 개념이 단지 '보편적 형태로 지적 질서 안에' '존재할 뿐'이라는 쿠트너 (Kuttner) 교수의 말에 완전히 동의하지 않는다. 자연법은 창조주의 마음 속에 있는 영구법에서 파생되는 것으로서 하나님의 이성과 의지에 뿌리를 두었기 때문에 쿠트너 교수가 언급하고 있는 정도보다 훨씬 더 높은 수준의 실재성을 갖고 있다고 생각해야 한다. 그러나 기하학적 방법으로 달려간 사변적 자연법 철학자들에 대한 그의 비판에는 전적으로 동의한다. 전형적인 한 사례를 들자면 사무엘 푸펜도르프(Samuel Pufendorf)

의 〈보편적 법학의 요소, Elementa Iurisprudentiae Universalis〉를 들 수 있다. 콜만 필립슨(Coleman Philipson)은 푸펜도르프에 대하여 그는 '유클리드 기하학적 방법(Euclidean method)을 채택하여 수학적 증명이라는 엄격한 과정을 거쳐 확실한 결론을 확립한다고 공언'했다고 지적한다. Great Jurists of the World, Boston, 1914, p.310. 참조. 이런 사변철학자들과 중세의 스콜라 철학자들과의 큰 차이점은 전자가 합리주의적(rationalistic)이고 독단적(dogmatic)인 반면, 후자는 합리적(rational)이고 경험적(experimental)이라는 것이다.

42. Mitchell "Bentham's Felicific Calculus", Political Science Quarterly, vol.33 (1918), p.161-83. 폴록(Pollock)이 벤담(Bentham)의 저작들은 단순하고 순수한 자연법(Naturrecht)라고 단정한 것은 진실에 가깝다. Pollock, History of the Science of Politics, London,1925), p.111-12. 토마스 아퀴나스의 자연법 철학은 공리주의 원칙을 내포하면서 그보다 훨씬 더 멀리 내다본다.

43. Fortescue, De Laudibus Legum Angliae, trans. by Chrime (1942), c. 9. 이 수칙과 관련하여 브랙톤은 주도면밀하게 이것은 왕의 자의적 의지를 합리화할 수 있는 것으로 보이게끔 문맥에서 잘라내서는 안 된다는 점을 지적했다. 왜냐하면 그 문단 말미에 왕의 권한에 대한 근거 문구인 '왕의 권한과 관련하여 통과된 왕위계승법에 따르면'이라는 내용이 있기 때문이다.(Bracton, De Legibus, fol. 107a) 그렇기 때문에 최종적 권위는 왕의 의지가 아닌 법에 있는 것이다. 내가 볼 때 브랙톤은 포테스큐(Fortescue)나 나아가 메이트랜드(Maitland)보다도 더 법률가처럼 로마법을 깊이 이해한 것 같다. 양 법계(法界)를 비교할 때 우리는 극단적인 대조를 피해야만 한다.

44. 위 같은 글.

45. Fortescue, De Natura Legis Naturae, trans. by Gregor (1874), pt. i, c. 27.

46. O'Sullivan, in Under God and the Law (Blackwell, 1949), p.xvi.

46a. Y .B. 3 Edward IV, p.9 (Mich. pl. 9).

47. Year Books 19, Henry VI, pl. 1 (1504).

48. Year Books 11, Henry VII, pl. I (1506).

49. Maitland, English Law and the Renaissance(Cambridge University Press, 1901), p.21-2.

50. Chambers, Thomas More (Jonathan Cape 1935), p.15.

51. 위 같은 글, p.383.

52. Maitland, Canon Law in the Church of England (Methuen, 1898), p.94.

53. 책의 제목은 〈The Doctor and Student〉 또는 〈Dialogues between a Doctor of Divinity and a Student in the Laws of England〉이다. 필자는 1874년 신시나티 출판사(Robert Clarke & Co.,Cincinnati)에 출간된 윌리엄 머챌(William Mutchall) 판(版)을 인용하였다. 성 저메인(St. Germain)의 저작이 갖는 역사적 중요성은 플럭넷 (Plucknett)의 "평신도로 이뤄진 형평법 법원 판사들이 이 책을 통해 양심이라는 교리를 배웠고, 그로 인해 전임자들과 계속하여 같은 정신으로 법관으로서의 양식이 지속되었다." 는 말로 요약될 수 있겠다. A Concise History of the Common Law, 2d ed. [The Lawyers Co-operative Publishing Co., Rochester: N.Y, 1936), p.248). (New edition Little, Brown & Company, Boston, 1956)

54. Dialogue I, chap. 16. 괄호 안에 있는 'leave, 떠나다'라는 단어는 신시내티 판의 단어 'love, 사랑하다'를 필자가 바꾼 것임(44쪽). 독자들의 입장에서도 'love'라는 말이 이 문맥에 들어와 전혀 뜬금없다는 점에 동의하고, 'leave'의 오기일 가능성이 매우 높지 않냐는데 공감할 것이라 본다.

55. 아리스토텔레스: "문제가 야기되는 것은 형평은 공정하지만, 법적으로 공정하다는 것이 아니라, 법적 정의를 형평을 통해 바로 잡아야 하기 때문이다." Max Hamburger, Morals and Law: The Growth of Aristotles Legal Theory (Yale, 1951), p.98 참조.

56. 베니스의 상인, 제4막 제1장.

57. 위 같은 글.

58. 트로일러스와 크레시다(Troilus and Cressida) 제1막 제3장.

59. 트로일러스와 크레시다, 제5막 제2장.

60. 햄릿 제2막 제1장.

61. Holdsworth, Some Makers of English Law (Cambridge, 1938), p.132.

62. 7 Co. Rep. 1, 77 Eng. Rep. 377 (K. B. 1610).

63. 이 점에서 그는 스콜라 전통과는 거리가 있다.

64. 8 Co. Rep. 113 b, 77 Eng. Rep. 646 (K. B. 1610). Plucknett, "Bonham's Case and Judicial Review", Harvard Law Review, Vol.40 (1927), p.30 참조. 코크가 미국 법률가들에게 미친 영향은 엄청났다. 1831년만 하더라도 〈Bank of State v. Cooper〉 사건에서 그린(Green) 대법관은 "어떤 정부도 무시할 권한이 없는 영원한 정의의 원칙들이 있다. …어떤 행위들은 명문으로 금지되어 있지는 않지만 이성이라는 명백하고 분명한 명령에 위반될 수 있는 것이다. 코크 경에 따르면 '커먼로는 제정법의 무효를 판정한다.'고 하였다." 2 Yerg. 599, at 603 (Tenn.). 그래서 사법심사는 헌법에 토대를 둘 뿐 아니라, 코윈(Corwin)이 말하는 소위 '더 높은 법'에 근거를 두고 이뤄지는 것이다.

65. 미국에 성문 헌법이 있다는 사실은 이와 관련이 있다. 〈Marbury v Madison, 1803, 1 Cranch 137〉에서 존 마샬(John Marshall)의 의견 참조.

66. Hobart 85 (K. B. 1614).

67. "자연법은 불변이다."

68. "법 중의 법, leges legum"

69. Prohibitions Del Roy, 12 Co. Rep. 63 (K. B. 1612).

70. 예컨대, 프라이버시권의 현대적 인식에 관하여 아래 글 참조. Patterson, Jurisprudence: Men and Ideas of the Law (Foundation Press, 1953), p.374.

71. A Short Sketch of English Legal History, p.113. 이 글에서 메이트랜드는 "커먼로의 화신인 에드워드 코크 경은 그의 해박한 지식을 뒤죽박죽으로 거대하게 쌓여있는 자료들 중에서 요령있게 골라내었다."고 말한다.

72. 12 Mod. 669, 687, 688 (K. B. 1701)

73. 1Ld. Raym. 10 (K. B. 1695).

74. 2Ld. Raym, 938, 3Ld. Raym. 320 (K. B. 1703). 이 사건은 홈스 대법관이 〈Nixon v Hearndon, 273 U.S 536 (1927)〉 사건에서 정부의 행위에 의하여 야기된 사

적 손해는 법적 소송에 의하여 구제될 수 있다는 판정을 내리는 근거로 인용되었다. 이것
은 커먼로 전통이 지닌 불굴의 생명력을 보여주는 하나의 사례에 지나지 않는다.

75. 2 Ld. Raym, 1105 (K. B, 1705).

76. 9 A. & E. I (K. B. 1839).

77. Lee et al. v. The Bude and Torrington Junction Ry. Co., 6 L. R. C. P. 576.
또 Hall, Readings in Jurisprudence (Bobbs-Merrill, 1938), p.289 참조.

78. Smith v. Gould, 2 Ld. Raym. 1274 (K. B. 1706).

79. Smith v. Browne and Cooper, Holt, K. B. 495 (K. B. 1703).

80. 2 Salk, 411 (1694).

81. 2 Ld. Raym. 909 (K. B. 1704).

82. Magna negligentia culpa est, magna culpa dolus est. 큰 부주의는 고의적 과
실에 해당하고, 큰 고의적 과실은 사기에 해당한다.

83. Sikes v. Commonwealth, 304 Ky. 429, 200 S. W. 2d 956 (1947) 이 사건에
서 심판장인 스탠리 위원장(Commissioner Stanley)이 이 말을 인용하였다. 거기에 덧
붙여 그는 이런 말도 하였다. "인간이 만든 법은 인간 본성을 거스르는 것이 아니다. 적어
도 인간의 자기보존에 충실해야 하는 것이다."

84. Gaius, Institutes, 1, 1.

85. 2 Burr. 887 (K. B. 1759).

86. 이 인용은 키케로의 〈De Re Publica〉에서 따왔음. Keyes's translation in Loeb
Classical Library (Putnam, 1928), p.211 참조. "로마법과 아테네 법에서 있어서 차이
가 없고, 지금의 법과 장래의 법에 차이가 없을 것이며, 다만 모든 민족과 모든 시대를 통
틀어 영구적이며 불변의 법이 유효할 것이다."

87. Campbell, Lives of the Lord Chief Justices, Vol.II, p.407, note.

88. 모든 법이 공동선(common good)을 향하여 제정된다는 것은 불변의 원칙이다.
그러나 공동선의 관념은 역사의 흐름 속에서 발전한다. 예를 들어 대법원장 밴더빌트
(Vanderbilt)가 '개척기부터 현재까지의 미국 법학의 부단한 목표(Successive Goals)'라

는 제목으로 쓴 아래 글 참조.

Law and Government in the Development of the American Way of Life, p.19. 이것은 토마스 아퀴나스의 "불완전함에서 완전함으로 나아가고자 하는 것은 인간이성에 비춰 자연스러운 것으로 보인다." (S. T., Ia IIae, q.97.a. 1, in corp)는 말과도 통한다. 우리는 인간이성이 전진하기 위해 필요한 두 가지 방법을 생각할 수 있다. 하나는 문명화의 과정에서 등장하는 새로운 가치들을 인식하는 것이고, 다른 하나는 그렇게 인식된 가치들을 현실화해내기 위한 새로운 수단들을 고안하는 것이다.

89. 2 Burr. 1005 (K. B, 1760). 사무관리 내지 부당이득(Indebitatus assumpsit)은 원고가 피고가 지급할 의무가 있는 채무나 의무를 자신에게 이행하라고 요구하는 소송이다. 두 가지 요건이 필요한데, 채무내지 의무와 합의가 있어야 한다. 그러나 이 유형의 사건에서는 실제로 약속은 존재하지 않는다. 피고 측에서 묵시적으로 약속을 하였음을 인정하는 것은 법이다. 그래서 이런 사건들을 정식 계약이 아니라 계약에 유사하다는 뜻에서 '준(準)계약(quasi contracts)'라고 부른다. 이것은 판사들이 정의의 요구에 대한 응답으로 기존의 소송 형식을 새로운 상황에 맞게 확장시켜 나간 좋은 사례이다.

90. Austin, Province of Jurisprudence, p.48. 이 입장에 대한 적절한 논평은 다음을 참조. LeBuffe and Hayes, Jurisprudence (Fordham University Press, 1938), p.57-8.

91. Baylis v. Bishop of London, I Ch. D. 127, 140 (1913); Holt v Markham, 1 K. B. 504, 513 (1923).

92. 나는 영국이 사법심사의 원리를 채택해야 한다고 주장하지 않는다. 입법에 관한 영국 사회의 여론은 대략 같은 수준으로 수렴하고 의회와 법관들 사이에 극심한 불일치가 발생할 가능성은 거의 없다. 내가 바라는 것은 해석과 보충의 필요성이 있음에도 실정법 (여기에는 제정법, 관습법 및 선례들이 들어갈 것임)이 침묵을 지키거나 모호하고 부적절한 경우 사건에 대한 판정을 함에 있어서 자연법과 정의를 필요한 법원(法源)이라고 솔직하게 인정하는 것이다. 우리가 판사들과 법률가들에게 기대하는 것은 그들이 의회는 모든 것을 할 수 있다고 공개적으로 선언하는 망발을 늘어 놓음으로써 그들 본연의 길을 벗어나지는

않으리라는 것이다. 사실 의회에는 그런 만능의 자유가 없다. 어떤 검찰총장이 "의회는 주권자인 까닭에 어떤 법도 만들 수 있다. 의회는 파란 눈을 가진 아기는 태어날 때 죽여 버리라는 법으로 명할 수 있다."고 말한 것으로 알려져 있다. O'Sullivan, The King's Good Servant, Newman, 1948, p.18 참조.

그런 막강한 권력이 무작정 주어진 것에 대하여 정작 의회가 고맙다고 할지 의문이다. 커먼로의 영웅은 이성적인 인간(reasonable man)이다. 의회 의원들이 제 정신이 아닐 수도 있다고 가정하는 것은 법관의 몫이 아니다. 가상의 전제 하에 파란 눈의 귀여운 아기들을 죽여서는 안 된다고 생각하는 것은 학문적일 뿐 현실적은 아니다. 그러나 가상이라 하더라도 그 천진난만한 것들을 죽일 수 있다는 것은 더 나쁜 일이다.

93. Allen, Law in the Making, 5th ed. (Oxford, 1951), p.396.

94. Law Quarterly Review, vol.29 (1938), p.213.

95. 225 N.Y. 380, 386, 122 N. E. 378 (1919).

96. Law Quarterly Review, vol.40 (1951), p.67. 위 같은 글, 59.

97. A. L. Goodhart, English Law and the Moral Law (London, Stevens, 1953), p.79.

98. "자연법은 인정법이 결핍된 곳에는 어디건 들어간다. 보충적인 것이다. 그 성격상 모든 인정법에는 결핍이 있게 마련이다."(Social Ethics, p.209). 이것은 성문법 국가나 판례법 국가가 마찬가지이다. Gutteridge, Comparative Law, 2d ed. (Cambridge, 1949), p.88; Paton, A Test-Book of Jurisprudence, 2d ed. (Oxford, 1951), p.96; Friedman, Legal Theory, 2d ed. (London, 1949), p.49; Goodhart, English Law and the Moral Law (London, 1953) 참조.

99. Wade, The Twilight of Natural Justice?, Law Quarterly Review, vol.67 (1951), p.103 참조.

100. 2 K. B. 632 (1949).

101. 위 같은 글, 662.

102. Gilson, The Spirit of Mediaeval Philosophy (Sheed and Ward, London, 1936), p.342.

103. Agar-Ellis v. Lascelles, 24 Ch. D. 317, 337 (1883).

104. 위 같은 글.

105. In Re S.M. Carroll, 1 K. B. 317, 354 (1931).

106. 헨리 슬레써(Henry Slesser)경의 약력은 Hoehn, Catholic Authors, (Newark, 1952), p.557 참조.

107. 2 K. B. 571, 579 (1919).

108. Paton, A Text-Book of Jurisprudence, 2nd ed. (Oxford, 1951), p.53.

109. Low v. Peers, Wilmot's Reports, 364, 371, 374 (1770).

110. 라스키(Lask)는 영국인들의 특질을 "진정한 통찰력이 풍부하고 어떤 주제에만 꽂혀 맹목이 되거나 추상적으로 주장하기 보다는 항상 구체적인 예를 들어 논증하는데, 논리적이라고 할 수는 없으나 십중팔구는 정확한 결론에 이른다."고 묘사하였다. Howe. The Holmes-Laski Letters (Oxford University Press, 1953), p.303. 이것은 영국 법정의 판결문이나 기타 저작물에서 흔히 보게 되는 전형적인 문구, 예컨대, "논리적 추론은 좋은 것이지만, 그러나 상식은 반드시 필요한 것이다. (Ratiocination is good, but common sense is necessary)"라는 말에서도 충분히 알 수 있다. Evatt, J., in R. v. Connare, 61 C. L. R. 620. 토마스 브라운(Thomas Browne) 경은 이렇게 말했다. "국가는 비상식의 지배를 받지 않는다. 아마도 국가란 무엇인지 잘 정의도 내리지 못했었을 사람들이 숱하게 이 나라를 잘 다스려왔다. …자연적 논리가 먹히지 않을 때는 연마된 인공적 논리는 그보다 훨씬 더 자주 실패하게 된다." Christian Morals, Works of Sir Thomas Browne, Bohn's ed., vol. iii, p.111.

111. 세익스피어는 보편성에 관하여는 언급하지 않는 바, 따라서 이것으로 그를 유명론자(唯名論者)라고 할 수는 없다.

112. 2 Ch. D. 655, 662 (1902).

113. 5 C. P. D: 298 (1880). 리처드 오설리반(Richard O'Sullivan)의 다음의 흥미있는 글을 참조. Richard O'Sullivan on "A Scale of Values in the Common Law", Modern Law Review, vol.1. (1938), p.27.

114. 위 같은 글, p.304.

115. (1890) 19 Atlantic 472.

116. Gilby, St. Thomas Aquinas: Philosophical Texts (Oxford, 1951), p.364.

117. Allen, Law in the Making, p.277, note 79. 알프레드 데닝(Sir Alfred Denning)의 최근의 책에는 '종교의 영향'을 주제로 훌륭한 한 장이 배치되어 있다. Sir Alfred Denning, The Changing Law (London, 1953) 참조.

118. Dart's La. Civil Code, art. 21.

제1부 제2편 새로운 집, 미국에서의 커먼로

제11장 미국에서의 커먼로 계수

커먼로가 신세계로 왔을 때 그 청춘과 활기는 새로워졌고 그 지평은 확장되었다. 영국의 법학에는 깊이가 있었지만 전체적으로 볼 때 그 시야는 다소 고립된 느낌이 있었다. 미국 법학자들의 손에 의해 커먼로는 그 본래의 깊이를 유지하면서 그 폭을 넓혀 왔다. 커먼로가 미국에 계수된 것은 13세기 커먼로의 형성 이래 그 발전 과정에서 가장 중대한 사건이었다. 근본적 원리들은 또렷하게 정리되고 재확인되었으며, 반면에 몇몇 시대에 뒤떨어진 것들은 다듬어졌다.

제임스 윌슨James Wilson, 마샬Marshall, 스토리Story 및 켄트Kent 같은 위대한 법학자들은 이 무궁무진한 유산을 물려받아 새로운 사회환경과 새로운 정치체제에 부응하도록 새로운 방향으로 이끌어갔다. 이들은 위대한 법률가들이었을 뿐 아니라 위대한 정치가들이었고 폭넓은 교양을 지닌 사람들이었다. 이들은 급진적 개혁주의자들이 아니었다. 이들은 대담한 창조 정신과 역사적 연속성에 대한 심오한 이해를 품고 있었다. 이상주의자들이였으며, 또한 실용주의자들이었다. 새로운 길을 개척할 필요가 있을 때에도 법률가다운 신중함과 조심성을 잃지 않았다.

한편으론 새로운 정신과 패기 넘치는 정력, 편견 없는 세계주의, 전 인류에 대한 진솔한 호의, 아직도 미완의 과제가 많이 남아 있다는 사실을 인정하는 데서 오는 겸손함과 함께 무한한 가능성에 대한 인식, 모든 배울만한 근원으로부터 다 가르침을 얻겠다는 진지한 욕구와 함께 조화를 이루고 있는 당찬 자신감이 있었고 이 바탕에는 하나님과 그의 공의에 대한 깊은 신뢰가 자리잡고 있었다.

커먼로의 입장에서 이것은 진정한 두 번째의 봄이며 그 아름다움은 말로 다 표현할 수 없고 영혼 깊숙한 곳에 감동을 자아낸다. 자신의 새 집을 찾은 커먼로를 생각할 때면 종종 에머슨Emerson의 <5월의 노래May-Day>의 시가 떠 오른다.

격자 창살 포도에 꽃망울 맺히고
새로 난 덩굴이 휘감아갈 때
술통에서 익어가는 묵은 포도주는
살아있는 포도주의 꽃들을 느끼며
봄의 기운에 테두리를 깨치리니i

스토리Story 대법관은 <반 네스 대對 파카드Van Ness v. Pacard, 1829> 사건[1]에서 "영국의 커먼로는 모든 점에서 미국의 커먼로라라고는 할 수 없다. 우리 조상들은 영국 커먼로의 일반적 원칙들을 가져왔고, 이것을 커먼로 탄생이라고 주장하였다. 하지만 그들이 가져와서 채택한 것은 그 환경에 적합한 부분에 국한되는 것이었다."라고 선언하였다. 이것이 후일 미국 법률가들의 기조를 이루었다.

마사추세츠Massachusetts주의 대법원장 쇼Shaw는 <노르웨이 플레인 사 대對 보스턴 메인 철도회사Norway Plains Co. v. Boston & Maine Railroad, 1845> 사건[2]에서 이렇게 판시하였다.

---

i_When the trellised grapes their flowers unmask
And the new-born tendrils twine,
The old wine darkling in the cask
Feels the bloom on the living wine,
And burst the hoops at hint of spring.

"특정한 사건의 세세한 사정에 맞추어 적용하기 위해 언제 한물 간 것으로 취급되거나 무효가 될지도 모르는 실정법 규정을 만들 었다가 실생활의 모습과 경로가 달라지는 바람에 제정법 적용을 그만두거나 변경해야 하는 대신, 이성·자연적 정의·계몽된 공 공정책에 기반하여 보다 유연하고 포괄적인 원리들을 구체적이 고 개별적 사안에 맞게 수정·적용하는 것은 커먼로의 커다란 장 점이자 이점이다."

이러한 원칙들은 어느 정도까지는 사법적 판정 과정에서 정확성과 확실 성을 지닌 규칙으로서 자리잡도록 견고하게 될 필요가 있으나, 그렇다 고 해서 완전히 성문적 법규 수준으로까지 되어야 하는 것은 아니다. '새로운 현실이 대두되고' '사실관계를 다시 정립할 때'에는 새로운 술을 빚어내야 하고, 이를 위해 거기엔 얼마간의 모액母液, mother liquor은 남겨 두는 법이다.

1890년 델라웨어Delaware주의 콤지스Comegys 대법원장은 <주 대對 윌리암 스State v. Williams> 사건[3]에서 커먼로를 바라보는 미국식 철학으로도 간주 될 만한 다음과 같은 말을 한 적이 있다. "영국의 커먼로 대부분이 여기 에서 효력이 있는 것은 커먼로와 사실상 그 일부라 할 수 있는 제정법이 우리의 여건과 상황에 들어맞기 때문이다." 그런데 이 적합성의 기준은 무엇인가? 편의와 기회에 따라 적당히 해석하고 넘어가는 것으로 만족 해야 하는가? 그래서 콤지스 대법원장은 이렇게 말을 이어 간다.

"우리나라나 우리 모국과 같은 자유정부에 있어서는 모든 법

정의의 원천: 자연법 연구 제1부 자연법과 우리의 커먼로

의 목적은 커먼로이건, 제정법이건 간에 모두 '정의'를 확립하는 데 있다. 우리 독립선언서에 따르면 이 정의라는 말 속엔 사람들이 정부를 만들어 낸 3대 목적이 들어 있다. 그러므로 생명의 보장·자유·행복에의 추구라는 정의의 이 위대한 목적과 상충되는 모든 불문법의 규칙들은 우리의 여건과 사정에 적합하지 않다. 우리는 지금까지 전심전력으로 우리 자신을 위해 사회적으로 비천한 계급에 속해 있는 그 어떤 개인에게라도 불의를 자행하지 않는 정부를 추구하면서 이에 성공해 왔고, 앞으로도 이런 정부를 만들어 낼 것이다."

20세기 들어와서 커먼로의 역동적이고 탁 트인 특질이 미국 법학에서 다시금 강조되고 있다. <오펜하임 대對 크리델Oppenheim v. Kridel, 1923> 사건[4]에서 크레인Crane 판사는 이렇게 판시하였다. "커먼로는 경직되거나 융통성 없거나 제반 환경과 여건의 변화에 목석과 같이 죽은 존재가 아니다. 커먼로는 이성과 함께 확장된다. 커먼로는 고정되어 지울 수 없는 문자로 기계적 규칙을 써 놓은 지침서가 아니고, 국가가 점점 커지고 발전함에 따라 그에 부응하여 자라고 움직이는 하나의 유기체이다."

최근 캘리포니아주의 무어Moore 판사 역시 이렇게 판시하였다. "…법률이 갖는 특징이란 정체 상태를 유지하는 데 있지 않다. 법은 오히려 확장을 요구한다. 뭔가 시도가 이뤄지는 모든 분야에서 법은 새로운 상황에 맞도록 새로운 규칙과 새로운 구제책을 제공한다. '선례가 없다'는 따위의 외롭고 처량한 절규로 새롭게 등장하는 도도한 건전한 사회적 기풍을 바꿀 수 없다."[5]

또 오하이오주의 크로스랜드Crossland 판사는 "법률은 뒤돌아보지 않고 앞을 바라보며, 과거가 아닌 미래를 전망하고, 죽은 자들을 명예롭게 지켜주면서 산 자에게 봉사한다. 현재와 미래에 공헌한 과거를 존중하지만, 계획program · 전진progress · 목표purpose라는 여정 속에서 소진되거나 죽지 않는다. 왜냐하면 법은 인류가 조직한 사회에 봉사할 목적으로 고안된 것이지, 성장하고 앞으로 나가며 번영을 누리고자 하는 인간의 노력을 질식시키거나 불구화하기 위하여 만들어진 것이 아니기 때문이다."[6]라고 하였다.

이와 비슷하게 유명한 <미합중국 대對 모건United States v. Morgan, 118 Fed. Supp. 621, at p.688> 사건에서 메디나Medina 판사는 이렇게 말한 바 있다. "어떤 법정이라도 시간을 거꾸로 돌릴 수는 없다. …한 번 엎질러진 것을 원래대로 해놓을 수는 없다. 설사 그렇게 할 수 있다 하더라도 그렇게 해서 누가 이익을 얻겠는가cui bono? 법률은 사회의 필요에 언제나 부응하는 살아있는 역동적 힘이지, 판사들이 기존의 판례에서 하나씩 인용하면서 체스판에서 왕과 여왕을 움직이는 게임이 아님을 잊어서는 안 된다."

이러한 역동성을 카도조 대법관보다 더 시적으로 잘 표현한 사람은 없을 것이다. "하룻밤 묵어가는 여관이 여행의 최종 목적지는 아니다. 법률은 마치 여행자처럼 내일을 준비해야 하는 것이다."[7]

여기서 잠깐 멈추고 우리가 현재 어디에 있는지 생각해 보자. 미국 법학의 역동적 특질이 그 영광 중의 하나임에 틀림없다. 그러나 이 역동성에 의미를 부여하고, 그 방향을 정해주는 또 다른 특질이 있지 않을까? (왜냐하면 역동성이란 한 번에 폭발하고 마는 그런 것이 아닌 까닭이다.) 여기서 나는 역동성이 필요한 일부로서 브레이크 같은 제동장치를 말하려는 것이 아니다. 지금 내가 생각하는 건 역동성이 봉사하고 북돋아 줄 삶의 목적이다. 법적 관점에서 인간의 목적을 물질문명의 발전에 국한해서 파악하려 하는가? 지금 나오는 미국 판례들을 뒤적이면서 필자는 연방법원과 주 법원의 많은 판사들이 인간의 정신적·도덕적 관심에 점점 더 민감해지고 있음을 알려주는 몇 가지 신호를 보고 있다.

<부르커 대對 버기스와 시의회Bruker v. Burgess and Town Council, 1954> 사건[8]에서 벨 대법관Bell은 소수의견을 통해 변화 그 자체를 위한 변화의 철학을 경고하는 대목을 엄중하게 기록하고 있다. 그 특정 사건에서 벨 대법관이 취했던 입장이 정당한가에 대하여는 확실히 그렇다고 할 수 없을지 모르겠으나, 여기서 내가 인용하려는 것은 별생각 없이 살아가는 많은 사람들을 지배하는 듯한 인생 사조에 대해 매우 통찰력있는 비판이다. 지금 시대에 많은 사람들은 더 이상 '살아내지 않고no longer living', '단지 목적 없이 떠다닐 뿐merely drifting aimlessly'. 진정한 발전은 물살을 따라 그저 흘러가는데 있지 않다. 살아있는 물고기는 물살을 거슬러 헤엄친다. 죽은 물고기만 저항 없이 물살을 따라 떠다니는 것이다. 현대 서양 문명의 위기에서 우리는 우리 본성에 있는 영적 부분을 매우 강조해야만 한다. 그것 없이는 홈스 대법관이 말한 바와 같이 '우리는 다만 달팽이 무리나 호랑이 떼에 지나지 않을 것'[9]이기 때문이다. 이런 의미에서 벨 대법관의 말을 경청할 필요가 있다.

"우리는 놀라우리만큼 격변하는 시대에 살고 있다. 우리는 말과 마차의 시대에서 자동차의 시대로 달려왔고 또 너무도 빨리 비행기와 원자의 시대로 날아왔다. 이렇게 일어난, 그리고 지금도 매

일 일어나고 있는 엄청난 변화는 필연적으로 우리의 사고뿐만 아니라 실생활의 많은 부문에서 불확실함, 불안과 혼란을 야기하고 있다.

결과적으로 모든 사람이 입에 '변화'라는 말을 달고 사는 만큼이나 많은 이들의 마음속엔 불안과 불확실성이 도사리고 있는 것이다. 우리는 변화를 동경하고, 부귀와 편리함의 유토피아를 끊임없이 추구하면서 너무나 자주 영적인 측면을 망각한 채 우리 역사와 국민 사이의 기억할 만한 관습도 놓치고 있지는 않은가? 물질적 번영과 정치적 만병통치약이라는 가짜 선善을 좇아 아무 생각 없이 미친 듯이 앞으로 내닫고 있지만은 않은가? 공적이건 사적이건 다양한 수단을 통해 소득을 더 높이도록 할 필요가 있다 하더라도, 우리의 뿌리인 고향 사람들이 그들의 농업 공동체 내에서 예전의 특전과 관습과 관행을 보존하도록 해야만 하지 않겠는가?"

좀 더 마음이 열린 판사들은 가정 붕괴의 위기를 경고하기 시작하고 있다. 이른바 유도적 유기誘導的 遺棄, constructive desertion가 쟁점이 되어 있던 이혼 소송에서 사우스 캐롤라이나 주 대법원은 심사숙고하여 다른 대부분의 주들에서 더 선호되고 있는 '무귀책이혼liberal rule'을 채택하지 않고, '유책이혼conservative doctrine'의 이론을 좇았다. 이 전원일치의 판결을 내린 법원을 대표하여 베이커G. Badger Baker 판사는 최근에 혼인 생활과 관련된 주의 공공정책에 약간의 변화가 있었으나 "그럼에도 불구하고 혼인관계는 아직도 공공이 순수하게 보전함에 큰 관심을 갖고 있는 제도로 유지되어야 하며…." "무귀책 이혼의 자유라는 관점을 인정하는 것은 사회의 이해, 부부관계에 따른 의무 및 가족의 복리에 직접적으로 반하는 것이다."[10] 라고 판시하였다.

이와 유사한 불륜 혐의가 있는 사건에서 인디아나주의 항소심에서 로이제 Royse 판사는 이렇게 판시하였다. "지금과 같은 원자력의 시대에서도 간통은 대부분의 사람에 의해 중대한 죄악으로 간주되고 있다. 이 법정에 현출된 증거만으로는 간통 행위는 입증되지 않는다. 그럼에도 이 판결을 승인한다는 것은… 이혼이 쉬워진다는 일종의 '신호'가 될 것이다. 우리는 헐리우드 Hollywood식으로 살 준비가 되어 있지 않다."[11]

물론 가정의 온전함은 법만으로 해결될 수 있는 문제는 아니다. 종교·교육·사회적 경제가 심각한 가정 파괴 현상을 방지하는 데 협력하여야 한다. 그러나 법은 나름대로 이를 구제하기 위해 최선을 다해야 한다. 가정이 파탄 나면 이로 인해 법원이 다루는 아동보호 사건들은 끝없이 밀려올 것이다.

이런 사건에서 특히 미국 법학의 기독교적 인도주의가 충분히 발휘되어야 한다. 가정불화로 인한 무죄한 희생자들의 안녕을 위한 법관들의 염려는 부성애보다 더한 모성애적이기까지 하다. 결정을 내림에 있어서 무한한 자비심과 인내를 가지고, 육체적·지적·도덕적·정신적인 모든 면에서 아동들의 복지를 고려해야 한다. 그렇게 하는 경우 법은 형평과 결합하고, 형평은 사회사업과 합쳐진다. 가슴과 머리, 자연과 인위가 완벽한 조화를 만들어내는 것이다.

몇 가지 예를 들어보기로 하자. 사람들 사이의 자연스러운 관계를 다룬 몇 가지 사례를 통해서 우리는 자연법이 얼마나 실용적이며 현실적인지

알 수 있다. 미주리주의 브레이스Brace 판사는 판결문에 다음과 같은 내용을 담은 바 있다.[12]

"가정이 사회조직의 단위로 여겨지는 모든 문명국가에서는 가정의 미성년자들은 직접 이를 부양할 책임이 있는 이들의 보호와 통제 속에 놓여야 한다. 자연적으로 인간의 마음속에는 부모로서의 애정과 자식으로서의 애정의 씨가 심겨져 있어 자식들이 필요로 할 때 부모들은 돌보고 보호하며, 부모가 무력해지는 때가 오면 자식들의 힘과 성숙함을 필요로 한다. 법은 태아가 출생하는 순간 부모에게 돌봄과 보호의 의무를 부과하고 자연의 본성은 이를 잘 수행하도록 촉진하는 역할을 한다. 또한 부모에게 보호의 권리도 부여하는데 이는 그러한 보호가 자연의 이치와 조화를 이루며, 당사자인 부모와 자녀뿐만 아니라 사회의 이익에 최선이라는 전제가 있기 때문이다."

이와 유사하게 홀초프Holtzoff 판사 역시 최근 한 사건에서 이렇게 판시하였다. "가정은 사회의 기반이다. 혼인한 남성이 그 부인과 자녀를 부양하고 보호할 의무는 선천적인 인간 본성 중 하나다. 그것은 자연법의 일부이며… 모든 문명국의 법률이 요구하는 바이다. 그것은 계약상의 의무나 불법행위를 원인으로 하는 손해배상의무와 같은 일반적인 채무의 일종이 아니다." Seidenberg v. Seidenberg, 1954. 126 F. Supp. 19, at p.23

유명한 <피어스 대對 수녀Pierce v. Sisters of the Holy Names of Jesus and Mary> 사건[13]에서 미연방 대법원은 전원일치로 "이 나라의 모든 지방 정부들이 그 토대를 두고 있는 자유의 근본이론은 어린이들이 오로지 공교육 교사들에게서만 교육받도록 강제하여 아이들을 표준화시키려는 주의 보편적 권력을 배격한다. 어린이는 주의 단순한 창조물이 아니다. 이들을 양육하고 그 앞길을 지도하는 부모들에게는 높은 수준의 의무와 함께 부가적인 책임을 인식하고 준비할 수 있도록 할 권리도 있는 것이다."라고 판시하였다.

<라몬 대對 라몬Ramon v. Ramon, 1942> 사건[14]에서 뉴욕시 가정법원은 출생할 자녀를 가톨릭교회의 신앙으로 양육한다는 혼전계약ante-nuptial agreement을 지지하여 "법원은 당사자의 종교적·도덕적 의무를 사법적으로 인정할 것이다."라고 판시하였다. 이 판결에서 법원은 몇몇 교회법을 참조하였는데, 그 중에서 내 흥미를 가장 자아낸 것은 국제백과사전International Encyclopedia에서 인용한 내용으로 "여성의 지위 향상은 기독교로 개종한 모든 국가에서 교회가 시행한 교회법 덕분이다."라고 적시되어 있었다.

혼인한 여성의 부모가 그 남편의 의사에 반하여 딸을 방문할 권리가 있는가 하는 문제를 둘러싼 최근 뉴저지주 <라이쓰 대對 호건Leith v. Horgan> 사건[15]에서 대법원은 현 상황에서 "스트레스와 긴장으로 인해 딸의 마비 증세가 더 악화될 염려가 있는 탓에 이 권리를 행사하지 않는 것이 더 현명한 것임"을 인정하면서도, 원칙적으로는 이 권리를 확인하였다. 전원일치의 판결을 통해 헤어Heher 대법관은 다음과 같이 판시하였다.

"혼인상태는 본질적으로 우월한 것이나, 아내와 그녀의 최근친과의 모든 친교를 불합리하고 자의적으로 단절할 만큼 배타적이거나 금기의 영역이 아니다. 자연의 법이 인간의 법에 그렇게 고분고분하지는 않다. 부모에 대한 사랑과 애정은 그 자체로 칭찬할 만 하지만, 어떤 배우자도 그것이 부부 사이의 의무에 앞서도록 허용해서는 안 될 것이다. 그러나 배우자의 어느 한쪽이 자연스러운 자유에 변덕스럽게 속박을 가한다면 그것으로 혼인관계의 유지에는 도움이 되지 못할 것이다. 오히려 속박하지 않을수록 혼인관계에 도움이 될 것이다."

법원이 당분간 부모에게 그들이 갖고 있는 자연권 행사를 허용하지 않은 것은 '병마에 시달리고 있는 딸의 안녕이 무엇보다 최고의 결정적 고려요인'인 까닭이었다.

이제 이 사건은 자연법이라는 철학적 관점에서 특수한 중요성을 띤다. 그것은 자연권을 절대적이며 추상적인 것이 아니라 본질적으로 이성에 의해 제한되고 자연적 의무와 상호대응적인 것으로 본다. 여기에는 적어도 세 가지 이상의 자연권이 포함되어 있다. 즉 혼인한 딸을 방문할 부모의 자연권, 서로에 대하여 상대방이 혼인관계에서 오는 배타적 동반성을 요구할 수 있는 자연권, 생명에 대하여 개인이 갖는 자연권이다. 법원이 천명한 바와 같이 이 모든 자연권은 사정에 비추어 이성에 따라 규정 및 평가되어야 하고, 모든 관련 당사자들에게 공정을 도모하기를 목적으로 해야 한다.

이 자연권들은 인간관계라는 살아있는 맥락에서 보아야만 한다. 이런 식으로 자연권을 바라보는 시각은 현대의 절대주의자, 사변철학자들보다는 자연법에 대한 기독교적 전통과 더 공통점이 많다. 위 판결이 근본

정의의 원천: 자연법 연구   제1부 자연법과 우리의 커먼로

적으로 기독교적 철학을 담고 있음은 다음 내용에서도 잘 드러난다.

> "환자를 위하여 서로 권리행사를 유보하지 않고, 그 어떤 것보다
> 소중한 마음과 영혼의 평화가 없다면, 한 가정에서 야기된 깊은
> 비통함은 순전한 영적 자질을 필요로 하는 바로 그 위기의 순간
> 에 슬픔과 쓴 뿌리를 더 강화시키며 믿음과 소망의 빛을 더 희미
> 하게 할 뿐이다. 이때야말로 오래 참고, 온유하며, 관용하며 모든
> 것을 견디는 자비의 시기가 되어야 한다."

기독교적 사랑이라는 살아있는 맥락 속에서 이해될 때 자연법과 자연권
은 인간의 영광스러운 운명을 완성하는데 봉사하게 된다. 19세기까지만
하더라도 법관들은 가족관계와 그에 따른 신의성실의 문제를 다룰 때
결코 그 관점을 순전히 개인주의에만 두고 있지는 않았다. 왜냐하면 그
런 사건에서 그들의 자연법 철학은 그들이 늘 염두에 두고 있던 복음의
거울에 비추어 참으로 온전함과 건강성을 잃지 않고 있었기 때문이다.
그들이 기독교 정신을 잊어버리고 가짜 복음인 경제자유방임laissez-faire
에 굴복한 것은 재산권 분쟁을 다룰 때였다. 이 점은 나중에 논하기로
한다.
어쨌건 미국법학의 전성기에는 자연과 인위, 정의의 기본원칙들과 법학
적 사색의 기발함이 완벽하게 서로 협력하고 있었고 이를 법의 모든 분
야, 문자 그대로 '해상보험상의 위부abandonment'에서부터 '도시계획zoning'
에 이르기까지 전 영역에서 찾아볼 수 있다. 미국 법학은 통일성과 다양
성 사이에서 진정한 통합을 향하고 있다.

목적은 하나지만 수단은 많다. 목적은 항상 정의이나 수단은 유연하다. 예컨대, 무어Moore 판사는 "계약의 해석은 다른 모든 사실관계의 발견이 그렇듯이 분쟁 당사자 간 정의를 행할 목적으로 이루어져야만 한다."[16] 고 하였다. 이때의 해석은 매우 복잡한 일이지만, 이를 통해 달성하려는 목적은 정의인 것이다. 헤일Hale 대법관이 <시몬즈 대對 윌슨Simmons v. Wilson> 사건[17]에서 다음과 같이 말한 것처럼 말이다.

"법정신탁constructive trust은 순전히 형평법의 산물이다. 현실에서 형식과 다양성은 제한이 없다. 이것을 분류하는 일은 각 구체적 사건에서 소유에 대한 법적 권리 획득을 둘러싼 사정에 달려 있다. 교정적 성격을 갖고 있는 법정신탁은 기존의 형평과 정의의 원칙에서 벗어나지 않으면서, 여러 가지 변형된 형식과 유형을 통해 잘못을 바로잡고 부당이득을 환수하는 광범한 기능을 수행한다."

법적 기술로 형성해 낸 모든 법률 이론은 정의를 목적으로 적용되어야 한다. 유서 깊은 선례구속의 원칙stare decisis이라는 개념도 맹목적으로 따라서는 안 된다.

밴더빌트 대법원장은 "선례구속의 원칙stare decisis은 법적 안정성을 가져오는 경향이 있다. 그러나 법적 안정성 자체는 목적을 위한 수단에 불과하고 그 자체가 목적이 아님을 인식하는 것이 중요하다. 법적 안정성은 다만 그것이 최대한의 유익과 최소한의 해를 가져오고 이로 인해 정의로 나아가는 한 바람직하다."[18]고 하였다.

하지만 근본적 원칙들과 정의라는 위대한 목적이 만나면 법은 영원한 언덕처럼 견고해질 것이며, 법관들은 강철처럼 단단하게 바른 태도를 견지해야만 한다.

"하늘이 무너져도 정의를 행하라.Fiat justitia, ruat coelum"[19]라는 말이 있다. 최근의 몬태나Montana주의 <주 대對 드라이맨State v. Dryman> 사건[20]에서 1급 살인죄로 기소된 피고인은 툴Toole 카운티에서는 자신에 대한 적대감이 팽배하기 때문에 불편부당한 배심을 구성할 수 없다는 이유로 재판관할의 변경을 청구하였다. 몬태나주 대법관 프리번Freebourn은 이 청구를 받아들이고, 법이 갖는 불변의 측면을 드러내 주는 다음과 같은 말을 남겼다.

> "우리의 정부는 법적 실체를 담고 있는 존재 중 하나이다. 법은 어떤 경우에는 준수하고 또 다른 경우에는 못 본 척 지나가는 단순히 공허한 존재가 아니다. 법원은 타인들의 편의, 불만, 이해의 득실에도 불구하고 피고인에게 권리를 부여하도록 하고 있는 헌법과 법률의 규정이 이행되고 있는지, 이에 따라 피고인에게 모든 권리가 주어지고 있는지를 감시할 것을 서약한 존재이다. 만약 이런 것이 없다면 인간의 자의가 횡행할 것이다. 이렇게 되면 해마다 돌아오는 계절과 같이 시간의 바퀴가 돌고 사람이 바뀌면 오늘은 정당하던 것이 내일은 부당하게 될 것이다. 인간의 행위를 안내하거나 측정할 규칙이 존재하지 않게 될 것이다."

유연성이라는 측면에서 볼 때 커먼로는 "발 밑을 스치고 흘러내리면서 끊임없는 굴곡을 그리며 굽이치고, 한번은 소용돌이 속으로 사라진 듯하다가, 지금은 신록 속으로 거의 다 사라지는 하나의 아름다운 강과도 같다."[21] 그러나 이 강의 발원지는 더 높은 지대, 그 불변함과 장엄함이 숭고함이라는 완벽한 표상을 만들어내는 산악에 자리하고 있다.

공자는 일찍이 말하기를 "지혜로운 사람은 물에서 즐거움을 얻고, 어진 사람은 산에서 즐거움을 얻는다."[22]고 하였다. 그러나 정의의 학문이자, 선과 형평의 기술인 법학은 물과 산, 두 군데서 모두 즐거움을 얻는다.ⁱⁱ

---

ii_역자 주: "지혜있는 자는 물을 좋아하고, 어진 사람은 산을 좋아하니, 지혜있는 사람은 물같이 움직이고, 어진 사람은 산과 같이 고요하다"는 뜻의 '知者樂水 仁者樂山 知者動 仁者靜'에 나오는 말이다.

제12장 건국의 아버지들의 자연법 철학

지금까지 우리는 미국 법학의 일반적 골격을 연구해 왔다. 우리는 그것을 주로 커먼로의 입장에서 내다보았는데, 이제부터는 자연법의 관점에 고려해 보기로 한다.

자연법이 세계 어느 나라에서보다 미국에서 환영을 받았다는 것은 쉽게 알 수 있는 일이다. 사실은 자연법 전통이 갖는 활기란 종국적으로는 종교에 달린 것인데, 이 나라를 만든 청교도들과 그들의 동료만큼 종교에 관해 진지하고 신중한 태도를 취한 사람들도 없었을 것이다. 그들에게 '자연법과 자연의 하나님의 법'은 상상의 산물이 아니고, 더구나 단순한 이상도 아니었다. 그것은 절대적인 실재real였고 다른 어떤 인간이 만든 법보다 무한히 현실적인 법이었다.

미국인들이 "우리는 모든 인간이 동등하게 창조되었고 그들은 창조주에 의하여 양도할 수 없는 일정한 권리를 부여받았으며 여기에 생명·자유·행복에의 추구가 있다는 사실을 자명한 것으로 본다."고 선언했을 때 이 말들이 단지 수사에 그친 것이 아니었다. 그들은 그들이 말한 바대로 살려고 했다. 그들은 관용하고 신실하며 자유를 사랑하고 하나님을 경외하는 백성이었다. 그들은 이 진리를 명확히 알았고 깊이 내면에 느꼈으며 자신들의 삶을 기꺼이 바치고자 하였다. 1830년대 후반만 해도 알렉시스 드 토크빌Alexis de Tocqueville은 다음과 같이 간증할 수 있었다.

"미합중국에서는 최고의 권위는 종교적이며 그 결과 위선도 흔하게 있을 수 있는 법이다. 그러나 전 세계의 어느 나라에서도 미국에서처럼 기독교가 인간의 정신에 더 큰 영향을 유지하는 나라는 없다. 지구상에서 가장 개명되고 자유로운 국가에서 그 영향이 가장 강력하다는 사실은 그 효용성이 무엇보다 강력하고 인간의 본성에 합치된다는 점을 여실히 증명해 준다."[23]

미국 법학의 형성기는 대헌장Magna Carta의 전성시대를 연상시키며 또 나중에 인간이 제정한 법률에 대한 자연법의 우월성을 주장한 코크의 투쟁을 떠올리게 한다. 코크의 노력은 영국에서는 좌절되고 말았으나 18세기 미국 법률가들에게 끼친 그의 영향은 막대했다. 독립선언 전에 식민지인들은 커먼로의 후계자가 되는 것을 원했는데, 이때의 커먼로란 브랙톤·코크·홀트·맨스필드 및 블랙스톤이 이해하였던 커먼로였다. 메릴랜드Maryland의 검찰총장 다니엘 듀라니Daniel Dulaney는 1760년대에 발간된 그의 소책자 <잉글랜드 법 수혜에 대한 메릴랜드 주민들의 권리The Right of the Inhabitants of Maryland to the Benefit of the English Laws>에서 영국인들이 그 지역에서 누리는 자연적 및 법적인 자유·특권·권리를 미국인에게도 인정해야 한다고 주장하였다. 그런데 이 글에서 우리가 특별한 의미를 둬야 하는 점은 듀라니가 커먼로를 이해하였던 방식이다.

그에 따르면 커먼로는 '자연법의 형태로, 이성법의 형태로, 하나님의 법의 현현顯現 [24]'으로 드러난다. 이것들은 어느 때나, 어느 곳에서나, 그 어떤 사람에 대하여도 동등하게 구속력을 갖는다. 이 보편적 원칙 외에도 커먼로는 정직함·단정함·예의에 반하는 그 어떤 것도 없이 우리가 경험적으로 아는 바 사회의 질서유지와 약속에 적합한 관행과 습속을 장려하는 내용을 다 포괄한다.[25] 그는 이것들은 사회적 동의와 오랜 관행을 통해 법적 효력을 갖게 되었다고 말한다. 커먼로에 대한 이러한 개념은 브랙톤과 코크의 위대한 유산이다.

법의 종교적 기반은 유명한 보스턴의 법률가 제임스 오티스James Otis의 저술들에 한층 더 명확하고 강력하게 표현되어 있다. 자연법이 정통적 미국 철학의 초석이 되고 있음을 보여주는 것 같은 한 구절을 인용한다.

"의회가 절대적이며 자의적이라고 말하는 것은 모순이다. 의회는 2 더하기 2의 답을 5라고 내놓을 수 없다. 전능한 이도 이렇게 할 수 없다. 국가의 최고 권력은 다만 법의 선언jus dicere에 있을 뿐이다. 법의 창설jus dare은 엄밀히 말하자면 하나님께 속할 뿐이다. 의회는 어떤 경우라도 국민 전체의 복리가 무엇인지 선언해야지, 무엇을 통해 국민 전체의 복리를 만들겠다는 선언을 하는 것은 아니다. 여하한 경우라도 더 높은 권위, 다시 말해 하나님이 계셔야 한다. 의회 제정법이 변개變改함 없는 진리인 그 분의 자연법에 반할 경우, 그 의회의 선언은 영원한 진리, 형평 그리고 정의에 배치되는 것이고, 결과적으로 무효가 된다. 그럴 때 의회는 자신의 과오를 인정하고 스스로 그 무효의 판정을 내려야 한다."[26]

매우 선명한 비전을 갖고 진정한 확신에 찬 사람의 이야기를 듣다 보면 정말로 그러한 세상이 펼쳐질 것 같다는 느낌을 받게 된다. 예를 들어, 아담과 하와처럼 하나님께 가까이 있는 이들 말이다. "우리에게 생명을 주신 하나님은 동시에 자유를 주셨다."고 말한 제퍼슨Jefferson이 그러했고, 존 아담스John Adams가 "나는 영국 의회가 무슨 법률에 의거하여 미국에 권한을 행사하는가를 묻고 싶다. 하나님의 법에도, 신·구약성서에도 없고… 영국의 커먼로에도 그런 건 없다."[27]고 썼을 때 또한 그러하였다. 해밀턴Alexander Hamilton이 이렇게 썼을 때도 마찬가지였다. "인류의 성스러운 권리는 오래된 양피지나 곰팡이 냄새나는 기록에서 뒤져낼 것이 아니다. 이 권리는 마치 햇빛처럼 인간본성이라는 책에 하나님 자신이 손수 쓰셨고, 한낱 죽을 수 밖에 없는 존재들이 나서서 삭제하거나 희미하게 만들 수 있는 것이 아니다."[28]

비록 이 위대한 사람들이 주로 성서와 커먼로에서 그들의 영감을 얻었지만 그들 역시 존 로크John Locke, 그로티우스Grotius, 푸펜도르프Pufendorf, 루소Rousseau, 몽테스키외Montesquieu, 블라마키Burlamaqui 같은 저작자들로부터 어느 정도의 합리적 관념을 흡수하였었다는 사실은 짚고 넘어가지 않으면 안 된다. 몇몇 예외가 있긴 하지만 모두가 다 학문적 전통에 그렇게 정통한 편은 아니었다.

왜냐하면 의심의 여지 없이 시대적 상황으로 인해 자연법이나 자연적 의무보다는 인간의 자연적 자유와 권리 쪽으로 사고가 더 기울어져 있었기 때문이다. 공동선common good보다 개인의 권리individual rights에 관하여 더 많은 말을 하였다. 아마 그 당시는 개인의 자유를 확립하고 보장하는 것이 공동선의 핵심이었기 때문일 것이다. 블랙스톤의 다음과 같은 말은 이를 단적으로 보여준다. "각 개인의 사적 권리를 보호하는 것보다 더 많은 관심을 받아야 하는 공익이란 없다."[29]

건국의 아버지들의 건전한 사상은 무엇보다도 '생명·자유·행복에의 추구life, liberty and the pursuit of happiness'라는 문구의 사용에서 더욱 명료하게

정의의 원천: 자연법 연구   제1부 자연법과 우리의 커먼로

드러난다. 존 로크의 영향에도 불구하고 로크의 운율 '생명·자유·재산 lives, liberties and estates'은 채택하지 아니하였다. 쉰Sheen 주교가 그의 <종교철학Philosophy of Religion>[30]에서 지적한 바와 같이 로크의 추종자였던 사무엘 아담스Samuel Adams가 강조한 '재산property'이란 단어 대신 '행복에의 추구pursuit of happiness'로 대치시키게 한 이는 제퍼슨이었다. 재산은 행복의 한 요소일지는 모르나 그것이 전부는 아니다.

나중에 몇몇 판사들이 '행복'을 '재산'과 동일시할 때 실제로 그들은 초기의 미국인들 대다수가 갖던 정신세계에서 멀어지고 만 것이다. 브류어Brewer 대법관이 헌법은 독립선언서에 비추어 읽어야 한다고 주장한 점은 타당하다. 그러나 그가 양도할 수 없는 권리를 '생명·자유·재산의 성스러움the sacredness of life, of liberty, and of property'[31]이라는 말로 표현하였을 때 그의 독립선언서 이해방식이 옳았던 것인지는 심히 의문이다.

재산은 파생적 의미에서 하나의 자연권이다. 그러나 자연권들도 나름의 가치의 체계가 있다. 재산이 중요하긴 하지만 생명과 자유와 같은 수준에 속하지는 않는다. 생명과 자유는 그 자체가 목적이지만 재산은 수단적 가치일 뿐이다.

미연방대법원이 1870년대 중반부터 1910년대까지 내린 잘못된 판결들 중 많은 것들은 인간의 인격권과 공동선에 대한 합법적 요구 대신 재산권을 지나치게 강조한 데서 그 원인을 찾을 수 있다. 다행히도 그와 같은 많은 판결이 같은 법원에 의해 뒤집혔지만 말이다.

이 나라의 자연법철학의 성쇠를 쫓아가 보는 일은 매우 매력적이다. 실정법보다 더 높은 차원의 절대적 법이 있다는 사상을 확인하는 것은 그중 가장 큰 기쁨이다. 초기 미국의 자연법 철학은 종교에서 분리되지 않앉았었는데, 이것이 반석이 되어 그 위에 진정한 민주주의가 건립된 것이다. 진정한 자연법 전통은 본질적으로 유신론적이며 민주주의적이다.[32] 스펠만Spellman 대주교는 다음과 같이 말했다.

"민주주의에서의 종교의 역할은 근본적인 민주주의 의미를 고려할 때 아주 분명하다. 다른 어떤 형태의 정체政體와도 구별되고 월등한 민주주의의 첫째 기능은 자연법에서 나오는 양도할 수 없는 권리, 즉 개인의 존엄과 권리에 대한 존중과 관심이다…. 모든 인간이 입안하고 고안해 낸 법률들에 앞에 있는 이 위대한 자연법은 민주주의 체제가 탄탄하게 의지할 수 있는 유일한 기초이다. 왜냐하면 서로 간의 합의나 서약, 보증이나 국가의 시혜에 의하여 이 권리들이 확립된 것이 아니기 때문이다. 이 권리는 하나님의 선물이요 하사품이다."[33]

이 점을 기억하는 한 물질적 개인주의를 정당화하기 위하여 자연법의 개념을 남용할 위험성은 없다. 우리에게 자유를 주신 하나님이 또한 이성과 초자연적 운명을 주셨음을 우리가 알고 있기 때문이다. 다른 말로 하면 우리는 하나님을 사랑하고 이웃을 사랑하라는 것과 같은 자연적 의무와 함께 자연적 권리도 받은 것이다.

제13장 19세기의 개인주의

하나님의 형상으로 지음받은 각 개인은 그 자신이 궁극적 목적이라는 의미에서 본다면 개인주의individualism는 기독교적 이데올로기에서 온 것이지만, 이 맥락에서는 인격주의personalism라고 부르는 것이 타당하다. 각각의 피조물은 저마다 개체individual지만, 오직 이성적 피조물만이 인격체person가 될 수 있다. 곁에서 다른 사람들이 굶어 죽어가도, 그 누구도 자기 형제를 돌볼 지위에 있지 않고, 자기 소유에 대하여는 자신에게 절대적 권리가 있어 원하는 대로 마음대로 할 수 있다는 의미로 개인주의가 받아들여진다면 완전히 기독교와 양립할 수 없다.

그러나 개인주의가 이런 형태로 거의 반세기 이상을 상거래 및 산업 부문과 관련하여서 미국의 법사상을 지배해왔음을 부정할 수 없다. 이러한 비기독교적 성향이 자연법과 자연권이란 신성한 용어로 자기를 위장하자 불가피한 결과로 법적 바리새주의Phariseeism가 나타났다.

사실 지난 세기의 많은 법관들이 자연법을 기하처럼 취급하던 18세기의 사변 철학자와 합리주의 철학자들의 사상을 흡수하였다. 지난 세기 영국의 판사들이 소심하여 자연법이라는 최우선적 교훈의 우월성과 절대성을 주장하기에 주저했다면, 미국의 판사들은 너무도 당돌하게 자기들의 생각을 자연법이라고 주장하는 정도까지 끌어올리고, 자신들의 편견을 불변의 계율처럼 고정시켜 버렸다. 이리하여 그들은 황량한 개념주의와 기계적 법학으로 빠지고 만 것이다.

자연법을 둘러싼 개인적 사색이 생명을 불어넣어 주고 조절하는 기독교적 전통으로부터 떨어져 나왔을 때, 그 결과는 필연적으로 주관에 빠지며, 몰역사적이 되고, 비현실적이며, 심지어는 종종 공상적 수준에 이르게 된다. 인간 본성이란 연약하고 사악해서 계시가 주는 경성警省의 영향, 진실무오한 그 빛에 자신을 비추지 않고는 교만·탐욕·무지 그리고 잔인성을 자연법이라는 이름으로 합리화하기 십상인 까닭이다.

1872년 테네시주 대법원에서 내려진 <주 대對 벨State v. Bell> 사건[34]의 판결이 그 사례 중의 하나이다. 한 백인 남자와 흑인 여자가 미시시피주에서 혼인했는데 그 주에서는 그러한 혼인이 합법이었다. 이후 그들은 테네시주로 이사를 했는데, 그 주법은 백인과 유색 인종 사이의 결혼을 범죄로 다루고 있었다. 남편이 기소되었으나 1심 법원은 미시시피주에서 합법적으로 승인된 결혼이라며 무죄를 선고했다. 테네시주는 항소했고, 항소심에서 원심이 파기되었다. 항소심은 어느 한 주에서 합법적으로 인정된 결혼이라면, 다른 주에서도 이를 승인해야만 한다는 일반론을 인정하면서도, 이런 일반적 규칙은 형식상 여러 모양으로 나타날 수 있으며, 주의 공공정책 및 선량한 풍속에 반할 경우에는 적용되지 않는다고 판시하였다. 판결문에서 터니Turney 판사는 자신의 의견 끝에 다음과 같은 설명을 덧붙여 놓았다.

"피고인이 요구하는 정도로 이 원칙을 확장해 보자. 그러면 테네시주에는 합법적인 혼인 관계를 맺은 아버지가 딸과, 아들이 어머니와, 남매가 같이 살게 될 것이다. 이들이 이런 혼인을 불법화하고 있지 않은 다른 곳에서 결혼했다는 이유로 말이다. 터키인들이나 이슬람교도들이 수많은 부인들을 데리고 와 주 의사당 앞에 신방을 차려도, 우리에게는 구제책이 없을 것이다. 역겹고, 피해야만 하고, 자연의 이치에 부합하지 않는다는 점에서 이런 끔찍한 상황과 지금 우리 앞에 놓인 사건 사이에 경중의 차이가 없다.

켄트 대법관은 혼인계약은 제정법과 마찬가지로 자연법적 측면에서도 안정되고 건전한 계약이라고 했지만, 이 사건에서는 그 어디에도 해당되지 않는다."

나는 이 판결 자체를 문제 삼고자 하는 것은 아니다. 공동체의 평화와 질서라는 근거로 정당화될지도 모른다. 깊숙하게 자리잡은 민중의 편견을 송두리째 뽑아버릴 수 없고, 현실적으로 국민들이 하룻밤에 진정으로 개화되기를 기대할 수는 없는 노릇이다. 그러나 이 사건과 같은 혼인을 일부다처주의나 근친혼에 비교한다는 것은 터무니없는 일이고, 법원이 이런 입장을 자연법의 이름으로 정당화시키고 있다는 건 매우 충격적이다.

'자연법'이란 말을 온갖 어리석은 생각에 우주적 근거를 갖다 붙일 요량으로 '조자룡 헌 칼 쓰듯이' 하고 있던 때도 있었다는 점을 회상하게 되면, 강력한 도덕적 직관을 갖고 있던 법률가들이 왜 자연법이라면 치를 떨며 언급하기조차 싫어했는지 이해할 수 있다.

예컨대, 벤담에게 자연법에 호소한다는 것은 '아낙네의 잔소리와 아이들의 투정 같아서 짜증나게 하는 데는 확실히 성공하지만, 설득은 하지 못할 것"이었다. "'나는 입법으로 이것까지는 할 수 없다고 본다.', '아니, 나는 할 수 있다고 본다.', '이렇게 하는 것은 권한의 한계를 넘는 것이다.' '나는 권한을 넘지 않는다고 본다.' 이런 식의 논쟁은 끝까지 서로를 괴롭게 할 뿐 합의에 도달할 일말의 기회도 없다. 이것은 일방적 선언에 지나지 않고, 막연하게 그러면서 독단적이고 말꼬리나 잡으려 드는 태도로서 어느 한 쪽도 어떤 근거에 기반하여 의문을 제기하고 설득하기보다는 감정을 배설할 뿐이다."[35]

자연법을 향한 모든 신랄한 험담을 마음에 둘 필요는 없다. 이 점에 관하여 라우터파흐트Lauterpacht 교수는 공정한 평가를 내린 바 있다.

"자연법의 관념을 시덥잖고 불법적인 주장을 옹호하기 위해 남용한 것이 많은 이들로 하여금 참지 못하고 자연법을 배척하게 만들었다. 이것이 제레미 벤담과 같은 실용주의적 개혁가, 홈스 대법관 같은 훌륭한 판사, 한스 켈젠과 같은 법철학자들, 다시 말해 사회는 발전하고 있고 또 발전해가야 한다고 믿었던 이들이 자연법을 소홀히 취급한 주요한 이유일 것이다. 그렇지만 자연법이 남용될 수도 있고 또 남용되어 왔다는 이유로 실제적으로나 잠재적으로 선한 지도력을 갖고 있는 이 개념에서 떠나 버림으로써 인류가 실패의 맛을 충분히 보고 있음은 우리 현실이 지금 증언하고 있는 바와 같다."[36]

"만약 벤덤이 중세의 자연법이 실제로 어떠하였다는 것을 알았더라면, 그가 자연법에 대해 보다 큰 경의를 보였을 것이다."[37]는 프리드리히 폴록Frederick Pollock경의 말은, 자연법에 대한 이런 오해의 진짜 원인이 어디에 있는지 잘 보여준다. 그러나 자연법이 이렇게 빛을 잃게 되도록 만든 것은 무지한 변호인들의 책임이 더 크다.

사실 종교개혁 이래 현대 사조는 점점 더 스콜라 전통에서 멀리 떨어져

나가고 있다. 스콜라주의라는 그 말 자체는 실제로 무엇을 의미하고 나타내는지에 대한 일말의 이해도 없이 잔소리처럼 되어 버렸다. 소위 계몽시대인 18세기에는 합리주의가 당대의 시대정신이었다. 지금 합리주의라는 근본적 이론은 교황 레오 13세가 표현한 바와 같이 '인간 이성의 우월함을 내세워 신성하고 영원한 이성에 대한 순종을 거부하고, 자신의 독립을 선포하며, 자기 자신을 최고의 원칙 및 진리의 원천과 판단자의 자리에 올려놓는 것'이다.[38]

인간 이성은 신성한 이성으로부터의 독립을 선포하고 법적 제도의 궁극적 기초를 찾다가 사회계약이라는 형식의 민중의지에서 그것을 발견했다. 따라서 합리주의는 실제에 있어서는 그 바탕에 있는 주의주의 voluntarism의 합리화일 뿐이었다.

아마도 일반의지 volonté générale or general will라는 이론과 사회계약은 당시로서는 왕의 전제군주적 의지에 대한 해독제의 역할을 했을 수도 있다.

다수의 의사들이 함께 작동하게 되면 서로서로에 대한 견제가 되고 조절을 하고, 그렇게 하여 어느 한 쪽의 별난 성격과 변덕을 중화할 수 있다는 사고는 이성에 비춰볼 때 당연한 것이기도 하다. 이 경험적 사실이 이론의 합리적 핵심이다.

그러나 일반의지라는 원리가 절대주의자의 모양을 취할 때는, 우리들로 하여금 인간사에 있어 옳고 그름의 궁극적 기준으로서 이성이 반드시 필요하다는 사실에 눈감게 하는 경향이 있다. 왜냐하면 결국 개인들의 의사를 잔뜩 모았다고 하여 그 의지가 반드시 이성으로 변화될 수 없기 때문이다. 한 공동체의 집단적 의지라 하더라도 필연적으로 어느 한 개인의 의지보다 더 이성에 부합하는 것은 아니다.

합리주의는 인간이성을 하나님의 왕관 있는 곳까지 들어 올리게 되면서 탄생하였고, 결국 국가의 의지, 독재자의 의지, 부르주아 개인의 의지, 혹은 프롤레타리아 계급의 의지이건 상관없이 무조건 '의지'에 양위하면서 종말을 맞았다. 지난 수 세기 동안 세계는 고통이 조금도 완화되지 않고 병상에서 쉴 새 없이 오른쪽에서 왼쪽으로, 왼쪽에서 오른쪽으로 이리저리 떼굴떼굴 구르는 환자 같았다. 현대 세계의 모든 문명은 모래 위에 세운 장대한 건물에 불과하다. 계속 더 높이 쌓아 올리는 것으로는 되지 않고, 다만 단단한 기초로 되돌아가 겸손하게 하나님의 아들이 그 반석이 되어 주기를 겸손히 요청하는 것이 자신을 구하는 길이다.

미국의 법학도 합리주의가 휩쓸던 유럽 사상의 시류에 영향을 받지 않을 수 없었다. 처음에는 이런 사고가 자유로운 기업가 정신을 최대한 고조시킴으로써 인구가 적고 드넓은 대륙의 자유로운 발전을 촉진하는 데 아주 도움이 되었다. 소유권의 절대적 보장 및 계약의 절대적 자유라는 관념은 추수할 것이 풍성하고 인구가 적은 시대에 해가 될 것이 없었다. 자연상태에 있는 황무지를 개간하기 위해 '힘 있는 자가 차지하며, 할 수 있는 자가 소유하는 그 간단한 약속'[39]을 사회적 강령으로 채택해도 문제될 것이 없었다.

19세기 후반에 이르면 산업이 이미 상당히 발전되고, 인구도 엄청나게 늘어 위와 같은 약속이 숱한 분쟁과 난관의 원인이 되어서 보다 더 합리적 계획을 위해 기존의 개념을 떨궈내야만 했다. 그러나 불행하게도 미국인들의 마음에 파급되기 시작했던 다윈설Darwinism과 스펜서식 개인주의Spencerian individualism의 거대한 영향력으로 역으로 재강조되었다.

코크란Cochran과 밀러Miller의 공저인 <기업시대The Age of Enterprise>에서 그

들은 이 현상을 이렇게 말했다.

"영국인 허버트 스펜서Herbert Spencer에 의해 가장 철저하게 완성된 이 진화of progress라는 철학은 과거 한 국가에 끼쳤던 어떠한 철학의 영향보다 더 크게 미국을 사로잡았다. 산업적 부를 향한 경쟁적 추구에만 몰두하던 세대에 이 관점은 자유경쟁에 하늘의 도장을 찍어준 셈이었다. 과학의 시대에 '과학적으로' 끊임없는 착취를 정당화해 준 것이다. 미국 기업가들의 열망에 정확히 맞춰진 진화론은 그들에게 그들의 일상적 삶의 행태에 걸맞는 신앙과 사고의 안내자 역할을 완벽하게 제공하였다. 기업가들이 희망에 차 있을 때 진화론은 무한히 낙관적이었고, 냉혹할 때 진화론은 그러한 냉혹함이 진화로 가는 유일한 길임을 '증명'해 주었다. 누군가 의문을 품을라치면 외견상으로 반박할 수 없는 증거들을 제시하여 의심을 가라앉혔다. 자신들의 탐욕을 이들은 생존을 위한 보편적 투쟁의 일부로 변호했다. 자신들의 부를 '적자fittest'의 징조라며 신성시하였다."[40]

이러한 치명적인 짝퉁 자연법이 마침내 법관들의 마음을 사로잡아 가난한 자들이 처한 상황을 개선할 목적으로 제정된 모든 사회법이 적정절차 위반으로 위헌으로 판정될 정도였다.

예수회 신부 벤자민 마스Benjamin L. Masse, S. J.는 그 당시 미국에서의 스펜서의 개인주의 철학의 거대한 영향에 관해 설명하면서 매우 흥미로운 관찰기를 남겼는데, 여기서 인용하고자 한다.

"이것은 자유주의 경제학과 다윈 진화론으로부터 주조된 흥분제가 들어 있는 몰약으로 1870년에서 1890년 사이에 많은 영향력있는 미국인들을 도취시켰다. 교육계에서는 이 새로운 약을 잔뜩 들이키고 스펜서 복음을 추종하는 아주 설득력있는 사도들 몇 명을 배출하였는데, 그중에는 하버드의 엘리엇Eliot과 컬럼비아의 버틀러Butler가 있었다. 상원의원 헨리 캐봇 랏지Henry Cabot Lodge는 우드로 윌슨Woodrow Wilson이 염치도 없이 그 선지자 스펜서의 주요 저작물 중의 하나인 <인간 대對 국가Man Versus the State>로부터 빌려온 주장으로 채워 넣은 '새로운 자유New Freedom'가 대중적 인기의 조류를 타고 확산되는 것을 막으려 애썼다. 스펜서를 처음 읽은 앤드류 카네기Andrew Carnegie는 '빛이 거대한 물결처럼 들어오며 모든 것이 분명해졌다.'고 탄성을 터트렸었다고 한다. 그리고, 홈스 대법관이 증언한 것처럼, 연방 대법원조차 사법적 냉정함을 잃어버리고 실제로 그 영국 철학자를 건국의 아버지들 반열에 끼워넣었던 것이다."[41]

물론 이러한 경향이 미국에만 있었던 것은 아니었다. 서유럽 기독교 국가들의 지배계급은 이상한 신들을 쫓아가고 있었는데, 그중에서도 으뜸은 금 송아지였다. 입으로는 하나님을 섬기면서 마음으로는 재물의 신을 섬기는 사람보다 더 나쁜 피조물을 상상할 수 있을까? 법은 자연법과 자연권이라는 이름을 빌어 무자비한 경쟁을 허용하여 경제적 및 사회적 불평등을 심화시켰다. 표면적으로는 만인을 위해 추상적이며 형식적인 평등을 유지한다는 명목으로 말이다!

아담 스미스와 리카도David Ricardo의 이론이 인간의 경제관계를 통할하는 자연법인 줄로만 안 법관들은 자신들의 머리를 시시콜콜한 법적 전문 기술의 모래에 처박고, 사회적 현상에 완전히 청맹과니가 되었는데, 그 바람에 법은 부지불식간에 인간의 탐욕의 공범자로 전락하고 말았다. 아나톨 프랑스Anatole France의 말을 빌자면 "그 잘난 평등을 주창하는 법 은 가난한 자나 부자나 할 것 없이 다리 밑에 잠자거나, 거리에서 구걸 하거나, 빵을 훔치는 것을 금지한다."[42]

노싱턴Northington경이 지적했던 것처럼 그들(법관)은 "궁핍에 처해 있는 사람들은 솔직히 말하자면 자유민이 아니라, 현재의 급한 상황에서 벗 어나기 위해서는 영악한 자들이 그들에게 내리는 어떤 조건에라도 굴종 해야 한다."[43]는 현실을 깨닫지 못하고 있었다.

가끔은 현실에 너무 무지몽매한 당대의 주류적 법적 사고의 이런 문제 점을 예민하게 감지하여 억눌리고 답답한 정의감을 토로하는 법관도 있 음을 보게 된다. 19세기 중반 영국에서 있었던 어느 사건에서 몰Maule 대 법관은 다음과 같은 말을 했다고 한다.

"이 법정에 있는 피고인은 처가 그를 버리고 지금도 다른 남자와 살면서 간통하였다 해도, 아내가 살아 있는 동안 다른 여자와 혼 인했다는, 이른바 중혼죄로 유죄 판결을 받았다. 피고인은 국법 을 위반하여 범죄를 저질렀고, 자신이 취했어야 할 행위에 대하 여 심각한 오해를 하였다. 피고인은 먼저 교회재판소로 가서 아 내에 대해 별거결정a mensa et thoro 받았어야 한다. 그런 다음 커먼 로 재판소에 손해배상 청구 소송을 제기하여야 하고, 그 경우 피고인이 아내의 상간남으로부터 손해배상 판결을 받아낼 수 있으리라는 건 의문의 여지가 없다. 이런 결정들을 충분히 갖추고 나서 제정법의 법리에 호소하게 되면 피고인은 그 법에 의하여 어떠한 제재도 받지 않고 자유롭게, 합법적으로 다른 사람과 혼인할 자격을 얻게 될 것이었다. 이런 절차들을 밟으려면 몇 페니도 없는 피고인에게 수백 파운드가 요구되기는 하지만, 법은 빈부의 차이를 모른다. 그래서 이 법정은 피고인에게 하루의 징역형을 선고하는바, 법정 개정 이후 피고인이 인치되어 있었으니 이 기간은 벌써 경과하였다."[44]

이 인용문은 법적 평등 및 경제적 평등이라는 이상 사이에 확연한 불일치가 있음을 충분히 보여주고 있다. 그러나 영국 의회에는 법적 방식으로 사회정의를 보다 큰 수준으로 이끌어낼 수 있도록 법을 개선함에 있어 좀 더 자유로운 손을 갖고 있었다. 다이시A.V. Dicey는 1905년에 발간된 그의 저서 <19세기 영국에서의 법과 여론Law and Public Opinion in England during the Nineteenth Century>에서 이미 19세기 후반기를 '집단주의collectivism'의 시대라고 언급할 정도였다.

같은 시대의 미국은 개인주의의 전성기였으므로 법학 역시 전혀 다른 형태를 보였다.

정의의 원천: 자연법 연구   제1부 자연법과 우리의 커먼로

제14장 합리주의와 개인주의에 대한 반동

내가 알기로 지난 19세기 미국 법관들 중에서 이론이성과 실천이성을 토마스 아퀴나스식으로 어떻게 구별하는지에 대하여 정통한 사람은 없는 것 같다. 아퀴나스에 따르면 자연과학은 이론이성에 속하는 반면, 법은 실천이성에 속한다. 이론이성은 그 존재가 아닌 다른 형태로 존재할 수 없는 필연적 속성을 내재한 것을 다루며, 그런 까닭에 일반적 원칙들과 그로부터 나온 특정한 결론은 다 같이 필연적일 수 밖에 없다. 반면 실천이성은 인간의 행동들이 관련된 우연적 사건들을 다루고, 결과적으로 일반원칙에는 필연성이 있음에도 불구하고 그 문제의 세부적 영역으로 더 들어가면 들어갈수록 필연성은 점점 더 찾기 어렵게 된다.

인정법은 그 본질적 성격에 있어서 과학적 증명을 거친 정도의 무오류성을 지닐 수는 없다. 모든 법규가 궁극적 무오류와 확실성을 필요로 하지는 않는다. 그 수준에서 가능한 것으로 충분하기 때문이다. 예컨대, 인간은 정의를 행하여야 하고, 정의는 각자에게 그의 몫을 주는 데 있다는 자연법의 계율이 그것이다. 이것은 불변이며 필연적인 원칙이다.

그러나 아퀴나스가 말하는 바와 같이 "정의를 준수할 의무는 실로 항구적이다. 그러나 인정법이나 신법에 따라 무엇이 공정한가를 결정하는 것은 인간들이 만든 국가들이 서로 다른 만큼 서로 차이를 필요로 한다."[45] 법은 본질적으로 공동선을 향한 이성의 지시임을 기억해야 한다. 법은 목적론적이지, 기계적 학문이 아니다. 합리적rational이어야 하나 합리주의적rationalistic이어서는 안되는 것이다.

건전한 스콜라 철학의 전통에서 벗어난 합리주의자들은 일반원칙에서부터 세세한 부분에 이르기까지 자신들만의 이론체계로 자연법의 완전한 체계를 세워보겠다고 저마다 경쟁을 벌였다. 그들은 인간 이성을 지나치게 신뢰하였다. 역설적으로 들릴 수도 있지만, 19세기 법률적 실증주의를 탄생시킨 것은 18세기의 법적 합리주의였다.

19세기 법실증주의의 지지자들은 인간의 이성이 완벽한 법전을 만들어 낼 수 있을 것이라고 믿었다. 몇몇 유럽 국가의 입법자들이 이런 생각을 품고, 이런 자신감을 현실에 적용하려고 시도했다. 이들은 "제정법의 체계는 온전하고 완벽하게 만들어 낼 수 있고, 그렇게 하면 법관이 어떤 사건에서 판결을 내릴 때에는 미리 만들어 수중에 있는 것들 중에서 하나를 고르는 것으로 충분할 것…."[46]이라는 확신을 갖고 있었다.

프레드릭 대왕Frederick the Great의 법전은 이런 이론에 터잡아 기초된 것이었다. 그 목적은 장래에 어떤 우연한 상황이 발생하더라도 일체 의문의 여지가 없을 정도의 세심하고 정확한 대처를 제공하는 데 있었다. 슈스터Schuster는 이렇게 말한다.

"법을 이런 식으로 고정화하는 것은 자연법의 이론에 따른 것인데, 자연법에 의하면 하나의 완벽한 체제를 그려낼 수 있으며, 이렇게 만들어진 것은 더 이상 바꿀 필요가 없고, 따라서 장래의 어떤 상황에라도 적용 가능한 법제를 제정할 수 있다."[47]

미국에서는 이 합리주의 개념이 깊은 영향을 미쳤다. 비록 법전을 만들어내지는 않았으나, 법관들은 커먼로를 계절마다 성장해야 될 한 그루의 나무가 아니라 '하늘에 둥지를 틀고 자리잡고 있는 것'[48]으로 생각하

정의의 원천: 자연법 연구 제1부 자연법과 우리의 커먼로

였다. 각 사건은 아무리 새롭고 복잡한 것이라도 이론적으로 커먼로에 포섭되고, 따라서 각 사건에는 하나의 논리적 판결 외에 다른 것이 있을 수 없었다. 홈스 대법관은 이런 사고방식에 반기를 들었다. 그는 이렇게 말한 바 있다.

"언젠가 꽤 이름이 알려진 어떤 법관으로부터 자신은 절대로 타당하다는 확신이 설 때까지는 판결을 내리지 않는다고 한 말을 들은 적이 있다. 그래서 판결에서 소수 의견을 내면 종종 비난을 받는 모양이다. 이건 마치 어느 일방이나 상대방이 계산을 잘못한 것처럼 여기는 것 같다. 그리고 양측이 좀 더 머리를 쥐어짜면 합의에 반드시 도달할 것이라는 것이다. …그러나 확실함이란 일반적으로 환상이며, 인간이 원래 대충 넘어가도록 되어 있는 존재도 아니다. 논리적 형식 뒤에 놓여 있는 판결은 상충되는 입법적 근거를 기반으로 상대적 가치와 경중에 따라… 내려지는 것이다."[49]

구체적 사건에 들어가면 자연법을 놓고도 인간의 결정이 필요하다는 사실을 이야기하고 있다는 점에서 홈스의 견해는 옳다고 할 수 있는데, 이에 관해 아퀴나스는 늘 그런 건 아니지만 드물게 그런 결정을 내림에 있어 절대적 확실성을 주장할 수 없는 경우도 있다고 한다.

그런데 홈스는 자연법을 전면적으로 부인하면서 스킬라Scylla의 바위를 피하려다 카리브디스Charybdis의 큰 소용돌이에 떨어진 꼴이 되었다.i 그

---

i_스킬라와 카리브디스는 그리스 신화에 나오는 바다괴물로 메시나 해협에 자리잡고 있으면서 스킬라는 암초의 형태로, 카리브디스는 소용돌이를 통해 배들을 난파시키고 선원들을 잡아 먹었다고 한다.

가 토마스 아퀴나스에 대하여 공부하지 않은 것은 참 유감스러운 일이다.[50] 아퀴나스의 저작을 봤더라면 홈스 판사가 아마도 목욕물과 함께 아기도 같이 버리는 짓은 하지 않았을 것이다.

이 대목에서 필자로서는 현대 미국 법학에 내재된 아이러니한 상황을 짚고 넘어가지 않을 수 없다. 사회적 입법과 관련된 판결들을 분석하다 보면 일반적으로 자연법이라는 이름을 쓰고 있는 판사들이 그릇된 판결을 내리고 있는 반면 자연법에 회의적인 판사들이 내리는 판결은 그 결론에서 두 개의 중요한 로마 가톨릭 교황청 회칙과- <새로운 길을 향해 Rerum Novarum> <40주년Quadragesimo Anno>- 일치한다는 사실을 알게 된다.

이 기이한 현상의 이유는 무엇인가? 이유는 여러 가지가 있을 수 있다. 첫째로 자유방임laissez-faire이라는 경제 원리는 특정한 시대의 필요성과 그 목적에 맞았던 것이고, 또 그 때문에 어느 정도 역사적 정당성이 있었으나, 결코 자연법의 불변적 계율로 간주될 수는 없다. 자유방임주의는 확실히 미국의 경이로운 산업 문명의 발전을 촉진하는데 기여하기는 하였으나 그와 동시에 가내수공업 시대에는 알려지지 않았던 새로운 문제들을 야기하였다. 새로운 상황의 대두는 새로운 법적 수단을 요구한다. 그럼에도 불구하고 대부분의 법관들이 옛법과 옛날 법이론만 알고 있으면서 그것들을 자연법과 같은 것이라 여기고 있다.

둘째는 그들이 갖고 있는 정의에 관한 개념이 적절하지 않다는 것이다. 그들은 교환적 정의commutative justice라는 오직 하나의 정의 형태만 알고 있을 뿐 분배적 정의distributive justice는 잘 몰랐던 듯하다. 일반적으로 판결과 관련된 것은 교환적 정의뿐이다. 법관들이 원칙적으로 입법자의 직무에 속하는 분배적 정의를 다루는 것은 그들의 길을 벗어난 것으로 옳지 않다. 그런데 과도기의 보수적 법관들이 저질렀던 잘못은 정의의 형태가 그들에게는 낯설다는 이유만으로 입법자들에 대하여 무제한적으로 자의적인 간섭을 했다는 것이다.

하나의 예를 들어 보도록 하자. <아이브스 대對 남 버팔로 철도Ives v. South Buffalos R. R.> 사건[51]에서 법원은 <1910년 뉴욕 노동자보상법New York Workmen's Compensation Act of 1910> 을 무효라고 판결하였다. 워너Werner 판사는 이렇게 주장하였다.

> "모든 시민이 누리는 불가양不可讓의 권리 중 하나는 적정절차에 따른 법에 따라 몰취되기 전까지는 자신의 재산을 보유하며 이를 향유한다는 것이다. 미합중국 건국 헌법이 채택될 때 그 법의 정신은 그 누구에게도 그 자신의 고의나 과실이 없는 한 타인이 입고 있는 손해에 대하여 책임을 지울 수는 없다는 것이었다."

쿨렌Cullen 판사는 여기에 "곤경에 맞닥뜨린 자에게 피해가 생기는 자연의 법의 결과이지, 정부의 법 때문이 아니다. 고통이란 자연으로부터 야기되는 것이다. 인간의 법으로 이걸 바꿀 수는 없다. 할 수 있는 전부란 피해를 입고 있는 당사자가 금전배상을 청구하는 것인데, 계약 책임이나 불법행위 책임이 아닌 다른 그 무엇으로 피해를 입고 있는 당사자에게 배상이 강요되도록 해야 한다는 법리를 나는 알지 못한다."라고 덧붙였다.

시어도어 루즈벨트 대통령Theore Roosevelt은 잡지 <아웃룩Outook>에서 이 판결에 대해 "많은 미국 법정에서 재산은 생명보다 신성하다는 원칙을 보여 준 또 하나의 사례이다."[52]라 말하면서, '탁월한 법률가'라고 치켜 세웠다.

그 당시에는 입법부와 행정부는 노동 문제와 노동자의 근로조건 향상을 위한 시의적절한 조치의 필요성에 대하여 민감했으나, 많은 법원이 아직도 개인주의적 공리주의라는 매혹적인 이론에 취해 있었다. 판사들은 이를 두고 자연법 철학이란 사변적 무기를 갖춰서 자신들의 생각을 방어하였다. 덕분에 자연법이란 그 이름 자체가 자연법을 비웃는 좀 더 진보적인 법률가들에게는 아주 혐오스러운 것이 되고 말았는데, 이건 그들이 아퀴나스와 수아레즈Suarez가 밝히고 있는 바와 같은 자연법이 갖고 있는 실용적·이성적·인간적·진보적인 면에 대하여 무지했기 때문이다.

사실 새로운 사회학적 법률가들에 의해 제안되었던 사회입법 프로그램은 교황 레오 13세와 비오 11세의 사회 회칙에 드러나 있는 기독교의 자연법 전통보다 더 급진적이거나 진보적이지 못했다.

1920년대 초 필자는 토마스주의나 교황들의 회칙에 대해 전혀 알지 못했지만, 이미 그때도 자연법에 대한 홈스 판사의 비판은 너무 한쪽에 치우쳐져 있다는 인상을 받고 있었다. 내가 그에게 보냈던 편지들 중 1922년 1월 8일 자 서신에 다음과 같은 흥미있는 내용이 있다.

> 법률가들은 일반적으로 어떤 용어를 쓰는 데 있어 보수적이지요. 그래서 우리가 마치 모세가 하나님의 뒷모습만 보았던 것처럼 그들이 본 것은 자연법의 등에 불과하다는 점을 제시하지 않으면, 그들은 '자연법'이라는 용어를 포기하지 않을 겁니다. 우리가 볼 때 자연법은 마치 하나님의 얼굴 같아서 항상 빛나고, 생동력이

정의의 원천: 자연법 연구   제1부 자연법과 우리의 커먼로

넘치고, 내적 감정을 표현하고, 외적 변화에 대응하며, 인간의 안녕을 향하는데, 이것이 자연법의 더 진정한 모습이라 하겠습니다.

이 편지를 쓸 때 나 자신은 이것이 자연법에 대한 새로운 관념이라고 생각했었다. 그런데 30년의 세월이 지나 토마스 아퀴나스의 법철학을 대하면서, 나는 내 가슴 속에 있던 작은 도토리 하나가 갑자기 커다란 참나무 한 그루로 쑥 자란 느낌을 받았다.

각설하고 본론으로 돌아오면, 20세기 초 홈스, 브랜다이스Brandeis, 파운드Pound, 그리고 위그모어Wigmore는 새로운 법철학 일파의 선봉에 선 사람들이었다. 하지만 새 학파 외에도 대중의 삶의 문제와 관련하여 노동문제를 양 당사자 사이의 계약 관계라는 범주와는 완전히 다른 영역에서 봐야 할 필요성을 깨닫고 있었던 열린 마음의 판사들이 없지는 않았다. 예를 들어 피트니Pitney 대법관 같은 사람은 <근로자 보상Workman's Compensation> 사건에서 산업을 사용자와 종업원 사이의 협력적 기업이라고 보았다. 그는 이렇게 판시하였다.[53]

"고용주와 종업원은 서로 합의를 통해 쌍방 모두에게 이익이 돌아가도록 할 목적으로 공동기업활동에 종사하고 있다. 종업원에게는 인적 용역 제공을 기대하고, 그 대가로 임금을 받으며, 통상적으로 다른 그 이상의 것은 없다. 고용주는 공장·시설·조직·자본·신용을 제공하며 작업을 통제·관리하고, 임금과 기타 경비를 지출하며, 그가 받을 수 있는 만큼의 가격에 맞춰 생산품을 처분하여 그것으로부터 나오는 모든 이윤을 취득하며, 필요에 따라 손실도 전적으로 부담한다.

종업원은 일의 성격에 따라 어느 정도 직무 수행에 우발적으로
일어나는 사고로 인해 목숨까지 잃을 가능성도 있다. 이렇게 되
면 미망인과 자녀들은 그들의 생래적 생계원을 박탈당하게 된다.
…이것은 업무 중에 일어난 손실로서, 고용주라면 통상적으로 지
불해야 할 고장 난 기계 수리비나 기타 비용과 같은 것이므로 그
액수가 아무리 많이 든다고 하더라도, 영업 활동에 따른 경비의
일종인 것이다. …공동 기업 활동 과정에서 발생한 경제활동력의
상실을 전적으로 그 종업원이나 피부양자, 유족에 떠맡기지 않
고, 과실 여부와 무관하게 국가가… 고용주로 하여금 합리적이며
명확한 기준에 따라 부담할 것을 요구하는 것은 불합리한 조치가
아니며, 명백하게 자연적 정의에 기초한 것이다."

마지막으로 피트니Pitney 대법관은 무과실 책임은 커먼로에서는 새로운
것이 아니라는 사실을 지적한다. '과실이 없으면 책임없다'는 것은 일반
적으로 타당한 원칙이다. 그러나 이것은 근로자의 생계와 관련된 산업
분야에 있어서는 적용되지 않는다. 브랜다이스Brandeis 대법관이 말하고
있는 것처럼, 어떤 법은 개인적 정의를 이루는데 기여하고, 반면 어떤
법은 사회적 정의 달성을 목적으로 한다. 이 법들의 적용 분야는 다른
것이다.[54]
이와 관련하여 지난 30년간 미국의 사회적 및 경제적 사고가 점차 개인
주의와 단체주의의 중간을 향하고 있음은 주목할 만하다. 최근 미국개
신교총회Conference of Protestant Churches of America에서 채택된 <사회ㆍ경제생
활에 관한 13개 강령>[55]은 지금의 미국 사회의 일반적인 여론에 대표적

으로 부합하는 것 같다. 위 '강령' 중 세 가지만 예를 들어 보자. 이걸 보면 동일한 사안에 대한 신·구교의 입장이 같은 것으로 보인다.

1. 모든 경제적 제도를 둘러싼 윤리적 요구를 함에 있어서는 국민의 최대 다수의 최대 행복을 추구하는 건전한 경제의 필수적 표지로서 인간의 필요를 만족시키기 위한 효율성과 생산성이 갖는 중요성이 고려되어야 한다.

2. 크리스천은 모든 사람이 적어도 최저생활 수준에 접근할 수 있는 상태에 이르기 위한 사회적 여건을 만들기 위해 노력해야 한다. 최저수준이라 함은 모든 사람이 자신의 건강을 돌볼 수 있도록 허용되어야 하고, 아동·노약자·장애인 등 사회의 약자인 구성원들에게 적절한 보호가 제공되도록 함에 충분한 것을 의미한다. 경제적 활동 능력이 있지만 뜻밖의 재난을 만난 사람들에게도 보호가 주어져야 한다.

3. 다양한 형태로 재산을 사유토록 하는 것은 재화와 용역의 생산을 늘리도록 자극하고, 개인의 자유를 보호하는 까닭에 우리 국민들 사이에는 소유권이 보다 폭넓게 장려되어야 한다. 그러나 재산은 이를 사용하는 방식들에 다양한 모습이 있는 것처럼, 취득함에 있어서도 여러 방식이 있으며, 이들 사이에는 근본적인 윤리적 차이를 배제할 수 없다. 타인들의 생활과 경제적 사정에 큰 영향력을 끼치는 소유와 지위는 항상 정밀한 도덕적 검토를 요구한다.

제15장 인격주의로의 경향

법학에서 가장 중요하고 어려운 쟁점 중의 하나는 아마도 개인적 이해와 사회적 이해 사이에 어떤 식으로 중용을 유지하며, 임시변통의 타협에 만족하지 않고 어떻게 개인주의와 집단주의 양자를 초월하여 하나의 생명력 넘치는 철학적 합성물을 만들어 낼 것인가이다.

계약자유의 원칙이 남용되는 것에 대하여 누구보다 앞장서서 비판했던 파운드 학장이 최근에 조써랜드Josserand가 '계약 통제주의contractual dirigism'를 표명한 것을 놓고 강한 반론을 편 것은 매우 의미심장하다.[56]

> "우리는 세계 경제가 하나로 되면서 초래되는 부작용 및 사물을
> 오로지 크기로 나누어 평가하는 세태에 저항하고, 개인이 실종되
> 는 현상을 지적하며, 복지국가라는 이름으로 국가가 전지전능한
> 존재 및 전체주의화되어 가는 것에 대항할 수 있는 힘이 아직도
> (커먼로의) 전통 속에 남아 있어 영어권 세상에서 생래적 권리라
> 고 부르던 자유를 지켜줄 거라고 믿지 않을 수도 있다."[57]

그러나 커먼로 전통을 유지하기 위한 첫 단계로서 우리는 영적 재흥기를 거쳐 코크, 토마스 모어 및 브랙톤의 위대한 전통으로 돌아가야 한다. 그리고 끝으로 커먼로의 바로 그 시작부터 바탕을 이루고 있었던 공동선이라는 스콜라적 개념을 명확하게 파악해야만 한다.

공동선은 단순히 국가의 집단적 선만을 의미하는 것이 아니다. 공동선에 국가 차원의 집단선이 내포되어 있지만, 무엇보다 공동선은 인간과

정의의 원천: 자연법 연구   제1부 자연법과 우리의 커먼로

인간에게 공통되는 모든 인격적 선을 포괄한다. 이런 선을 구현하기 위해 법은 개인의 근본적 권리를 시인하고 보호해야만 하는데, 비오 12세는 이러한 기본권을 다음과 같이 열거하였다.

"…육체적·지적·도덕적 생활을 영위하고 발전시킬 권리, 특히 종교적 훈련과 교육에 대한 권리, 종교적 자선사업에 종사하는 권리를 포함하여 사적으로나 공적으로 하나님을 숭배하는 권리, 원칙적으로 혼인을 할 권리 및 혼인의 목적을 달성할 권리, 부부 관계 및 가정생활의 권리, 가족생활 유지를 위하여 불가결한 수단으로서의 노동의 권리, 종교와 신앙에 따라 어느 주에서 생활할 것인지 자유롭게 선택할 수 있는 권리, 내재적 의무와 사회적 한계에 따를 것을 조건으로 재물을 사용할 권리."[58]

이런 일련의 인간의 기본권은 생명·자유·행복추구라는 불가양의 3대 권리를 넉넉히 망라한다.

'재물을 사용할 권리'와 관련하여 교황이 '내재적 의무와 사회적 한계에 따를 것을 조건으로'라는 말을 덧붙였다는 사실에 주목할 필요가 있다. 여태까지 교회나 진정한 기독교인이라면 그 누구에게도 재물 그 자체를 목적으로 간주한 바는 없었고, 보다 고차원적인 목적을 위한 수단으로만 여겼을 뿐이다.

토마스 아퀴나스의 "공동선과 사적 이익이 같은 범주에 속한다면 공동선이 사적 이익에 우선한다. 그러나 사적 이익이 더 나은 범주에 속할 수 있다."[59]라는 말은 재물에 관한 그의 견해를 보여준다. 한편으로 하나님을 예배할 권리와 같이 아주 엄밀한 의미에서의 인격적 권리에는 공동선이라는 이름으로 국가가 개입하여서는 안 된다. 그 이유는 간단한데, 이런 권리는 국가가 간섭해야 하는 물질적 이해보다 고차원적인 질서에 속하기 때문이다.

우리에게는 사유재산제도의 바탕이 되는 기독교 철학을 이해하는 것이 무엇보다 중요하다. 기독교는 공산주의와 자본주의의 중간을 헤쳐 나간다. 기독교는 사유재산이 자연법에 반하는 불법이 아니라고 주장하는 한편, 개인에 대한 소유의 분할과 재물의 분배를 내용으로 하는 사적 소유는 자연법이 아니라 실정법이 만들어낸 것이라고 주장한다.

토마스 아퀴나스는 자연법이 명하는 바에 따라서가 아니라, 경험에 비춰본 결과를 감안하여 사유재산제를 정당화하고 있다. 그는 "외적 사물을 사유하는 인간의 권한 속에는 두 가지 요소, 즉 관리administration, 管理와 향유enjoyment, 享有가 들어 있다."[60]라고 선언한다.

먼저 '관리administration'라는 요소에 관하여 그는 다음과 같이 설명한다.

"첫 번째 요소는 목적물을 돌보고 관리하는 권한인데, 이를 위해 한 사람이 재산을 소유한다는 것은 합법적이다. 사실 이것은 인간의 삶을 위해 필요하고, 여기엔 다음의 세 가지 이유가 있다. 첫 번째는 사람들 각자는 다수나 전체에 공동으로 맡겨진 것보다는 자기 자신의 책임하에 있는 것을 더 신중하게 돌보기 때문이다. 전자의 경우는 하인이 여럿 있을 때 우리가 흔히 보는 바와 같은데, 각자 일을 피하려 들고, 공동으로 해야 할 것들은 다른 사람에게 미루기 일쑤이다.

둘째, 각자에게 어떤 특정한 일들을 맡겼을 때 일들이 전체적으로 좀 더 질서정연하게 진행되고, 반면 아무에게나 아무 일을 맡겨 두면 혼란이 생기고 일이 두서없이 되고 만다.

셋째, 각자가 자신의 몫에 만족하고 있을 때 평화로운 상태가 좀 더 오랫동안 지속될 수 있다. 우리는 재물을 분할하지 않은 채 공유하고 있는 사람들 사이에서 좀 더 분쟁이 잦은 것을 보게 된다."[61]

'향유enjoyment'라는 요소에 대하여는 이렇게 말하고 있다.

"인간의 권한으로 인정되는 두 번째 요소는 재물의 향유와 관련된 것이다. 여기서는 사람이 재물을 소유해야 하는 것은 그 자신의 것으로서가 아니라, 다른 사람들이 필요로 할 때는 건네줄 준비가 되어 있다는 의미에서 공동의 것으로 갖고 있어야 한다는 것이다. 그래서 사도 바울은 말하기를 미리 준비하여야 억지가 아니고, 하나님은 즐겨내는 자를 사랑하신다고 하였다."[62]

예수님은 "삼가 모든 탐심을 물리치라 사람의 생명이 그 소유의 넉넉한 데 있지 아니 하니라."하였다. 그는 비유로 다음과 같이 말씀하셨다.

한 부자가 그 밭에 소출이 풍성하매, 심중에 생각하여 이르되
'내가 곡식 쌓아 둘 곳이 없으니 어찌할까 하고,
또 이르되 내가 이렇게 하리라 내 곳간을 헐고
더 크게 짓고 내 모든 곡식과 물건을 거기 쌓아 두리라.

또 내가 내 영혼에게 이르되

영혼아 여러 해 쓸 물건을 많이 쌓아 두었으니

평안히 쉬고 먹고 마시고 즐거워하자 하리라' 하되

하나님은 이르시되

'어리석은 자여 오늘 밤에 네 영혼을 도로 찾으리니

그러면 네 준비한 것이 누구의 것이 되겠느냐' 하셨으니,

자기를 위하여 재물을 쌓아 두고

하나님께 대하여 부요하지 못한 자가 이와 같으니라.

- 누가복음 12:16-21

파편화되고 하찮게 쪼그라든 우리에게 이런 모든 말들은 법학과는 전혀 무관하다 생각될 것이다. 그러나 교부들은 그렇게 생각하지 않았다. 이 비유에 대한 설교에서 바실레이오스Basil of Caesarea는 자신들이 확보하고 있는 공동 재산을 자신들의 소유라고 생각하는 부자들은 다른 사람들을 밀어내고 극장에 먼저 들어가겠다고 하는 사람들처럼 공용 목적으로 되어 있는 것을 자신을 위해 도용하는 사람들이라고 하였다.[63]

토마스 아퀴나스는 바실레이오스의 사고에 매우 의미 있는 설명을 덧붙이고 있다. 그는 "어떤 사람이 남들을 위해 길을 예비하려고 극장에 미리 들어갔다면 불공정하게 행동하였다고 할 수 없다. 불공정한 것은 남들이 들어가 즐기려는 것을 방해하는 것이다. 마찬가지로, 어느 부자가 처음에 누구에게나 공동으로 주어지던 것을 챙겨서 남들에게도 그 몫을 준다면 불법적으로 행동한 것이 아니다. 그러나 그가 마구잡이로 다른 사람들이 유익을 얻는 것을 배제한다면 그는 죄를 짓고 있는 것이다."라고 하였다.

여기에 바실레이오스는 이렇게 말한다. "여러분이 청지기 직분을 수행할 기회를 얻을 수 없었더라면, 또 남들이 당신의 청지기 직분에 대하여 인내해 주지 않았더라면, 지금 이웃은 구걸하고 있는데 어떻게 호의호식을 할 수 있겠습니까?"[64]

청지기 직분 또는 신탁의 개념이 커먼로 체계에서 얼마나 중요한 자리를 차지하고 있는지 모르는 사람은 없다. 여기에서는 국가 자체가 공공재산의 수탁자로 간주되고 있다. 모든 사유재산이 공동선을 위하여 개인에게 맡겨져 있다고 생각해서는 안 될 이유는 없다. 최근에 뉴저지 사건[65]에서 우연히 알게 된 토마스 카바나Thomas J. Kavanagh의 유언장에 있는 다음 구절을 읽게 되면, 이런 사고가 기독교적 삶의 철학에 자명하게 녹아 있다고 깨닫게 될 것이다.

> "아직도 남아 있고 어떤 직접적인 목적에 따라 적립되어 있지 않은 잔고는 가난한 자 및 불행한 자들을 돕고, 곤궁이나 역경에 처한 이들을 구제하며, 가능한 한 그들에게 삶의 위안을 주는 데 사용할 것이고, 이익이나 영리를 위해 사용되어서는 안 된다는 것이 내 의도이며 갈망이다. 안락함과 기쁨 가운데 내가 가졌던 이 세상의 재물의 모든 것은 전능하신 하나님께서 단지 신탁으로 주신 것이며, 현세에서 나처럼 축복받지 못한 사람들에게 돌려주어 그들을 돕는 데 쓰여야 한다."

이것은 사유재산에 관한 기독교 철학을 완벽하게 표현하고 있다. 사유재산은 목적을 위한 하나의 수단이다. 그 목적은 두 가지이다. 하나는 개인적 소유자 자신의 합리적 필요를 충족시키는 것이며, 이러한 필요 이상의 또 하나는 공동선을 위해 하나님 아래에서 신탁되어 있어야 한다는 것이다. 여기서 내가 말하고자 하는 바는 자기집행적 법원리가 아니라, 입법 기술에 의해 시행되는 입법에 관한 일반 철학인데, 입법의 중심에는 항상 공정과 합리성이 있어야만 하는 것이다.

하나님과 법 아래에서, 궁극적으로 고려해야 할 것은 육체적·지적·도덕적·영적 차원에서의 인간의 안녕이 되어야 한다. 물질이 되었건 비물질이 되었건 만물은 이와 같은 법의 종국적 목적을 위해 신탁으로 간주되어야 한다. 모든 것은 분배적 정의의 영역에 속한다.

최근의 어느 사건에서 그리피스 스미스Griffith Smith 대법원장은 이 점을 정확하게 지적하였다. "통치권자의 지위는 공동선을 위해 행동하는 수탁자의 지위와 같다…."i 이는 기독교의 청지기 개념에 가까운 것으로 보인다.

비오 12세는 "사회생활의 원래의 근본 목적은 인간의 인격을 보존·발전·완성시키는데 있다."[66]고 하였다. 종교와 윤리는 이 목적의 실현에 직접적으로 기여한다. 이 목적을 위하여 작용하는 정도에 있어서 사람의 법은 보다 덜 직접적이기는 하나, 그가 언급하는 바와 같이 그것은 '생명·물질·지식·종교의 전 영역에 있어 시민들의 자질 향상과 의무 이행에 전반적으로 필요한 외적 조건들을…'[67] 제공함으로써, '공동선의 항구적 실현'에 효과적으로 기여할 수 있고, 또 기여하도록 해야만 하는 것이다.

법이 인간을 위하여 있는 것이지 인간이 법을 위하여 있는 것은 아니다. 그래서 궁극적으로 법의 목적은 인간의 목적과 다를 수가 없다. 그렇다

i_Parker v. Moore, 262 S. W. 2d 891, at 193

면 인간의 목적은 무엇인가? 토마스 아퀴나스가 보는 바와 같이 그것은 세 가지 측면으로 말할 수 있다. 미덕의 실천, 사람과 사람 사이의 우의, 그리고 하나님을 즐거워하는 것이다. "인간 생활과 사회의 목적은 하나님이다."[68] 이런 목적을 지향하기 위해 법은 두 가지 방식으로 기여한다. 적극적으로 법이란 목적 달성을 위한 외부적 조건을 마련함에 있어 가장 효과적인 수단이다. 소극적으로 법은 인간이 그의 고유한 행복을 이루는 세 가지 측면을 자유롭게 추구하도록 인간을 놔두도록 해야 한다는 것이다.

존 J. 라이트John J. Wright 주교는 공동선을 '진·선·미를 사랑하고 악이 아니라 선을 쫓으며, 개인의 사적인 선과 국가의 공익을 추구하되, 이 두 가지 선이 최고선인 하나님 안에서, 하나님 아래에서, 하나님을 통해 추구되어야 한다고 믿는 모든 이들을 서로 묶어주는 연대'[69]라고 설명한다. 여기엔 윤리적인 선과 법적인 선이 모두 포함되어 있다. 킬리Roger J. Kiley 대법관은 사람의 법이라는 관점에서 이렇게 말한 바 있다.

> "잘 자리잡힌 사회에서 현세적 행복을 누리는 것이 인간의 궁극적 목적이 아니다. 인법이 인간을 궁극적 목적으로 이끌어 줄 것이라고 가정해서는 안 된다. 인법은 그 하위의 목적을 목표로 한다. 즉, 미덕을 쫓아 살며 행복을 추구할 수 있고, 또 나아가 내세를 보며 하나님과 더불어 완전한 행복을 추구할 수 있도록 평화롭고 질서잡힌 공동체 만들기를 그 목적으로 하는 것이다."[70]

이러한 목적론적인 배경에 비춰보면 가톨릭 법철학은 집단주의도 개인주의도 될 수도 없다는 사실을 어렵지 않게 알 수 있다.

어떤 인정법도 하나님에 대한 사랑과 이웃에 대한 사랑을 바탕으로 하지 않으면 안 된다. 이러한 기준에 따라 본다면 솔직히 지금의 미국 커먼로를 비판할 여지는 그리 크지 않다. '직능국가service State'가 대두되었다고는 하지만, 정부나 인민이 모두 종이 주인되도록 세상이 뒤집어서는 안 된다는 사실을 잊지 않는 한, 이것이 우리의 자유를 멋대로 간섭할 것으로 보이지는 않는다.

현재 미국이 당면하고 있는 문제는 자유가 충분치 않아서가 아니라, 어떻게 하면 현재의 자유에 영적 및 문화적 가치를 채워 이것을 하나님의 자녀가 누리는 자유로 만들어낼 것인지, 그 길을 찾아내는 데 있다.

인간은 하나님의 형상에 따라 만들어졌고, 우리 법조인들에게는 하나님을 닮을 특별한 수단이 주어져 있다. 성부聖父를 닮기 위하여 우리는 정의를 앙양해야 하며, 성자聖子를 닮기 위하여 우리는 자연법을 좇아야 하고, 또 성령에 따르기 위하여 우리는 형평을 행하여야 한다.

<법과 성령Law and the Spirit>이라는 논문에서 키호Richard Kehoe 신부는 다음과 같이 말했다. "자연법 이론을 되새기도록 교회가 촉구하는 이유는 자연법이 영적 및 초자연적 차원을 떠나 믿는 자나 믿지 않는 자나 막론하고 모두 행복하게 살 수 있는 기본질서를 보장하기 때문이 아니라, 자연법의 개념 속에 성령께서 우리에게 계시하는 바가 역사役事하도록 해야 하기 때문이다."[71]

이 구절은 토마스 러돈Thomas Reardon 신부가 법률가들을 위한 붉은 미사 Red Mass 설교에서 했던 다음과 같은 말을 연상시킨다. "크리스찬들은 올바른 관점에서 인간의 목적과 운명을 바라보지만, 세속주자는Secularist 인

간의 목적을 오로지 물질에만 두기 때문에, 세속주의는 진정한 사랑을 혼란시키고 파괴해 왔다."

인류의 행복을 추구한다는 점에서 기독교 철학은 그 양과 정도에 있어서 결코 실증주의가 의도하는 것보다 못하지 않을 뿐 아니라, 더 큰 정의에 자연스럽게 따라오는 더 풍성한 행복을 거둬들인다.

1. 2 pet. 137.

2. 1 Gray 263.

3. 18 Atl. 949.

4. 236 N.Y. 156, 140 N. E. 227.

5. (1953) 263 Pac. 2d 333.

6. (1953) 116 N. E. 2d 54.

7. Cardozo, The Growth of Law, p.20.

8. (1954) 102 Atl. 2d 418. 아론손(Moses J. Aronson)의 다음과 같은 사려깊은 말과 비교해 볼 것. "성장을 하나의 원칙으로 받아들일 필요가 있다고 인식한다는 건 각 발전의 단계를 가리키는 목적 내지 가치 설정을 해야 할 책임을 수반한다. 왜냐하면 불변을 표방하는 완고한 보수주의가 죽음이라는 경직성이 내포되어 있는 것과 꼭 같이 재갈이 물려지지 않은 전진이라는 것은 혼돈을 초래하는 무의미한 변화에 다름 아니기 때문이다." (Journal of Social Philosophy, vol.4, p.19).

9. Collected Legal Papers, p.246.

10. Mincey v. Mincey (1954) 80 S. E. 2d 123.

11. Nelson v. Nelson (1954) 116 N. E. 2d 560.

12. (1890) 12 S.W. 798, 99 Mo. 484.

13. (1925) 268 U.S. 510. 맥 레이놀드(McReynolds) 대법관이 의견을 썼다.

14. (1942) 34 N. Y. Supp. 2d 100.

15. (1953) 100 A. 2d 175.

16. 263 Pac. 2d 333, at 336.

17. (1949) 216 S. W. 2d 847.

18. Fox v. Snow (1950) 76A. 2d 877, at 883. 밴더빌트 대법원장은 나아가 "만일 선례구속의 원칙(stare decisis)이 하나의 가이드가 아니라 신의 역할도 된다면 커먼로는 그

생명의 피를 잃게 될 것이다."라고 말했다. 다른 곳에서도 그렇지만 여기에서도 중용이 최고이다. 선례구속의 원칙은 우상으로 숭배되어서는 안 되지만, 하나의 지침서로는 남아 있어야 한다. 그렇지 않으면 로버츠(Roberts) 대법관이 말했던 것처럼 사법적 판결이란 '당일 기차만 탈 수 있는 일회성 기차표'와 같은 것이 될 것이다. (321 U. S. 96, at 113).

19. 맨스필드 경이 이 격언을 썼다. Rex v. Wilkes, 4 Burrows Reports 2662.

20. (1954) 269 P. 2d 796.

21. 프랑스 공법학자 부트미(Boutmy)가 영국, 프랑스 및 미국의 헌법제도 비교 연구에서 이렇게 표현한 바 있다. Studies in Constitutional Law, trans. by E. M. Dicey (London, Macmillan, 1891), p.3-4.

22. 논어.

23. De Tocqueville, Democracy in America.

24. Wright, American Interpretations of the Natural Law (Harvard, 1931), p.59.

25. 위 같은 글.

26. Otis, The Rights of the British Colonies Asserted and Proved (1764), p.47.

27. Wright, op. cit. supra, p.88, note 105.

28. 위 같은 글, p.90-91.

29. Pound, The Spirit of the Common Law, p.53.

30. 위 같은 글, p.19.

31. 브루어(Brewer) 대법관은 독립선언을 일러 다음과 같이 핵심을 짚었다. "사상과 정신이며, 헌법을 읽을 때는 독립선언의 정신 속에서 그 문자를 이해할 때 언제나 안전하다." (Gulf, Colorado & Santa Fe Ry. v. Ellis, 165 U.S. 150, 160 (1897).)
그러나 브루어에 대하여는 그가 극단적 개인주의에 매몰되어 있었다는 비판도 있다. 하이네스(Charles Grove Haines)의 아래 논문 참조. "The History of the Due Process of Law After the Civil War", in Selected Essays on Constitutional Law(Foundation Press, 1938), vol.I, p.268, 295-6.

32. Schmidt, "An Approach to the Natural Law", Fordham Law Review, vol.19

(1950), p.25.

33. Address of His Eminence, Francis Cardinal Spellman, at the Military Chaplains' Association Convention Dinner, July 24, 1952 (in mimeograph).

34. (1872) 7 Baxt. 9, 32 Am. Rep. 549.

35. "A Fragment of Government" in Bentham's Works, ed. by Bowring (1843), vol.i, p.29.

36. Lauterpacht, International Law and Human Rights (Praeger, 1950), p.108-9.

37. Pollock, "The History of the Law of Nature", Columbia Law Review, vol.1 (1901), p.22.

38. Encyclical Letter Libertas Praestantissimum.

39. Quoted by Chancellor Pitney of New Jersey in Meeker v. City of East Orange (1909), 77 N. J. L. 623, 74 A. 379, at 385.

40. Quoted by Rev. Benjamin L. Masse, S. J., in his pamphlet Economic Liberalism and Free Enterprise (The America Press, 1944), p.10.

41. 위 같은 글, p.20-21. 마스(Masse) 신부는 홈스 대법관의 "수정 헌법 제14조가 허버트 스펜서의 〈사회정학, Social Statics〉를 입법한 것은 아니다"라는 말에 동의하면서, 이를 인용하였다. (page 20).

42. Quoted by Chief Justice Vanderbilt in Law and Government in the Development of the American Way of Life, p.16.

43. Vernon v. Bethell (1762), 2 Eden 110.

44. Holdsworth, History of English Law, 1st ed. (1927), Vol.1, p.623.

45. S. T., I‐II, 104. 3. ad 1.

46. Pound, The Spirit of the Common Law, p.178.

47. 위 같은 글, p.178.

48. Justice Holmes in Southern Pacific Co. v. Jensen, 244 U. S. 205, at 222

(1917).

49. Collected Legal Papers, p.180-1.

50. 라스키에게 보낸 편지에서 그는 모리스 코헨(Morris Cohen)이 토마스 아퀴나스 연구를 시작하는데 반대한다는 충고를 듣고 그 말에 따라 그만두는 것에서 홀가분함을 느꼈다고 썼다.(Letter dated Sept. 15, 1929) 홈스 판사에 대한 가장 공정한 평가 중의 하나는 스탠리스(Dr. Peter J. Stanlis) 박사가 디트로이트 법학 저널에 쓴 글에서 볼 수 있다. University of Detroit Law Journal (vol.18, p.163). 여기서 그는 홈스의 자연법 배척에 관하여 논평하면서 아래와 같은 말을 덧붙였다. "그럼에도 (홈스가 내쫓은) 자연법은 밖으로 나가길 거부하였고, 그의 생애 내내 (그는 인식하지 못했지만) 실용주의 법학이라는 그의 집 복도에서 숨죽여 도덕성의 소리를 울려주고 있었다." 필자 생각으로는 이것이 모든 역설을 요약하는 것 같다.

51. (1911) 201 N. Y. 271, 94 N. E. 431.

52. Kelly and Harbison, The American Constitution (Norton, 1948), p.627.

53. New York Central R. R. v. White, 243 U. S. 188, at 203(1917).

54. New York Central R. R. v. Winfield, 244 U. S. 147(1917).

55. As reported in the New York Times, Sept. 16, 1954.

56. 파운드의 다음 논문은 자유방임주의 법철학에 대한 가장 훌륭한 비판 중의 하나이다. Pound, "Liberty of Contract", Yale Law Journal, vol.18(1904), p.454. 1951년에는 "미국 법의 발전과 영국법으로부터 일탈, The Development of American Law and Its Deviation from English Law"이라는 제목의 논문을 발표했는데 (Law Quarterly Review, vol.67), 이것은 과도한 정부 개입에 대한 가장 훌륭한 비판 중의 하나이다. 그러나 그가 자신의 관점을 바꾼 것은 아니며, 균형을 유지하였다.

57. Law Quarterly Review, vol.67, p.60.

58. "인간의 권리The Rights of Man (1942)"에 관한 성탄절 방송, 번역은 캐논 스미스 (Canon Smith).

59. S. T., II-II 152. 4. ad 3.

60. 위 같은 글, II-II, 66. 2. in corp. 여기서는 토마스 길비(Thomas Gilby) 번역본을 이용하였다. Thomas Gilby in his St. Thomas Aquinas: Philosophical Texts, p.345-6.

61. 위 같은 글.

62. 위 같은 글.

63. 위 같은 글, 66. 2. 2.

64. 위 같은 글, 66. 2. ad 2.

65. Litcher v. Trust Co. of New Jersey, (1935) 93 A. 2d 368, at 373. 독자들은 커먼로에서 상당히 중요한 역할을 하고 있는 신탁이라는 개념이 13세기 영국에 기원을 두고 있으며, 이것은 당시 어떤 재산도 소유하길 거부했던 프란체스코파 수도사들 때문에 생겨났다는 사실을 알면 흥미를 느끼지 않을까 싶다. 즉, 재산소유를 완강히 거부하는 수도사들로 인해 그들의 후원자들은 수도사들의 '사용에 제공하도록' 하기 위하여 일정한 재산을 몇몇 자치구(borough)에 양도한다는 정교한 수단을 마련했던 것이다.

66. "인간의 권리(The Rights of Man)." Supra, note 58 참조.

67. 위 같은 글.

68. S. T., I-II, 100. 6 in corp.

69. "Address to St. Thomas More Society", Harvard Law School, November 16, 1952 (in mimeograph).

70. "Human Law", an appendix to the Summa Theologica (Benziger, 1948), p.3266.

71. O'Sullivan, Under God and the Law.

제 2 부 정의의 원천과 기독교

내 눈을 열어서 주의 율법에서 놀라운 것을 보게 하소서.

주께서 내 마음을 넓히시면

내가 주의 계명들의 길로 달려가리이다.

내가 나그네 된 집에서 주의 율례들이 나의 노래가 되었나이다.

– 시편 119:18, 32, 54

제16장 예수와 법

> 태초에 말씀이 계시니라 이 말씀이 하나님과 함께 계셨으니
> 이 말씀은 곧 하나님이시니라.
>
> - 요한복음 1:1

기독교인들이라면, 그리고 기독교인들이 아닌 사람들 중에서도 상당수는 일반적으로 예수를 인류의 구세주요, 우리 영혼의 목자이며, 영적 온전함의 모범이자 선생으로 생각하고 있다. 이 모든 요소를 지닌 분이기에 이렇게 여기는 것은 당연하겠지만, 그 무궁한 인격의 한 측면으로 드러나는 법과 예수가 갖는 친밀성에 관하여는 소홀히 하는 경향이 있지 않은가 싶다.

우리는 그리스도는 신성한 말씀이요, 하나님의 진리이며, 그에 의하여 만물이 지어졌고, 그분 없이는 그 어떤 것도 창조되지 않았을 것이라는 사실을 기억할 필요가 있다. 무한의 부요함과 그 놀라운 질서와 조화를 갖춘 온 우주는 진리의 말씀Logos에 의해 좌우된다. 그리스도의 성육신 이전에도 창조주와 피조세계를 이어주는 그 존재론적 가교는 있었으며, 그는 지금도 계시고, 앞으로도 계시는 분이다. 진리는 하나님의 자기현현自己顯現, Self-Expression of God인 것이다.

그 사역과 창조가 갖는 이중적 신비를 성부 하나님과의 관계에 있어서 설명한 것으로 프랭크 쉬드Frank Sheed가 간명하게 요약한 내용이 있는데, 필자에게는 인간의 언어로서 이보다 더 명확하게 표현해 놓은 것도 없는 것 같다.

"하나님은 그 무한한 상태에서만 하나님의 이런 현현이 수용될 수 있었기 때문에 한번은 창조 이전의 세계에서 말씀을 통해 당신을 드러내셨고, 이제 무無, nothingness가 하나님의 현현을 받아들일 수 있게 되어 우주를 창조하시고, 그 창조질서 속에 당신을 보여주셨던 것이다."[1]

그렇기에 진리는 곧 성삼위일체의 두 번째 인격인 성부의 아들 성자임과 동시에 하나님이 우주를 지으시고 피조세계에 당신을 드러내시는 그 길이기도 한 것이다. 토마스 아퀴나스는 "이 진리의 현현顯現 속에는 그 것에 의하여 드러난 영구법도 있는 것이다."[2]라는 아주 중요한 말을 하였다. 그래서 영구법이 하나님의 신성한 인격Divine Person이라고 단정하지는 못하지만, 이성이 진리와 맺고 있는 그 친밀성으로 인해 영구법은 성자 하나님에게 가장 적합하게 어울린다고 할 수 있다.

그렇다면 여기서 한 가지 의문이 생기는데, 그리스도 자신이 이렇게 법률과 친근한 관계를 맺고 있다면, 왜 그는 "화 있을진저, 너희 율법교사여!"누가복음 11:46, 52라고 말씀하셨을까? 성경을 접하는 사람들이 보통 갖게 되는 느낌은 그리스도는 법률가들에 대한 특별한 애정을 갖고 있지 않았다는 것이다.

독일 속담에 '좋은 법률가는 나쁜 기독교인'이라는 말이 있다. 엄밀하게 들여다보면 그리스도가 모든 법률가들을 싸잡아 비난하지는 않았다. 그의 비판은 특정한 유형의 법률가들, 즉 유대인들 중에서 서기관이라 불리웠던 사람들을 향한 것이었다.[3]

화 있을진저 또 너희 율법교사여
지기 어려운 짐을 사람에게 지우고
너희는 한 손가락도 이 짐에 대지 않는도다.

- 누가복음 11:46

화 있을진저 너희 율법교사여
너희가 지식의 열쇠를 가져가서 너희도 들어가지 않고
또 들어가고자 하는 자도 막았느니라.

- 누가복음 11:52

그러므로 예수가 그들을 비판했던 것은 단지 그들이 법률가라는 이유에서가 아니고, 그들이 옹졸함과 편협함을 지닌 자들이었기 때문이다. '가난한 자들의 변론자', 위대한 화평의 중재자, 그리고 무엇보다 기도와 애통함이 무엇인지 알았던 이보Ivo of Kermartin, 1253-1303같은 법률가를 그리스도께서 비난하셨을까? 법률가들의 모범으로서 그는 너무나도 그리스도의 정신을 닮았기에 그가 교회사에 있어서 가장 훌륭한 믿음의 사람들 중 한 명이라는 사실에 필자는 추호의 의문도 품지 않는다. 몇 해 전에도 가톨릭교회는 한 때 밀라노에서 법학 교수를 했던 콘타르도 페리니Contardo Ferrini, 1859-1902에게 시복諡福을 행한 바 있는데, 로마 형법에 관한 그의 저술은 맘젠Theodor Mommsen, 1817-1903같은 석학의 업적에 못지않은 고전적 명저로 인정받고 있다.

사실 그리스도께서 이 세상에서 그의 공생애 동안 가졌던 가장 즐거운 대화 중의 하나는 법률가들과 나눈 것이었다. 예수가 바리새인들 및 사두개인들과 논쟁을 벌이고 있을 때 어느 율법학자(서기관)가 듣고 있었다. 예수가 질문에 대답을 잘하는 것을 보고 어느 율법학자가 계명 중에서 무엇이 으뜸인지 물었다. 예수는 이렇게 대답하셨다.

첫째는 이것이니, 이스라엘아 들으라!
주 곧 우리 하나님은 유일한 주시라
네 마음을 다하고 목숨을 다하고 뜻을 다하고 힘을 다하여
주 너의 하나님을 사랑하라 하신 것이요,
둘째는 이것이니
네 이웃을 네 자신과 같이 사랑하라 하신 것이라,
이보다 더 큰 계명이 없느니라
— 마가복음 12:29-31

그러자 그 율법학자는 "선생님이여, 옳소이다. 하나님은 한 분이시오, 그 외에 다른 이가 없다 하신 말씀이 참이니이다. 또 마음을 다하고 지혜를 다하고 힘을 다하여 하나님을 사랑하는 것과 또 이웃을 자기 자신과 같이 사랑하는 것이 전체로 드리는 모든 번제물과 기타 제물보다 나으니이다."마가복음 12:32-33라고 하였다.

이 대화에서 그 율법학자가 얼마나 지적으로 예수가 하신 말씀의 뜻을 잘 이해하고 있었는지 주목할 필요가 있다. 예수는 그가 핵심을 정확하게 파악하고 있는 것을 보시고 이렇게 칭찬하셨던 것이다. "네가 하나님의 나라에서 멀지 않도다."마가복음 12:34

필자가 볼 때 이 담론은 인간 세상에 특별히 적용되는 자연법과 법철학의 초석을 놓았다. 법에 관한 이런 중요한 가르침이 법률가에게 전달되었어야만 했다는 것은 결코 우연이 아니었다. 이것은 그 율법학자 본인

과 현대의 법률가들에 맡겨 주신 그리스도의 특별한 유산이라 할 수 있다. 구약의 율법에 관해 제자들과 말씀하시면서 그리스도는 당신이 보는 율법에 대한 관점을 명확하게 전달하고 있다.

> 내가 율법이나 선지자를 폐하러 온 줄로 생각하지 말라
> 폐하러 온 것이 아니요 완전하게 하려 함이라.
> 진실로 너희에게 이르노니
> 천지가 없어지기 전에는 율법의 일점일획도
> 결코 없어지지 아니하고 다 이루리라.
> 그러므로 누구든지
> 이 계명 중의 지극히 작은 것 하나라도 버리고
> 또 그같이 사람을 가르치는 자는
> 천국에서 지극히 작다 일컬음을 받을 것이요
> 누구든지 이를 행하며 가르치는 자는
> 천국에서 크다 일컬음을 받으리라.
> - 마태복음 5:17-19

예수는 이와 같이 정의라는 오래된 법을 사랑이라는 새로운 법으로 이어지도록 승화시켰다. 그는 제자들에게 하늘나라에 관한 비유 속에 숨기신 뜻을 풀어서 설명한 후에 "그러므로 천국의 제자 된 서기관마다 마치 새 것과 옛 것을 그 곳간에서 내오는 집주인과 같으니라."**마태복음 13:52**고 하면서 또 다른 비유를 통해 결론을 내려주었다. 여기에서 예수는 자신과 그 제자들을 서기관이나 법률가에 비유하였던 것이다.

그리스도 자신이 얼마나 법을 잘 준수하였는가 하는 점은 국세國稅와 성

전세聖殿稅를 내는 문제를 둘러싸고 베드로와 나눈 대화에도 잘 나타나 있다.

> 가버나움에 이르니
> 반 세겔 받는 자들이 베드로에게 나아와 이르되,
> '너의 선생은 반 세겔을 내지 아니하느냐?',
> 이르되 '내신다.' 하고 집에 들어가니,
> 예수께서 먼저 이르시되,
> '시몬아, 네 생각은 어떠하냐 세상 임금들이
> 누구에게 관세와 국세를 받느냐 자기 아들에게냐 타인에게냐?'
> 베드로가 이르되, '타인에게니이다.'
> 예수께서 이르시되, '그렇다면 아들들은 세를 면하리라,
> 그러나 우리가 그들이 실족하지 않게 하기 위하여
> 네가 바다에 가서 낚시를 던져 먼저 오르는 고기를 가져
> 입을 열면 돈 한 세겔을 얻을 것이니
> 가져다가 나와 너를 위하여 주라.' 하시니라.
> – 마태복음 17:23-26

이와 비슷한 사례는 성모 마리아와 요셉 사이에서도 찾아볼 수 있다. 아우구스투스 황제의 호구조사 포고령에 따라 로마법에 따라 주민 등록을 하려고 그들이 나사렛으로부터 베들레헴까지 어떻게 먼 길을 갔었는지는 우리 모두 익히 알고 있다. 그런데 이보다 더 흥미로운 건 예루살렘 성전에서의 정결 예식이었다.

모세 율법에 따르면 출산한 여인의 정결예식에 일반적으로 필요한 것은 어린양으로 되어 있으나레위기 12:6, 단서에는 "그 여인이 어린 양을 바치

기에 힘이 미치지 못하면 산비둘기 두 마리나 집비둘기 새끼 두 마리를 가져다가 하나는 번제물로, 하나는 속죄제물로 삼을 것이요 제사장은 그를 위하여 속죄할지니 그가 정결하리라."레위기 12:8라고 하여 배려하는 규정을 두었다.

누가Luke는 마리아와 요셉이 이 율법을 지켰다는 사실을 다음과 같이 기록하고 있다. "또 주의 율법에 말씀하신 대로 산비둘기 한 쌍이나 혹은 어린 집비둘기 둘로 제사하려 함이더라."누가복음 2:24 그는 어린 양에 대하여는 아무런 언급을 하지 않고 있다. 마리아와 요셉이 양으로 제사할 수 있었다면 누가가 굳이 비둘기로 기록하지는 않았을 것이므로, 이 구절을 통해 우리는 요셉 부부가 얼마나 가난하였는지 짐작할 수 있고, 그럼에도 불구하고 그들은 어떻게 하든 율법을 준수하려고 했던 사람들이었음을 알 수 있다.

'커먼로의 아버지' 브랙톤이 <잉글랜드의 법에 관하여>라는 논문에서 법은 왕을 포함한 모든 인간의 위에 있다는 법률 우위의 철학을 선포하는 불멸의 글을 써 내려갈 때 아마도 이런 성경의 기록이나 이와 비슷한 사실들을 염두에 두고 있지 않았을까 생각한다. 이 구절은 브랙톤의 저술 다른 곳에서도 보이는데, 왕도 하나님과 법 아래에 있다는 브랙톤 자신의 이론을 재강조하기 위해 앞에서 이미 언급한 것처럼 그리스도와 성모 마리아의 사례를 인용하였던 것이다.

그의 논리는 만왕의 왕인 예수와 그의 어머니가 법에 복종하였다면 하물며 하나님의 피조물인 인간들로서는 더욱더 예외없이 법 앞에 복종하는 것이 당연하다는 것이다.

이와 관련하여 하나 짚고 넘어가야 할 것은 이 중세의 가르침을 놓고 매우 어리석은 왜곡이 있었다는 사실이다. 브랙톤 및 다른 법학자들은 일관하여 "왕이 악행을 하여서는 안 된다.The king must not do wrong"고 가르쳤다. 그러나 어떤 자들은 "왕의 행동에 잘못이란 있을 수 없다.The king can do no wrong, 君王無恥"는 말을 만들어 낸 뒤, 이런 경구가 중세기 사상가들에 의해 만들어진 것이라고 강변하였다!

이 사악한 격언은 국가의 불법행위에 대한 면책 논거로 악용되었는데, 다행히도 이런 움직임에 대하여 몇몇 훌륭한 법관들이 자신들의 소수의견을 통해 강력하게 비판하였다. 제롬 프랭크Jerome Frank 판사는 이 원칙을 가리켜 '가혹하고 비민주적이며 시대착오적'이라고 지적하였다. 다음과 같이 말한 펜실베이니아주의 무수만노Musmanno 판사 같은 사람도 있다.

"그 누구라도 타인의 재산을 침해하고 거기에 면책권을 부여받을 수 있다는 것은 20세기 미국의 정의 관념에 부합하지 않는다. 하물며 조직화된 사회로 치면 가장 정교하고 올바른 조직의 상징으로 간주되는 주州가 그런 행위를 하는 것은 용납될 수 없다. 어디에도 속박되지 않은 지성으로부터 나오는 초월적 입법과 이성의 명령으로 이뤄진 자연법은 누가 무엇을, 어떻게 하건 간에 면책이 될 수 있다는 낡아빠진 주장을 단호히 배격한다."i

이런 것들이 소수의견에 불과한 것이 현실이지만, 커먼로의 아름다운 장점 중의 하나는 오늘 짖는 개는 내일은 물게 되어 있다는 것이다.

---

i_Boorse v. Springfield Township, 1954. 103 A. 2d 708, at p.713

제17장 법관 중의 법관

나의 하나님이여

내가 주의 뜻 행하기를 즐기오니

주의 법이 나의 심중에 있나이다 하였나이다.

- 시편 40:8

브랙톤은 예수를 만왕의 왕으로 생각했을 뿐만 아니라 법관 중의 법관이라고 생각하였다. 그는 자신의 글의 서문에서 법관들을 향해 진지하게 경고하면서 최후의 심판의 모습을 생생하게 묘사하였다.

> "법관의 자리는 하나님의 보좌와도 같은 것이다. 현명하지 못하고 지식이 없는 자는 이를 얻으려 생각도 하지 말 것이니, 왜냐하면 그런 사람은 흑암을 빛으로, 빛을 흑암으로 혼동할 것이며, 미친 자처럼 손에 든 칼로 무죄한 사람을 죽이고, 죄 있는 자는 풀어놓을 것이며, 또한 날개를 갖추기도 전에 날아오르려고 퍼득거리다 하나님의 보좌와도 같이 높은 곳에 추락하고 말 것이기 때문이다."[4]

그래서 브랙톤은 인간은 그 누구도 다른 사람을 심판할 수 있는 권한이 생래적으로 주어지지 않았다고 생각했다. 법관이란 필요의 산물이라는 것이다. 그래서 그는 이렇게 말을 이어간다.

"설령 누가 판사가 되어 사건들에 대해 판정을 내리지 않으면 안될 의무를 지게 된다 하더라도 그는 당사자의 간청이나 또는 댓가에 마음이 흔들려 법을 위반하고 왜곡하는 부당한 재판을 함으로써 사소한 이익을 얻는 순간적 기쁨으로 인해 자신에게 영원한 형벌이 초래되지 않도록 해야 한다. 그는 '원수 갚는 것이 내게 있으니 내가 갚으리라.'고 말씀하신 주님의 진노의 날에 그 심판을 받지 않도록 항상 깨어 있어야 할 것이다. 그때가 이르면 이 땅의 권세 잡았던 자들은 인자人子를 볼 것이고, 그의 심판으로 인해 두려워하며 울부짖을 것인데, 이날에는 금은보화가 그들을 영벌에서 면하게 하는데 아무런 소용이 없을 것이다.

예수 자신이 소추자로, 변호인으로, 재판장으로 나설 이 법정에서 몸서리치면서 두려워하지 않을 자 그 누구겠는가. 그의 판결에 대하여는 상소도 있을 수 없다. 왜냐하면 아버지께서 그 아들에게 그가 닫으면 열 자가 없고, 그가 열면 닫을 자 없는 전적인 심판의 권한을 주었기 때문이다. 이 엄한 재판정에서는 모든 인간이 그 행적에 대해서 뿐만 아니라 모든 무익한 말에 대하여서도 답변해야만 한다. 그러니 누가 그분의 임박한 진노로부터 자신을 숨겨 피할 수 있겠는가?"

그러면서 브랙톤은 최후의 심판 중 가장 끔찍한 장면을 기술한 뒤 성 어거스틴의 말을 인용하여 이렇게 결론을 내린다. "오! 내 죄가 어찌 이리도 큰지! 정의로운 재판장이신 하나님 앞에 있는 나여, 내 자신의 양심이 나를 찌르니, 내 모든 변명이란 두려움밖에 없구나!"

브랙톤이 이 대목을 통해 의도했던 것은 법관들에게 그들에게 있을지 모를 부패·편견·경솔함·무지에 대한 경고였다. 그래서 그는 하나님의 심판의 엄중함을 특별히 강조하였던 것이다. 법관이나 법률가들이 더욱 자신들의 책임감을 막중히 느끼도록 기독교적 최후의 심판을 상기시켜주는 일은 결코 무의미한 일이 아니다.

내가 브랙톤이 마지막에 묘사하고 있는 끔찍한 장면들을 생략한 이유는 현대인들의 사고에 영합하기 위한 것이 아니다. 현대인들은 자신의 마음속에서 지옥이란 관념을 배척하고 죄에 대한 생각을 버린 까닭에 이 세상에다 진짜 지옥을 만들어 내고 있는 중이다. 어찌 되었건 여기에서 내가 말하고자 하는 것은 법관으로서의 예수의 한 측면을 들여다보자는 것이다. 이 세상에 계실 때 보여주신 예수의 법에 대한 지혜는 그 분의 공생애 기간 중 여러 모양으로 잘 드러나 있다. 인간관계에 대한 판정, 율법을 둘러싼 까탈스러운 문제들에 대한 해결, 바리새인들과 서기관들의 질문에 대한 답변 등을 통해 어떤 상황에서건 예수는 자신이 흠결 없는 재판관이며 최고의 법학자임을 보여 주셨다.

판정에 이르는 예수의 접근 방식을 논하기 전에 세심하게 검토하고 가야 할 몇 가지 근본적인 문제들이 있다. 우선 그분은 판정하기를 즐겨서 판정한 것이 아니었다. 예수는 여러 번 당신이 세상에 온 것은 세상을 구원하기 위함이지, 세상을 정죄하기 위함이 아니라고 하셨다. 예수는 제자들에게 판단을 받지 않으려면 남들을 판단하지 말라고 명하셨다. 바리새인들에게는 "너희는 육체를 따라 판단하나 나는 아무도 판단하지 아니하노라."고 하셨다.요한복음 8:15 그러나 이어서 "만일 내가 판단하여도 내 판단이 참되니 이는 내가 혼자 있는 것이 아니요 나를 보내신

이가 나와 함께 계심이라."요한복음 8:16하셨다.

여기서 예수는 그가 가진 권한의 원천이 무엇인지 설명하였을 뿐 아니라, 왜 그의 판단이 참인지 밝혔다. 모순처럼 들리겠지만 예수는 판단을 하고 있으면서도 판단하지 않고 있었다. "내가 스스로 아무것도 하지 아니하고 오직 아버지께서 가르치신 대로 이런 것을 말하노라."요한복음 8:28는 말씀을 통해 설명된다.

또 다른 곳에서는 "내가 아무 것도 스스로 할 수 없노라 듣는 대로 심판하노니 나는 나의 뜻대로 하려 하지 않고 나를 보내신 이의 뜻대로 하려 하므로 내 심판은 의로우니라."요한복음 5:30고 하였다. 따라서 예수가 내리는 판단은 하나님이 하신 것이요, 그는 하나님의 뜻과 율법을 따랐을 뿐이었다. 다시 말해 아들이 갖고 있는 심판의 권한은 아버지로부터 받은 것이다.요한복음 5:22

이 사실은 법철학의 아주 중요한 근간을 제시하고 있다. 즉, 법은 법관이 행하거나 행하고 싶어 하는 것이 아니고, 반대로 법관이 행하는 모든 것은 법에 근거해야만 한다는 것이다.

예수는 법의 정신을 요약하여 이른바 황금률을 선포하셨다. "그러므로 무엇이든지 남에게 대접을 받고자 하는 대로 너희도 남을 대접하라 이것이 율법이요 선지자니라."마태복음 7:12 현대적 법철학의 개념으로 이를 바꾸어 말하면 이 황금률이 모든 인간의 법의 자연법적 기반이며, 법질서의 의의인 동시에 목적이다. 이 자체만을 검토해 볼 때 이 원칙은 현실적이라는 점에서 인정법보다 훨씬 더 수준이 높다. 이것은 영구불변이다.

하지만 세속적 질서에 속하여 역사의 발전과 더불어 점진적으로 성숙해져야만 하는 인정법과의 관계에서 이 황금률은 꾸준한 투쟁과 부단한 노력을 통해 한 걸음 한 걸음 도달해야 할 목표이자, 성취해야 할 이상이다. 지금의 인정법이 이미 이 황금률을 그 폭과 깊이 모든 면에서 다 구현해 내고 있다고 생각한다면 그것은 현실에 무지하고 역사에 대한 몰이해를 드러내는 것밖에 되지 못한다.

반면 이 황금률이 하룻밤 사이에 구현될 수 없다는 그 이유만으로 법학에서 이를 제거해 버리게 되면 법의 전체적 의미와 목표를 놓치고, 나침반도 없이 망망대해를 항해하는 것이나 다름없게 된다. 이상을 완전히 실현하는 것은 미래에 속한 것이지만, 이상을 향한 열망은 늘 현재에 속한 것이고, 이것이 우리에게 방향을 가리켜 주어 전진하도록 하는 힘의 원천이 된다.

비행기가 높은 상공을 목표로 비행할 때 로켓처럼 날아갈 수는 없지만, 독수리가 날 듯이 나선형을 그려가며 올라갈 수는 있다. 심지어 가장 낮은 고도로 날고 있을 때조차도 비행기는 항상 앞부분이 위를 향하여 약간 들린 듯한 자세를 유지한다. 아무리 미약한 각도여서 지각할 수 없는 정도라도 보다 낮은 곳에 위치한 현실과 그보다 높은 이상 사이를 비행하기 위해서는 이러한 상향 기울기는 필수적이며, 이런 기울기를 무시하는 어떤 철학도 현실적이라고 평가될 수 없다.

여기서 필자는 법의 진화에 대한 홈스 대법관의 의견에 대하여 조금은 다른 견해를 피력하고 싶다. 그가 이 황금률을 발전의 기준으로 인정한 것은 칭찬할 만하다. 그의 말처럼 "한 국민이 문명에 어느 정도 도달했는지를 측정하는 기준은 의심할 바 없이 자신이 남들로부터 받고 싶어 하는 처우를 정작 자신들은 얼마나 남들에게 해 주고 싶어 하는지, 그 열망의 정도에 의해 정해진다. 사회적 본능이, 심지어 반사회적 상황 속에서도 인간 행동을 완전하게 지배할 때까지 성장한다는 건 인간의 운명일지도 모른다."[5]

"그러나," 그는 계속하여 이렇게 이어간다. "이런 사회적 본능은 아직까지 그렇게 완전히 드러나지 않고 있으며, 법규범은 일반적으로 받아들여지고 있는 도덕성에 근거하거나 근거해야 하는 까닭에, 절대적 이타주의에 입각한 법규범이 만들어지려면 법과 실제로 우리가 믿고 있는 신념 체계가 충돌하지 않고는 불가능하다."

이 대목에서 홈스는 현실과 이상 사이를 이어주는 연결고리를 놓치고 있는듯 하다. 이상은 단번에 완전하게 성취될 수 없다고 해서, 앞으로 달성할 가능성이나 가능한 이상에 도달하도록 해야 할 우리의 의무를 방기할 이유는 되지 못할뿐더러, 이것을 핑계로 특정 시대, 특정 장소에서 어찌어찌 대세가 되기도 하는 민중적 정서를 긍인肯認된 도덕으로 법이 수동적으로 받아들여야만 한다는 논리의 근거가 되지는 않는다.

법은 이바지해야 할 그 나름의 이상을 갖고 있고, 문명화 과정에서 하나의 지렛대의 역할을 적극적으로 수행하도록 할 것을 요청받고 있다. 법이 거칠어서 대중을 지배하는 정서mores에서 완전히 이탈해서도 안 되지만, 대중적 정서와 완전히 동격으로 자신을 간주하면서 안주하고, 만족해서는 안 된다.

오히려 법은 항상 대중 정서보다는 상향 자세를 지니고 있어야 한다. 홈스 판사가 그의 판결 여러 곳에서 상향의 자세를 보였다는 데 필자는 크게 이견이 없다. 다만 여기서는 그가 공언한 법철학적 관점, 다시 말해 홈스가 현실과 이상 사이에 간극을 메꾸지 못하였고, 결과적으로 그에게 있어 법은 역동적이라기보다는 정적인 상태로 머물러 있는 경향을 보이는 존재로 남아게 되었다는 사실은 지적해 두고자 한다.

이와 관련하여 1910년 뉴저지 지역 미연방 항소법원에서 내려진 흥미로운 <십 대對 콜맨Sipp v. Coleman> 사건[6]을 소개하고자 한다.

> 사건의 쟁점은 명예훼손이었다. 피고는 원고를 가리켜 "이 사람은 제 엄마를 때려 유죄판결을 받았다."라고 하였는데, 이 말은 거짓이었다. 쟁점은 이것이 그 자체로 명예훼손이 되는가, 다시 말해 어떤 특별한 손해 발생이 없어도 소송이 가능한가로 귀착되었다. 이 질문에 대한 답은 그 전제가 되는 다음과 같은 질문, 즉 엄마를 때린 행위가 도덕적으로 매우 나쁜 행위로 간주되는지 여부에 달려 있었다.

렐스탑Rellstab 판사는 이를 큰 배덕背德행위로 단언하면서, 십계명 중 다섯 번째 계명을 인용하였다. 그리고 그는 이렇게 판시하였다. "부모에 대한 존경과 사랑은 정상적인 인간이 갖는 사랑 속에 쓰여 있고, 이것이 어떤 짜증나고 화나는 상황 속에서도 부모를 구타하는 것을 금하게 한다." 이 모든 것은 매우 당연하고, 여기에 특별한 것이라고는 아무것도 없다. 하지만 이 구절 다음에 내 머리를 섬광처럼 비춰 주고 간 대목은 이랬다. "도덕률의 표준은 시대에 따라 변한다. 하지만 이 변화는 항상 높은 곳을 지향하며, 그리스도의 표준이 보편적으로 수용될 때까지 그 상향성은 유지되어야만 한다."

나는 판례들을 읽어가면서 그 속에서 예수가 언급되는 것들을 볼 때마다 마치 광활한 숲속에서 길을 잃고 헤매던 여행자가 동료들의 음성을 듣는 것처럼 기쁨으로 마음이 벅차오름을 고백한다. 그러나 바로 위에 나온 문장들을 읽을 때 온 깨달음은 나를 거의 황홀경에 빠뜨렸다. 베들레헴의 목자들이 구유 안에 평화로이 누워있는 아기 예수를 보았을 때, 육신이 된 영원한 말씀이 '지혜와 키가 자라가며 하나님과 사람에게 더욱 사랑스러워 가시던'[7]것을 보면서 때 느꼈음직한 희열이 분명 이렇지 않았을까 상상한다.

영원한 분이 시간 속에서 성장하였다니! 영원하신 그 분이 시간의 영역으로 들어와 그 흐름에 따라 성장해 갔다면, 우리 인간이 끊임없이 성장·발전해 나가야 하는 이유는 차고 넘치지 않겠는가. 늘 앞으로 전진하고 결코 뒤로 물러나는 법이 없다는 것이 시간이 영원함에 기여하는 가장 고귀한 덕이다.

올바른 인도하에 전진하는 활력 속에는 영원과의 진정한 친밀감이 있으나, 현상 유지를 목표로 하는 '개념법학'은 영원을 조잡하게 모방하는 데 그칠 뿐이다.

솔직히 첫 번째 문장 "도덕률의 표준은 시대에 따라 변한다."를 읽었을 때 나의 즉각적인 반응은 '그래, 여기에 시대의 조류에 맞추기 위해 애쓰는 겉치레 법관 하나가 더 있구만!' 정도였다. 하지만 다음 구절을 읽었을 때 나는 비록 그 이름은 아직 널리 알려지지는 않았지만 자연법의 불변성과 미국 법학이 지니는 역동성 사이를 행복하게 합성시킨 위대한 판사 한 명을 만났다고 감탄하지 않을 수 없었다. 나는 인정법의 모든 발전은 자연법의 불변의 원칙을 축으로 돌아간다는 사실을 깨닫기 시작하였다.

헨리 메인Henry Maine 경은 "완전한 형태를 위해서 과거가 아닌 미래를 보아야 한다는 경향은 기독교에 의해 인간 세상에 들어왔다."[8]고 말한 적이 있는데, 아마도 이런 말을 할 당시 그의 마음속에 희미하나마 나와 같은 생각이었을 것이다. 그러나 그의 시각은 경험적 결과에 국한되어 있었고, 초월적 수준까지는 이르지 못한 것이 아닌가 싶다. 기독교가 이뤄낸 유일한 완성의 형태는 그리스도인데, 그분은 늘 고대적이면서, 그리고 늘 현대적이다.

그러므로 완전한 형태를 위해 미래를 바라본다는 말은 우연적 진화론이라는 극단적 형식을 찾아 나서지 않는 한 의미가 없는 말과 같다. 메인은 어쨌건 기독교가 인류의 문명 발전과 법제도를 가능하게 하였다는 사실을 알아볼 만큼의 혜안은 갖고 있었으나, 세계관에 있어 철저하게 공리주의자여서 왜 기독교가 그랬는지 이유까지는 알지 못했다. 미래에 있는 것은 완성이라는 형태가 아니라, '온전한 사람을 이루어 그리스도의 장성한 분량이 충만한 데까지'[9] 에베소서 4:13 점점 성장해야만 하는 우리 인간인 것이다. 마찬가지로 자연법도 역사의 진행 과정 속에서 인간이 점점 더 풍성하게 이를 깨닫고 실현해 내는 대상이지만, 그 본질은 낡은 것과 새것을 모두 초월한다.

내가 메인을 공리주의자라고 했는데, 그가 외형적으로는 벤담 및 오스틴의 견해에 반대했었다는 사실을 모르는 바 아니다. 그러나 그 대립은 단지 방법론을 둘러싼 것이었지, 그 근본정신에 대한 것은 아니었다. 이점에 관해서는 루니Rooney 박사가 예의 그 날카로운 비판력으로 핵심을 꿰뚫는 지적을 한 바 있는데, 여기에서 잠깐 인용하자면 이렇다.

"법에 관한 메인의 저작물에는 역사적 사료가 사용되긴 하였으나, 메인은 법의 연원으로 검토하면서 그 자료 속에 벤담 및 법학에 있어서 벤담의 후계자인 존 오스틴으로부터 주입받은 개념들을 버무려 넣었다. 인도에 있었을 때의 현실 경험을 통해 파악된 벤덤과 오스틴 이론의 약점은 메인의 비판적 재능을 일깨워 주기는 하였으나, 철학적 오류가 지배하던 당시의 시대사조에 너무나 압도되어 있던 그는 이것을 바로 잡는 데까지는 이르지 못했다. …따라서 법학에 미친 그의 영향은 벤담의 경우에 못지않게 커먼로의 원리에는 해로운 것이었다."[10]

루니 박사는 더 나아가 "벤담과 오스틴의 제재制裁 개념을 매우 비판하였으면서도, 메인은 이를 배척하지 않고 조건부로 수용하여 그 위에 자신의 개념을 얹었다. 왜냐하면 메인 자신의 개념이란 고작해야 권위에 의해 부과되는 형벌이라는 외부의 힘을 무의식적 본능과 습성이라는 자연적 힘으로 대체한 데 불과하기 때문이다."[11]

그런데 루니 박사의 비평 중에서도 특히 내게 가장 인상 깊게 다가온 것은 그다음 구절이다.

"논리적인 면에서 메인의 이론은 완전히 뒤죽박죽은 아니더라도 순환논법에 빠져 있는데, 전제가 유효하지 않고, 결론으로 얻는 것은 불가지론이 전부이다. 그가 범하고 있는 주된 우주론적 오류는 힘과의 관계에 있어서 우주 내에서와 마찬가지로 법에 있어서 명령체계를 인식하지 못하고 있었고, 결과적으로 존재하는 모든 것에는 목적 있다는 사실을 암묵적으로 부인하는 결과를 초래

정의의 원천: 자연법 연구   제2부 정의의 원천과 기독교

했다. 그 결과 메인은 벤담의 잘못을 자신의 오류로 가져왔을 뿐
아니라, 그 자신만이 책임져야 할 다른 잘못도 범하고 있다. 우선,
그는 인간의 지성과 이성에서 나오는 창의력을 통해 벤담식의 사
고를 교정하는 대신, 권위에 대하여 오해를 하고 법의 한 필수적
요소인 권위를 아예 배척하고 말았다."[12]

이것은 내가 앞에서 기술한 내용을 지지해 준다. 그러나 보다 더 철저하
게 고백을 하자면, 루니 박사의 연구 결과를 접하기 전까지, 그리스도라
는 빛 안에 있는 자신을 내가 보지 못했었다는 사실이다.

제18장 법적 지혜의 원천

누가 주의 이 많은 백성을 재판할 수 있사오리이까
듣는 마음을 종에게 주사
주의 백성을 재판하여 선악을 분별하게 하옵소서.

- 열왕기상 3:9

어떤 인정법 체제도 완벽할 수 없고, 심지어 완벽에 가깝다고 할 수도 없음은 두말할 나위가 없다. 그러나 앵글로-아메리칸 법학, 즉 19세기 이전의 잉글랜드의 커먼로와 18세기 이후 미국의 커먼로가 교회법을 제외하고는 그 어떤 법체제보다 기독교 정신에 가장 많은 세례를 받았다는 말은 결코 과장이 아니다.

더러 여기 저기 오점이 있기는 하나 커먼로가 가장 잘 작동하던 시기에 내려진 판결들을 보면 아마도 예수 자신도 그것에 대해 미소 짓지 않았을까 생각되기도 한다. 왜냐하면 많은 사건들에서 판사들이 자신들의 통찰력과 빛을 그리스도와 사도들의 말씀, 특히 사도 바울의 가르침에서 가져오는 걸 주저하지 않았기 때문이다. 특히 미국 법학에서는 눈길 닿는 곳마다 기독교의 영향이 남긴 흔적을 찾아볼 수 있다. 그중 몇 가지 이를 실증해 주는 사례들을 들어보도록 하자.

1948년 캘리포니아주 대법원에는 유명한 사건 하나가 심리 중이었다.[13] 주 대법원은 이 사건에서 서로 다른 인종 간의 결혼을 금하고 있는 오래된 제정법에 대하여 위헌 결정을 내렸다. 이 사건에서 트레이너Traynor 대법관은 혼인이란 '주법이 정하는 규칙에 따라야 할 하나의 민사적 약정 그 이상의 것이고, 자유로운 인간에게 주어진 하나의 기본권'[14]이라고 지적하였다. 이 의견에 대한 보충의견을 통해 카터Carter 대법관은 사도 바울의 "인류의 모든 족속을 한 혈통으로 만드셨다…."사도행전 17:26는 말을 인용하였다. 또 에드먼즈Edmonds 대법관 역시 혼인은 "기독교의 근본적 원리에 터잡은 것이다."[15]라는 보충의견을 통해 결혼의 정신을 강조하였다.

1914년 네브라스카주 대법원은 토지소유자가 단지 그 이웃을 괴롭히는 것 외에 다른 목적없이 자신의 땅에 울타리를 칠 수 있는지 여부에 대한 판결을 내리게 되었다.[17] 그 판결에서 시지윅Sedgwick 대법관은 다음과 같이 설시하고 있다.

"커먼로는 부동산 소유자는 이웃의 편의나 이익과 무관하게 자신이 원하는 대로 이를 사용할 수 있다는 원칙을 일관되게 견지하고 있다. 다만, 채광권이라든가 그밖에 이와 유사한 고려가 필요한 경우에는 몇몇 예외가 인정되기도 하였다. 이런 커먼로의 규범은 '타인을 해하지 않는 범위 내에서 네 것을 사용하라.Sic utere tuo ut alienum non laedas'[18]는 법언으로 상징되는 대륙법의 이론과 완전히 부합하지 않는다. 미합중국 건국 초기의 판결들은 영국적 관점에 기울어져 있었으나, 근래에 이르러서는 몇몇 사건들에서 이러한 경직된 규범에서 확실히 벗어나고 있는 경향이 확인된다."[19]

그러나 이와 유사한 사건[20]에서, 북 캐롤라이나주 대법원의 브라운 대법관은 똑같은 격언을 커먼로에 속하는 것이라고 하면서 매우 주목할 만한 설명을 하고 있다.

"커먼로의 전통적인 격언인 '타인을 해하지 않는 범위 내에서 네 것을 사용하라.Sic utere tuo ut alienum non laedas'라는 말은 그 어떤 인간의 실정법에서 발견되는 것이 아니고, 타인들을 향한 선의를 가르치시고, '네 이웃을 네 몸과 같이 사랑하라.'고 한 그 분에 의해 표현된 정서 속에서 발견된다. 쉽게 풀어 말하자면 이 말은 모든 사람은 각자의 소유를 사용함에 있어 가능한 그 이웃에게 해가 되는 일을 피해야만 한다고 명령하는 것이다.

아무도 자기 자신에게는 그 어떤 유익함도 없고, 단지 그 이웃을 해할 목적으로 소유를 악의적으로 행사하기 위한 법적 권리는 가질 수 없다. 만일 그렇지 않다면 법은 이웃의 평화와 안녕을 파괴하는 압박 수단으로 전락할 뿐 아니라, 재산은 오로지 사악하고 비열한 감정을 만족시키기 위해 소유자 자신에게도 어떤 유익함도 주지 못한 채 허비되고 말 것이다."[21]

사실 이 격언이 커먼로에 속하든지 대륙법 속에 있든지 큰 차이는 없다. 사회의 변화에 따라 커먼로가 자신을 그 상황에 적응시켜 나갈 수 있는 것처럼 다른 법체제로부터 장점을 수용하여 내 것으로 소화시킬 수도 있는 것이다. 따라서 커먼로는 어떤 특정한 시대의 특별한 규범으로 인식되어서는 안 된다. 존센Johnsen 판사가 지적한 바와 같이, 커먼로가 들어오기 시작한 초기부터 "커먼로 속에는 확장과 성장이라는 원리들이 다른 원리들에 못지않게 대등하게 채택되었고, 이 확장과 성장은 사실상 커먼로 제도의 진수를 이루고, 늘 그 체제 속에 고유한 것으로 간주되어 왔다."[22]

이런 까닭에 몇몇 사건들에서 미국의 법관들이 특정한 커먼로 규범으로부터 나름의 논리를 구사하여 벗어나기도 했지만, 바로 그것이 미국의 법관들이 커먼로의 위대한 전통 가운데 있다는 사실을 반증하는 것이기도 한 것이다.[23] 그래서 커먼로의 가장 위대한 법관들은 다른 법 체계에서 법리를 끌어올 준비가 되어 있던 사람들이고, 가장 무관심한 법관들은 가장 고루하다는 인상을 주었다.[24]

커먼로는 너무나 깊이 기독교 정신에 젖어 있어 포용성을 갖지 않을 수 없다. 이 점에서 다른 많은 면에 있어서와 마찬가지로 커먼로 정신은 토마스 아퀴나스와 매우 가깝다. 커먼로 정신은 너무나 독창적인 까닭에 다른 곳에서 빌려올 수도 있고, 심지어 인용을 앞세워 그 독창성을 살짝 숨길 수도 있다. 검을 칼집에 꽂아 두라고 명하셨던 예수의 가르침을 잘 이해한 듯하다.[25]

기독교의 영향은 신탁관계를 포함하는 사건들에서 특히 현저하게 드러난다. 사례 하나만 들어보기로 하자.

"공직자가 자신의 공적 권한을 행사하여 자기 자신과 계약을 맺는다던가, 이런 식으로 체결된 계약에 따른 이해관계를 갖고 있거나 장차 갖게 되는 것은 금지된다는 원리는 중력의 법칙과 같이 오래되고 변함없는 자명한 진리에서 나오는바, 어느 누구도 직무를 수행함에 있어 마음이 나뉘거나 불일치하는 이해관계를 안고 한 번에 동시에 두 주인을 충실하게 섬길 수 없는 것이다. 이

원칙은 항상 모든 합리적 실정법 체제의 본질적 특성으로 자리잡고 있으며, 사적 약정에 기한 거래 관계에도 적용되며, 개인들 사이의 신탁 내지 위임관계를 만들어 낸다.

약 2천년 전 인류의 역사 속에 말씀이 육신이 되어 이 땅에 오신 하나님의 가르침 속에 이 격언이 이미 선포되고 강조된 바 있다."[26]

최근 영국 법원에서 내린 것 중에서 가장 훌륭한 판결의 하나로 이른바 '달팽이 사건'[27]이 있다. 원고는 넉넉지 못한 여성으로 친구와 같이 페이슬리Paisley에 있는 카페에 갔는데 그 친구가 원고를 위해 진저비어 ginger-beer 한 병을 주문하였다. 그녀가 맥주를 마시는데, 그 병 속에 썩은 달팽이가 떠다니고 있는 걸 보았다. 오염된 불결한 맥주를 마신 그녀는 중병에 걸리게 되었고, 맥주 제조업자를 상대로 손해배상을 청구하였다. 하급심은 제조업자와 최종 소비자 사이에는 견련성이 없다는 이유로 원고의 청구를 기각하였다.

그런데 대법원에서는 그녀의 상고를 받아들였다. 여기에서 우리의 흥미를 자아내는 것은 아트킨Atkin 경이 예수의 가르침을 실제로 적용한 데 있다. 그는 이렇게 판시하고 있다.

"너희는 네 이웃을 사랑하라는 규범이 법률에 와서는 너는 네 이웃을 해하여서는 안 된다는 것으로 선포되고 있다. 그리고 그 법률가가 했던 질문 '내 이웃이 누구니이까?'에 대한 답은 매우 제한적이었다. 그 이웃을 해할 가능성이 있다는 사실을 합리적으로

정의의 원천: 자연법 연구   제2부 정의의 원천과 기독교

예상할 수 있을 때는 작위나 부작위를 하지 않도록 이성적 주의를 기울여야만 한다. 그렇다면 법적 관점에서 내 이웃은 누구인가? 이 질문에 대한 답은 내 행동에 의해 밀접하고 직접적으로 영향을 받는 사람, 그래서 문제가 되는 어떤 행위를 하거나, 하지 않기로 마음먹을 때 그들이 받을 영향을 이성적으로 고려해야만 하는 사람들이라고 할 수 있다."[28]

이 판결은 자연법과 인정법과의 관계에 대한 가장 탁월한 설명 중 하나이다. 자연법은 그 기능이 상이한 윤리학과 법철학의 공통 원천이다. 윤리학과 법학은 각자만의 강점을 갖고 있는 반면, 저마다의 한계도 지니고 있다. 법과 도덕의 차이, 상호 관계는 흥미있는 연구 주제이기는 하지만, 여기에서 다루지는 않기로 한다.

다만 여기서 필자가 말하고 싶은 것은 법이 모든 사람에 대하여 선한 사마리아인처럼 행동할 것을 요구하지 않고 있다고 해서, 법이 비기독교적으로 도덕적 선의 아름다움을 제대로 충분하게 인정하지 않기 때문이라고 생각해서는 안 된다는 것이다. 그보다는 오히려 법이 그 자신의 한계를 잘 알고 있고 인간 본성의 연약함과 현실적인 문명화의 구체적 상태와 수준을 고려해야만 하기 때문이라 보아야 한다.

법학이 현실 적용의 가능성의 한계를 뛰어넘으려 한다면 신중치 못하게 된다. 반면 그 주어진 한계 내에서 작동할 수 있는 기능을 온전하게 다하지 않는다면 정당성을 잃게 될 것이다. 법의 목적은 사랑이며, 이 목적에는 어떤 제한이 있을 수 없고, 다만 그에 이르는 수단에 있어서는 제한이 있다. 많은 경우에 있어서 법은 차악을 택해야만 하기도 한다.

때때로 입법자들이나 법관들은 "가라지를 뽑다가 곡식까지 뽑을까"^{마태}

복음 13:29 염려하여 행동을 신중하게 삼가지 않으면 안 되었던 성경의 비유에 나오는 밭 주인과 같은 미묘한 상황에 놓이게 된다. 하지만 어떤 잡초들은 그 폐해가 너무나 커서 즉시 제거하지 않으면 곡식들이 해를 입게 될 수도 있다. 이런 경우 훌륭한 법관은 주저하지 않고 곡식을 다치지 않게 하면서 조심스럽게 그것을 뽑아 버린다.

이런 사례 중의 하나로 피고가 꽃을 훔치러 오는 사람들을 잡기 위해 자동격발총을 자기 정원에 설치하였던 <스프링 총 사건 Spring-gun Case>을 들 수 있다.

정원에 꽃을 훔치려는 것이 아니라 친구를 도와 이웃집 정원으로 들어간 공작새를 잡으러 들어갔던 원고는 방아쇠에 연결되어 있던 철사줄을 건드리는 바람에 무릎에 관통상을 입었다. 원고에게 승소 판결을 하면서 베스트 Best 대법원장은 이렇게 판시하였다.

"인도적 내지 종교적 차원에서 요구할 수 있는 모든 행위라고 해서 법이 나서서 강제해야 하는가 하는 문제를 둘러싸고 계속 논쟁이 벌어지고 있다. 그러나 기독교가 금하고 있는 행위에 대하여 법의 손길이 닿지 않는 영역은 없다. 그렇지 않다면 지금처럼 기독교 정신이 영국법의 일부가 되어 있다고 할 수 없기 때문이다. 그러므로 이 법정은 어떤 사전 경고 표지도 없이 용수철 총을 설치하여 그 결과로 인명 피해를 초래한 것에 대하여는 비인도적 행위로서의 죄책을 물어야 하고, 피고는 원고의 피해를 배상해야 할 책임이 있음을 분명하게 밝히는 바이다.

또한 이 사건은 지금까지 선례들에 비춰봐도 뚜렷하게 구분되는 특징이 있다. 보통 용수철 총이란 사전 억제용으로 두는 것인데, 이 사건의 피고는 살상을 초래할 명백한 의도로 이를 설치하였다. 이것은 언젠가 피고가 제3자로부터 경고문을 부착해 두어야 하지 않겠느냐는 권유를 받고는 '경고문을 써 붙이면 어떻게 도둑을 잡을 수 있나?'며 거부한 데서도 알 수 있다.

다시 말해 피고는 총알이 발사되어 누군가의 몸에 탄환이 박혀야만 자신이 그를 잡을 수 있고, 그렇지 않고서는 사람을 잡을 수 없다는 생각이 확고했던 것이다."

이런 사건들 속에서 우리가 주목해야 할 건 기독교가 초자연적인 종교로서 법적 논리의 기반으로 소개되는 것이 아니라, 자연법과 정의라는 계율의 한 수단으로 언급되고 있다는 사실이다.

이와 비슷한 <변발사건Queue Case>이라는 흥미로운 사건 하나가 있어 소개한다. 이 사건의 골자는 보안관이 법원에 의해 위헌 결정을 받은 행정조례에 따라 어느 중국인의 변발을 강제로 잘라버림으로 인해 1만 달러의 손해배상책임을 지게 된 데 있다. 연방 항소심 판사였던 필드Field 대법관은 인상 깊은 판결을 내렸다.

"이 행정조례는 중국인의 변발만을 자르려는 목적으로 인해 <변발조례Queue Ordinance>로 사회에 알려져 있으며, 실제로 이 행정조례는 중국인 이외에는 아무에게도 적용된 바 없다. 이 행정조례를 제정하여 지금까지 계속 시행을 고집하는 이유는 변발을 잃을까 하는 두려움에서 벗어나지 못하는 중국인들로 하여금 벌금을 내도록 하는 데 있다. 다시 말해 부과된 벌금 납부를 강제하기 위해 구금형에 더하여 추가되어야 할 고문 하나가 필요했던 것이다. 그렇게 되면 중국인들은 단순히 몸으로 때우는 데서 나아가 변발까지 잘라내야 하므로 벌금형을 대체할 수 있도록 법이 허용하고 있는 그 구금이라는 대체수단을 받아들이지 않을 것이라는 것이다. 그렇게 보자면 이와 같은 목적을 위해 구금형에 발바닥 때리기, 채찍질하기, 손가락 비틀기, 팔다리 잡아 늘이기 등 다양한 고문 방법을 추가하는 것도 가능할 것이다. 하지만 우리가 아는 바와 같이 변발을 자르면 자기 동포 사회에서 수치스러운 존재로 낙인찍히고, 일생 동안 '재수에 옴 붙을 것'이라는 찜찜함과 사후에도 지옥이 고통을 면치 못한다는 공포심에 지배당하는 중국인들은 차라리 변발을 자르느니 위와 같은 전통적 고문이 따라 붙는 구금형을 택할 것이다. 이런 성격의 행정조례가 가능하다는 것은 기독교 정신에 비춰서는 말할 것도 없고, 민중의 인도주의와 문명에 비춰서 용납될 수 없는 일이다."

이런 사건들 외에도 기독교의 영향을 받아 휘황한 광채를 보여주는 판결들이 숱하게 많지만 전부 인용할 수 없고, 다만 대표적 사례로 극히 작은 단편적 예를 들었을 뿐이다.

그리스도는 판사들에게 법적 구속력을 주기 위한 입법자로서 법정에 자리잡고 있지 않다. 그의 왕국이 이 세상에 속해 있지 않기 때문에 예수가 입법자가 아닌 것은 당연한 일이다. 커먼로 판사들은 고대 중국의 판

정의의 원천: 자연법 연구   제2부 정의의 원천과 기독교

관들이 공자의 말을 인용하듯 자신의 사건에서 예수의 말씀을 인용해 왔다. 따라서 유교에 대한 지식 없이 중국의 고대 법 개념을 이해할 수 없듯이 전반적으로 스며 있는 기독교적 영향을 생각하지 않고서는 커먼로의 정신을 파악할 수 없다.

어떤 사건에서는 기독교의 영향이 너무나 미묘하게 뻗쳐있으므로 법원이 적용하고 있는 것이 구체적으로 어떤 기독교적 교훈인지 딱히 짚어낼 수는 없으나, 판시 이유 중에 퍼져 있는 기독교적 분위기를 느낄 수 있다.

<맥다니엘 대對 트렌트 제분사McDainel v. Trent Mills, 1929> 사건에서는 제3자의 과실로 인하여 상해를 입은 남편을 치료하기 위하여 아내가 자기 고유재산에서 지출한 비용을 제3자인 가해자로부터 배상받을 수 있는가 하는 것이 쟁점이었다.

법원은 "법적 관점에서 보자면 남편과 아내를 더 이상 한 몸으로 보지는 않는 것이 근대법의 원리지만, 아내가 '가족의 생활이라는 자연적이고 통상적인 범위 내에서' 행동하고 있는 경우엔 자발적으로 나서서 피해자를 구조하는 완전한 제3자와 같이 볼 수는 없다"고 하였다. 이 판결문에 있는 스테이시Stacy 대법원장의 의견은 기독교적 색채를 독특하게 담고 있으면서 또한 미국적 정서도 강조되어 있어 여기에 인용하기로 한다.

"부부 일심동체라는 커먼로의 원칙과 인격의 완전한 별도 독립성을 주창하는 현대의 법 이론이 이러한 결론을 내림에 있어 서로 상충될 수도 있으나, 우리는 이 결론이 비록 삼단논법에 의해 지지되지는 않는다 하더라도 삶의 논리에 의해 지지된다고 생각한다. 법은 논리보다 크며, 삶은 법보다 크고, 사법적 판정이 갖는 기능은 가능하면 재판에 계류 중인 삶의 실상의 의미를 법적 요건에 따라 선언하는 데 있다. 그렇게 부를 수 있다면 중간설이라고도 할 수 있는 이런 입장은 따라서 위에서 말한 옛 이론과 지금의 이론 사이의 절충 내지 혼합이라고 할 수 있다. 이를 통해 옛 이론의 좋은 점을 놓치지 않고, 새로운 이론 속에 있는 유용함을 끄집어내는 것인데, 권위에 따른 이런 관행은 사도들의 한 명이자 가족 문제에 관한 위대한 법률가에 의해 지금까지 권장되어 왔다."

독자들은 스테이시 대법원장이 언급하고 있는 사도 중의 한 사람이 누구라고 생각되는가? 그 흥미로운 인물은 쇠사슬에 묶인 상태에 있었으면서도 아그리파Agrippa 왕 앞에서 넘치는 열정으로 자기변론을 하여 피고인이 재판받는 법정을 설교의 장으로 만들었던 그 사도일 것이다.[29]

정의의 원천: 자연법 연구   제2부 정의의 원천과 기독교

제19장 문자와 정신

율법 조문은 죽이는 것이요 영은 살리는 것이니라.

— 고린도후서 3:6

미국 법사학에서 가장 위대한 판결 중 하나는 1889년 뉴욕주 항소법원에서 내려진 <리그스 대對 팔머Riggs v. Palmer> 사건이다. 사건 자체는 불미스러웠지만, 그 판결은 아름다웠다. 팔머는 재산을 손자에게 주겠다는 유언장을 작성하였지만, 얼마 안 되어 이를 취소할 뜻을 밝혔다. 열 여섯 살 짜리 손자는 유언 취소가 정식적으로 처리되어 법적 효력을 발휘하기 전에 이를 막고, 즉시 재산을 물려 받으려는 욕심에 할아버지를 독살하였다.

손자는 살인죄로 유죄판결을 받아 교도소에 수감되었으나, 남아 있는 유언장에 따라 재산을 받을 수 있느냐의 여부는 해결되지 않은 문제로 남아 있었다. 손자는 유언이 적법한 형식을 쫓아 이뤄졌고 유증자가 사망하여 요건이 충족되었으므로 유언장에 적힌 문언 그대로 효력을 인정하여 유증이 되어야 한다고 주장하였다.

이 사건의 주심 판사였던 얼Earl은 "유언장은 법률 문언 그대로 해석하고 효력도 그에 따라 당연히 인정되어야 하며, 입법자 역시 유언에 명시되어 있는 수증자가 증여된 재산을 받아가길 기대하였을 것이다. 그러나 입법자들이 유언의 효과를 발생하도록 하기 위해 유증자를 살해한 수증자까지도 유언에 의한 이익을 누리기를 뜻하지는 않았을 것이다."라면서 몇 가지의 유추 설명을 통해 판결의 논거를 제시하였다. 그는 다음과 같은 비유를 들었다.

"볼로냐Bologna시의 법률에 누구든지 거리에서 피를 흘리게 하는 자는 엄히 처벌한다고 되어 있으나 거리에서 뜻하지 않게 타인의 혈관을 벤 이발사에게는 이 규정이 적용되지 않는다고 판시된 바 있다. 또 십계명 중에 안식일에 아무 일도 하지 말라는 계명이 있으나 절대 무오류의 법관인 예수는 이 계명이 바탕을 두고 있는 그 의도에 대한 합리적 설명을 덧붙였다. 즉, 그는 이 계명을 급박하게 필요한 일, 자비를 베풀어야 하는 일까지도 금지하는 것은 아니라고 하셨던 것이다."

이 사건은 "율법 조문은 죽이는 것이요 영은 살리는 것이니라."고린도후서 3:6고 한 사도 바울의 지혜로운 말을 아주 분명하게 잘 보여주고 있다. 하지만 이러한 명백한 사건에 있어서도 그레이Gray 판사 같은 사람은 이 판결에 찬성하지 않고 문자에 집착하는 소수 의견을 냈다. 그는 이렇게 쓰고 있다.

"그러나 이 문제는 양심의 영역 내에 있는 것이 아니다. 우리는 입법자들이 만든 엄격한 법률 규정에 구속되어야 하고, 이 쟁점에 대한 결정도 그 한계 내에서만 이뤄져야 하는 것이다."

그러나 이 사건은 단순한 양심의 문제가 아니라 아주 명백한 상식의 문제이다. 그레이 판사가 입법자들과 유증자의 의사를 따르고자 했던 그 행위 자체는 옳았지만, 그들의 의사를 그런 식으로 해석함으로 인해 사실상 그는 입법자들과 독살된 유증자를 불합리한 존재로 만들어 놓고 말았다. 바리새인들의 누룩은 끝없이 활동하지만, 전반적으로 성령의 살리는 역사가 미국 법학계 내에서 점점 강성해지는 현상을 본다는 것은 고무적이다.

20세기 가장 위대한 법관 중의 한 명이라고 평가받고 있는 카도조 대법관 역시 이 <리그스 대對 팔머Riggs v. Palmer> 판결을 아주 높게 평가하면서 이렇게 말한 바 있다.

"이 사건에서는 상충되는 원칙들 중 어떤 것이 우선하느냐를 놓고 경쟁이 벌어졌다. 어느 하나가 우선하게 되면, 나머지 원칙들은 배제될 수 밖에 없었다. 법에 따른 유증자의 재산처분에 대한 의사는 구속력을 갖는다는 원칙이 있었다. 이 원칙을 끝까지 밀어붙이면 그 살인자에게도 상속권이 인정되는 것으로 보였다. 민사법정에서 하나의 범죄에 대하여 가중 처벌을 하지 않는다는 원칙이 있었는데, 이러한 논리도 끝까지 고수하면 피고인에 대한 상속권 인정의 근거가 될 수 있는 것처럼 보였다.

그러나 이런 원칙들에 반하며, 더 보편적이면서, 그 뿌리가 정의라는 보편적 정서에 깊이 자리잡고 있는 또 다른 원칙이 있었다.

바로 그 누구도 자신의 부정한 행위를 통해 이득을 얻거나, 자기가 저지른 잘못을 자기 이득을 취하기 위한 편의적 도구로 삼아서는 안 된다는 원칙이다. 이 원칙에 따른 논리가 다른 원칙들의 그것을 압도한다. …사법절차는 하나의 소우주 속에 있는 것이다."[30]

원숙한 성격의 소유자였던 카도조 대법원은 이런 모든 사고의 차이에 논리라는 이름을 붙여 설명하고자 했다. 하지만 그의 원숙함에 절반도 못미치는 탓인지, 필자로서는 이런 숙맥같은 문자주의는, 밴더빌트 Vanderbilt 대법원장 같은 이의 말을 빌자면 '가장 초보적인 정의의 관념에 비춰봐도 혐오스러운'[31] 결과로 이어진다고 지적하고 싶다. 적어도 그 목적을 정의를 위해 봉사하는 것에 두는 법학이라는 학문적 관점에서 보았을 때 논리라는 말을 갖다 붙이기 민망스러운 것이다.

또 하나의 예를 들어보도록 하자. 파운드Pound 학장에 따르면 미국의 어느 주에서 얼마 전에 다음과 같은 내용으로 입법이 된 적이 있다고 한다.

> "유해하거나 위험한 동물 혹은 직무수행 중인 공무원을 제거할 필요가 있는 경우를 제외하고는 그 누구도 이 주 안의 국도나 고속도로 내 혹은 그 부근에서 장전된 총기를 발사해서는 안 된다."[32]

그런데 만일 어느 판사가 법조문상의 문자와 문법만을 쫓아 경찰관을 사살하는 것이 유해한 동물을 사살하는 행위와 마찬가지로 합법적이라는 결론을 내린다면 우리는 그 판사를 논리적이라고 평가할 수 있을까? 물론 이것은 훌륭한 삼단논법의 완벽한 한 사례가 될 수도 있는데, 공식화하면 이렇게 될 것이다.

> "직무수행 중에 있는 공무원 또는 유해 위험한 동물을 죽이기 위

하여 총기를 발사하는 것은 합법적이다. 지금 법정에 있는 피고인에 의하여 살해당한 경관은 명백히 직무수행 중에 있는 공무원이었다. 따라서 피고인의 행위는 적법하다."

설령 이것이 하나의 훌륭한 삼단논법이라 하더라도 이런 논리는 법적 논리의 가장 중요한 부분을 놓치고 있는 것이다. 법적 논리의 중요한 부분은 관련된 가치들을 교량하는 기준이 되는 대전제들에 대한 결정에 있는데, 이것은 법이 하나의 사변적 학문이 아니라 가치적 학문이기 때문에 그런 것이다. 대부분의 경우 판사들은 귀납적 논리와 개연성과 균형이라는 논리를 사용하는데, 이것은 부지불식 중에 예술과 윤리의 영역에도 미치게 된다. 위대한 독일의 법학자 예링이 말한 바와 같이, 법은 목적에 이르는 하나의 수단이다. 그러므로 어떤 법관이 목적론적 사고를 갖고 있지 못하다면, 그는 조금도 논리적인 판사라고 할 수 없다.

법이 윤리학 그리고 나아가 자연신학과 어떻게 불가분의 관계에 있는지가 쟁점이 되었던 사건 중에 1935년 오하이오 주 대법원에서 내려진 <올레프 대對 호다프Oleff v. Hodapp> 사건[33]이 있다. 판결 결과는 좀 실망스러웠다.

피고인 테고 미오바니스Tego Miovanis는 삼촌인 아포슬 미오바니스Apostol Miovanis와 은행에 공동으로 계좌를 개설해 놓고 있었다. 예금 공유자 각자는 무제한의 인출권을 갖고 있었고, 어느 일방이 사망하면 남은 자가 단독 예금주로서 예금 전액에 대한 권리를 갖도록 되어 있었다. 삼촌이 이 무제한 인출권을 행사하지나 않을까 하는 의심에 예금주의 지위를 단독으로 확보할 욕심까지 가세하여 조카 테고는 제3자를 통해 삼촌에 대한 청부 살인을 저질렀다.

오하이오 주 대법원은 삼촌이 죽었으므로 두 사람의 공유에 속하던 예금이 살인자에게 전적으로 귀속하게 되는지, 아니면 피살된 삼촌의 상속인이나 그 대리인으로 하여금 그 예금에 대한 권리를 갖도록 할 것인지 판단을 내리지 않으면 안 되었다. 법원은 다수결로 모든 예금 인출권은 완전하고도 배타적으로 살인자에게 속한다고 판결을 내렸다. 스티펜슨Stephenson 판사는 판결문을 통해 다음과 같이 말하였다.

"우리는 테고의 법적 지위가 정당하다는데 결코 동의하지 않는다. 그러나 여기는 법정이지 신학교가 아니다. …공공 정책을 위반했다는 이유로 개인으로부터 그가 법적으로 누리고 있는 재산에 대한 권리를 박탈할 수는 없다. 재산권은 너무나도 신성한 까닭에 그러한 성격의 위험에 노출되게 할 수는 없다. 테고가 이 예금 계좌에 대한 권리자라고 판결을 내리는 우리 역시 조금도 흔쾌하지 않다. 그러나 그것이 법이고, 우리는 그에 따라야 하는 것이다."

이 판결문은 많은 저명한 법학자들로부터 신랄한 비판을 받았는데, 그 중에서도 펠리스 코언Felix Cohen은 이 문제의 뿌리를 속속들이 간파하고 있다. 그는 다음과 같이 말한다.[34]

"이 판결문 중에서 특히 흥미를 끄는 두 가지 요소가 있다. 첫째는 '여기는 법정이지 신학교가 아니다'는 법원의 판단이고, 둘째는 '재산권은 너무나도 신성한 까닭'에 재산권에 관한 판결에 영향을 미치게끔 법원이 '정의'나 '공서양속'을 고려하는 것은 위험하기 때문에 법원은 이를 피해야 한다는 것이다.

다들 재산권은 신성한 것이라고 말들을 한다. 분명히 재산권이 좀 덜 신성하였거나, 아니면 생명권이 좀 더 신성했다면, 법원이 살인자 테고의 청구를 기각하고 피해자인 삼촌의 대리인에게 승소 판결을 내렸을지도 모를 일이다.

내가 알기로는 서로 다른 권리들 사이에서 신성함이나 거룩함을 상대적으로 비교하는 문제는 신학교에서 오랫동안 연구해 온 가장 중요한 분야 중의 하나이다. 따라서 재산권이나 공민권 혹은 인권 등이 서로 다른 것들에 비해 어느 정도 더 신성하거나 덜 신성한지 따지는 문제는 신학의 가장 중요한 일부를 이루는 것으로 보인다. 그렇다면 다른 권리들 사이에서 상대적 신성성에 대한 판결을 내리면서 오하이오 주 대법원이 자신들은 신학교가 아니라고 주장하는지 알 수 없는 노릇이다."

내가 보기에 이 사건은 '가장 높은 법은 가장 높이 있는 십자가Summa lex summa crux'라는 법률 격언이 해당하는 사례 중의 하나이다. 법의 최종 형태는 십자가이다.

펠릭스 코언으로 말하자면 우리가 기억하는 바와 같이 그는 가장 저돌적인 현대의 '현실주의자'들 중 한 명인데, 이 점을 염두에 두고 코언의 지적에 귀 기울이면 아주 현실주의적인 사람이 천국에 멀지 않을 수도 있다는 사실을 볼 수 있다.

제롬 프랭크Jerome Frank 판사는 "만약 학문적 차원에서의 자연법의 '기본원리들'을 가장 지적인 미국인들에게 설명해 준다면, 그 누구라도 이것을 완전하게 수용할 것이다."[35]라고 하였다. 그래서 법학자는 아니었지만 비슬리Beasley 연방 대법원장은 이러한 '기본원리들' 중의 하나를 몇마디로 간결하게 기술했는데, 그것은 "법은 재산을 지킬 때 보다 사람의생명과 신체를 지킬 때 더 신중해진다."[36]는 것이었다. 그런데 지금의판사들이 항상 진정한 법을 발견하기 위해 진지한 질문을 던지고 있는지 의문이다.

제20장 가치의 체계

> 이스라엘의 거룩한 이는 자기의 계획을 속히 이루어
> 우리가 알게 할 것이라 하는도다.
>
> – 이사야 5:19

이제 우리는 예수의 목적론과 가치론을 생각해 볼 단계에 이르렀다. 필자가 보기에 판정을 내리는 예수의 방식에서 가장 탁월한 자질은 가치인식에 있어서 오류가 없다는 것이다. 세상의 빛으로서의 예수는 어떤 것이 더 한층 가치가 있으며, 어떤 것이 그보다 덜한가에 관한 점에 대하여 확실하고 왜곡되지 않는 시각을 가졌고, 결코 목적과 수단을 혼동하지 않았다.

무엇보다 예수는 '하루살이는 걸러 내고 낙타는 삼키는'**마태복음 23:24** 눈먼 지도자들을 꾸짖었다. 예수는 또한 서기관들이나 바리새인들을 질책하였는데, 이는 그들이 박하와 회향과 근채의 십일조를 드릴 만큼 율법에 세심하였으나 정작 율법의 더 중한 바 정의와 긍휼과 믿음은 버렸기 때문이다.**마태복음 23:23**

예수는 그들이 율법의 시시콜콜한 부분에 관심을 가졌기 때문에 비판한 것이 아니라, 지엽적인 것에만 모든 관심을 쏟음으로써 정의와 형평이라는 근본원리를 등한시하고 있는 것에 대하여 경고한 것이다.**마태복음 23:23 참조**

가치들에 대한 그들의 왜곡된 감각은 율법에 대한 그들의 왜곡된 관념과 아주 밀접하게 연관되어 있다. 그리스도의 관점에서는 율법이 인간을 위해 만들어진 것이지, 인간이 율법을 위해 만들어진 것이 아니었다. 모든 법의 목적은 사람으로 하여금 그 인간성을 완전하게 실현하는 데 도움을 주는 데 있다.

그러나 그 법률가들은 법 자체를 하나의 목적으로 여기고 있었다. 그들은 형식에 사로잡혀 있었고, 문자 하나하나에 집착하였다. 그들은 자신들의 편협하고 옹졸한 견해를 불변의 자연법이라고 오해하고 있었다. 그들의 사고가 이런 배경하에 있었다는 점을 염두에 두고 그들이 예수와 벌인 논쟁들을 들여다보면, 그 사건들의 성격이 어떠한 것인지 보다 분명하게 알 수 있을 것이다. 근본적으로 그 충돌은 목적론적 법학과 기계론적인 법학 사이에서 빚어진 것이다.

> 어느 안식일에 예수가 바리새인들의 회당에 들어갔을 때
> 한쪽 손이 마른 사람을 보았다.
> 바리새인들은 예수를 율법을 위반한 자로 고발하기 위해
> "안식일에 병 고치는 것이 옳으니이까?" 하고 물었다.
> 예수의 대답은 이러했다.
> "너희 중에 어떤 사람이 양 한 마리가 있어
> 안식일에 구덩이에 빠졌으면 끌어내지 않겠느냐,
> 사람이 양보다 얼마나 더 귀하냐
> 그러므로 안식일에 선을 행하는 것이 옳으니라." 하셨다.
> - 마태복음 12:10-12

예수가 그 마른 손을 고쳤을 때 바리새인들은 어떻게 하면 이 만만찮은 '율법의 파괴자'를 죽일까 의논하였다. 실상 예수는 조금도 율법을 어기

지 않았을 뿐 아니라, 손 마른 자를 고친 것은 그들에게 율법은 그 본래의 활력과 본질적 기능을 회복되어야 한다는 하나의 상징을 보여주었을 뿐이었다.

'안식일이 사람을 위하여 있는 것이요 사람이 안식일을 위하여 있는 것이 아니라'**마가복음 2:27**는 구절보다 예수의 목적론적 법철학 사상을 잘 나타내고 있는 것은 없다. 안식일은 사람들로 하여금 휴식을 누리도록 하며, 또 하나님을 찬양토록 하기 위해 주어진 것으로 일반적으로 이해되고 있다. 그러므로 병자를 고치고 생명을 구하는 것은 율법의 목적에 속하는 것이었다. 그런 행위가 사람에게는 구원을, 하나님께는 영광을 돌리는 것이기 때문이다.

사도 바울이 말한 바와 같이 '율법은 사람이 그것을 적법하게만 쓰면 선한 것임을 우리는 아는 것'**디모데전서 1:8**이다. 그래서 율법을 어떻게 신하세 쓸 수 있는지, 바리새인 무리들이 하고 있던 것처럼 목적을 손상하지 않으면서 율법을 사용한다는 것은 어떤 것인가에 대한 시범을 보여주기 위한 것이 예수의 정확한 목적이었다. 이러한 예수의 입장은 누가복음에서도 아주 명확하게 제시되고 있다.

> 예수께서 안식일에 한 회당에서 가르치실 때에,
> 열여덟 해 동안이나 귀신 들려 앓으며 꼬부라져
> 조금도 펴지 못하는 한 여자가 있더라.
> 예수께서 보시고 불러 이르시되,
> "여자여 네가 네 병에서 놓였다." 하시고, 안수하시니
> 여자가 곧 펴고 하나님께 영광을 돌리는지라.
> 회당장이 예수께서 안식일에 병 고치시는 것을 분 내어

무리에게 이르되, "일할 날이 엿새가 있으니 그 동안에 와서 고침을 받을 것이요 안식일에는 하지 말 것이니라."하거늘,

주께서 대답하여 이르시되

"외식하는 자들아 너희가 각각 안식일에 자기의 소나 나귀를 외양간에서 풀어내어 이끌고 가서 물을 먹이지 아니하느냐? 그러면 열여덟 해 동안 사탄에게 매인 바 된 이 아브라함의 딸을 안식일에 이 매임에서 푸는 것이 합당하지 아니하냐?"

– 누가복음 13:10-16

누가는 계속하여 이렇게 서술하고 있다. "모든 반대하는 자들은 부끄러워하고 온 무리는 그가 하시는 모든 영광스러운 일을 기뻐하니라."**누가복음 13:17** 여기서 한 가지 역설이 눈에 띈다. 바리새인들은 율법에 능통한 자들이었고, 무리는 배움이 짧은 민중에 지나지 않았다.

그렇지만 예수의 교훈과 행동이 가진 합리성을 똑바로 인식한 쪽은 무지한 민중이었고, 바리새인들에게는 이것이 하나의 신성모독으로 보였다. 이것은 '배운 천치learned fools'보다 더한 바보는 없음을 보여준다. 공자는 이것을 이렇게 표현했다. "기교가 본성을 앞서면, 필경사의 세심한 집착 외에 아무것도 아니다."i

바리새인들의 경우엔 인간이 만들어 낸 거짓 가르침과 전통에 의해 그들의 양심과 자연적 이성이 깨어지고 왜곡되어 그걸 인지할 수도 없는 상태에까지 이르게 된 것이다. 잘못된 교육은 차라리 무교육보다 훨씬 더 나쁘다는 실례를 이보다 잘 보여주는 것도 없다.

---

i_논어에 質勝文則野 文勝質則奢 彬彬然後 君子라는 말이 나온다. '내면의 질박함이 학문을 능가하면 거친 사람이 되고, 내면의 질박함 보다 학문이 높으면 겉만 화려한 사람이 되니, 학문과 질박함이 잘 조화를 이룬 후에야 군자가 된다'는 뜻이다.

요한도 우리를 위해 의미심장한 또 하나의 사건을 기록해 두었다. 명절 중에 예수가 회당에서 설교할 때 유대인들은 그의 지식을 기이하게 여기면서 물었다. "이 사람은 배우지 아니하였거늘 어떻게 글을 아느냐." 요한복음 7:15 그때 예수는 이렇게 대답하셨다.

> "내 교훈은 내 것이 아니요
> 나를 보내신 이의 것이니라.
> 사람이 하나님의 뜻을 행하려 하면
> 이 교훈이 하나님께로부터 왔는지 내가 스스로 말함인지 알리라.
> 스스로 말하는 자는 자기 영광만 구하되
> 보내신 이의 영광을 구하는 자는 참되니
> 그 속에 불의가 없느니라."
>
> - 요한복음 7:16-18

예수는 당신이 안식일에 행한 치유 행위가 정당하다는 점을 계속 주지시켰는데, 특히 법학을 하는 사람들이라면 그가 펴는 논지에 관심을 기울여야 한다.

> 예수께서 대답하여 이르시되, "내가 한 가지 일을 행하매
> 너희가 다 이로 말미암아 이상히 여기는도다.
> 모세가 너희에게 할례를 행했으니 (그러나 할례는 모세에게서 난
> 것이 아니요 조상들에게서 난 것이라),
> 그러므로 너희가 안식일에도 사람에게 할례를 행하느니라.
> 모세의 율법을 범하지 아니하려고
> 사람이 안식일에도 할례를 받는 일이 있거든

내가 안식일에 사람의 전신을 건전하게 한 것으로

너희가 내게 노여워하느냐.

외모로 판단하지 말고 공의롭게 판단하라 하시니라."

- 요한복음 7:21-24

예수가 어떤 판정을 함에 있어 특히 능숙하게 사용하였던 중요한 방법 중의 하나는 유추법이었는데, 비단 이 사건에 있어서만 그랬던 것이 아니었다. 비유는 그의 말씀 전반에 걸쳐 있다. 그의 이성이 논리적이라면, 그의 상상력은 시적이다.

그의 가르침을 면밀하게 연구한 철학자들과 법학자들 중에서 겉으로 보기에는 전혀 무관한 것들 사이에 숨겨져 있는 연결고리를 찾아내는 예수의 탁월한 재능을 본받지 않은 사람을 본 적이 없다. 그 대표적 인물이 토마스 아퀴나스이다. 아퀴나스의 저술에 대하여 토마스 길비Thomas Gilby는 이런 평가를 내린 적이 있다.

"그는 자신의 담론을 그 대상이 있는 그대로 안주한 상태에서 펼치지 않고, 사물의 목적을 향해 분투하면서 시적인 응답으로 전개한다. …물오른 유추감각이 전체를 관통하고 있으며, 그가 쓰는 용어들은 그 맥락에 맞춰 내적으로 변화하면서 반짝거린다."

가장 추상적인 사상들을 다루고 있는 아퀴나스의 저작에서조차 생명의 맥박이 있고 지혜의 향기가 배어 나온다. 길비 신부의 글을 다시 인용해 본다.

"물질적 감각은 실제로 접촉하는 것처럼 생생하고, 그 논리는 논리에 앞선 필연에 뿌리를 두고 있으며, 추론은 하나의 직관에서 나와 다른 직관으로 전개되고, 학문적 성찰은 비록 뒤섞여 있는 것 같지만 즉각적인 인식에 바탕을 두고 있다."

이것은 필자 스스로 아퀴나스에 대하여 느끼는 것이기도 하지만, 현대에 있어 이 영국인 도미니크파 신부보다 그 분위기를 잘 잡아내는 사람이 있는지 모르겠다. 내가 아퀴나스에 대해 이렇게 좀 장황하게 설명을 하는 이유는 커먼로에서 이와 똑같은 분위기를 맛볼 수 있기 때문이다. 여기에도 유추감각이 전반적으로 잘 퍼져 있다.

브랙톤의 시대부터 지금의 미국에 이르기까지 가장 훌륭한 법관들과 법학자들은 생명의 맥박에 대하여 같은 식으로 반응했고, 가치에 대하여 같은 철학을 갖고 있었고, '생생한 물질적 감각'을 갖고 있는 것도 같았으며, 유추와 균형에서 똑같이 탄력적 감성을 지니고 있었다. 논리와 직관 사이의 무의식적 상호작용, 미묘하고 소박한 아름다움subtle naïveté도 닮았는데- 그래서 나는 이걸 심오한 신비함의 닮음꼴이라는 행복한 한 구절로 표현하고 싶기도 하다- 이런 것들이 시대를 관통하여 커먼로를 특징지어 왔으며, 황홀한 연구대상으로 만들어 주었던 것이다.

커먼로는 결코 멈추지 않고 '법학의 명랑한 빛'을 비춰줄 것이며, '정의의 샘에서 길어낸 규범들을 가지고 자신을 계속 씻어 가는 일'을 계속해 나갈 것이다. 커먼로의 발전에 있어서 유추적 사고가 해 온 역할에 대하여 브랙톤 만큼 잘 설명한 사람도 없을 것이다.

"법률이 일단 그것의 사용하기로 하는 사람들의 동의를 거쳐 승인되고 여기에 왕의 서약이 더하여져서 영구적인 것이 되었다면, 이것이 공포될 때 공동으로 동의하고 참여한 사람들의 동의 없이는 변경되거나 폐지될 수 없다. 하지만 법률은 좀 더 나은 쪽으로 개선될 수는 있는데, 이때는 그러한 동의가 없이도 가능하다. 왜냐하면 더 나은 쪽으로 개량하는 것은 파괴가 아니기 때문이다. 따라서 새롭고 독특한 사건들, 전에 다루었던 선례들에서 찾을 수 없는 사건들이 생긴다면, 비슷한 성격의 사건들이 있는 경우엔 유추 내지 유사성을 통해per simile 판결해야 할 것이다. 비슷한 것에서 비슷한 것으로 전개하는 것은 훌륭한 방식이라 할 수 있기 때문이다."[37]

이 견해는 브랙톤이 법학에 기여한 가장 독창적인 통찰력 중의 하나이면서, 또한 늘 새로운 곡식을 내주는 오래된 밭과 같은 커먼로의 천재적인 전형적 특성을 잘 드러내낸다.

토마스 아퀴나스와 마찬가지로 브랙톤 역시 주 그리스도로부터 하나님 나라가 무엇인지 가르침을 얻은 서기관 중 한 명이어서, 놀라지 않게도 그는 커먼로라는 집의 주인이 되어 '새것과 옛것을 그 곳간에서 내다가' 하나의 유기적 생명체로 변화시켰다.

오레곤주 러스크Lusk 대법관이 <히니쉬 대對 메이어 프랭크Hinish v. Meyer Frank> 판결을 통해 "인식되어 있는 사회악에 대하여는 입법을 기다리지 않고 구제책을 찾아내고 적용하는 능력은 커먼로가 갖고 있는 주요한 덕목 중의 하나인 것이다."라고 판시한 것은 브랙톤의 위대한 전통을 이

어받은 것이라 할 수 있다. 또 뉴저지주 대법원장 밴더빌트의 다음과 같은 말 역시 이런 전통과 맞닿아 있다.

"사법적 판결에 따라 법에 어떤 변화가 있게 되면 반드시 소송 당사자 일방에게는 권리를 창출해 주고, 상대방에게는 그에 상응하는 의무를 부과하게 된다. 이것은 법이 성장하고 시대의 변화에 따른 필요에 맞춰지는 적응 과정이다. 이 과정은 새로운 권리와 이에 대응하는 의무를 만들 때 뿐만 아니라, 필요한 경우 낡은 권리와 의무를 없애는 데도 이용된다. '법의 존재 이유가 그치면, 법 또한 그친다.Cessante ratione legis, cessat et ipsa lex'는 말은 우리 법에 알려져 있는 가장 오래된 법언 중의 하나이고, 우리 법원은 늘 이를 따르고 있다."[38]

그래서 뉴욕주의 데스몬드 판사는 "상식적 정의를 만들어 내기 위해 선례들을 거기에 맞추고 변경할 때야말로 커먼로의 가장 멋진 전통에 따라 행동하고 있다고 말할 수 있는 것이다."[39]라고 말한다. 시베이 교수는 커먼로의 역동적 측면을 아주 명료하게 요약했는데, 그 자신이 알고 있었는지 모르겠지만, 브랙톤의 개선론의 현대판 해설이라 할 수 있다. 그의 설명은 이렇다.

"법이 발전해 가야 한다고 보는 법관들은 영국 법의 원칙들을 바꿀 의도를 갖고 있는 것이 아니다. 다만 개별 법령들의 바탕을 이루는 정의라는 근본적 개념에 좀 더 가까이 가자는 것이다. 전 근대적인 개별 법규들을 현대 사회에서도 계속 유지하고, 변화하는 사고와 필요에 부응하지 못한다면, 결국 법의 생명력만 소진시킬 뿐이다. 변화되지 않는 법은 모든 살아있는 사물의 질서를 따를 수 밖에 없고 결국은 죽고 마는 것이다.

커먼로의 커다란 자랑 중의 하나는 변화가 가능하고 그로 인해 법의 인간성과 생명력이 유지된다는 점이다. 커먼로의 역사적 전통을 바라보면서 시대의 문명에 부응하려는 법관들로 인해 커먼로는 존재해 왔고 또 앞으로도 그럴 것이다. 커먼로 속에는 시대착오적인 것을 제거하거나 사법적 오류를 시정하는 것을 막는 어떤 제한도 없으며, 이런 것들은 굳이 의회 입법에 대한 소구를 기다리지 않는 것이다."[40]

역사적으로 시대착오적인 것들을 어떻게 다룰 것인가에 대하여 아트킨 경은 아주 재미있는 표현을 하고 있다. "과거의 유령들이 쇠사슬 같은 중세시대적 제약들을 철컹거리며 정의의 길을 막아서면 법관들이 취해야 하는 올바른 선택은 신경 끄고 그냥 지나쳐 가는 것이다."[41]

아트킨 역시 중세 정신을 잘 대변했던 브랙톤의 훌륭한 후계자라 할 수 있다. 중세의 유령도 유령 나름이다. 그중에는 거룩한 영에 속한 것들도 있다. 변하지 않는 사실은 커먼로의 저변을 이루고 있는 위대한 원리들은 그 각각의 구체적 법규들과는 달리 옛것과 새것을 넘나든다는 것이다. 커먼로가 세대를 관통하여 여전히 활기차고, 미래 지향적인 이유는 훌륭한 법관들이 실정법이나 어떤 주도적인 권위가 없는 상황에서도 주저하지 않고 '야만인들도 이해할 수 있고, 잘 배양된 이성도 시인하며, 기독교적 정신에서도 수긍될 뿐 아니라, 수천 가지 형태로 유연하게 발현되는 …자연적이면서 가식 없고 변함없는 정의[ii]의 저울을 맞추려 노력했기 때문이다.

커먼로는 그 자체가 하나의 생명체와 마찬가지로 혼탁함으로부터 밝고 환한 곳으로 계속 전진하고 있다. 시간을 요하는 이 지난한 과정 속에서 커먼로는 정화를 경험한다. 지혜로 접어드는 길에서 더듬거리기도 한다. 우리는 그럼에도 불구하고 커먼로가 지혜의 길에서 벗어나지 않는 것은 그 자체에 무슨 신비한 자질이 있어서가 아니라, 그 깊은 샘이 기독교적 분별력과 정의, 지혜, 그리고 사랑에 있기 때문이라는 사실을 기억해야 한다.

만일 커먼로가 이런 순수한 샘으로부터 멀어져 흐르는 개울물을 아무렇게나 받아 간다면 흙탕물에서 더 짙은 흙탕물로 흐를 것이다. 전통이 '자연법과 하나님'에 토대를 두고 있지 않다면, 그러한 인간의 전통을 따르는 데는 그 어떤 미덕도 없는 것이다. 이것은 예수와 바리새인 사이에 있었던 또 다른 충돌, 즉 예수가 인간의 전통에 맞서 자연법과 이성을 주장했던 사건을 떠올리게 한다.

잘 알려진 대로 바리새인들에게는 먼저 손을 씻지 않고는 음식을 먹지 않는 전통이 있었다. 그 밖에도 컵과 그릇, 주발 등을 씻는 규례들이 있었는데, 모든 전통적인 관습들은 아주 엄격하게 지켜졌다. 그래서 그들은 예수의 제자들이 손을 씻지 않은 채 식사하는 것을 보고 예수에게 와서 따졌다.

---

ii_Justice Nisbet in Culbreath v. Culbreath, Supreme Court of Georgia, 1849. 7 Ga.64, 67

"어찌하여 당신의 제자들은 장로들의 전통을 준행하지 아니하고
부정한 손으로 떡을 먹나이까?"

그러자 예수는 이렇게 대답하였다.

"이사야가 너희 외식하는 자에 대하여 잘 예언하였도다.
기록하였으되, '이 백성이 입술로는 나를 공경하되 마음은 내게서
멀도다. 사람의 계명으로 교훈을 삼아 가르치니
나를 헛되이 경배하는 도다.' 하였느니라.
너희가 하나님의 계명은 버리고 사람의 전통을 지키느니라.
또 이르시되 너희가 너희 전통을 지키려고
하나님의 계명을 잘 저버리는 도다.
모세는 네 부모를 공경하라 하고
또 아버지나 어머니를 모욕하는 자는 죽임을 당하리라 하였거늘,
너희는 이르되, '사람이 아버지에게나 어머니에게나 말하기를
내가 드려 유익하게 할 것이 고르반Corban 곧 하나님께 드림이 되
었다고 하기만 하면 그만이라.' 하고,
자기 아버지나 어머니에게 다시
아무것도 하여 드리기를 허락하지 아니하여
너희가 전한 전통으로 하나님의 말씀을 폐하며
또 이같은 일을 많이 행하느니라."

- 마가복음 7:1-13

인간을 규율하고 있는 법이 모두 나쁜 건 아니지만, 이 특별한 사건에서
우리는 부모가 받아야 할 정당한 몫을 속이고, 부모를 봉양해야 하는 자
연적 의무를 회피하기 위하여 하나님을 구실로 끌어들여 '고르반Corban'
이란 약삭빠른 인위적 개념을 고안한 것을 보게 된다.

하나님께 드린다는 것은 물론 회당에 헌물을 한다는 뜻이다. 그 자체로 나쁜 것은 아니다. 하지만 그 지출을 부모에게 드릴 몫으로 갈음한다는 것은 심각한 불의이다. 인간은 후덕한 존재가 되기 전에 공정한 사람이 되어야 한다. 대부분의 경우 자식이 부모의 몫을 회당에 갖다 바치는 동기는 탐심이지, 후덕함에 있지도 않다. 자식이 부모에 드려야 할 몫을 성전에 바치기 위해 따로 떼어 놓았다고 하는 말이 사실일 수도 있겠으나 위대한 성경학자 중 한 명인 라그랑주Lagrange 신부는 "새삼스럽지만 (하나님께 드렸다고 말하는) 사람들이 부모에게 드렸어야 할 전부를 정말로 회당에 바치겠다고 생각했겠는가."[42]라고 예리하게 간파하였다. 불의하지 않은 구석이 없다. 부모는 빼앗겼고, 장물은 성전과 자식이 적당히 나눠 가졌다.

이런 관행은 예수 시대에는 이미 오래된 전통으로 존중받고 있었기 때문에 그 인습을 따르는 이들은 아마 그 문화가 깊숙한 곳까지 부패했음을 인식조차 하지 못하고 있었는지도 모른다. 자연스러운 관습이었을 것이기 때문이다. 오직 그리스도만이 그 교묘한 이론과 합리화된 위선의 뒷면을 꿰뚫어 보고 관행의 진면목을 그들에게 드러내 주었다.

제21장 자연법과 실정법

내가 나의 법을 그들의 속에 두며 그들의 마음에 기록하여
나는 그들의 하나님이 되고 그들은 내 백성이 될 것이라.

- 예레미야 31:33

'고르반' 사건에는 지금의 법학 연구자들에게 매우 중요한 의미가 들어 있다는 것이 내 생각이다. 그걸 통해 예수는 자연법과 실정법의 근본적인 차이를 확인해 주고 있다. 에드워드 코크 경은 예수와 사도 바울의 가르침을 좇아 <칼빈Calvin> 사건[43]에서 자연법을 가리켜 '각 사람의 마음속에 하나님이 손가락으로 써 놓으신 것'으로 '어떤 인위적 규범 보다 앞서' 존재하는 것이라고 하였다. 하나님이 제정하신 이 법은 보편적이고 불변이며, 사람들이 만든 그 어떤 법보다 높은 권위를 갖고 있다. 실정법의 필수적 기능이 인간의 사회적 생활에 대한 규율을 하는 데 있다고 할 때, 그 기능이란 구체적인 사안에서 자연법이 지닌 근본적 목적이 달성되도록 이를 보충하고 완성하는 것이다.

예컨대, 자연법은 효도의 의무를 명하는데, 현실적으로 가능한 범위 내에서, 우리의 효성을 드러낼 수 있는 방법과 수단들은 무엇인지를 기술하고, 적어도 이 의무를 심각하게 위반하는 것을 금지시키는 일련의 기능은 실정법 내지 관습법에 속하는 것이다. 이런 작위와 부작위는 인간 사회의 계속되는 변화에 맞춰 다양하게 변할 수 있고, 또 변화해야만 하기도 한다. 이런 적응과 변화는 문명의 발전과 궤를 같이해야 한다.

그러나 아무리 문명에 맞춰서 변화하고 성장한다 하더라도 결코 자연법이 명하고 있는 당초의 목적에서 결코 벗어나서는 안 되는 것이다. 실정법이 그 자연법적 목적에서 이탈하여 목적을 위한 수단으로서의 지위를 상실하는 순간, 법은 껍질만 남는 식으로 왜곡되고, 제대로 표현하자면 더 이상 '법'으로 불릴 수 없다. 왜냐하면 그런 것들은 그 본질적 성격에 농간을 부리고 있기 때문이다. 이런 현상이 빚어지면 법은 인간의 인간다움을 방해하고 좌절시킨다.

그런 법은 하나의 사회질서를 정립하여 그 안에서 하나님이 부여하신 도덕적 및 영적 본성을 자유롭게 발양시키는 대신, 이른바 법이라는 가면 속에 있는 그것들은 전제적 폭군이 되어 사람들의 손발에 수갑과 족쇄를 채우고 심지어 사람들에게 공포를 조장하고 거짓 논리와 동기를 주입하여 인간 정신을 노예화하기도 한다.

바리새인들이야말로 이런 절대적 망상의 희생자들이었는데, 여기서 그치지 않고 인간이 만들어 냈을 뿐인 관습을 신성한 교훈으로 가르침으로써 다른 사람들까지 미혹했다. 하나님의 참다운 절대적 법을 배척하고 그 절대적 가르침의 가장 얕은 면만 수박 겉핥듯이 하면서 이걸 떠받드는 데 여념이 없었던 것이다.

이것이 지금의 법학계에서 만연하고 있는 정확한 현상인데, 나라별로 더하고 덜한 차이는 조금 있을지 몰라도 상황은 같다. 실정법만능주의는 자연법을 배척하기 시작했고, 끝에 가서는 전체주의 국가, 계급 독재, 총통 독재, 그리고 덜 노골적이며 기교적인 과학만능주의 내지 이른바 사실 숭배라는 이방신들을 만들어 내고 있다. 심지어 미국에서도 바리새인과 같은 법률가들이 있는데, 이들은 자연법에 담겨 있는 의무들은 일체 무시하고 자연적 권리들을 자연법으로 보는 경향이 있다.

또 자연적 내지 생래적 권리를 오로지 '기득권적 이해관계vested interests'의 관점에서만 보고, 인간성이라는 그보다 진중한 이해관계를 완전히 도외시한다. 실정법만능주의자들은 국가가 되었건, 개인과 개인 간이 되었건 간에, 법에 부여되는 정당성의 근거를 이성과 정의가 아닌 의지와 사실상의 힘에서 찾는다.

이들이 이성이라는 것을 언급할 때는 오로지 의지를 정당화하기 위해 필요할 때만 그렇게 하는데, 그래서 실정법만능주의자들의 법철학이란 고작해야 의지론을 속에 감추고 겉으로 합리주의를 내세우는 가면을 쓴 광명의 천사로부터 나오는 지령에 불과한 것이다. 더군다나 이들은 하나님의 이름과 자연법을 자신들의 물질우선주의와 민족주의적 맹목성을 교리화하는 데 이용하고 있다.

내가 말하고자 하는 건 이들이 사악한 것을 믿고 있다는 뜻이 아니라, 바리새인들이 그랬었듯이 스스로 미혹당하고 있다는 것이다. 사람의 교리를 하나님의 법으로 착각하면서, 그들은 아마도 자신들은 지금 하나님께 영광을 돌리고 있다고 생각하고 있을 수 있다는 것이다.

세기의 전환기를 맞아 이를 전후하여 현대판 법적 바리새인들의 절대주의에 대한 강력한 반작용이 대두되었다. 이 새로운 법학은 일종의 '계몽적 회의주의enlightened scepticism'[44]와 상대주의를 전파하기 시작하고 있다. 이들은 개념법학이 지닌 경직성에 반대하여 법의 탄력성이 중요하다는 점을 강조하면서, 법은 시대와 발맞추어야 하고, 삶이 변화하며 흘러가듯 법 역시 그래야 한다고 가르치고 있다.

절대적이고 불변인 법은 존재하지 않는다. "절대적인 것이란 없다.", 그리고 "모든 개념은 상대적이다."[45]라는 빈슨Vinson 대법원장의 말은 이

전반적인 반작용의 정신을 잘 요약하고 있다. 이 현상의 핵심은 바로 기존의 학문이 특정한 인습과 본질적으로 상대적에 지나지 않는 원리들을 신적이며 절대적인 것들로 떠받들어왔다는데 있다.

현대 심리학과 과학이라는 무기고에서 꺼낸 가공할 만한 지적 무기를 장착한 이 새로운 학문 풍조는 그 자리에 눌러앉아 있던 우상들을 제거하는 역할을 하였는데, 갓 밀어버린 스님의 머리처럼 깨끗하게 아무 것도 남겨 놓지 않았다. 그런데 문제는 더러운 귀신이 그 자리가 빈 것을 보고는 자기보다 더 영악하고 악한 다른 귀신 일곱을 데리고 와서는 그곳을 자신들의 소굴로 만들고, 수많은 사람들을 통제하며 파멸로 이끌고 있다는 사실이다.

현재 미국의 법철학은 그 발전 과정에서 가장 중요한 국면을 지나는 중이다. 인간의 인격이 지닌 존엄성을 중심으로 한 자연법 철학이 다시 살아날 조짐을 보이는 것이다. 이러한 움직임을 가능하게 했을 뿐 아니라 불가피하게 만든 역사적 상황에 대하여 밴더빌트 대법원장은 다음과 같이 기술하고 있다.

"한때 인간을 그저 경제라는 기계 속에 있는 하나의 톱니바퀴처럼 생각하던 사고가 지배적인 그런 시대도 있었다. 다행히도 이런 경향은 절제를 맞게 되었는데, 이것은 2차대전 이후 개인이라는 가치와 선을 향한 개인의 능력에 대한 전투적 믿음을 키워주는 종교를 재조명하고, 한편으론 전체주의적 국가의 확장과 이것이 개인에 대하여 미치는 영향에 대한 경각심을 갖게 된 덕분이다."[46]

지금 미국 법정에서 내려지는 판결들을 살펴보면서 나는 이러한 영적 이상주의의 부흥이 한때의 시대적 유행을 넘어, 법학의 역사 속에서 진정으로 영광스러운 시작을 알리는 것이 아닌지 희망을 갖게 된다. 이런 시대를 맞아 우리는 신중한 이성과 함께 당당한 도덕적 기백으로 극단적 교리주의라는 괴물 스킬라와 극단적 회의주의라는 카리브디스 소용돌이 사이를 잘 항해하여야 한다.

어느 정도의 독단dogmatism은 자연과학이 아닌 가치지향적 학문에서는 불가피한 것이지만, 이는 정상적인 사람이라면 그 누구도 부인할 수 없는 근본적 원리들을 고수하기 위해 유보되어야 한다.

이런 명제를 한번 예로 들어보자. 사람은 타인에 대하여 그가 전적으로 무고함에도 가령 살인죄와 같은 범죄로 처벌받도록 할 목적으로 위증을 해서는 안 된다. 도덕성이 완전히 망가져 있는 사람이 아니고서야 그의 피부색과 인종에 관계없이 이는 절대적 진리로 받아들일 것이다.

나는 하나에 하나를 더하면 둘이 된다는 명제처럼 예시의 명제 내지 이와 유사한 성격의 기타 명제들은 절대적으로 명확하다고 믿는다. 그렇지만 내게 이러한 명제가 참이라는 걸 입증하길 요구하면 솔직히 불가능하다고 고백한다. 왜냐하면 자명한 진리란 증명할 수도, 증명을 필요로 하지도 않기 때문이다.

물론 추상적으로는 인식하기 어려운 것을 쉽게 이해할 수 있도록 사과 한 개에 한 개를 더해서 '하나에 하나를 더하면 둘'을 설명하듯 구체적이면서 가시적인 사례를 들 수는 있겠다. 그래도 여전히 그 명제를 부정한다면, 그건 당신의 정신상태 어딘가가 잘못되었다고 말해 줄 것이다. 이웃의 아내를 가로채기 위해 무고한 그녀의 남편을 살인죄로 누명을 씌워

정의의 원천: 자연법 연구 제2부 정의의 원천과 기독교

위증해 전기의자에 앉힌 것을 자랑스럽게 여기는 인간에게 당신의 그 인생관 자체가 글러먹은 것이라고 단언할 수 있듯 말이다. 여기서 내가 말하고 싶은 점은 분명 절대적인 악도 있기 때문에 인간사의 모든 것이 상대적이지 않다는 사실이다. 이런 것이 내가 말하는 유보된 독단이다.

한편으로는, 어느 정도의 회의주의는 법관에게 있어서 필요하고도 바람직한 도구이기도 하다. 법은 끊임없이 소용돌이치는 인간사와 변화구 같은 상황들에 대응해야만 하고, 종종 전혀 예기치 못했던 사정의 급변으로 재판과정에서 나타나기도 한다. 브랙톤이 아주 솔직하게 토로했던 것처럼 어떤 사건들은 "전에 그와 유사한 선례라고는 찾아볼 수 없으며, 판결을 내림에 있어서는 모호함과 난관에 봉착하게 된다."[47] 브랙톤은 이런 사건들을 접하게 되면 법관들이 심사숙고하면서 주변의 조언도 얻어 볼 것을 강력하게 권고하였다. 이런 사건에 대하여 브랙톤은 법관들에게 세심히 고려하며 서로 논의할 것을 강력하게 권고하였다.

> "그렇지만", 그는 이렇게 한탄한다. "어떤 인간들은 자기가 아는
> 지식에만 안주하면서 법에 관하여는 모르는 게 없는 것처럼 굴
> 고, 다른 사람들의 조언을 구할 마음이라고는 조금도 없어 보인
> 다. 사실 그런 경우엔 만용을 부려 무엇을 호기롭게 결정하는 것
> 보다는 타인의 의견을 들어보는 것이 보다 정직하고 보다 분별력
> 있는 처사로 평가될 것이다. 왜냐하면 무언가 불확실한 것에 대
> 하여는 의문을 품어보는 것은 밑져야 본전이기 때문이다."[48]

지적으로 정직하고 겸손한 인간이라면, 매사에 뻐기기보다는 자신의 생

각에 다소 회의를 품기 마련이다. 만일 바리새인들이 사람의 전통에 대하여 좀 더 회의적이었더라면 그들도 하나님의 법에 좀 더 신실할 수 있었을지도 모른다.

정의의 원천: 자연법 연구   제2부 정의의 원천과 기독교

제22장 보통법과 형평법

내가 지혜로운 길을 네게 가르쳤으며
정직한 길로 너를 인도하였은즉

- 잠언 4:11

예수와 바리새인들 사이에 안식일에 벌어졌던 또 하나의 충돌을 보자. 안식일에 예수께서 밀밭 사이로 지나갈 때 배가 고팠던 제자들이 이삭을 잘라 손으로 비벼 먹었다. 이것을 본 어떤 바리새인들이 "어찌하여 안식일에 하지 못할 일을 하느냐"며 힐난하였다. 그러자 예수는 이렇게 대답했다.

"다윗이 자기 및 자기와 함께 한 자들이
시장할 때에 한 일을 읽지 못하였느냐?
그가 하나님의 전에 들어가서
다만 제사장 외에는 먹어서는 안 되는 진설병을 먹고
함께 한 자들에게도 주지 아니하였느냐?"

- 누가복음 6:1-4

예수가 이 다윗 왕의 이야기를 예로 든 것은 선례구속의 원칙stare decisis 이라든가, 선례를 존중해야 한다는 뜻에서 한 것이 아니라, 이 이야기 속에 하나의 중요한 법 원리가 포함되어 있기 때문이었다. 그 진설병은 제사장만이 먹을 수 있다는 것이 하나님이 제정해 주신 실정법이었지만, 이 실정법 역시 다른 실정법규와 같이 통상적인 삶의 상황에서 이해되어야 했고, 다윗과 그 부하들이 직면했던 것처럼 예외적인 사정 하에서는 적용되지 않는다는 것이 예수의 가르침이었다.

제사장의 몫을 보장하기 위한 목적으로 만들어진 이 율법은 비록 자연법에 속해 있지는 않다 하더라도 그것과 조화를 이루는 것이어서 평소에는 준수되어야만 했다. 반면 생명에 대한 보존은 자연법에 속하는 것이다. 우리가 실정법을 위반할 것인지, 자연법을 범할 것인지 그 사이에서 선택을 해야만 하는 상황에 직면하게 되었을 때 전자를 택하게 된다면 정당화되거나 적어도 변론이 가능할 것이다. 모든 실정법규에는 직접적으로 자연법의 계율이 명하는 바에 따라, 아니면 보다 높은 지위에 있는 형평법에 기초한 예외들이 존재한다.

이것은 우리에게 법과 형평이 얼마나 밀접한 관계를 맺고 있는지, 그리고 법체제의 발전에 있어 각자의 역할이 무엇인지 잘 보여주고 있다. 이들이 각기 별개의 법원에서 다뤄져 왔는지 혹은 같은 하나의 법원에서 다뤄져 왔는지는 중요하지 않다. 정말 중요한 것은 판사라면 응당 보통법과 형평법, 이 두 가지는 법체계 전체의 필수불가결한 부분들이고, 두 가지 모두 전체적인 하나의 법체계에서 빠질 수 없는 일부를 이루고 있으며, 각각 정의를 구현함에 있어 고유의 기능을 갖고 있고, 법의 온전한 발전은 이 양자의 조화로운 적용에 달려 있음을 명심해야 한다는 것이다.

법체계의 발전 과정에서 '법'은 엄격한 규범으로서 일찍부터 등장하였고, '형평법'은 재판 과정에서 태어났는데, 그 과정은 점차적으로 이루어지며 수고와 고통이 수반되었다. 어떤 규칙들은 인간들의 사회적 관계에 질서를 잡아주기 위해 도입되었다. 법관들은 처음엔 이런 규칙들이

정의의 원천: 자연법 연구   제2부 정의의 원천과 기독교

특정 사건에서 특정인에게 가혹한 결과를 초래한다 하더라도 예외를 둔다는 건 생각조차 하지 않았다. 왜냐하면 일단 규칙을 누그러뜨리면 새롭게 정립해 둔 사회적 질서가 쉽게 깨질지 모른다는 우려가 앞섰기 때문이다.

하지만 사회적 질서가 어느 정도 자리잡고 안정되자 법관들은 온통 평화와 질서 유지에만 신경을 쓰던 것에서 점점 벗어나 사건 당사자들 사이의 정의와 형평에 대해 더 많은 고려를 하게 되었다. 그러면서 법적 전통에 푹 젖어 구시대적 상황들에 적합한 훈련된 사고방식을 갖고 있던 대부분의 판사들은 새로운 요구에 유연하게 부응하는 데 어려움을 느꼈다.

이러한 상황을 타개하는 길은 일반 법관들보다 더 명철한 시야를 갖고 정의의 요구에 민감한 법적 천재들이 출현하는가에 달려 있다고 할 수 있는데, 이들은 융통성이라고는 없는 규칙 안에서도 적절한 예외들을 찾아내 적어도 앞뒤가 그렇게까지는 꽉 막히지 않은 동료들을 설득하는 방법을 아는 사람들이었다. 예수가 다윗의 사례를 꼽은 것은 이런 의미에서 이해되어야 한다.

법의 발전 과정에서 있었던 이런 흥미있는 대목들을 여기에서 상세하게 다 설명할 수는 없고, 한두 가지 사례만을 들고자 한다. 우선 유스티니안Justinian) 의 <법학제요Institutes> 중에 있는 다음과 같은 구절을 보자.

"예외란 원고의 주장이 추상적으로는 정당하지만, 종종 구체적 사정에 들어가면 피고에 대한 원고 주장이 형평에 맞지 않는 경우가 있는데, 이 때 피고를 보호할 의도로 만들어지는 것이다.

예컨대, '을'이 갚을 채무도 없음에도 강박·사기 또는 착오에 의해 '갑'에게 지불각서를 써 주었다면, '을'은 민법상 일단 그 각서 내용에 구속되고, 각서에 기한 소송 역시 청구 요건은 갖춰진 것이다. 그러나 '을'에게 이행 판결을 내린다는 것은 형평에 반한다. 이때 원고의 청구를 기각시키기 위하여 '을'에게는 사기나 강박 기타 이와 유사한 지급을 거절할 만한 사정이 있다는 예외 항변 제출이 허용되는 것이다.

이와 마찬가지로 만약 돈을 빌리기로 한 '을'이 돈을 받기 전에 상환하겠다는 내용의 차용증서를 '갑'에게 써 주었으나, '갑'으로부터 실제로 돈은 못 받은 경우 '갑'이 자신이 갖고 있는 차용증서를 근거로 '을'을 상대로 소송을 할 수 있음은 명백하다. 그러나 '을'이 그 문서상의 약속에 구속된다는 이유로 변제해야 한다는 판결이 내려진다면 이는 정의에 반하는 것이고, 따라서 이때는 '을'에게 사실은 그 돈이 '갑'으로부터 건너온 바 없다는 예외를 들어 자신을 방어하도록 하는 것이 허용되는 것이다."[49]

논리적으로 볼 때는 규칙과 예외는 동시적이어서, 사실은 수평적 관계에 있는 것이다. 그러나 역사적으로는 규칙이 먼저 등장하였고, 예외는 규칙이 만들어질 때 미처 예상하지 못했던 새로운 상황이 법정에서 재판을 받기 위해 드러나면서 나중에 부상하였다. 커먼로에 있어서 뿐만 아니라 로마법에 있어서도 예외란 실체법을 직접 건드려 변형시키는 것이 아니라, 항변의 형식이건 특별한 구제를 위한 청원의 형식이건 절차라는 통로를 통해 도입되었다는 사실은 특기할만 하다.

보통법에 대한 형평법은 산문에 대한 시의 관계와 같다. 보통법의 아름다움은 그 명료함과 질서정연함에 있고, 형평법의 아름다움은 그 유연함과 탄력성, 가치와 섬세한 균형감각을 찾기 위한 자유로운 탐색에 있다. 미국의 훌륭한 법학자 중 한 명인 조셉 스토리Joseph Story는 다음과 같이 진술한 바 있다.

> "형평법 철학에 스며있는 탁월한 미적 특성은 복잡하게 얽혀 있
> 는 모든 사건들 속에서 각각의 구체적 사건에 따른 형식과 내용
> 을 끌어내어 다양하게 조정하고 균형을 맞춰가면서 변화한다는
> 점이다."[50]

법의 작동에 있어서 법적 규칙과 형평, 이 둘 다 필요하다는 것은 말할 나위가 없으나 그럼에도 불구하고 보통 사람 또는 심지어 법의 본질에 대해 깊이 고민해 보지 않은 판사들조차 법을 규칙이라는 관점에서만 바라본다. 이 점에서 아리스토텔레스의 통찰력을 다시 음미할 필요가 있다. 형평이 갖는 기능은 필연적으로 보편성을 추구하는 법의 특징으로부터 불가피하게 나올 수 밖에 없는 결점을 시정하는 데 있다.

이 말은 아리스토텔레스와 거의 같은 시대의 인물인 중국의 맹자가 그 제자들 중 한 명과 나누었던 흥미있는 토론에서도[51] 볼 수 있다.

당시에는 부부 사이나 부모 자식 간이 아니고는 물건을 주고 받을 때에 남녀 사이에 신체적 접촉이 있어서는 안 된다는 것이 예의이자 사회적 윤리규범이었다. 예를 들어 어떤 남자 손님이 방문하여 안주인이 차를 대접할 때는 찻잔을 책상이나 방석 위에 놓아야 하고, 손님은 거기에 놓

인 찻잔을 들고 가야 했다.

어떤 경우라도 직접 여주인이 남자의 손에 직접 찻잔을 건네서는 안 되었다. 제자가 맹자에게 이 규범을 들면서 "만일 제 형수가 물에 빠져 죽어간다면 형수를 구하기 위해 손을 써서는 안 되는 겁니까?"라고 물었다. 이에 맹자는 다음과 같이 답을 했다고 한다. "그 상황에서 네가 손을 내밀지 않는다면, 너는 사람이 아니라 한 마리 짐승이나 다름없게 된다. 남녀 간에 신체 접촉을 해서는 안 된다는 규칙은 일상적 사회생활에 적용되는 것이지, 형수가 빠져 죽어가는 때에도 적용되지는 않는다. 사람이라면 균형감각을 항상 지니고 있어야만 하는 법이다."[52]

사실 형평법이란 정확하게 말해 이런 균형감각에 다름 아니고, 이를 살리기 위해서는 꽉 막힌 경직된 규칙에 갇혀서는 안된다. 교양처럼 경험·독서·관찰·성찰을 통해서만 배양되고 다듬어질 수 있다.

그 기초들은 일부 사람이 타고 태어나는 수도 있지만, 그것을 발전시키는 것은 올바른 교육, 특히 자기주도적 학습에 달려있다. 몇몇 위대한 법학자들이 젊은 친구들에게 법을 제대로 알기 위해서는 법 이상의 다른 것들도 알아야 한다고 충고한 것도 이런 이유 때문이다.

헨리 핀치Henry Finch경은 자신의 책 <법의 명제Nomotechnia, 1613>에서 법적 지식은 두 가지 요소로 이뤄져 있는데, 하나는 법 자체에 고유한 지식, 다시 말해 제정법과 판례법에 대한 앎이요, 다른 하나는 법의 바깥에 있는 샘물에서 길어오는 것이라고 하였다. 탁월한 그의 설명을 인용해 본다.

" (그 샘은) 최고의 그리고 가장 심원한 곳에서 자리한 신학·문법·논리학뿐만 아니라 철학·자연과학·정치학·경제학·윤리학이다. 비록 판결집과 판례 연감에 동일한 용어로 나와 있지는 않지만, 그 안에 발견되는 깨달음은 실은 같은 것이다. 왜냐하면 모든 학문들의 불씨는 법이라는 잿더미 속에 묻혀 있기 때문이다."[53]

물론 중요한 것은 우리 가슴 속에 정의의 불이 늘 세차게 타오르고 있도록 잘 유지하는 것이다. (불이 제대로 붙지 않았는데도) 불쏘시개를 너무 많이 넣거나 젖은 장작들을 넣으면 불은 꺼지고, 불이 밝게 타오르는 대신 연기만이 가득할 것이다. 반면 불꽃이 일 때는 옮겨 붙도록 불쏘시개를 더 넣어주어야지, 그렇지 않으면 금방 사그러들고 만다.

브랙톤은 법을 하나의 도덕학으로 부르면서, 이것을 윤리학의 한 범주에 포함시켰다. 나는 법이 도덕학이라는 점에 대하여는 동의하지만, 윤리학과 같은 반열에 두는 것이 맞다고 생각한다. 자연법이라는 한 부모 아래에서 태어난 쌍둥이 자매로서 말이다. 이 둘이 얼마나 밀접하게 연관되어 있는지는 우연히 내가 읽게 된, 그리 알려져 있지는 않으나 맨슨Manson의 탁월한 저작 <우리 법의 건축자들The Builders of Our Law>에 잘 설명되어 있다.

"맨스필드 경은 영국의 법학도들에게 '툴리의 직무Tully's Office'로부터 실무를 배우기 시작할 것을 권하였는데, '툴리'란 키케로가 쓴 세 권의 책 '의무론De Officiis'에 나오는 키케로에게 주어진 관직이었다. 이런 조언은 좀 이상하게 들릴 수 있지만 모든 법이 하나의 도덕적 기반 위에 서 있다는 점을 생각할 때 충분히 이해할 수 있는 말이다. 사회 내에서 사람들이 어떤 의무를 지고 있는가에 대하여 명확하게 이해하는 것이야말로 법학의 참된 토대이다.

덴만Denman은 유명한 <법률실무Practice>의 저자인 티드Tidd의 제자였는데, 테드는 막 실무를 시작하려는 학생에게 이렇게 가르치곤 했다고 한다. '주장을 정리해야 할 때는 우선 사실관계가 뭔지 철저하게 파악한 다음에 무엇이 옳은 길인지 생각해 보도록 하게. 그러면 선례가 뭔지 많이 뒤적거리지 않아도 적용할 법적 논리가 무엇인지 확실히 떠오를 걸세. 그게 법이네'. 특별히 판례들과 관련하여 이 조언은 신중하게 받아들여야 하겠지만, 그러나 본질적으로는 건전한 충고이다."[54]

토마스 모어가 인도주의적 정신에 얼마나 투철하였었는지는 널리 알려져 있는 바와 같다. 나는 그가 지니고 있었던 균형감각을 늘 존경하고 있는데, 그는 순교하는 그 순간까지도 그걸 잃지 않았다.
"나는 왕의 좋은 신하로 죽지만, 그보다는 하나님께 속한 자로서 죽는 것이다."[55] 나는 그가 정의라는 불과 지혜라는 물을 온전히 조화시켰고, 이로 인해 그가 위대한 형평법원 법원장Chancellor이 되었다고 생각한다.
내게 깊은 감명을 주는 것은 국왕재판소의 판사들과 그와의 사이에서 있었던 일이다. 그 자신이 누구보다 커먼로에 완전히 통달했던 모어는 커먼로 법관들에게 그들이 먼저 나서서 커먼로의 경직성을 완화하자고 제안했지만, 이 주장은 당시로서는 너무나 시대에 앞선 것이라 받아들여지지 않았다. 그러나 이것은 영국과 미국에서 커먼로와 형평법이 융합되면서 현실이 되었다.[56]
모어의 사상은 법학적으로 매우 중요한 의미를 갖는다, 그 이유는 커먼로와 형평법이 본질적으로 상호연관되어 있다는 사실, 즉 형평법은 커먼로를 전제로 존재하고, 커먼로는 형평법이 있어야 비로소 그 기능을 온전히 수행할 수 있다는 사실을 증명해 주기 때문이다. 플럭넷Plucknett 이 말한 것처럼 "인간 행위와 관련한 다른 사안들과 마찬가지로, 재판이란 커먼로와 형평법, 원칙과 예외, 전통과 혁신 사이의 정교한 균형에 달려 있다."[57]

그러나 모어의 시대에는 형평법 법원과 보통법 법원 사이에 많은 알력이 있었는데, 이 갈등은 주로 모어의 전임자였던 월시Wolsey가 보통법 법정에서 내려진 판결에 대해 집행금지명령을 많이 내린 데서 비롯되었다. 보통법 법원의 판사들은 대부분 보수적이었고 법 기술적 측면에 관심을 쏟는 경향이 있었다. 이들은 커먼로를 엄격하게 고수하기 위해서라면 정의의 본질적인 부분도 기꺼이 희생하려 들었다. 예를 들어 '을'이 '갑'에게 채무를 변제하였지만 자기가 서명한 차용증서 회수하는 걸 깜박 잊었다면 '갑'은 '을'을 상대로 여전히 이 증서를 근거로 커먼로 법원에 이행청구를 할 수 있고, 법원은 '갑'에게 승소판결을 내릴 것이었다. 이런 경우 '을'은 형평법원에 청원을 하게 되는데, 형평법원은 양측의 주장을 들어본 뒤 '갑'의 승소판결 집행을 금지하는 명령을 내리게 되는 것이다. 이것은 '갑'이 이중으로 변제를 받게 되는 불합리한 결과를 막기 위한 것이었다. 만일 '갑'이 이 금지명령을 무시하고 판결을 집행하려 들면 형평법원은 '갑'을 감옥에 보내게 된다. 이 금지명령은 비록 사건 당사자들에게만 내려지고 커먼로 법원을 직접 겨냥한 것은 아니었지만 실제에 있어서는 형평법원이 커먼로 법원을 향해 금지를 명하는 것과 다르지 않았다.

매이트랜드가 말한 것처럼 "만일 '갑'이 신의성실에 위반되는 판결을 얻어냈다면 형평법원은 이 판결이 잘못되었다고 선언한다던가 혹은 판결을 무효화시키는 것이 아니라, '갑'의 특별한 사유로 인해 판결이 집행되는 것이 공평하지 못하므로 이를 집행해서는 안 된다고 명할 뿐이다. 그럼에도 불구하고 커먼로 법원의 판사들 입장에서 자신이 내린 판결이 이렇게 불구화되는 것을 불쾌하게 여겼을 것임에는 의문의 여지가 없다 하겠다."[58]

모어는 월시만큼 많은 금지명령을 내리지는 않았지만 커먼로 법원의 판사들 사이에서 불만이 없지는 않았다. 그의 사위인 로퍼Roper가 커먼로 법원의 판사들이 자신이 내리는 금지명령을 불쾌해하고 싫어한다는 사실을 알리자 모어는 서기들을 시켜 과거 발부되었던 금지명령 및 현재 계속 중인 집행금지청구사건들의 일람표를 만들게 한 뒤 불만을 가진 판사들을 웨스터민스터로 초청하여 만찬을 가졌다. 이 자리에서 있었던 일을 사위 로퍼는 이렇게 기록하고 있다.

"식사가 끝난 뒤에 모어는 금지명령의 발부를 둘러싼 판사들의 불만을 알고 있다면서 지금까지 내렸던 금지명령사건들을 일일이 나열하고 그 이유를 설명하였다.

사건별로 내용을 충분히 검토한 판사들은 하나같이 그러한 특별한 사정이 있다면 자신들 역시 그렇게 처리하지 않을 수 없었을 것이라고 고백하기에 이르렀다. 그러자 모어는 만일 모든 커먼로 법원의 판사들이 상당한 숙고를 거쳐 그들 스스로 자기 재량에 의해 법률의 경직성을 완화·개선한다면 자신은 일체 금지명령

정의의 원천: 자연법 연구 제2부 정의의 원천과 기독교

을 내리지 않겠노라는 제안을 하였다.

하지만 이 제안이 동의를 얻지 못하자 그는 다시 '민중에 대한 폐해를 구제하기 위하여 이러한 금지명령을 발할 필요성을 당신들 스스로 내게 부과하고 있는 한, 내가 내리는 금지명령에 대한 당신들의 비난은 정당화될 수 없다.'고 하였다.

이 일이 있은 후 장인어른은 내게 '그들이 (문제가 있다는 걸 알면서도) 막상 왜 그렇게 심사숙고하는 걸 별로 좋아하지 않는지 나도 안다네. 왜냐하면 이런 논란이 있다 하더라도 그 책임을 배심원들의 판정에 일임함으로써 자신들의 책임이 배심원들에게로 전가될 것이라고 믿고 있기 때문이지. 나는 저 사람들이 이걸 유일한 방편으로 삼고 있다는 걸 알고 있기에 그들 면전에서 이런 설명을 할 수 있는 모험을 시도할 수 있었던 것일세.'라고 하셨다."[59]

유감스럽게도 형평법원장이었던 모어가 내린 판결들은 판결집에 수록되어 있지 않다. 하지만 그가 자기 집에서 내린 어떤 결정이 마치 솔로몬의 판결처럼 현명한 심판의 한 사례로 일화 형식으로 전해지고 있다. 이 이야기는 엘리자베스 왕조 말년에 쓰여진 <교회전기Ecclesiastical Biography> 중 로 바Ro Ba란 사람에 관한 이야기 속에 들어 있다. 이 판정은 모어의 특성을 너무나 잘 나타내고 있어 꼭 살펴볼 필요가 있다. 고어체 古語體 영어로 되어 있는 그 원문에는 전체적인 내용이 더 미묘하고 매력적으로 묘사되어 있다.

"모어의 부인은 개를 데리고 노는 것을 좋아했다. 한번은 누가 개한 마리를 그녀에게 선물했는데, 실은 어떤 불쌍한 거지 여인에게서 훔쳐 온 개였다. 하루는 이 개 임자인 거지 여인이 모어의 부인을 시중드는 한 남종과 함께 그 개가 있는 것을 보았다. 당연히 그 거지 여인은 개를 돌려달라고 했고, 남종이 이를 거절하자 두 사람 사이에는 개를 놓고 뺏고 빼앗기지 않으려는 실랑이가 벌어졌다.

모어가 이 사실을 알고 부인과 거지 여인을 자기 방에 불러놓고, '부인, 당신은 숙녀이니 방 윗목에 가 있고, 여인이여, 그대는 아무 나쁜 일도 하지 않았으니 방 아랫목에 가서 서 있으시오.'라고 하였다.

그리고 자신은 개를 안고 중간에 서서 두 사람에게 '이 개 때문에 일어난 시비에 관해 내가 중재하는 것에 동의합니까?'라고 물었다. 두 사람이 동의한다고 하자, 모어는 '그럼 두 사람이 각자 이 개의 이름을 불러서 오게 해 보시오. 누구에게든지 개가 가는 쪽이 임자가 되는 겁니다.'라고 선언했다.

그래서 개가 거지 여인에게 가게 되자 그는 거지 여인이 개를 갖도록 결정하였다. 그리고 나서 그 여인에게 은화를 주면서 개를 자기 처에게 주기를 부탁했는데, 그 여인은 모어의 공정함에 감동을 받은데다 값을 후히 받았으므로 두 말 않고 개를 모어의 부인에게 내주었다."[60]

예수가 이 판결을 들었다면 미소를 짓지 않았을까 싶다.

제23장 알파와 오메가

나는 알파와 오메가요 처음과 마지막이라
내가 생명수 샘물을 목마른 자에게 값없이 주리니
－ 요한계시록 21:6

미국인들이 대체로 신앙적 성향을 지녔음은 부인할 수 없는 사실이다. 이방인들은 물질문명을 주도하는 미국인들의 정서 밑바탕에 하나님에 대한 믿음과 신뢰, 타인들을 향한 선한 생각이 흐르고 있음을 보고 느끼며 깊은 감명을 받는다.[61] 건국 초기부터 지금 아이젠하워 대통령 시대에 이르기까지 위정자들은 모두 한목소리로 국리민복의 토대로서 신앙이 갖는 역할을 강조해 왔다.

이런 기풍은 조지 워싱턴이 세운 것이 아닌가 싶다. 그의 고별 연설 중에 나와 있는 몇 구절만으로도 미국인의 도덕 및 신앙적 사고의 특징으로 들 수 있는 진실성, 사실에 기반한 객관에 철저한 성향은 충분히 설명될 것이다.

"아주 간단하게 말해서", 워싱턴은 이렇게 말한다. "단도직입적으로 만약 정의의 법정에서 사실관계를 밝히기 앞서 행하는 선서에서 신앙적 책임감이 없어진다면, 우리의 재산·명예·생명에 대한 안전을 어디에서 찾을 수 있겠습니까? 그리고 신앙없이도 도덕성은 유지될 수 있다는 가정도 조심스럽게 해 봅시다. 신앙적 원리들을 배제한 상태에서는 세련된 교육을 받은 사람의 머릿

속에도 이상하고 편협한 특정한 사고방식이 거리낌 없이 들어와 영향을 미칠 수 있을 겁니다. 이성과 경험은 우리에게 이런 상태에서는 한 국가의 도덕성을 기대할 수 없다는 걸 가르쳐줍니다."

이런 말이 단순한 정치적 수사가 아니라 하나님에 대한 깊은 신앙과 절대적 의지에서 우러나고 있다는 것은 국제관계에 관한 그의 시각에도 분명하게 나타나 있다. 워싱턴은 이렇게 훈시한다.

"어떤 국가에 대해서건 신뢰와 정의를 지키고, 모든 이들과의 평화와 조화를 키워가야 한다는 사실은 신앙과 도덕이 명하는 것입니다. 좋은 정치, 좋은 정책이라면 역시 이와 같이 우리에게 명할 것입니다. 늘 고귀한 정의감과 사랑으로 인도받으면서 관대하고 신선한 모범적 시민임을 세계에 보여주는 것은 자유와 계몽이 지향하는 가치이며, 이것은 머지않아 우리를 위대한 국가로 만들어줄 것입니다."

이런 말이 너무 이상적인 것으로 들릴 수도 있겠지만, 대체로 현재까지 미국 외교정책의 일관된 전통으로 내려오고 있는 것만은 분명해 보인다.

냉소적인 사람들은 이걸 왜곡하기도 하였다. 공리주의 법학자로 알려진 홀랜드T. E. Holland는 "현대 외교정책에 있어 '자연법'에의 호소, 특히 미국에 의해 빈번하게 이뤄지는 이런 호소는 수사학적 용어 외에 아무것도 아니다."[62]라고 하였다. 하지만 워싱턴이나 그의 후계자들은 위선자도 아니었고, 어리석은 사람들도 아니었다. 홀랜드과 같은 공리주의적 실정법주의자들은 한 차원 높은 현실성에 입각해 있는 이상주의 속에 내포된 진실을 이해할 수 없었을 뿐 아니라, 그 뒤에 감추어진 지혜를 생각하지 못한 것이다.

만일 실정법주의자들이 빌라도_{Pilate}처럼 '자연법이 무엇이냐?'고 묻는다면 워싱턴은 지체없이 역으로 질문을 할 것이다. 정상적인 사람이라면 할 법한 대답을 끌어내는 의문을 던지는 것이다.

> "신의 섭리가 어느 국가가 영구히 지극한 복을 누리는 것과 그 국가에 어떤 미덕이 있어야 하는 것과 서로 아무런 연관성이 없도록 만들어 놓았다는 발상이 가능한가요? 적어도 우리는 적어도 한 개인의 천성을 품격있게 만들어주는 것이 미덕이라는 사실은 알고 있습니다. 그런데 국가는 그 악을 지니고도 행복해질 수 있다고요?"

이 마지막 구절은 주로 종교적 자유를 찾아 이 아메리카 대륙을 밟았던 초기 개척자들에 있었던 깊은 기독교적 신앙을 반영한다. 그들은 신실한 크리스천들이었다. 비국교들 및 기타 독립교파에 속해 있던 이들은 자신들의 영감을 그들이 일용할 양식으로 삼고 있던 성경에서 이끌어냈다. 그들 각자가 해석에 따라 성경을 보는 신학적 입장은 조금씩 달랐으나, 그들의 삶의 철학 속에 있는 중심적인 생활교리는 본질적으로 건전하였다. "먼저 그의 나라와 그의 의를 구하라, 그리하면 이 모든 것을 너희에게 더하시리라."_{마태복음 6:33}는 이들의 공통 신조였다.

파운드 학장은 미국 법철학에 미친 청교도적 영향을 요약·설명한 바 있다.

"모든 법적 문제를 해결하기 위한 가장 이상적인 관념으로 계약과 자기책임의 원리가 도입되었다. 그런데 나중에 공업 중심의 산업도시화가 급속히 진행되면서 우리가 흔히 말하는 사회적 입법이 요구되었을 때, 이런 관념들과 충돌을 일으키면서 얼마동안은 그러한 입법들이 순조롭게 진행되지 못하였다."[63]

그래서 파운드 학장은 미국 개척 초창기 선구자들이 기독교 정신에 입각하여 입법에 정의를 불어넣는 것에 기여한 바를 높이 평가하면서도, 청교도 정신에 있는 극단적인 개인주의적 성향을 비판하기도 하였다.

"이런 점에 있어 청교도들은 종교개혁을 이 땅에 구체화시켰다. 해석에 있어서의 개인적 자유, 자유로운 사적 결사, 개인의 권리들이 종교적·정치적 그리고 법적 관점의 토대를 이루고 있었다. 하지만 자기주장과 자기이해관계에 대한 추상적인 개인적 자유가 모든 법률 체제가 보호해야만 하는 전부가 아닐 뿐 더러, 19세기 우리는 이미 이런 것들을 유일한 보호법익의 기초로 삼은 탓에 나오는 온갖 방면의 사회적 부작용을 목도한 바 있다."[64]

여기에 파운드 학장은 이 문제와 관련하여 자신의 입장보다도 더 엄격한 비판의 잣대를 갖고 있었던 몰리Morley의 말도 인용하였다.

"청교도주의가 우리에게 끼친 해악은 어마어마하다. 인간의 판단에서 모든 넓이 · 깊이 · 색깔의 다양성과 분별력을 빼앗고는 천박하고 협소하며 피상적인 선언들을 도덕성으로 삼거나, 자신들의 견해에 정확하게 맞춰서 이를 진리의 표준으로 받아들이도록 인도하려 들었다."[65]

이런 까닭에 예리한 도덕적 직관과 어떤 권위주의도 부정하는 프로메테우스Prometheus i적인 당당함을 지닌 파운드 학장과 도시형 신사로서의 세련된 심미적 안목을 지닌 몰리, 이 두 사람은 소위 '청교도적 프로크루스테스의 침대'[66]를 불만족스럽게 여겼던 것이다.

하지만 내가 보기엔 여기 내포되어 있는 문제들이란 둘 중 하나를 선택하는 것-소박함과 우아함, 독자성과 타협, 개인주의적 법철학과 사회적 법철학, 혹은 근대적 의지주의와 중세형의 관계망으로 엮인 사회- 그 이상의 일들이다.

내가 볼 때 이 쟁점은 그보다 더 깊숙이 들어간다. 우리는 좁은 기독교와 포괄적 기독교 사이에서 선택해야 하는 상황에 있다. 만일 내게 촌티

---

i_프로메테우스라는 이름에는 '먼저 생각하는 사람', 선지자라는 의미가 있으며, 그 동생 에피메테우스의 이름에는 반대로 '행동하고 나서 생각하는 사람'이라는 뜻이 담겨져 있다. 이들은 고대 그리스 신화에서 올림포스의 신들보다 앞선 티탄 족에 속하는 신들로 형인 프로메테우스는 인간에게 불을 주었다는 이유로 제우스의 노여움을 사서 코카서스 산 바위에 쇠사슬로 묶인 채 독수리에게 간을 파먹히는 형벌을 받게 되었다. 그가 인간에게 불을 가져다준 것은 천지창조 시에 각 생명에게 재능과 능력을 나눠주던 에피메테우스가 생각 없이 재능을 동물들에게 다 주어버리고 맨 나중에 만들어진 인간에게 줄 것이 없자 형에게 부탁하였기 때문이다. 한편 제우스는 최초의 여자인 판도라를 만들어 에피메테우스에게 주었는데 프로메테우스는 그녀를 조심하라고 했지만 에피메테우스는 판도라에게 빠져 그녀를 부인으로 삼았다. 어느날 판도라는 호기심에서 에피메테우스가 각 생명에게 재능을 꺼내 주고 남은 불필요할 뿐 아니라, 온갖 좋지 않은 것들만 남겨져 상자를 열어보게 되고, 인간에게 불행을 가져오는 온갖 것들이 튀어나왔고 이때부터 인간세상에는 갖은 재앙이 창궐하게 되었다고 한다.

나는 프로테스탄트적 기독교와 도시풍의 몰리식 기독교 정신을 택하라고 한다면, 나는 확실히 후자보다는 전자를 택할 것이다. 한 방울의 순수한 신앙이 한 톤의 얕은 신앙보다 훨씬 더 가치가 있기 때문이다.[67]

사실 미합중국 초기 건국의 아버지들이 모두 청교도들은 아니었다. 거기에는 자연신교Deism부터 가톨릭까지 각양각색의 종교적 색채가 섞여 있었다. 독립선언서Declaration of Independence와 권리장전Bill of Rights도 딱히 청교도만의 색깔이라고도 하기는 어렵다. 모든 인간은 평등하게 태어났으며 하나님으로부터 생명·자유·행복을 추구할 권리와 같이 양도할 수 없는 일정한 권리를 부여받았다는 것은 모든 이성을 지닌 인간이라면 수긍하는 공통분모이다.

19세기 미국 법학의 오류는 인간이 지닌 자연권을 주장한 데 있었던 것이 아니라, 자연적 의무에 대한 생각을 좀 더 하지 않았다는 사실에 있다. 인간의 존재를 그 인격성의 온전함에서 찾고 그 이상을 인도주의에 두는 대신, 법학은 우리에게 '경제적 인간economic man'으로 쉽게 탈바꿈될 수 있도록 자연권에만 기초한 추상적 개인, 인간이라는 해골만을 제시하였다.

'경제적 인간'은 한편에서는 산업사회의 기관사들을 낳았고, 다른 한편으로는 사회적 기계를 작동시킬 자잘자잘한 톱니들을 탄생시켰다. 세상은 개인적 공리주의와 사회적 공리주의로 양분되었으나 이 둘 모두의 핵심은 물질중심의 인생관인데, 이것이 법학에 있어서는 법실증주의의 형식으로 나타났던 것이다.

지금의 법철학이 처한 실상에 대하여 교황 비오12세Pius XII만큼 정확하게 이를 파악한 사람이 없는데, 사실 그가 법학에 상당한 조예가 있다는 것

정의의 원천: 자연법 연구   제2부 정의의 원천과 기독교

이 그리 알려지지 않은 듯하다. 그는 이렇게 말한 바 있다.

"법실증주의 대두에 가장 큰 책임을 져야 하는 시기는 19세기이다. 입법이 각 분야에서 심각한 결과를 초래한다는 문제의식을 뒤늦게 갖게 된 이유는 당시만 해도 전통적 기독교 문화가 사회전반에 배어 있었고, 의회와 같은 입법기관에서 기독교적 사상을 대변하는 사람들의 의견에 어느 정도 힘이 실려 있었기 때문이었다. 그런데 이런 분위기가 사라지면서 오늘날 결국 기독교와 양립할 수 없는 전체주의 국가들의 등장으로 이어졌고, 탈기독교적국가들은 의도적으로- 혹여 고의가 아니라 할지언정 사실상- 최고의 신성한 법과의 연계 고리를 다 부숴버리면서 이 세상에 법실증만능주의의 진짜 동지들을 선 보였던 것이다."[68]

전체주의 국가가 아닌 다른 모든 나라들에서도 법학은 두 가지 길 중에서 하나를 택할 수 밖에 없게 되었다. 세상이 현재 처해 있는 그 상황으로 이어지는 내리막길을 택할 것인지, 아니면 오르막을 택하여 전심으로 하나님께로 돌아갈 것인지. 현재 자리에 그냥 머물러 있게 되면 내부적 압박으로 분열되어 결국은 무너질 일이었다.
개인주의로 돌아갈 수는 없다. 그러나 개인주의에 대한 치유가 사회주의는 아니다. 프랭크 쉬드Frank Sheed의 소박한 표현을 빌자면, 사람들은 '각자의 개성이 무시된 채 사회라는 오믈렛을 만드는데 휘저어지는 달걀 같은 존재'[69]가 아니기 때문이다. 개인주의와의 문제는 우리가 그 대상을 잘못 골랐다는 데 있지 않다. 이 세상에서 개인들 이상으로 더한 실존적인 존재는 없다.

사회를 하나의 전체적 실존으로 보는 사고는 기르케Otto Friedrich von Gierke, 1841-1921에게는 좀 미안한 말이지만 기독교적 사상과는 거리가 멀다.[70] 사회는 유기체가 아니다. 또한 집단으로서의 인민이나 국가는 사비니 Savigny의 주장처럼[71] 정신을 갖고 있지 않다. 나는 이런 견해를 망상이라 부르고 싶다. 기독교적 관점에서 사회는 유기체organism라기보다 하나의 조직체organization에 불과하고, 이 조직체가 인간을 위하여 있는 것이지, 인간이 조직체를 위하여 있는 것은 아니다.

한편, 사회는 단지 개인들을 단순히 모아 놓은 것에 불과하다거나, 머릿속에서 만들어낸 하나의 순전한 허구도 아니다. 사회는 인간의 본성 그 자체에 뿌리를 두고 있다는 점에서 하나의 자연적 소산이다. 사회는 자신만의 기능과 자신만의 법규범을 갖고 있는데, 이러한 기능과 규범은 하나님의 형상을 따라 지음 받은 인간의 인격성을 온전하게 발현시키는 데 그 목적을 두고 있다.

개인주의에 내재된 주된 문제는 사람다움이라는 인격보다는 개체성을 강조하는 데 있다. 다시 말해 조화의 원리인 '정신spirit' 대신 개별성의 원리인 '물질matter'이 개인주의의 중심에 있는 것이다. 개인의 자기주장은 최고로 발전하였으나, 보다 고상한 인간 본연의 속성들은- 예컨대 이성·사랑·타인을 향한 배려·가정의 화목·사람들 사이의 연대 관념 등- 모두 관심 밖으로 벗어나고 말았다. 집단주의가 기독교적 사상에 부합하지 않는 것처럼 이런 의미에서의 개인주의는 기독교 정신과 일치하지 않는다. 여기서 사도 바울의 말을 한번 생각해 보자.

"형제들아 너희가 자유를 위하여 부르심을 입었으나

그러나 그 자유로 육체의 기회를 삼지 말고

오직 사랑으로 서로 종 노릇 하라. 온 율법은

네 이웃 사랑하기를 네 자신 같이 하라 하신 한 말씀에서

이루어졌나니, 만일 서로 물고 먹으면 피차 멸망할까 조심하라."

— 갈라디아서 5:13-15

파운드 학장이 보였던 개인주의의 부작용에 대한 의분은 충분히 정당하다고 보여지지만, 개인주의를 완전히 청교도적 사상의 탓으로만 돌리는 것은 크게 공정함을 잃은 처사라 하지 않을 수 없다. 19세기 개인주의적 법철학 형성에 있어 더 직접적이며 뚜렷한 영향을 끼친 것은 벤덤의 공리주의, 다윈의 자연도태설, 스펜서의 자유방임주의laissez-faire였으며 그 당시 청교도적 교리는 이미 쇠퇴기에 접어들었던 것으로 봐야 한다. 사실 청교도적 분위기가 지배하던 당시에 살았던 윌슨Wilson, 마샬Marshall, 켄트Kent, 스토리Story, 리빙스톤Livingston 및 쇼Shaw 같은 초창기 법관들이 지금의 법관들보다는 오히려 더 인간적이며 조화의 원리에 충실하지 않았나 싶다.

청교도들에 대하여 누가 어떻게 평가하건 간에 그들이 하나님과 예수의 가르침에 대하여 진정한 신앙을 갖고 있었다는 사실, 그리고 그들이 물질적이 아니라 영적 정서를 갖고 있었던 것만큼은 부인할 수 없다. 파운드 학장은 액튼Acton경의 말을 인용하여 "청교도들은 '이 세상의 모든 정부와 제도는 지상의 모든 다른 물질과 마찬가지로 소멸하도록 되어 있지만 영혼만은 불멸이다. 자유와 권력 사이의 비중은 영원함과 유한한 시간 사이의 비중과도 같아서 강제를 통해 명령하는 영역은 권위와 외

부적 규율, 조직화된 물리력에 의하여 작동하되, 일정한 한계에 의하여 제한되어야만 하고, 그 영역 내에서는 권력이 분립되어야 하고, 자유시민들의 지성과 양심에 맡겨져야 한다."[72]고 했다.

이 말이 모두 맞다면- 나는 물론 그렇다고 본다- 진정으로 기독교라는 반석 위에 미국의 민주주의를 세운 청교도들은 비난이 아니라 칭찬받아야만 한다. 청교도 정신은 배척되어야 할 것이 아니라 온전히 발전시켜야 할 것이다.

지난 이십여 년 동안 파운드 학장이 시시때때로 정부가 지나치게 비대해지고, 그 거대함에 반비례하여 개인이 묻히는 현상에 경종을 울려온 것은 매우 의미있는 일이다. 또 다른 법사회학자인 프랑크푸르터 Frankfurter 대법관이 이른바 <철강압수Steel-Seizure Case> 사건[73]에서 했던 다음과 같은 판시 내용도 같은 맥락에서 이해할 수 있다.

"우리가 지금 갖고 있는 입헌적 민주주의는 아마도 인간이 마련한 사회 제도 중에서 성공적으로 운영하기가 가장 어려운 것일 수 있다. 우리의 사회 제도는 그 목표를 이룸에 있어, 다른 어떤 형태의 정부보다 지식과 지혜, 그리고 자기 훈련에 더 많이 의존한다. 왜냐하면 민주주의란 이성의 지배가 가장 폭넓게 미친다는 걸 의미하기 때문이다.

이 나라를 세운 아버지들은 지금의 냉소주의자들과 같은 '역사에서 배울 수 있는 유일한 점은 과거로부터는 아무것도 배울 것이 없다는 교훈 뿐'이라는 식의 사고에 젖어있지 않았다. 그들은 인간의 경험이 인간의 본성에 대해 많은 것을 밝혀준다는 신념에

정의의 원천: 자연법 연구   제2부 정의의 원천과 기독교

따라 행동했다. 한 사회가 단합되고 문명화되기 위해서는 권력을 효과적으로 사용해야 할 필요성도 있지만, 또한 피치자들에 대하여 통치자들이 행사하는 권력의 한계를 정해야 할 필요성도 있다는 사실을 그 경험을 통해 나오는 빛에 비춰 알았다.

이를 위해 개척자들은 견제와 균형이라는 제도 위에 중앙 정부의 구조를 세웠다. 권력분립주의는 단순한 이론이 아니라, 경험에서 우러난 필요의 결과였다. 얼마 전까지만 해도 우리 헌법상의 견제와 균형은 효과적인 정부에 대한 방해 요소라고 생각하는 경향이 유행했다. 기존의 시스템을 구닥다리로 매도하고 조롱하기는 쉽다. 어쩌면 너무 쉬울지도 모른다. 하지만 오늘날 우리가 목도하는 현실 자체가 우리를 생생하게 일깨워 주고 있다. 우리 헌법의 설계자들은 세상물정 모르는 이론가들이 아니었다. 이 현명한 정치가들은 한 곳으로 집중된 권력의 위험으로부터 인간이 여전히 생물학적, 심리학적, 또는 사회학적 면역력을 갖고 있으리라는 환상 따위를 일체 지니고 있지 않았다."

두 노련한 사회법학자들에게서 자연스럽게 나오고 있는 이런 평가는 지금의 흐름이 어디로 가고 있는지 잘 보여준다. 커먼로의 바로 그 원천, 다시 말해 그리스도의 정신과 가르침에 토대를 두고 진정한 근본적 법철학을 세워 나가는 일은 젊은 세대의 법학자들의 몫이다. 목적론적 사고를 갖고 있는 사람이라면 처음이자 끝, 알파와 오메가이신 그분의 기준에 못 미치는 그 어떤 것에도 자족하고 그냥 머물러 있어서는 안 된다.

제24장 예수의 논리

하나님의 아들 예수 그리스도는
'예'하고 '아니라'함이 되지 아니하셨으니
그에게는 '예'만 되었느니라.

- 고린도후서 1:19

단언컨대 예수를 단순한 논리학자나 법학교수로 부를 사람은 없을 것이다. 그러나 이 땅에 오신 하나님의 말씀이신 분은 논리적이지 않을 수 없었다. 왜냐하면 진리가 그 자신과 모순된다는 것은 불가능하기 때문이다.

한번은 바리새인들이 눈 멀고 말 못하는 귀신들린 자를 예수가 고치는 것을 보고 예수를 향해 "귀신의 왕 바알세불을 힘입지 않고는 귀신을 쫓아내지 못하느니라."마태복음 12:24고 하였다. 이는 성령에 대한 모독이요, 모순이었다. 그래서 예수는 그들을 향하여 이렇게 말하였다. "스스로 분쟁하는 나라마다 황폐하여질 것이요, 스스로 분쟁하는 동네나 집마다 서지 못하리라. 만일 사탄이 사탄을 쫓아내면 스스로 분쟁하는 것이니 그리하고야 어떻게 그의 나라가 서겠느냐."마태복음 12:25-26 예수는 더 나아가 "나무도 좋고 열매도 좋다 하든지 나무도 좋지 않고 열매도 좋지 않다 하든지 하라 그 열매로 나무를 아느니라."마태복음 12:33고 하였다. 그리고 제자들에게는 이렇게 가르치셨다.

"거짓 선지자들을 삼가라. 양의 옷을 입고 너희에게 나아오나
속에는 노략질하는 이리라.
그들의 열매로 그들을 알지니 가시나무에서 포도를,
또는 엉겅퀴에서 무화과를 따겠느냐?
이와 같이 좋은 나무마다 아름다운 열매를 맺고
못된 나무가 나쁜 열매를 맺나니,
좋은 나무가 나쁜 열매를 맺을 수 없고
못된 나무가 아름다운 열매를 맺을 수 없느니라."

- 마태복음 7:15-18

이 구절과 관련하여 내 책 <동서의 피안Beyond East and West>에서 언급하
지 않았던 한 가지 일을 고백하려 한다. 이십 대 초반에 나는 실용주의
Pragmatism에 매료되어 한 친구에게 편지를 보내면서 '나는 실용주의의 진
정한 원형을 예수의 인격에서 보았고, 가장 위대한 실용주의자는 윌리
엄 제임스William James가 아니고 사도 야고보James'라고 쓴 적이 있다.
예수는 매사를 그 열매나 결과를 통해 판단하지 않았던가? 몇 년의 시
간이 흐르면서 나는 그리스도의 사상과 실용주의 사이에는 하늘과 땅만
큼의 차이가 있다는 사실을 깨닫게 되었다. 예수에게 그 나무는 출발점
이었지만, 윌리엄 제임스에게 있어서는 열매가 바로 나무였다.
제임스는 "명제의 진실성은 그 유용성과 충족성에 있다."[74]고 단언하
였으나, 실제로 이것은 주관주의의 한 형태로서 여기에서는 어떤 결론
도 끌어낼 수 없다. 다행히도 제임스는 그 철학보다는 인격이 더 농익은
사람이었다. 아일랜드계답게 시인으로서의 소질도 있으면서 실제적 상
식도 풍부한 인물이었다. 그는 켈트족이 지닌 상상력을 자유롭게 구사

하여 현실을 개념적 정의의 울타리 안에 가두지 않으려고 애썼고, 이를 통해 자기 자신이 만들어 둔 주관주의subjectivism와 유아론唯我論, solipsism의 테두리를 벗어날 수 있었다.

사실 실용주의는 척박한 개념주의에 대하여 독설을 날렸던 홈스Holmes 대법관의 소위 '톡 쏘는 사이다'와 같은 반동 작용의 일환이었고, 개념주의의 해독제로서 유익한 역할을 담당했다. 왜냐하면 라그랑주Garrigou-Lagrange 신부가 말한 것처럼 "실용적 진리는 이론적 오류와 공존할 수 있기 때문에, 실용주의에도 부분적인 진리는 들어 있을 수 있기 때문이다."[75]

하지만 열매에만 너무 집중하다 보면 나무 자체를 잊기 쉽고 그렇게 되면 결국엔 아무 열매도 더 이상 기대할 수 없게 된다. 중요한 것은 나무를 잘 관리하는 것이고, 그러면 좋은 열매도 맺히는 법이다. 시냇가에 나무를 심어 놓으면 철을 따라 열매를 맺을 것이다.[76]

얼마나 실용주의적 사고에 흠뻑 빠져 있었는지 나는 한 때 "권리가 있는 곳에 구제가 있다.Ubi ius, ibi remedium"라는 법언法諺을 "구제가 있는 곳에 권리가 있다.Ubi remedium, ibi ius"로 도치倒置시켜 놓기도 했었다. 구제 내지 배상이 있는 곳에 권리가 있다! 다시 말해 우리에게 어떤 권리가 있다는 것은 법원이 그 침해에 대하여 배상이나 응분의 대가를 치르도록 하는지 여부에 달려 있다는 것이다. 법원이 구제 내지 대가를 치르도록 하지 않는다면, 권리란 시행 불가능한 것이고, 시행 불가능한 권리는 권리의 명분만 갖고 있는 허상에 지나지 않는다는 것이 나의 법철학이었다.

꽤 그럴싸하게 들리지 않는가? 그러나 나는 판사가 되고 나서 그런 법철학은 논리적으로 있을 수 없다는 사실을 깨닫게 되었다. 내가 원고에게 승소 판결을 내릴 때, 그 판결 이유로 "내가 당신에게 구제를 허락했으니 당신은 권리를 갖고 있다."라고 할 수 있는 것이 아니었고, "당신이 권리를 갖고 있기 때문에 구제 받을 수 있다는 결론을 내린다."고 할 수 있을 뿐이었다. 이와 마찬가지로 원고에게 패소 판결을 내려야 할 때도 "당신에게 구제를 허락하지 않았으니 권리가 없다."라는 것이 이유가 될 수 없었고, "당신의 권리가 침해된 바 없으니 구제를 허락할 수 없다."라는 논리가 전부였다. 그러므로 구제보다 앞서 먼저 엄연히 존재하고 있는 권리를 제거한다는 것은 도저히 불가능하였다. 권리의 윤곽은 거기에 허용되는 구제가 틀을 잡아 준다 하더라도, 그 안의 고갱이까지 구제가 그려주는 것은 아니다.

권리가 나무라면, 구제는 그 열매와 같다고 해도 그리 잘못된 비유는 아닐 것이다. 예수의 논리를 이 비유에 적용하게 되면 더 분명하게 알 수 있다. 왜냐하면 이 비유 속 논리 전개를 통해 권리와 구제, 이 두 가지 모두 존재하며 그 중요성을 지니고 있으되, 구제는 권리를 전제로 하고, 권리는 구제에 의하여 시험될 수 있으며, 그 구제는 더 나은 권리보호를 위해 필요한 경우 개선되어야만 한다는 사실을 볼 수 있기 때문이다. 나아가 나무가 대지에 뿌리를 내리고 있듯 진정한 권리란 자연법과 정의에 뿌리를 두고 있어야 한다.

법학적 진리가 법보다 더 높은 고차원의 질서 위에 놓여 있음을 인식하고 있을 때에만 참다운 실재와의 접속을 잃지 않고 우리는 모든 법체계, 철학, 과학 및 예술 속에 있는 진선미眞善美의 씨앗과 알맹이를 흡수할 수 있다.

예수는 "내 아버지 집에 거할 곳이 많도다."고 하셨다. 그 '아버지의 집'

에 있는 셀 수 없이 많은 '거할 곳'은 여러 가지를 시사해 준다. 최고의 실재Supreme Reality 아래 수많은 수준의 실재들이 있고, 따라서 기독교 철학자라면 그 어떤 수준에 있는 실재에 대하여도 외면해서는 안된다.

하나님이 창조하시며 좋으셨다고 하셨던 것은 우리가 공부하기에도 충분히 좋은 것이다. 교황 비오 12세는 "인간 정신이 발견하고, 고찰하며 체계화시킨 진리들에는 신앙이란 도장을 찍을 수 밖에 없다."고 한 적이 있다.

모든 학문의 가장 기본은 논리학이다. 그런 의미에서 예수가 보여준 논리의 또 하나의 사례를 보자. "네가 무슨 권위로 이런 일을 하느냐? 또 누가 이 권위를 주었느냐?"[77]하면서 대제사장들과 백성의 장로들이 예수의 행동에 대하여 힐난한 적이 있었다. 그들로서는 이런 질문을 던질 만도 하였다. 왜냐하면 예수는 "내 집은 기도하는 집이라 일컬음을 받으리라 하였거늘 너희는 강도의 소굴을 만드는도다."라면서 성전 안에서 매매하는 모든 사람들을 내쫓고, 돈 바꾸는 사람들의 상과 비둘기 파는 사람들의 의자를 둘러 엎었기 때문이다.^{마태복음 21:12-13}

이런 비난에 대하여 예수는 어떻게 대답을 하였던가? 마치 반대신문의 기술을 이용하는 능숙한 변호사처럼 역으로 질문을 던졌다. "나도 한 말을 너희에게 물으리니 너희가 대답하면 나도 무슨 권위로 이런 일을 하는지 이르리라. 요한의 세례가 어디로부터 왔느냐? 하늘로부터냐, 사람으로부터냐?"

사실 예수의 이 질문들은 저들을 곤혹스럽게 하려는 의도라기보다 좀 더 논리적으로 추론해 보고 사물의 본질을 온전히 생각해 보는 지적 각성을 바란 것이다. 그러나 그들의 마음은 오랫동안 닫혀 있었고, 굳어질

대로 굳어져 있었다. 영적 태만과 후환을 걱정했던 그들은 문제의 핵심을 직면하지 못했다. 고작 그들이 서로 중얼대면서 의논한 것이라고는, "만일 하늘로부터라 하면 어찌하여 그를 믿지 아니하였느냐 할 것이요, 만일 사람으로부터라 하면 모든 사람이 요한을 선지자로 여기니 백성이 무섭다."는 것이었다. 논리적 쟁점을 피해 그들은 "우리가 알지 못하노라."는 답으로 숨고 말았다. 현대 사회의 이른바 불가지론의 배후에도 이와 비슷한 비겁한 회피적 심리가 자리잡고 있지 않은지 의문이다.

하나님과 사탄 사이에 중간지대란 있을 수 없다. 이쪽 아니면 저쪽인 것이다. 하지만 하나님과 카이사르 사이의 관계를 생각하면 이런 식의 양자택일과는 좀 다른 상황이 제시된다. 예수가 하나님과 카이사르의 관계를 언급하면서 내린 해법은 서양정치사상을 공부하는 사람들이라면 아주 중요하게 생각해 봐야 할 대목이다. 익숙한 내용이겠지만 다시 한 번 소개하는 것도 괜찮을 것 같다.

율법학자들과 대제사장들이 예수를 체포할 구실을 찾기 위해 밀고자들을 보내어 그들로 하여금 의인인 체하며 예수의 말을 꼬투리 잡아 총독의 법령을 위반토록 유도하려고 하였다. 이 밀정들은 이렇게 말을 시작했다. "선생님이여, 우리가 아노니 당신은 바로 말씀하시고 가르치시며 사람을 외모로 취하지 아니하시고 오직 진리로써 하나님의 도를 가르치시나이다. 우리가 가이사에게 세를 바치는 것이 옳으니이까, 옳지 않으니이까?" 이들의 간계를 안 예수가 "데나리온 하나를 내게 보이라. 누구의 형상과 글이 여기 있느냐?"하고 되묻자, 그들은 "가이사의 것이니이다."라고 답하였다. 그러자 예수는 그들의 말을 이용하여 결론을 내렸다. "그런즉 가이사의 것은 가이사에게, 하나님의 것은 하나님께 바치

라."누가복음 20:19-25

이것이 그리스도가 가르친 도道인데, 하나님 당신이 보여준 도인 까닭에 이 원칙을 받아들인 국가들은 어디에서건 종교적 자유와 질서정연한 정부라는 놀라운 열매들을 거둘 수 있었다. 그리스도의 이 단순한 교훈을 둘러싸고 오랜 세월 숱한 해석이 있었는데, 필자가 보기엔 탁월한 역사가인 액튼Acton경 만큼 그 의미와 효과를 잘 설명한 사람은 없는 것 같다.

"4세기 이후에 진지하게 노예제에 반대하는 선언이 일어났고 계속되었다. 그리하여 신학적 의미에서 2세기의 신학에서 자유가 강조되었다면, 4세기의 신학에서는 평등이 강조되었다. 정치체제에 있어서도 하나의 본질적이며 불가피한 변화가 있었다. 그 때까지 민중에 의한 정부나 혼합적 성격의 정부, 연방적 성격의 정부는 존재하였으나, 제한정체 내지는 그 권위가 외부의 힘에 의하여 규정되는 '국가'라는 것은 존재하지 않았다. 이는 철학으로부터 제기되었던 심각한 문제였고, 어떤 정치가도 나서서 풀지 못했던 과제였다.

정부보다 더 높은 차원의 권위가 존재한다고 주장하는 사람들이 정부 앞을 막아 세운 것은 고작 형이상학적 장벽이었고, 정작 그것을 어떻게 현실적으로 정부의 힘에 대한 제어로 연결할지는 알지 못하였다. 그나마 좀 나아졌다는 민주주의의 폭정에 항의하는 방식으로 소크라테스가 취할 수 있는 방법이라고는 자신의 신념을 위해 죽는 것뿐이었다. 스토아 학파는 현명한 인간이라면 자기 마음 속에 불문의 법을 지니고, 현실 정치와 거리를 두라고 충고하는 것이 고작이었다.

그러나 예수가 죽기 사흘 전에 성전에 마지막으로 갔을 때 "가이사의 것은 가이사에게, 하나님의 것은 하나님께 바치라."고 한 말은 세속의 권력에 대하여 양심의 보호 아래 그 권력이 여태까지 누려보지 못했던 신성함을 주었다. 그리고 그와 함께 세속 권력이 절대 인정하지 않고 있던 구속이 있음을 선포했다. 권력 절대주의에 대한 폐기이면서 자유의 출발이었다.

이는 우리 주님은 교훈을 주실 뿐 아니라, 그 교훈을 실행할 힘을 창조하신 분이기 때문이었다. 하나의 주권적 영역에서 필요한 면책특권을 향유하는 존재, 그러면서 그 모든 정치적 권위는 일정한 범위 내로 국한되어야 하는 존재로서의 국가에 대한 정의는 더 이상 참고 기다리는 수 밖에 없는 무력한 이성의 열망이 아니라, 세상에서 가장 열정에 넘치는 기관들과 가장 보편적인 인간들의 모임이라면 추구해야 할 영원한 책무와 과제가 되었다. 새법, 새 영, 새 권위는 진리에 대한 지식으로 우리가 자유롭게 되기 전의 그리스나 로마의 철학이나 헌법에서는 볼 수 없었던 의미와 가치를 자유에 부여하였다."[78]

예수의 이런 가르침을 미국만큼 행복하게 실천한 나라가 없다. 법학 공부를 처음 시작하는 사람들의 눈에는 얼핏 미국의 법학에 이해 못 할 역설이 자리잡고 있다 보일 수도 있다. 압도적 다수가 크리스천으로 되어 있는 국가를 세우면서도 이들이 권리장전 첫 번째 조문을 통해 선언한 것은 다음과 같은 내용이었다.

"의회는 국교에 관한 입법을 하거나, 종교의 자유를 금하는 그 어떤 법도 제정하여서는 아니 된다." 이런 비슷한 조항들은 각 주의 헌법들도 두고 있었다.

자신들의 신앙이 이 세상에 대한 유일한 구원이라고 철저히 믿고 있던 그리스도인들이 기독교를 미국의 국교로 삼으려고 시도하지 않았던 이유가 뭔지 의아해 보인다. 이 점에 관하여는 역사적 측면과 신학적 측면, 두 가지 관점에서 설명할 수 있다. 역사적으로 이 개척자들은 헨리 8세의 시대 이후부터 영국에서 전개되어 왔던 일련의 사건들에 대하여 너무나도 또렷한 기억을 갖고 있었다. 심지어 18세기에도 비국교도들에 대한 박해는 끝나지 않았다. 그 방법이 좀 더 교묘해졌을 뿐이었다.

예컨대, 선서법Test Act에 따르면 공직에 취임하는 사람은 누구나 일정한 형식에 따른 서약을 하도록 되어 있었다. 이 서약에는 왕이 영국 교회의 수장이라는 내용이 내포되어 있어 저절로 그런 식의 신앙고백이 이뤄질 수밖에 없었고 만일 선서를 거부하면 벌금이 부과되었다. 이 법은 선서를 거부할 것으로 생각되는 부유한 비국교도들을 공직에 임명한다고 해놓고는 무거운 벌금을 거둬들이는 수법으로도 써 먹었는데, 나중에는 국가 재정수입의 상당 부분이 그렇게 충당되었다.

맨스필드 경이 이 사악한 관행에 대하여 비난한 연설은 매우 유명하다. 그는 이렇게 질타하였다.

"양심은 인간의 법률들에 의하여 조종될 수도 없고, 인간의 법대 앞에서 고분고분 수그러드는 존재가 아니다. 박해나 양심을 압제하기 위한 시도를 통해 신앙고백을 끌어낼 수는 없다. 이런 것들

정의의 원천: 자연법 연구   제2부 정의의 원천과 기독교

로는 위선자 아니면 순교자를 만들어 낼 뿐이다…. 오로지 모든 사람들에 공통된 이성과 관행이어야 하는 영국의 커먼로가 단순한 개인의 견해까지 벌할 수는 없다. (이 관행은) 종교를 이유로 박해하는 것보다 더 불합리하고, 그 보다 인간의 천성에 부여된 권리와 부합하지 않으며, 그 보다 더 기독교의 가르침과 정신에 배치되고, 그 보다 더 사악하며 불공정하고, 멍청하기 짝이 없다. 공서양속, 계시를 통해 드러난 참 종교에 반하는 것이다."[79]

그의 주장은 우리를 신학적 설명으로 이끌어 간다. 신앙은 인간의 이성과 선한 의지를 매개로 한다. 신앙의 생명력은 내적인 고백에 달려 있다. 국가의 경찰력으로 기독교를 받아들이도록 강요한다는 건 기독교를 비기독교적으로 퍼뜨리려는 것에 지나지 않는다.

사람들이 자주 언급하는 대목은 아니지만 예수가 예루살렘으로 입성하는 과정에서 일어난 매우 의미있는 사건 하나가 있다.

예수께서 승천하실 기약이 차가매
예루살렘을 향하여 올라가기로 굳게 결심하시고,
사자들을 앞서 보내시매, 그들이 가서 예수를 위하여 준비하려고
사마리아인의 한 마을에 들어갔더니, 예수께서 예루살렘을 향하
여 가시기 때문에 그들이 받아들이지 아니 하는지라.
제자 야고보와 요한이 이를 보고 이르되,
"주여, 우리가 불을 명하여 하늘로부터 내려 저들을 멸하라 하기
를 원하시나이까?" 예수께서 돌아보시며 꾸짖으시고 이르시되,
"너희는 너희에게 어떤 영이 있는지 알지 못하느니라.

인자가 온 것은 사람의 생명을 멸하려 온 것이 아니요,

구원하려 함이니라." 하고 함께 다른 마을로 가시니라.[80]

- 누가복음 9:51-55

야고보와 요한은 나중에야 진리를 깨닫지만 그 당시 그들의 사고방식은 결코 기독교적이거나 민주적이지 않았다.

17세기에는 미국에서조차 종교적 박해가 있었다. 종교의 자유는 진통을 겪고 태어난 것이다. 당시 프로테스탄트의 여러 다른 종파들끼리 서로 치고 박았다. 메릴랜드Maryland주는 최초로 법률을 통해 모든 기독교인들에게 동등한 자유를 선포하였다. 제임스 켄트James Kent의 흥미로운 기록을 인용해 보자.

"메릴랜드의 가톨릭 식민자들은 제2의 조국을 종교에 대한 관용을 법으로 확립한 첫 번째 주로 만듦으로써 주목할 만한 훌륭한 명성을 얻었다. 뉴 잉글랜드에서 청교도들이 그들의 프로테스탄트 형제들을 박해하고, 그에 질세라 버지니아에서는 영국 국교도들Episcopalians이 청교도들을 가혹하게 압제할 때, 이들 모두가 합세하여 적대시하던 가톨릭 교도들은 메릴랜드에 안식처를 만들어 놓았다. 모든 사람이 각자 예배하고 누구도 압제할 수 없으며, 심지어 프로테스탄트의 불관용으로부터 피난해 온 다른 프로테스탄트들의 도피처가 되도록 하였다."[81]

기독교가 커먼로의 일부인가 하는 질문을 종종 받게 된다. 이에 대한 답은 무엇을 가리켜 기독교라 하는지에 따라 달려 있다. 계시된 종교, 사

도신경을 통해 정의된 신앙은 커먼로의 일부가 아니다. 법적 구속력이 없기 때문이다. '신앙'으로서의 기독교는 법이 아니라 상식이라는 다른 사실관계들과 마찬가지로 사법적 주목을 이끌어내는 하나의 사실로 법정에 개입한다. 반면 기독교를 그 가르침의 바탕인 근본적인 도덕적 계율로 이해한다면, 모든 사람들의 마음 속에 새겨진 정의라는 보편적 원리의 일부이자, 커먼로의 구성부분으로 받아들여져야 한다. 이런 원칙들은 특정한 법령의 형태로 시행되는 것은 아니나 법을 만들고 재판을 하는 선도적 원리들로 적용된다.

정교분리 원칙에 대한 가장 명쾌한 설명 중의 하나가 저 유명한 '방과후 종교교육 시간'이 쟁점이었던 <조락 대對 클로슨Zorach v. Clauson, 1952> 사건에서 다수의견 쪽에 섰던 더글라스Douglas 대법관의 판시 중에 있다. 여기서 우리는 정교분리와 종교로부터 법을 완전히 분리한다는 이야기는 전혀 다른 문제라는 점을 알 수 있다. 상식적 차원에서뿐만 아니라 논리적으로도 우리 머리 속에 이 중요한 구분을 확실히 해 둘 것이 요청된다. 이 유명한 판결 중의 몇 구절을 보기로 하자.

"수정헌법 제1조가 교회와 국가는 분리되어야 한다는 철학을 반영하고 있다는 사실에 대하여는 일체 의문이 있을 수 없다. 종교의 '자유로운 실천free exercise'에 대한 간섭과 '국교의 설립 establishment'이라는 문제에 관한 한 그 분리는 완전하고 명확해야만 한다. 이런 의미에서 수정헌법 제1조는 그 어떤 예외도 허용하지 않는다. 그 금지는 절대적이다. 그러나 이 조문이 교회와 국가는 항상, 모든 면에 있어서 분리되어야만 한다고 말하는 건 아니다. 그보다는 교회와 국가가 서로 조율하거나 결합하거나 상호에 존해서는 안 되는 방식과 구체적 방법을 면밀하게 정의하고 있을 뿐이다. 이는 만물의 상식이다. 그렇지 않다면 국가와 종교는 서로에게 이방인이 되어 적대적으로 보고, 의심하며, 심지어 그 사이에 불화까지 생기게 될 것이다. 국가가 교회에 대하여 재산에 따른 세금을 내라고 요구할 수도 없고, 시 당국에는 종교단체에 대한 경찰이나 소방 서비스를 통한 보호도 허용되지 않을 것이다. 심지어 예배당에 가는 교인들을 위해 길을 정리해 주는 경찰관들은 헌법을 위반한 셈이 되고 말 것이다. 의사당에서 드리는 기도, 행정부 수반의 메시지에 나오는 전능하신 하나님께 대한 호소, 추수감사절을 거룩한 한 휴일로 한다는 포고령, '하나님이여, 나를 도우소서'라는 우리의 법정 선서 등 그 밖에 우리의 법령들과 공공 행사와 의례에 등장하는 전능자에 대한 언급들은 모두 수정헌법 제1조를 우습게 본다고 밖에 느껴지지 않을 것이다. 좀 유별나고 까탈스러운 무신론자나 불가지론자 같으면 법정이 열릴 때 마다 우리가 드리는 '하나님이여, 미국과 이 신성한 법정을 돌보시옵소서.'라는 개정開廷 기도에도 시비를 걸 수 있을 것이다."

우리는 종교적 인간으로서 우리의 모든 제도는 초월적 최고의 존재 Supreme Being를 전제로 하고 있다. 믿음과 신앙의 고백은 인간의 영적 갈급함이 필요하다고 생각하는 바에 따라 그 여지가 다양하고 넓다. 우리는 정부가 어떤 특정한 교파나 집단에 대한 편애를 보이지 않고, 각 교파의 번영이 그 신자들의 열심과 종교적 교리에 따라 이뤄지도록 놔둘 때, 그러한 정부의 자세를 지지한다.

주 정부가 종교적 가르침을 장려한다든가 혹은 어떤 종파적 필요가 있을 경우 공적 행사의 스케줄을 조정하여 종교적 권위와 협조가 되도록 하는 것은 우리 전통의 모범을 잘 따르는 일이라 하겠다. 왜냐하면 이렇게 할 때 우리 인간이 갖고 있는 종교적 본성이 존중되고, 공공서비스도 인간의 영적 필요와 조화를 수용하기 때문이다.

그렇지 않다고 주장하기 위해서는 헌법에서 정부는 종교 단체들에 대하여는 일체 냉담한 무관심을 견지해야 한다는 조항을 찾아내야 한다. 만일 그런 조항이 있다면 그건 어떤 종교를 믿는 사람들보다, 아무 종교도 믿지 않는 사람들을 더 우대하는 결과가 될 것이다. 연방 정부나 주 정부는 종교 단체에 대해 재정 지원을 하거나 종교 교육을 실시해서는 안 되고, 일반 교육과정에 종교 교육을 섞어 넣거나 특정인에 대하여 특정 종교를 강요하기 위해 일반교육기관을 사용해서는 안 된다.

그러나 정부가 종교에 적대적이 되어야 한다든가, 종교적 영향력의 범위를 효과적으로 확장하기 위한 노력에 정부가 권한을 행사하여 제동을 걸어야 한다는 취지는 헌법 어디에도 담겨 있지 않다. 종파들 간에 분쟁이 생기는 경우 정부는 중립을 지켜야만 한다. 특정 종교를 그 누구에게건 강요해서는 안 된다. 종교적 수칙 준수를 강제할 수 없다. 교회에 나가도록, 주일을 성수하도록, 그 밖에 종교적 가르침을 따르도록 강제해서는 안 된다. 그러나 예배나 교리공부를 위해 자신들의 성소聖所를 수리하려는 사람들을 위해 잠시 문을 닫아주고, 출입을 정지시키는 행위는 할 수 있다. 이 사건에서 취한 조치도 이 이상이 아니었다.

제25장 자연과 은혜

율법은 모세로 말미암아 주어진 것이요
은혜와 진리는 예수 그리스도로 말미암아 온 것이라.

- 요한복음 1:17

지금까지 우리가 보아 온 예수의 법적 교훈은 모두가 자연적 이성에 비춘 것이었다. 그러나 독자들 머릿속에 한 가지 질문이 떠오를 수도 있다. 만일 인간의 법의 구성요소를 이루고 있는 기독교 정신이 단순히 자연법이 명하는 하나의 계율 체계에 불과하고, 이런 규범이 모든 사람의 마음속에 자명하게 존재하는 정의의 원리라면, 법학에 기독교만의 특성이 어떤 식으로 기여하고 있다고 할 수 있는가라는 것이다. 왜냐하면 그런 식이라면 굳이 기독교가 아닌 순수한 자연이성에 입각한 법철학도 그 목적을 충분하게 달성할 것이기 때문이다.

예를 들자면 저 흥미있는 이른바 '변발사건'[82]에서 필드Field 대법관은 문제의 조례를 '기독교 정신은 물론 인도주의와 문명에 배치되는 것'이라고 비판하였는데, 이 때 그의 생각의 기반은 미국적인 형평적 사고와 복음서에 나오는 황금률에 있었다. 그렇지만 그가 공자의 "네가 원치 않는 바를 남에게 행하지 말지니라."己所不慾 勿施於人 [83]는 말을 인용했더라도 같은 논리로 같은 결론에 이르렀을 것이다.

어쩌면 이런 형태의 소극적 황금률은 인간의 법에 더 적절하게 적용될 수 있을 듯도 하다. 법은 신중한 자기절제에 바탕한 내적 한계를 본질적으로 지녀야 하고, 선을 좇으라고 하기보다는 악을 피하라는 명령에 더 방점을 두고 있다는 걸 감안하면 말이다. 그래서 사법적 판결에 기독교적 사상을 언급하는 것은 논리적이라기보다는 수사학적이고, 이치를 설명한다기보다는 문장의 운율을 맞춰주는 정도에 불과하다고 생각할 수 있다.

이 질문은 매우 중요하다. 이론적으로 볼 때 인간은 하나님으로부터 자연적 이성이라는 빛을 부여받았고 그래서 이 빛을 좇아가면 인간도 자연법의 관념에 이를 수 있어야 한다. 플라톤, 아리스토텔레스, 키케로는 그 완전함의 정도에 있어서는 차이가 있겠지만 나름대로 자연법의 원리를 드러내었다.

공자의 유교는 그 수준에 있어서 기독교에서 말하는 자연법적 시각에 더 가깝다고 할 수 있다. 여기서 유교 사상을 논할 것은 아니고, 다음 한 구절을 인용하는 것으로 충분하리라 본다. 유교의 고전인 중용中庸에는 아래와 같은 내용이 나온다. "하늘이 명하는 바가 있는데, 그것을 일러 본성이라 한다. 그 본성에 합하는 것을 일러 자연법이라 한다. 자연법을 갈고 닦아 개량하는 것을 문화라 한다."[84] i

우리는 이 설명이 하나의 연속된 시리즈로서의 영구법, 자연법 및 인정법을 바라보고 있는 아퀴나스의 철학과 어떻게 들어맞는지 주목할 필요가 있다.

'하늘이 명하는바'는 하나님의 섭리의 계획이고, 그것은 영구법의 또 다른 이름인 것이다. '그 본성에 합하는 것'은 토마스 아퀴나스의 '이성적 피조물에 의한 영구법에의 참여'와 일맥상통한다. 자연법에 대한 개량이 문화의 목적이며, 여기에는 인간의 법과 예의가 포함된다.

토마스 아퀴나스와 공자의 사상이 우연하게 일치한다는 것은 아퀴나스

i_天命之爲性 率性之爲道 修道之爲敎… 中庸道章

가 법 문제를 다룸에 있어 자연이성의 범주를 벗어나지 않았다는 사실을 보여준다. 왜냐하면 공자와 그의 제자들도 실제로 계시의 빛이라는 도움 없이도 자연법을 영구법과 인정법 사이의 가교로 삼아 접근하게 된다는 똑같은 결론에 이르렀기 때문이다.

구약의 도덕률들은 자연이성의 빛에 의하여 알 수 있다는 점에서 계시가 아닌 자연법에 속한다. 계시는 단지 그것들을 보다 명확하게 확인시켜 주고 있을 뿐이다.

이 점은 중국에 파송되었던 유명한 예수회 선교사 마테오 리치Matthew Ricci의 일기 중에 있는 흥미로운 한 대목에 의해서도 증명된다. 그는 이렇게 기록하고 있다.

"모세의 계명을 중국어로 인쇄하여 요청하는 사람들에 나눠주었다. 이것을 받은 많은 사람들이 이 계명들은 너무도 양심의 소리와 자연법에 일치하는 까닭에 앞으로 이 계명들을 좇아 살겠노라고 하였다. 기독교적 법에 대한 이들의 존경심은 그들의 마음에 들어맞는 데서 오는 경탄과 더불어 더욱 커져갔다."[85]

어떤 인종이나 어느 단계의 문명에 있어서나 근본적인 원리에 있어서는 사람들이 본질적으로 다 동의한다는 사실만큼 모든 인류가 한 뿌리에서 나왔다는 확실한 증거는 없다.

그런데 이것이 사실이라면 법학과 기독교가 딱히 어떤 관련성을 맺고 있는가에 대한 질문은 더 까다롭게 다가온다. 이에 대한 답은 두 가지 측면으로 생각해 볼 수 있다. 첫 번째는 지성의 측면으로 접근하는 것이고, 두 번째는 의지의 측면으로 접근하는 것이다. 이 문제가 우리를 이끌어 가는 곳에 이성과 신앙 사이의 경계선이 있다.

원죄로 인한 인간 타락의 결과 인간의 본성이 파괴되어 그 지성은 격정으로 인해 어둡게 되고, 자연질서와 법을 바라보는 시각도 흐릿해졌을 뿐 아니라, 어느 면에서는 왜곡되어 그 한계에 봉착하고 있다고 보는 것은 신앙에 관한 문제이다.

게다가 일정한 인간의 관습이 점차 확산되어 중요한 전통으로 자리잡게 되면 사람들은 이것을 신성한 교리처럼 여기게 되는 경향이 있다. 단순히 익숙하고 관행적이라는 이유만으로 평범한 보통 사람들에게는 종종 그것이 자연의 불변의 질서로까지 여겨지는 것이다.

가령 개인적인 경험을 들자면 나의 어린 시절까지만 해도 중국 여성들은 여전히 전족의 풍습을 따르고 있었다. 이때 내 눈에는 전족을 한 여자들의 작은 발에 너무나 익숙하여 그것이 백합처럼 아름답게 보였고, 이따금 시골에서 올라온 자연 그대로의 발을 가진 여자를 보면 웃음을 참지 못하고 '신기하게 생겼다.'고 말하곤 했다. 자연스러운 발이 부자연스럽게 보이고, 부자연스러운 발은 도리어 자연스럽게 보였던 것이다. 우리의 판단력이란 이렇듯 얼마나 쉽게 인습에 휩싸일 수 있는지!

도덕률은 미가 유행을 따라 변하듯 그렇게 쉽게 변하지 않는다. 무고한 사람을 살해하는 것, 정의를 팔아먹는 짓, 사실관계에 대한 심리도 없이 판결을 내리는 행위, 아무런 까닭 없이 남을 고의로 모해하고 상해를 가하는 것 등등이 잘못된 것이라는 정의의 기본원리들은 보편적으로 인정된다. 그 외 인간 사이의 평등이나 일부일처제와 같은 원리들은 그렇게까지는 당연해 보이지 않을 수는 있으나, 이것들 역시 자연법에 속한다.

구약의 율법을 통해 구체화되어 있는 도덕률의 기능은 결함 있는 인간의 시각을 자연 질서라는 전경에 맞춰 재조정해 주는데 있다. 계시라는 빛 없이는 공자나 아리스토텔레스와 같은 현인들도 그 전체적인 조망을 또렷하게 시야에 담을 수는 없는 것이다. 하나님으로부터 조금의 빛을 받을 수 있었다 하더라도, 그들의 시야는 눈먼 자가 수술을 받아 막 개안하여 마치 나무들이 걷고 있는 듯 사람을 제대로 알아보지 못하는 상태 같았다.[86] 여기서 다시 프랭크 쉬드Frank Sheed의 말을 인용하고자 한다. 그는 <공산주의와 인간Communism and Man>이라는 책에서 이렇게 기술하고 있다. "만약 우리들이 최고의 훌륭한 사상가라면 여기서 도출된 결과는 모두 진실할 것이다. 그러나 그렇게 될리는 만무한데… 하나님은 우리 인간이 스스로 본성에 쫓아 발견하는 목적보다 우리를 향한 더 고차원적인 목적을 갖고 계시기 때문이다."라고 하였다.[87]

자연법에 속해 있는 도덕률을 재확인하기 위해 신법神法이 필요하다는 점을 토마스 아퀴나스는 아주 명료하게 설명하고 있다.

"신법은 인간 이성으로는 결코 미치지 못하는 범위의 문제뿐만 아니라, 인간 이성이 제대로 작동하지 못하는 경우에 있어서도 해결을 돕기 위해 마땅히 내려와야만 했다. 자연법의 보편적 원리에 관한 한 인간의 이성은 그 추상적 사념에 있어서는 그렇게 어긋나지 않을 수 있다. 그러나 죄에 길들여져 있는 인간의 본성으로 인해 구체적 상황에서 어떤 특정한 것을 고려하는데 이르게 되면 인간 이성은 흐릿해진다.

게다가 (신법이 인정하지 않는) 다른 류의 도덕률은, 굳이 따지

정의의 원천: 자연법 연구   제2부 정의의 원천과 기독교

자면 이것들도 자연법의 보편적 원리들로부터 이끌어낸 결론이 긴 하지만, 그 과정에서 많은 사람들의 이성이 흐려졌고 본질적으로 악한 것들조차 정당한 것으로 판단할 정도로 타락했다는 사실을 잊어서는 안 된다. 그런 까닭에 신법의 권위로써 이런 결함들에서 인간을 구하는 것은 매우 중요하다. 그래서 신앙이라는 조문들 속에는 예컨대, 하나님은 삼위일체라는 것과 같이 이성의 범위를 벗어나는 내용이 있는가 하면, 또한 이성으로도 충분히 파악할 수 있는, 예컨대, 하나님은 한 분이시다라는 내용도 들어 있는 것이다. 이렇게 함으로써 이성이 범하기 쉬운 다양한 측면에서의 오류들이 제거된다."[88]

인간의 이성이 이렇게 약할진대, 인간의 의지란 더 약하다. 설령 우리가 자연법 전체를 다 안다고 하더라도, 하나님으로부터 오는 거룩함과 현실적 은혜에 의존하지 않는다면 그 행위에 있어서는 여전히 자연법의 기준에 한참 모자랄 수 밖에 없고 심지어 거기에 반역하게 된다.
천사 루시퍼가 그랬다가 결국 사탄이 되었다. 토마스 아퀴나스는 "치유의 은혜 없이는 타락한 인간 본성 하에서 인간은 모든 신성한 계명을 지킬 수 없다."[89]고 하였다. 그가 법에 관한 논문에 이어 바로 은혜에 관한 논문으로 넘어간 것은 이런 까닭에서였다. 이 두 논문은 별개이긴 하나 서로 무관하지 않다. 전체적 그림의 일부로 함께 들여다봐야 한다.
기독교인이라고 하면서 단순히 자연법 철학에만 만족하고 신앙은 자기의 전문 분야 밖에 있는 것으로 생각한다면 이는 마치 새 포도주와 묵은 포도주 사이에서 묵은 포도주를 택하면서 "묵은 게 낫다."고 읊조리는 사람과 같다. 이런 사람에게는 사도 바울의 다음과 같은 경고를 들려주어야 한다.

누구든지 결코
그리스도의 가르침에서 나온 바 없는 것들을 철학화시키고
인간의 전통과 세상의 원리들로부터 끌어낸 헛된 환영을 덧붙여
너희들을 속이는 데 넘어가지 않도록 주의하라.
- 골로새서 2:8

이런 사람들은 신앙은 이성을 포괄하는 것이나, 이성은 신앙을 포괄할 수 없다는 사실을 유념할 필요가 있다. 전문화는 현대 문명의 골칫거리인데, 이것이 하나의 시대 사조가 되어 버리면 치명적 결과로 이어진다. 모름지기 크리스챤이라면 자신의 신앙을 척도로 삼아 다른 사람들을 판단해서는 안되며, 다만 그 잣대로 자신을 평가해야만 한다. 그리고 결코 복음을 부끄러워할 필요가 없다. 기독교인 법률가가 비기독교인에게 자신의 법철학을 설명할 때에는 가능한 자연적 이성과 경험적 사실에만 입각하도록 하고, 상대방에게 자신의 믿음을 받아들일 것을 요구해서는 안 된다. 다만 자유로운 의사교환의 과정 중에 자신이 갖고 있는 신앙에 대하여 솔직하게 고백할 수는 있으며, 만일 상대방이 기꺼이 듣겠다면 자신의 신앙의 관점에서 추출한 법철학을 설명해도 무방할 것이다.

그래서 이 문제는 내면의 스킬라와 카리브디스 사이에서 균형을 잡고 조심스레 항해해야 한다. 이쪽에 있는 스킬라Scylla는 신앙 자체를 논리적 사고라 생각하여 자신의 신앙을 들이대며 상대방의 거절을 비합리적이라 비난할 것이고, 또 저편에 있는 카리브디스Charybdis는 신앙과 법학

정의의 원천: 자연법 연구 제2부 정의의 원천과 기독교

이 전혀 무관하여 그에 관한 언급은 일체 하지 않아야 옳다는 주장을 함으로써 오류를 범하기 때문이다.

기독교적 신앙과 법의 연관성은 법학의 역사 속에서 경험적으로 증명된다. 비기독교 국가와 기독교 국가의 법철학을 비교할 때 나는 후자의 법철학이 그 자질과 수준에 있어 훨씬 더 우월하다고 단언한다. 다른 건 몰라도 기독교 법철학에는 인간을 인간으로 대접하는 그 존엄성에 대한 존중이 비할 수 없게 담겨있기 때문이다. 그 한 예로는 영국 법제사의 권위자인 시어도어 플럭넷Theodore Plucknett이 우리에게 해 주고 있는 다음과 같은 말을 일부 인용하는 것으로 충분할 것이다.

"교회가 가져다준 도덕적 관념들은 종래의 잉글랜드 법에 혁명을 불러일으켰다. 기독교는 유대교로부터 도덕적 문제에 있어 개인주의적 성격이 매우 도드라진 특징을 물려받았다. 각자의 구별된 영혼의 구원은 개인의 행위에 달려 있었다. 이것은 개인보다 그 개인들이 부분적으로 참여하여 이루고 있는 전체로서의 부족을 중시하는 전통적인 잉글랜드인들의 관습과 강하게 맞닥뜨렸다. 이러한 제도는 개인주의적 도덕관이 중심이 되어 있는 사회에서는 들어설 여지가 별로 없었는데, 왜냐하면 집단은 개인이 지닐 수 있는 만큼의 도덕적 의지를 갖고 있다고 볼 수 없기 때문이었다. 그러나 기독교가 전파됨에 따라 이런 것들이 서서히 변했다. 첫째로, 행위에 대한 책임이 전체 집단을 대상으로 삼는 것으로부터 그 행위를 한 특정한 당사자 개인에게로 점차로 옮아갔다. 그리고 교회(나중에는 법)가 어떤 행위를 판단할 필요가 있을 때는 그 행위를 저지른 본인의 입장이 판단 기준이 되었다."[90]

플럭넷은 여기에서 '개인주의적individualistic'이라는 단어를 좋은 의미로 사용하고 있는데, 다른 여러 면을 감안할 때 그렇게 썩 좋은 어감으로 다가오지 않아 나는 '인격적personalistic'이란 단어로 바꿔 쓰고 싶다. 하지만 물론 그의 논지가 보여주는 일반적 타당성에 대하여는 의문의 여지가 없다. 브랙톤은 "어떤 행위의 성격을 규정하는 것은 의도이다."[91]라고 했고, 에드워드 코크 경도 "마음속의 죄가 없는 행위는 범죄를 구성하지 아니한다.Actus non facit reum nisi mens sit rea"[92]고 하였다.

이런 식의 형사책임의 인격화 내지 내면을 기준으로 접근하는 방식은, 최소한 간접적으로나마 그 영향을 예수의 가르침으로까지 거슬러 올라갈 수 있다. 그는 이렇게 말씀하셨다.

> 예수께서 이르시되,
> "너희도 이렇게 깨달음이 없느냐
> 무엇이든지 밖에서 들어가는 것이
> 능히 사람을 더럽게 하지 못함을 알지 못하느냐…
> 속에서 곧 사람의 마음에서 나오는 것은
> 악한 생각 곧 음란과 도둑질과 살인과 간음과 탐욕과 악독과
> 속임과 음탕과 질투와 비방과 교만과 우매함이니
> 이 모든 악한 것이 다 속에서 나와서 사람을 더럽게 하느니라."
> – 마가복음 7:18, 21-23

비교법적 연구를 해 보면 그 자체로 불합리했지만 책임은 집단적으로

져야 한다는 사고방식은 역사적으로 동서고금을 막론하고 보편적으로 자리잡고 있었던 관념이었음을 알 수 있다. 그럼에도 기독교가 들어간 곳이면 어디에서건 이 난공불락의 요새가 맥없이 갑자기 무너지거나 조만간 점차로 인도주의적 영향에 굴복했다는 사실은 정말 기적 같은 일이 아닐 수 없다. 범의mens rea, 犯意에 관한 이론은 모든 문명화된 국가들의 법률체계라면 어떤 형태로건 다 알려져 있지만, 그것이 보다 효과적으로 시행되고 있는 곳은 기독교 국가들이다.

여기서 최근에 미국에서 보이는 형사책임의 근거를 공공복리나 이해관계들 사이의 균형을 잡는데 두려는 경향과 그 위험성을 지적해 두고 싶다.[93] 이런 움직임에 대하여 저명한 법학자 프란시스 B. 세이어Francis B. Sayre와 제롬 홀Jerom Hall같은 이들이 주목하고 있다. 유명한 <모리셋 대對 미합중국Morissette v. U. S.> 사건[94]에서 연방대법원의 잭슨Jackson 대법관에 의해 두 사람의 저작물이 인용된 바 있다. 이 사건은 현대 법철학에 있어서 범의犯意의 요소를 재강조하려는 강력한 추세를 반영하고 있다.

기독교의 또 하나의 가장 현저한 영향력은 정치적 주권자들을 대하는 판사들의 태도에서 찾아볼 수 있다. 이들은 법률을 국가와 정부 위에 두며, 그 어떤 개인도 우대하지 않는다. 모든 이에게 동등한 정도의 존중만을 두기 때문이다. 윗사람들의 심기가 어떤지 고려하지도 않는 대신 자신들 앞에 있는 이들 위에 군림하려 들지도 않았다. 청교도들에 대하여 홈스 대법관은 이렇게 평가하고 있다.

"알았건 몰랐건, 그들은 사람들의 마음속에 민주주의 정신을 심어주었다. 우리가 이 조국을 사랑할 수 밖에 없는 깊은 신념은 다 그들에게 빚진 것이다. 그 어떤 다른 무엇도 없이 모래밭에서 벌거벗고 씨름하듯, 원초적인 인간 대 인간으로 눈과 눈을 보며, 손과 손을 맞잡고, 발과 발을 맞대 서로의 존재를 마주하는 것 외의 방법을 모르는 순수한 미국인의 정신을 말이다."[95]

좀 더 들어가 보면 청교도들은 민주주의의 근원이 되는 바로 그 샘물에서 길어 올린 진정한 민주주의 정신을 마음껏 마시고 있었다는 사실을 알 수 있다. 그들은 자신들의 거룩한 스승이 가르쳐 준 다음과 같은 가르침을 종종 돌아보며 생각하였을 것임에 틀림없다.

> 이방인의 집권자들이 그들을 임의로 주관하고
> 그 고관들이 그들에게 권세를 부리는 줄을 너희가 알거니와,
> 너희 중에는 그렇지 않아야 하나니
> 너희 중에 누구든지 크고자 하는 자는 너희를 섬기는 자가 되고,
> 너희 중에 누구든지 으뜸이 되고자 하는 자는
> 너희의 종이 되어야 하리라.
> 인자가 온 것은 섬김을 받으려 함이 아니라 도리어 섬기려 하고
> 자기 목숨을 많은 사람의 대속물로 주려 함이니라.
> - 마태복음 20:25-8

하나님이 우리의 아버지라는 사실과 모든 인간은 서로 형제자매의 관계에 있다는 믿음에서 출발하는 기독교 법학은 시대를 불문하고 한 목소리로 전제정치를 배격해 왔고, 정치적 주권을 빈 권력의 횡포에 재갈을 물리는 데 성공했다.

물론, 맹자 역시 폭군은 왕이 아니라 일개 필부匹夫에 불과하다면서 혁명의 권리를 정당화하기도 했다.[96] 그러나 브랙톤은 그보다 더 나아갔다. 그에게 있어 왕의 권력이란 정의를 행할 때에만 권력이지, 불의를 행하는 것은 왕의 권력에 속하지 않았다. 그가 정의를 행할 때만 하나님의 종인 것이며, 무법의 길로 빠지면 그는 '사탄의 종'이 되는 것이다.[97] 내가 알기로 기독교 문화권이 아닌 다른 어떤 곳에서도 왕권에 관하여 이런 식으로 주장을 한 저자는 없다. 기독교 문화권의 가장 탁월한 법학자들과 법관들은 "하나님 앞에서 너희의 말을 듣는 것이 하나님의 말씀을 듣는 것보다 옳은가 판단하라."사도행전4:19고 일갈했던 사도들의 전통을 직접 이어받고 있었다. 이런 토대 없이 법의 지배는 불가능하다.

이와 관련하여 후커Richard Hooker의 다음과 같은 말은 법을 사랑하는 사람들에게 늘 신선한 감명을 준다.

후커Richard Hooker의 다음과 같은 말은 법을 사랑하는 사람들에게 늘 신선한 감명을 준다.

> "법은 하나님께 안겨 있으며, 그 소리는 세상의 조화를 만들어 낸다. 천지만물이 법에게 경의를 표하니, 가장 약하고 천한 자라도 그 보호를 받고, 가장 강한 자라도 거기에서 벗어날 수 없다. 이는 부정할 수 없는 진리다."[99]

만일 이것이 미사여구를 늘어놓은 것에 불과한, 현실적 측면을 진지하게 고려하지 않고 던진 말이라면, 법치주의에 관한 문명세계의 모든 논의는 공허한 선전, 공수표에 다름 아닐 것이다. 그렇지만 실제로 커먼로 국가들에서 법치주의는 괄목할 만한 정도로 구체화되어 왔다는 건 그 누구도 부인할 수 없다.

종달새 한 마리가 지저귄다 해서 봄이 왔다고 말할 수는 없으나 미국에는 법치주의에 대한 신념의 소리가 무수히 많다. 일례로 뉴욕의 치안법정 판사인 샤피로Shapiro [100]의 경우를 들 수 있다. 그는 지하철에서 잠자는 행위가 질서파괴에 해당하는 행위가 아니라고 판정하면서 미국 법철학의 가장 위대한 원칙 중의 몇 가지를 선언하였다.

> "부랑아들은 이러이러하게 재판을 받지 않으면 안 된다는 것이 과연 합당한가… 어떤 범죄를 저지르지도 않았음에도 불구하고 단지 변호인을 선임할 여유가 없다는 이유로, 인간의 잣대에 비추어 그들의 가치가 '0' 이라는 이유로, 질서를 어지럽혔다는 죄목으로 유죄 판결을 내린다는 건 정의를 조롱하는 짓이다."

미국 법에서 '0'으로 점수가 매겨지는 사람이란 없다. 또 '1'을 넘는 인간도 없다. "이 피고인들은 그 외양만으로 볼 때는 사회에서 버림받은 자들일지 모르나 이들 역시 그 누구에 의해서도 유린당하지 않을 인간의 영혼이 지닌 권리를 갖고 있다."

나는 이 치안판사가 인간의 존엄성은 그 불멸의 영혼에 기초한다는 사실을 마음에 새기고, '영혼souls'이란 단어를 쓰고 있는 것을 보고 기쁨을 금할 수 없다. 히틀러는 불멸의 영혼의 존재에 대하여 믿지 않았고, 그의 폭압 하의 인간이란 지금 미국의 동물들보다도 못한 가혹한 대우를 받았다. 다시 샤피로 판사의 판시로 되돌아가자면, 근엄한 의견 속에 샤피로의 경쾌한 유머와 인간적인 솔직함이 들어 있음을 보게 된다. 그는 계속하여 이렇게 말한다.

"상식적으로 많은 사람들이 기차 안에서 잠을 청하지 않던가. 이 것이 사실상ipso facto 무질서한 행동을 했기 때문에 유죄라는 뜻인 가? 만일 그렇다면 대중교통 시설을 이용하는 많은 시민들이 평 생에 한 번 이상은 질서문란죄로 유죄판결을 받았어야 하고, 이 법정은 열차 내에서 잠든 것을 구성요건으로 그 범법자들을 실정 법 위반으로 처벌했어야 하는데 그렇지 못했다고 고백해야 할 것 이다."

중국 사람들 속담 중에 "법정은 작지만 법은 크다."라는 말이 있다. 이 말은 미국에서는 문자 그대로 사실이다. 미국 사법 제도의 강점은 특히 하급심 판사들의 탄탄한 자질에 있다. 가끔 판사들이 전통적 기준에 부 합하지 않는 판정을 내리는 경우가 있더라도 잘못된 판결은 즉시 상급 심에서 바로 잡힌다.

미국인들의 꾸밈없는 솔직함은 열린 마음과 관대한 가슴에서 나온다. 일반적으로 기독교는 다른 종교들보다 간섭과 금지의 항목이 적은데, 이는 진리가 인간을 자유롭게 하며 인간이 정작 두려워하고 피해야 할 것은 자기 자신의 죄 외에는 없기 때문이다. 이 주제에 관하여 쓰려고 보니 머릿속에 홀트 경이 판결했던 어느 흥미있는 '주술呪術 사건'이 떠오 른다.

널리 알려져 있듯 홀트의 젊은 날의 생활은 아우구스티누스가 회심하기 전에 살았던 경험과 비슷했었다. 에드워드 포스Edward Foss는 이렇게 증언한다.

옥스퍼드에 재학 중일 때 홀트는 그 게으른 성격과 온갖 방종과 사치에 물든 껄렁패들과 어울려 다니는 걸로 악명 높았다. 결국 그의 비행과 관련된 몇몇 이야기들이 기록으로 남게 될 지경까지 가자 홀트는 자신의 삶의 방식이 잘못되었음을 깨달았다. 곧바로 친구들과 단골로 드나들던 곳들을 멀리하고 그는 학위를 포기하며 학교를 떠났다. 그리고 진지하게 아버지의 지원을 받아 장차 그의 운명에 가장 빛나는 메달을 안겨다 줄 법률가라는 전문직에 지원하였다.[101]

'죄여, 복되도다!Felix culpa!' 악에서 선을 끌어낼 수 있는 유일한 전능하신 하나님이 그 탕자를 이용하여 영국법의 흑역사인 마녀에 대한 끔찍한 박해와 소추를 없앨 수 있었기 때문이다. 포스Foss에게서 이야기를 들어보자.

홀트가 내렸던 초기 판결들 중에 그가 젊은 시절에 저질렀던 짓과 관련된 다음과 같은 일화가 있다. 여기서 홀트가 자신의 고백이 정의라는 목적 달성에 기여한다고 판단되면 그것을 인정하는 데 주저하지 않았음을 보여준다. 주술 혐의로 기소된 한 노파의 재판에서 증인이 나와 그녀가 '주문'을 외웠다고 진술했다.
"어디 봅시다." 홀트 판사는 양피지 한 조각을 건네받았다.
판사는 노파에게 그걸 어떻게 얻었느냐고 물었고
그녀는 이렇게 답했다.

"판사님, 어떤 신사분이 제 딸아이의 학질을 고칠 수 있을 거라면서 저한테 주셨습니다요."

홀트는 피고인에게 그게 효험이 있었느냐고 물었다.

"그럼요, 그렇구 말구요. 제 딸년뿐만 아니라 많은 사람들을 고쳤습지요." 노파가 대답했다. 그러자 판사는 배심원들을 향해 이렇게 말했다.

"여러분, 제가 젊고 철딱서니 없을 때 한번은 친구들과 여기 있는 이 부인이 운영하는 여관에 간 적이 있습니다. 그런데 가만 보니 돈이 없는 겁니다. 그 때 제 머릿속에 무전취식으로 망신당하지 않을 묘책 하나가 떠올랐습니다. 주인 여자의 딸이 학질에 걸려 고생하는 걸 보고는 딸을 고칠 수 있는 주문을 알고 있는 척했지요. 여러분이 보고 있는 양피지의 이 글씨체는 제 것이고, 이 양피지는 제가 준 겁니다. 이 사건에서 처벌받아야 할 사람이 있다면 그건 저이지, 이 피고인이 아닙니다."

물론 그 노파는 무죄 판결을 받았고, 그 판사로부터 당한 일에 대하여도 보상을 받았다.

이 사건 이전에도 범죄라고 주장된 이런 유형의 사건에서 그가 유죄판결을 내린 적은 없었고, 자신이 마녀인 양 행세했던 한 가난한 여인에 대하여 유죄판결을 내렸던 <헤써웨이Hathaway> 사건 이래 증가 추세를 보이던 '마녀 사건'들에 대한 기소는 홀트 이후 법정에서 점점 입지가 좁아졌다.[102]

나는 커먼로가 낳은 이 마법사에 완전히 매료당하였음을 고백하지 않을 수 없다. 그는 최선을 다해 뱀과 같이 지혜롭고 비둘기같이 순결하라는 예수의 권고를 거의 완벽하게 이룬 것이 아닌가 싶다.

커먼로에서의 또 다른 위대한 마법사는 맨스필드 경이다. 그의 가장 계시적인 고백은 법정이 아닌 유명한 셰익스피어 희곡을 연기했던 배우 게릭Garrick과의 사적 대화에 등장한다.

"게릭씨, 판사가 법대에 앉아 있다는 건 종종 희극과 비극을 왔다 갔다 하면서 연기를 해야 하는 당신이 처한 묘한 상황에 있는 것과 비슷합니다. 왜냐하면 실제로 내 판단이 끌리는 쪽은 이 방향이지만, 선례라는 아주 오래된 끈이 저쪽으로 나를 당기고 있기 때문이죠."[103]

법률가라는 직업에 대한 흔한 오해가 있다. 보통 사람은 법률전문가가 되기 위하여 필요한 건 좋은 머리라고 생각한다. 좋은 머리가 중요하긴 하지만 그보다 훨씬 중요한 건 선한 의지다. 맥널티John L. McNulty 주교로부터 언젠가 이런 말을 들은 적이 있다. "하나의 선한 의지는 이 세상의 모든 머리와 맞먹는다.One good heart is worth all the brains in the world"
물론 그가 머리가 불필요하다는 뜻으로 한 말은 아니다. 그는 단지 가치론적 진술을 하고 있을 뿐이다. 내가 볼 때 지금까지 법학교육에 있어서는 두뇌의 기능만이 절대적으로 강조되어 온 것 같다. 우리 가슴도 연마되어야 한다. 딱딱한 마음은 정의와는 거리가 멀다.
나는 일찍이 위대한 의지를 갖고 있지 않으면서, 위대한 판사나 법률가가 된 사람을 보지 못했다. 머리와 가슴은 마치 부부와 같다. 둘이 조화를 맞춰 살면 행복한 가정이 될 것이다. 서로 부딪치거나 둘 중 하나가 상대방을 지배하고 억압하게 되면 가정이 아니라 지옥이 된다. 통상적

정의의 원천: 자연법 연구 　　　　　제2부 정의의 원천과 기독교

으로 본다면 남편은 가정의 머리이고, 아내는 심장이다. 심장은 왕좌 뒤의 실세다. 비록 머리를 대신할 수는 없으나 그 심장이 사랑으로 가득 차오를 때 비로소 머리도 지혜로 가득 차게 될 것이다.

만일 포샤Portia가 사랑으로 가득 차 있지 않았다면, 그렇게 기발하고 지략이 풍부할 수 있었을까?[104] 가슴은 머리를 자극하여 행동으로 옮기도록 촉구한다. 선한 의지가 없다면 머리는 기계적으로 작동할 뿐이며, 모든 법에서 요구하는 목적, 다시 말해 정의의 구현과는 무관하게 황량한 개념들 속에서 어슬렁거릴 뿐이다. 법적 바리새인들의 문제는 그들의 머리가 충분히 똑똑하지 못한 것에 있는 것이 아니라, 어릴 적부터 자연스럽게 스며든 잘못된 법 이론에 의해 위축된 가슴이 더 이상 자라지 못하였다는 데 있다.

법실증주의는 모든 권위를 국가에 귀속시키고, 법의 다양한 근원들을 입법이라는 단 하나의 개울로 합류시켜 놓음으로써 법과 사법적 기능을 잘못된 관점 아래 두고 있다. 출발이 잘못되면 우연히도 자기 자신에게 뿌리내린 이론과 결별하는 일이 일어나지 않는 한 그로부터 전개된 모든 것이 잘못되기 마련이다.

정의가 법의 유일한 목적이며 그 정의의 완전한 실현은 사랑이라는 사실을 염두에 두고 있지 않은 법률가는 능숙한 법 기술자가 될 수 있을런지는 몰라도 진실로 법을 아는 사람이라고 할 수 없다. 그러나 대체로 커먼로의 법관들은 의식적이건 무의식적이건 간에 건전한 전통을 고수해 왔다. 콘스타블George Constable이 예리하게 지적하고 있듯이, "일일이 글로 표현하기 어려운 자연법의 중용적 해법을 향한 우리 가슴의 느낌은 형평·이성·자연적 정의·예의 등 다양한 이름으로 불리면서 많은 법정 판결로 이어졌고, 이것들은 판결을 합리화하기 위한 것이 아니라 정의를 올바르게 실현하기 위하여 이용되었다."[105]

앞서 커먼로는 정의에 입각하고 있을 뿐만 아니라 또한 은혜에도 그 뿌리를 박고 있다고 언급한 바 있다. 여기서 필자가 말하고자 하는 것은 법관들은 기독교인들이었고, 설령 아니라 해도 기독교 문명의 분위기를 자신도 모르게 취하고 있다는 것이다. 이런 맥락에서 커먼로가 그 뿌리를 은혜에 두고 있다고 말하는 것은 매우 정확한 표현이라 생각한다. 하지만 로마법을 가리켜 임종할 때 개종한 사람과 같다고 한 비유한 적이 있는데, 여기서 말하는 로마법이란 <로마법대전 Corpus Juris Civilis>으로 상징되는 고대 로마법만을 의미하는 것이고, 나중에 대륙법계로까지 확장되어간 것까지 염두에 둔 것은 아니다. 최근에 교황 비오 12세는 구법과 신법 사이의 접촉과 그 열매에 관하여 쓴 경탄할 만한 글을 쓴 적이 있다. 로마 제국의 쇠락과 멸망 이후에도 로마법과 기독교 교회가 어떻게 살아남았는지에 관하여 설명한 다음 그는 이렇게 말했다.

"그래서 이 두 가지 가장 중요한 실체가- 그 하나는 인민의 법적 지혜의 열매로서 인간으로부터 유래된 것, 다른 하나는 사람으로 오신 하나님의 아들에 의해 선포된 계시의 세계로부터 나온 빛으로서 초월적이며 신성을 그 본원으로 하는 것- 만나서 밀접한 유대관계를 형성한 곳은 로마법에서였다. 기독교적 메시지로부터 흘러나오는 새 빛에 의해 관통된 로마법은 이 끈끈한 유대를 통해 정신적인 면에서 많이 변모하였다.

로마법의 개념은 점점 더 수준이 높아졌고 그 법제의 많은 면에 있어서 높은 완성도를 보였다. 새로운 교리 속에 있는 원리들과 관념들, 그리고 교리가 원하는 더 높은 수준의 요구를 점점 수용하면서 그 기질이 윤택해졌다.

기독교인인 로마 황제들의 성문법 작업들은 이러한 인간의 지식과 신적인 지혜의 비옥한 결합의 산물이었다. 이 불멸의 흔적들은 지금 이 시대까지도 진정한 법학과 기독교적 신앙 사이에 반목이란 존재하지 않으며, 오직 화합만이 있을 뿐임을 증명해 준다. 신앙은 인간의 정신이 발견하고, 숙고하여 체계화한 것에 대하여 진리의 인장으로 추인을 하는 것이기 때문이다."[106]

여기서 우리는 다시금 자연과 은혜가 같이 역사役事하고 있음을 보게 된다. 세계의 가장 큰 양대 법계法系가 모두 그리스도의 가르침을 쫓는 일종의 문하생이라는 사실은 의미심장하지 않은가?

이 두 법체계, 즉 커먼로와 대륙법계를 비교하면 아주 흥미있는 점을 발견할 수 있다. 형성되는 과정에서 자연과 은혜가 같이 역사하였다는 점에서는 두 가지가 비슷하나 매우 중요한 차이가 하나 있다. 내가 '요람 안의 기독교인cradle Christian'이라고 부르는 커먼로는 자연의 지혜와 기독교적 영향이 수 세기 동안 손에 손을 잡고 커왔지만, 반면 대륙법은 은혜가 역사하기 전 자연적 지혜가 이미 그 머리가 굵을 대로 굵어져 있었다는 것이다.

아마도 그렇기에 커먼로는 태생적 기독교인에 가깝고, 대륙법은 장성한 뒤에 회심한 이성적 기독교인에 가까운 성격을 띠지 않나 싶다. 두 가지 모두 위대한 자질을 갖고 있다. 하나는 고전적 미를 갖고 있고, 다른 하나는 낭만적 매력을 지니고 있다. 그런데 굳이 말하자면, 나 자신이 대륙법처럼 다 자란 뒤에 개종한 사람이어서, 특별히 그 혈관에서부터 기독교 정신이 흐르고 있는 요람에서부터 기독교인이었던 커먼로의 특질에 더 끌리고 관심을 쏟는지도 모르겠다.

'법관 중의 법관'이라는 이 장에 관한 결론을 내림에 있어 법학이란 무엇인가에 관하여 울피아누스Domitius Ulpianus가 내렸던 정의, 즉 법학은 "인간과 신에 관한 지식, 그리고 무엇이 공정하고 공정하지 않은가에 대한 학문이다."라는 것에 대하여 교황 비오 12세가 성령의 빛과 불꽃으로 탁월하게 풀어나간 내용을 소개하는 것 이상으로 좋은 건 없는 것 같다. 교황은 이 정의定義의 전반부에 다음과 같은 의견을 피력한다.

> "이 정의定義에서 그가 법학이라는 학문에 얼마나 고귀한 목적을 부여하고 있으며 또 이 학문을 인간 지식의 모든 다른 분야보다 높이고 있는지요! 법학자라면 그 이름에 걸맞게 최대한 시야를 넓혀야 합니다. 그가 주시하며 연구하는 바로 그 대상에 의해 그의 완전함과 다양함이 드러납니다. 무엇보다 '신성한 것들에 관한 지식divinarum rerum notitia'을 습득해야 합니다.
>
> 그래야 할 이유는 단순히 인간 사회생활에서 종교가 으뜸이어야 하며 믿는 자들에게는 법처럼 종교가 직접적인 현실적 행위 규준을 제공하기 때문만도 아니고, 또 단순히 혼인 제도와 같이 법이 무시할 수 없는 종교의 신성함 때문만도 아닙니다.
>
> '인간사에 대한 지식humanarum rerum notitia'은 보다 부차적이며 인간과 더 직접적으로 관련되어 법학자들이 곱씹어야 하는 것일 뿐입

니다. 무엇보다 그렇게 해야만 하는 이유는 '신성한 것들에 관한 지식divinarum rerum notitia' 없이는, 신성한 지식의 토대 위에 자리잡고 시·공간과 인간 변덕을 초월하여 절대자 하나님 안에서 안식하여야 할 '인간사에 대한 지식humanarum rerum notitia'이 흔들리게 되기 때문입니다.

물론 법학자들에게 그 전문적 직분을 자신이 좇아야 할 대상을 찾기 위해 신학적 사고에 몰두하는 데 쓰라고 요구하는 것은 아닙니다. 그러나 이 가시적인 우주의 질서, 그리고 내재적이고 도덕적으로 법을 필요로 하는 인류를 만들어 낸 초월적 절대 실재 the highest transcendent Reality를 보는 데까지 시야를 넓힐 수 없다면, 그 법학자는 이 모든 놀라운 통일성과 내밀한 영적 깊이, (법이 주재하여야 할) 서로 얽혀 있는 사회적 관계 및 그 규제를 위한 규범에 대하여 결코 인식할 수 없을 것입니다."[107]

이 정의를 둘러싼 후반부에서 교황은 이렇게 말한다.

"정의는 일정하게 주어진 역사적 상황에서 법제도가 가능한 거기에 부합하도록 인도하는 외부적, 추상적 이념일 뿐 아니라, 인간, 사회, 그리고 인간·사회가 갖는 기본적 제도에 두루 있는 보편적 상위 개념입니다. 왜냐하면 정의로 인해 실생활의 원리들이 명령되고 부과되며, 정의로 인해 창조주의 완전한 섭리 가운데 세워진 객관적인 인간과 시민 질서의 일부를 형성하는 보다 큰 우주적 규범이 드러나기 때문입니다. 그러므로 정의와 불의에 대한 학문은 피조 세계의 본질적 질서, 그리고 이를 주신 창조주를 아는 지식으로서 차원 높은 지혜를 담고 있습니다. 토마스 아퀴나스가 가르친 대로, 법은 정의를 대상으로 합니다. est objectum justitiae 정의라는 위대하고 풍성한 열매가 구체화되고 현실화되는 것은 법이라는 규범 속이고, 그 법은 하나님에게로, 그 본질에 있어 영원불변의 정의인 분에게로 이어집니다. 그래서 법은 하나님으로부터 빛과 명료함, 활력과 힘, 의미와 내용을 얻는 것입니다. 그래서 법학자는 자신의 전문성을 구현함에 있어 유한과 무한 사이를 오가고, 신성함과 세속을 드나들게 되는데, 이런 필수적인 운동 속에 자신이 갈고닦으려는 학문의 고귀함이 자리잡고 있는 것입니다."[108]

다시 말해, 법학자들은 그 신성한 스승이 원래 그랬듯이 은혜의 사람들이 되어야만 하는 것이다.

주註

1. Theology and Sanity(London, 1947), p.91.

2. S. T., 1-Ⅱ, 93.1. ad 2.

3. 아래 책에 있는 마태복음 23:13-39에 관한 주석 참조할 것. A Commentary on the New Testament (Catholic Biblical Association, 1942).

4. Bracton, De Legibus et Consuetudinibus Angliae, fols. 1b and 2.

5. Holmes, The Common Law (Little & Brown, 1881), p.44.

6. (1910) 179 Fed. 997.

7. 누가복음 2:52.

8. Maine, Ancient Law (introduction by Pollock, 1920), p.80.

9. 에베소서 4:13.

10. Rooney, Lawlessness, Law, and Sanction, p.104.

11. 위 같은 글. p.110.

12. 위 같은 글. p.111.

13. Perez v. Lippold (1948) 198 P. 2d 17.

14. 위 같은 글. at 18-19.

15. 위 같은 글. at 30. 사도행전 17:26 참조.

16. 위 같은 글. at 34.

17. Bush v. Mockett (1914), 95 Neb. 552, 145 N. W. 1001.

18. Sic utere tuo ut alienum non laedas.

19. 145 N.W. 1001-1002.

20. Barger v. Barringer, 151 N. C. 433, 66 S. E. 439.

21. 66 S. E. 442.

22. 174 F. 2d 838, at 840.

23. 어떤 특정한 법규를 적용하지 않기 위한 논거로 미국의 법관들은 종종 이를 비판한 영

국 법률가들의 주장을 인용한다.

24. 예컨대, 커먼로상의 선례가 없던 Bright v. Boyd (1 Story 478) 사건에서 스토리 판사는 대륙법적 논리를 자유롭게 차용하였는데, 이것은 홀트경과 맨스필드경의 전통에 따른 것이었다.

25. 요한복음 18:11.

26. Judge Hart in Stockton Plumbing & Supply Co. v. Wheeler, 68 Cal. App. 592, 229 P. 1020, at 1024.

27. Donoghue v. Stevenson (1932) L. R., A. C. 562.

28. 위 같은 글. at 580.

29. 사도행전 25장.

30. Cardozo, The Nature of the Judicial Process (Yale, 1921) p.41-3.

31. Neiman v. Hurff, 93 A. 2d 345, at 347.

32. Pound, "A Hundred Years of American Law," in Law: A Century of Progress, vol.1, p.8.

33. 129 Ohio St. 432, 195 N. E. 838.

34. Ohio State Law Journal, vol.12 (1951), 4.

35. Frank, Fate and Freedom (Simon and Schuster, 1945), p.295.

36. Van Winkle v. American Steam-Boiler Ins. Co. (1890), 52 N. J. L. 240, 19A. 472.

37. De Legibus, fol. 1b.

38. Fox v. Snow (1950), 76A. 2d 877, at 882.

39. Woods v. Lancet (1951), 303 N. Y. 349, 102 N. E. 2d 691 at 694.

40. Seavey, "Candler v. Crane, Christmas & Co.:Negligent Misrepresentation by Accountants," Law Quarterly Review, vol.67 (1951), p.468.

41. (1941) A. C. 1, 29.

42. M.-J Lagrange, Evangile selon Saint Marc (Paris, 1929), note 11 on

p.185-6.

43. 7 Co. Rep. 1, 77 Eng. Rep. 377 (K. B. 1610).

44. Holmes, Collected Legal Papers, p.186.

45. Dennis v. U.S., 341 U.S. 494, 508.

46. Vanderbilt, The Doctrine of the Separation of Powers and Its Present-Day Significance (University of Nebraska, 1953), p.49.

47. De Legibus, fol. 1b.

48. 위 같은 글.

49. The Institutes of Justinian, trans. by J. B. Moyle, 3d ed.(Oxford, 1896), p.197.

50. 이것은 North Carolina 주 대법원장인 쉐퍼드(Shepherd)가 Edwards v. Culbertson (1892)에서 인용한 바 있다.

51. 맹자(孟子)

52. 조화의 관념은 공자의 도덕철학에서 매우 중요한 위치를 차지한다. 공자가 한번은 제자들에게 "어떤 이들은 너희와 함께 배우기를 원하나 그들이 도를 행함에 있어 같이 할 것을 기대할 수 없고, 다른 이들은 너희와 같이 도를 행할 수는 있으나, 조화의 중요성을 이해하지 못한다."고 하였다.

53. 오설리번(O'Sullivan)이 자신의 The King's Good Servant, p.18-19 에서 인용.

54. Manson, Builders of Our Law During the Reign of Queen Victoria, 2d ed.(Horace Cox, 1904), p.101. 딜런(Dillon) 판사도 자신의 아래 책에서 같은 경험을 이야기하고 있다. Laws and Jurisprudence of England and America (Boston, 1894), p.17-18.

55. 이 말은 조화와 균형에 관한 탁월한 예시로 조금도 손색이 없다.

56. 법과 형평의 융합 또는 통합은 법적 권리와 법적 구제, 다른 한편으로는 형평적 권리와 형평적 구제의 사이의 구분을 폐지한다는 뜻이 아니다. 단지 법적 구제와 형평적 구제를 동일한 법원에 부여한다는 것을 의미할 뿐이다. 법원은 두 가지 구제안을 모두 갖고 있

으면서 그 구체적 사정과 실질적 정의를 달성해야 하는 목적을 감안하여 특정 사건에 있어 어떤 유형의 구제를 허락할 것인지 폭넓은 재량을 행사하게 되는 것이다.

57. A Concise History of the Common Law, p.609.

58. Maitland, Equity (Cambridge, 1936), p.17.

59. William Roper, The Life of Sir Thomas More, ed. by E. V. Hitchcock, p.44-5.

60. Chambers, Thomas More, p.271 참조.

61. 토크빌(De Tocqueville), 부트미(Boutmy), 브라이스(James Bryce)와 같은 유럽의 저자들의 저작은 별개로 하고, 필자는 토마스 볼란드(Thomas Boland) 대주교로부터 그 자신이 언젠가 미국에서 청나라 외교관으로 근무하였던 사람이 미국의 부강함의 근원을 기독교 정신에서 찾았다고 써 놓은 것을 읽었었다는 말을 들은 적도 있다.

62. Holland, Jurisprudence, 11th ed.(Oxford, 1910), p.40.

63. Pound, Law and Religion, Rice Institute Pamphlet No.28 (April,1940), 109 at 144. 또한 The Spirit of the Common Law, p.43 참조.

64. 위 같은 글. p.45.

65. 위 같은 글. p.44.

66. 위 같은 글. p.58.

67. 이 말들은 파운드가 아니라 몰리에게 해당한다.

68. "Law and Conscience" (November 13, 1949). Pius XII, Discorsiagli Intellettuali: 1939-1954, p.211-12 참조.

69. Communism and Man, (London, 1938), p.201.

70. 프리드만(Friedman) 박사는 그의 책 〈Legal Theory, (2d)ed., Stevens, 1949〉에서 "사회에 관한 가톨릭 이론은 공동체를 개인보다 우월한 지위에 놓고 있다."고 평가한다. 내가 보기에 그는 자신의 중세적 사고에 기반하여 사회를 집단 및 조직으로 해석하는 기르케(Gierke)의 영향을 받고 있지 않은가 생각된다. 이 문제와 관련하여서는 루이스(Ewart Lewis) 교수가 좀 더 객관적 평가를 하고 있다고 여겨진다. 그는 1938년 10월 〈미국 정치학 리뷰〉에 게재한 '중세 사상 속의 유기체적 이론'에서 이렇게 쓴다. "요컨대, 집

단의 목적과 개인의 목적에 관한 이 문제에 관하여 기르케의 해석을 확실하게 뒷받침하는 증거들은 찾을 수 없었던 반면, 드 울프(De Wulf)의 진술을 뒷받침하는 상당한 증거들은 볼 수 있었다. 울프는 중세의 사상가들은 개인의 운명 외에 다른 어떤 것도 인정하지 않았고, 개인의 목적에 봉사할 수 있는 것이 아니고서는 국가나 기타 다른 사회적 집단의 별개의 목적을 상정하지도 않았으며, 공동선이라는 개인들의 이익의 총합과 같은 의미로 보았다고 주장하였다." 또한 Andrew Beck, A. A., on "The Common Good in Law and Legislation" in O'Sullivan's The King's Good Servant, p.71 ff 참조.

71. 사비니(Savigny, 1779-1861)에게는 민족정신(Volksgeist)만이 모든 법과 인민의 습속의 유일한 근원이었다. 어느 민족이 개개인의 영혼을 초월하여 그 위에 그 고유한 자체만의 정신을 갖고 있다는 것은 헤겔이 프러시아 국가를 절대자의 화신으로 찬양한 것과 진배없는 허무맹랑한 신화이다.

72. The Spirit of the Common Law, p.46.

73. Youngstown Sheet & Tube Co. v. Sawyer (1952), 72 S. Ct. 863, at 888-9.

74. Garrigou-Lagrange, Reality (Herder, 1950), p.378-9.에서 인용하였음

75. 위 같은 글. p.385.

76. 시편 1편.

77. 마태복음 21:23-7.

78. Acton, Essay on Freedom and Power (Beacon Press, Boston, 1949), p.56-7

79. Holliday, Life of Lord Mansfield, London, 1797, p.260-1.

80. 누가복음 9:51-5.

81. Kent, Commentaries on American Law, 12th ed. by O. W. Holmes, Jr., vol.1, p.35-7.

82. Ho Ah Kow v. Nunan (1879). 5 Sawy. 552, 12 Fed. Cas. 253.

83. 논어.

84. 중용 1.1.

85. China in the Sixteenth Century: The Journals of Matthew Ricci: 1583-

1610, trans. by Louis J. Gallagher, S.J. (Random House, 1953), p.155.

86. 마가복음 8:24.

87. 시편 150.

88. S. T., I- II, 99. 2. ad 2.

89. 위 같은 글. 109. 4. in corp.

90. Plucknett, A Concise History of the Common Law, p.8-9.

91. De Legibus, fol. 2b.

92. Institutes, vol.III, p.107.

93. F. B. Sayre, "Public Welfare Offences," Columbia Law Review, vol.33, p.55; Jerome Hall, "Prolegomena to a Science of Criminal Law," University of Pennsylvania Law Review, vol.89, p.549 참조. 이 저자들은 민사책임은 경우에 따라 개인의 과실을 떠나 공공복리를 고려하는 것에 기반할 수 있으나, 형사책임은 극히 경미한 사건들을 제외하고는 항상 과실에 기반하여야 한다고 주장한다.
아래 글도 참조. Stallybrass, "The Eclipse of Mens Rea," Law Quarterly Review, vol.52 (1936), p.60-1.

94. 342 U. S. 246 (1951).

95. 1886년 2월 12일 캠브리지 제일교회(The First Church in Cambridge) 제250주년 기념식에서 '청교도들'이란 주제로 한 강연. 아래 수록되어 있는 홈스의 연설문집 참조. Speeches by Oliver Wendell Holmes (Boston, 1900), p.20.

96. James Legge. The Life and Works of Mencius (London, 1875), p.151.

97. De Legibus, fol. 107b.

98. 사도행전5:29; 4:9-20.

99. Ecclesiastical Polity, bk.i,s. 16.

100. People v. Sustek (1953), 724 N. Y. S. 2d 641.

101. Foss, A Biographical Dictionary of the Judges of England: 1066-1870 (London, 1870), p.351-2.

102. 위 같은 글. p.353-4.

103. Holdsworth, Some Makers of English Law, p.170.

104. 베니스의 상인 제4막. 요점은 포샤(Portia)가 안토니오(Antonio)를 사랑하듯 정의를 사랑하는 판사는 자연히 그렇지 않은 판사보다 독창성을 더 발휘할 것이라는 점이다.

105. George W. Constable, "What Does Natural Law Jurisprudence Offer?", The Catholic University of America Law Review, Vol.4(1954), p.17.

106. "Nobilta della Scienza e della Professione Giuridica alla Luce dell' Inseguamento Cattolico" (November 6,1949). Pius XII, Discorsi Agli Intellettuali, p.202 참조.

107. 위 같은 글. p.203-4.

108. 위 같은 글. p.205.

에필로그

에필로그: 법의 기술성

브랙톤은 "법ius이라는 용어가 종종 법적 기술을 의미하는 것으로 쓰는 때가 있는데, 법은 그 기술을 행사하는 과정에서 발견될 수 있다. 왜냐하면 법은 모든 것을 규정하지 못하고 일정 부분을 재량에 맡겨 두기 때문이다."[1]라고 말한 적이 있다. 그는 그 이유를 더 나아가 이렇게 설명한다. "법은 무엇이 옳고 형평에 맞는지를 가리는 기술이라고 불리는데, 우리가 정의를 숭상하고 신성한 존재로서의 법을 집행하는 한 그 법 덕분에 우리는 사람들로부터 사제라고 존중받는 것이다."[2]

토마스 아퀴나스도 법의 기술성을 지적하면서 이것은 "인간의 삶에 방향을 제시하거나 명령을 내리는 기술"[3]이라고 했다. 만일 이것이 사실이라면- 나는 그렇게 생각하지만- 법의 기술성이 인간이 지닌 모든 기술 중 가장 고귀한 것임을 이해하는 건 어렵지 않다. 인간관계와 세상사에 질서와 조화를 가져오는 것은 "하나님의 형상을 닮은 인간이 그 온 힘을 다하여 수고함으로써만"이 가능한 기술이다.

법의 본질은 정의이며 모든 존재하는 법들은 이것이 가능한 완전하게 구현되길 갈망해야 한다. 아리스토텔레스의 말을 빌자면 이 정의는 "미덕 가운데 가장 탁월한 것이며… 새벽과 저녁에 빛나는 별보다 더 아름다운 존재이다."[5]

그런데 기독교적 관념에 있어서는 정의보다는 사랑이 더 고귀한 것이 사실인데, 이는 사랑은 모든 완전함의 왕관인 까닭이다. 어쨌건 윤리적 미덕 가운데 왕좌에는 정의가 자리잡고 있다. 결국 사랑은 정의의 보다 높은 차원의 형태인 것이다. 왜냐하면 예수가 우리에게 말씀한 바와 같이 우리의 의가 서기관들 및 바리새인들의 그것보다 더 풍성하지 않으면 결코 천국에 들어가지 못하기 때문이다.

예수가 우리에게 명한 것은 은혜를 힘입어 더 풍성한 정의를 수확해야 한다는 것인데, 이 풍성한 정의란 내가 볼 때는 사랑의 다른 이름에 지나지 않는다.[6] 그런데 사랑과 지혜, 정의와 자비, 선과 미가 합쳐서 하나로 되는 것은 프랭크 쉬드가 말한 바와 같이 하나님 안에서만 가능하다. 그는 "하나님이 지닌 속성과 하나님 자신 사이에는 아무런 구별이 없으며 따라서 하나님의 속성 중 서로 나뉘어져 있는 것처럼 보이는 것들에는 실은 아무런 차이가 없다."[7] 그 한 예로 정의와 자비의 관계를 본다면 "무궁한 정의와 무궁한 자비는 두 개의 상충하는 하나님의 속성이 아니라 하나님의 하나의 속성이다. …하나님의 자비는 하나의 무한한 실체인 동시에 하나님의 정의 또한 무한한 실체이다. 하나님의 존재 안에서 그 둘은 같은 실체인 것이다."[8]

그러나 우리 인간의 차원에서는 이 모든 속성이 하나로 융합되지 않는다. 이들은 서로 밀접하게 연결되어 있고 공통의 존재론적 기원을 갖고 있지만 확연히 구분된다. 다시 말해 진실한 것이 선하지 않을 수 있고, 선한 것이 아름답지 않을 수 있으며, 다른 여타의 양상들도 이런 식이다. 우리 인간은 제한된 세상에서 살아가고 있는 까닭에 좋은 속성들이 온전하게 발양될 때까지 보기 힘들고, 또 같이 어울려 조화를 이루는 경우도 드물다.

그러나 정의가 탁월한 것은 비록 이것이 이 세상에 있긴 하지만 진・선・미로 정확하게 구성되어 있다는 사실이다. 이 세 가지가 제각기 완전한 형태를 지닌 채 삼위일체로 정의를 구성한다는 건 아니지만, 각자에 속한 얼마간의 특질이라도 정의 속에 고르게 담겨 있다는 뜻이다. 진眞은 정의의 초석, 선善은 그 목적이며, 미美는 정의의 본질적 특성을 구성한다. 법이나 판결이 정의로운지 여부는 그것이 진리에 입각해 있는가, 선한 삶을 향한 것인가, 그리고 그 실행의 모습이 목적에 자연스럽게 부합하는가에 따라 달려 있다.

1. 정의와 진眞

진리는 두 가지 다른 면에서 법철학과 연관되어 있다.

첫째, 형이상학적인 차원에서 우리가 해야만 할 일은 인정법을 영구법으로부터 흘러나온 자연법이라는 하나의 강줄기로 합류시키는 구체화 작업이다. 모든 법의 근원이 되는 샘은 하나님이다. 이것을 깨닫지 못한다면 우리는 진정한 현실주의자들이 아니며, 지나가는 그림자 속을 더듬거리며 찾는 눈먼 사람에 불과할 것이다. 이런 경우에 적용되는 것이 예레미야 선지자의 말이다.

> "너 하늘아 이 일로 말미암아 놀랄지어다,
> 심히 떨지어다, 두려워할지어다. 여호와의 말씀이니라.
> 내 백성이 두 가지 악을 행하였나니,
> 곧 그들이 생수의 근원되는 나를 버린 것과
> 스스로 웅덩이를 판 것인데,
> 그것은 그 물을 가두지 못할 터진 웅덩이들이니라."
> - 예레미야 2:12,13

둘째, 경험론적 측면에서 법을 다른 학문 및 실생활과 연관해서 보지 않으면 안 된다는 것이다. 올바른 판결의 제일가는 조건은 사실에 입각해야 한다는 점이다. 정의에 관한 일반 사람들의 관념은 진실과 불가분의 관계로 묶여 있다. 수수께끼같이 복잡한 사건 속에서 실체적 진실이 발견될 때 우리 상상력은 고조되고 가슴은 벅차오른다. 솔로몬이 지혜의 사람으로, 공정한 법관으로 불리게 된 것의 상당한 이유는 실체적 사실관계를 파악하는 그의 능력 때문이었다.

무고한 사람이 죄를 뒤집어쓰는 것을 보는 것만큼 고통스러운 일은 없으며, 살인자가 자유롭게 활보하고 다니는 걸 보는 것 역시 그에 못지않게 우리를 번민에 빠지게 한다. 정의란 피고인에게만 적용되는 것이 아니라, 다른 사람의 범죄로 인한 피해자에게도 똑같이 적용되어야 하기 때문이다.

실체적 진실을 발견하는 인간의 능력은 과학 지식과 함께 확장되고 있다. 이 점에서 물리학이나 심리학과 같은 학문의 발달은 정의 구현에 커다란 기여를 해 오고 있다. 오클라호마주 법원은 이렇게 판시한 바 있다.

"이 법원으로서는 정확성과 신뢰성이 입증되고 인정된다면 형사 범죄 사건에서의 과학적 방법은 채택되어야 한다는 견해를 갖고 있다. 정의는 재판을 통해 발견되는 진실 위에 터잡는 것이고, 따라서 실체적 진실에 대한 확인을 돕고 정의를 조력하기 위한 것이라면 그 어떤 문명적 이기利器라도 지체 없이 채택되어야 할 것이다."[9]

이것은 음주운전으로 기소된 피고인에게 음주측정기 사용이 적법한지 여부를 놓고 벌어진 사건에서 내려진 판결이다.

친생관계부존재 확인을 구하는 소송에 있어 친자관계 여부 판정함에 있어서도 법원은 혈액검사를 채용하고 있는데, 음성으로 나올 경우 대체로 그 결과를 신빙성 있게 취급하고 있다. 과거 근대 이전 중국 법정의 친생관계확인 소송에서의 사실관계 파악 방식은 매우 어설펐다. 아버지와 자녀의 피를 각각 한 방울씩 접시에 담긴 물에 넣어 만일 두 방울이 합쳐서 하나가 되면 친자관계를 인정하고, 서로 떨어져 끝내 합쳐지지 않으면 친자관계를 부인했다. 이 방식이 얼마나 정확하게 실체적 진실 규명에 가까웠는지는 모르겠지만, 개인적으론 많은 사람들이 이 방식을 거쳐 어쩔 수 없이 다른 사람의 자식을 친자식으로 떠맡았을 것으로 생각한다.

미국의 법관들이 인간 본성에 대한 이해를 함에 있어 기여하고 있는 현대 분석 심리학의 통찰력을 재판에서 잘 활용하고 있는 것을 보는 것은 매우 기분 좋은 일이다. 젊은 불량배 두 명이 어느 소녀 가장에게 저지른 성폭행 사건에서 파웰Powell판사는 피고인들의 항변에 대하여 다음과 같이 판단하였다.

"피고인들에 대한 피해자의 저항은 충분히 사력을 다한 저항이었다고 보여진다. 이미 성욕을 해결하기 위해 어떤 수단이라도 쓰겠다고 마음먹었던 정황이 객관적으로 드러나고, 그렇게 이성을 주체하지 못하는 두 명의 남성 앞에서 피해자에게 죽음까지 무릅쓴 저항을 기대하는 것은 사리에 맞지 않는다. 피고인들은 피해자가 집에 돌아갔을 때 정신이 멀쩡했으므로 피고인들의 범행을 용서하고 다시 그런 짓을 하지 말라며 없었던 일로 한 것이나 다름없다고 주장한다.

성격은 사람마다 다 다르다. 이 사건 피해자는 평균적인 기준에 비춰보면 어렸을 때부터 가난한 집에서 자기 생계를 책임지며 살아야 했다. 피해자가 겉으로 보기에는 다소 인내심이 강하고 절제력이 강해 그런 범행을 당한 뒤 차분한 모습을 보일 수도 있겠지만, 모친의 증언에 의하면 집에 돌아온 피해자가 자신을 깨웠는데 침대 옆에 서 있는 딸은 '완전히 넋이 나가 있었다'고 했다. 두어 시간 후 피해자를 진찰한 의사는 '우려할 만 하지만' 발작 증세까지는 보이지 않는다고 하였다.

피해자가 범행이 저질러지는 그 외딴곳에서 소리를 질렀더라도 그게 무슨 소용이 있었겠는가? 피해자는 소리를 지르면 오히려 목숨을 잃을지도 모른다는 두려움에 떨고 있었다. 이러한 두려움은 거의 매일같이 신문 지상을 장식하는 강력 성범죄 사건에 관한 보도들, 해 봤자 소용없는 저항을 끝까지 하다가 목숨을 잃은 여자들이 한둘이 아니라는 사실이 일반에 알려져 있다는 걸 감안하면 상당히 근거가 있다.

누구는 외향적이기보다는 내향적인 성격을 가질 수 있다는 사실, 누구는 생명까지 잃을 수 있고 그 시간이 그 어떤 암흑보다 절망의 어둠으로 덮여 있을 때 할 말을 잃고 멍하니 넋을 놓고 있었다는 건, 폐부의 모든 것을 쥐어짜서 비명과 고함을 지르는 행위보다 피해자의 고통이 결코 덜했기 때문은 아니다. 또 이런 절망적 침묵을 택했다는 이유로 강간 당시의 상황을 막힘없이 이야기하

정의의 원천: 자연법 연구   에필로그: 법의 기술성

는 피해자의 진술보다 그 진술의 신빙성이 더 떨어지는 것도 아니다.

인생의 우여곡절로 인해 어렸을 때부터 쾌활함, 정상적인 생활환경, 내일이 오늘보다 밝을 것이라는 희망을 향한 건전한 기반과는 거리가 먼 삶을 살아온 사람들에게는 이런 성격이 공통적으로 있다고 할 수 있다. 이들의 정서적 반응은 좀 더 유복有福한 환경과 처지에서 자란 사람들과는 종종 매우 다르게 나타날 수도 있는 것이다."[10]

위 사례는 정의와 실체적 진실이 얼마나 밀접하게 관련되어 있는지를 충분히 보여주고 있다. 그렇지만 정의를 실체적 진실과 동일시할 수는 없다. 어떤 몇몇 이유로 실체적 진실이 사법적 인지의 범위에서 의도적으로 배제되는 사건들을 들여다보면 이 사실은 명백하다. 이러한 사례로 1952년 연방 대법원에 의하여 판결이 내려진 바 있는 '위장 세척 stomach-pumping'으로 알려진 <로킨 대對 캘리포니아 주민Rochin v. People of California> 사건[11]을 들 수 있다. 이 사건에서 법원이 인정한 사실관계는 다음과 같다.

피고인이 마약을 거래하고 있다는 정보를 접한 로스앤젤레스 수사관 세 명이 1949. 7. 1. 아침 피고인이 그 어머니와 내연의 처, 형제자매들과 함께 살고 있다는 2층 주택건물을 급습하였다.
바깥문이 열려있는 걸 본 이들은 안으로 들어간 뒤 2층에 있는 피고인의 방문을 열어젖혔다. 방에는 피고인이 속옷만 입고 침대가에 앉아 있었고 침대 위엔 그 처가 누워있었다. 수사관들은 침

실용 탁자에 있는 작은 책상 위에 두 개의 캡슐이 있는 것을 보았다. '이게 누구 것이냐?'고 묻자, 로킨이 그 캡슐을 잡아채 자기 입에 넣어 버렸다. 곧바로 몸싸움이 벌어져 수사관 세 명은 '그를 덮쳐서' 캡슐을 도로 꺼내려고 하였다.

그러나 저항이 워낙 완강하여 소용없다고 판단한 그들은 피고인에게 수갑을 채워 병원으로 데리고 갔다. 의사가 수사관들 중 한 명의 지시에 따라 피고인의 의사에 반하여 그 위장 속에 튜브 하나를 집어넣어 구토하도록 하였다. 이 '위장 세척'으로 인해 경찰은 모르핀이 들어 있는 두 개의 캡슐을 확보할 수 있게 되었다.

여기서 이 캡슐들을 증거로 채택할 수 있는가 하는 문제가 대두되었다. 대법원은 이에 대하여 "적법절차조항 위반으로 인해 채택할 수 없다."고 판정했다. 주심 대법관 프랭크푸르터는 아래와 같이 그 이유를 설시하였다.

"우리는 이 유죄판결을 얻기 위한 과정이 범죄와의 전쟁이 너무 열정적이라는 것에 대하여 일부 사람들이 느낄 법한 결벽증적인 까탈스러움이라던가 사적인 온정주의에 비춰 못마땅하다고 생각되는 그 이상의 것이라는 결론을 내리지 않을 수 없다. 양심에 충격을 주는 행위였다. 피고인의 사적 공간에 불법적으로 들어가 입을 열고 그 속에 있는 것을 끄집어내려고 격투를 벌이고, 위장 속의 내용물을 강제로 추출하는 등 – 이런 일련의 과정이 증거를 얻기 위해 정부 공무원들에 의해 저질러졌다는 것은 아무리 굳어져 있는 감성이라 하더라도 불쾌감을 갖도록 하기에 충분하다.

정의의 원천: 자연법 연구   에필로그: 법의 기술성

이런 행위들은 헌법상 용인되는 공권력 행사에서 너무나 멀리 벗어나 있다.

강제된 자백은 공명정대함과 인간에 대한 존중이라는 이 사회의 정서에 배치된다. 따라서 당연히 법적으로 비난받아야 할 이 야만적 행위를 이 법원이 시인한다면, 법이라는 외투를 야만성 위에 입혀 주는 셈이 되고 말 것이다. 법에 대한 신뢰를 떨어뜨리고 그렇게 함으로써 한 사회의 기풍을 야만스럽게 만드는데 이보다 확실한 것은 없을 것이다."

만일 실체적 진실만이 정의 실현의 유일한 고려 요소라고 한다면 그 위장에서 방금 막 꺼낸 그 두 개의 캡슐보다 더 확실한 증거를 생각하기 어렵다. 그러나 여기엔 인간의 존엄성과 기타 다른 가치들이 관련되어 있으며 이것들은 범죄의 파악이라는 공익에 우선하며 이를 인정할 것을 요구한다.

여기서 증거법칙의 문제까지 설명하지는 않더라도 제임스 테이어James B. Thayer가 했던 사법절차상에 있어서의 고지의무에 관한 인용만으로도 정의와 진리 사이의 밀접한 관계, 그리고 이 둘 사이의 관계에 있는 내재적 한계를 잘 볼 수 있을 것이라 생각한다.[12]

"'명백한 사실은 증명할 필요가 없다.'[13]는 법언은 로마법 및 교회법에서 그 기원을 찾을 수도 있겠지만, 실은 아마도 사람들이 재판이라는 제도를 도입했던 그 때와 그 기원을 같이 하는 것일 수도 있다. 이 법언은 지금 우리 법전과 제도에서 볼 수 있으며 우리 법의 모든 부분에 적용되고 있다. 그런데 이 격언은 '법관만이 알고 있고 재판에서 현출되지 않은 것은 근거가 될 수 없다.'[14]는 매우 오래된 또 다른 원리에 의하여 제약되는데, 이것은 그 중요성에 있어 때로는 전자를 능가하기도 한다. 이 두 법언은 사법상의 고지에 관한 전반적인 이론을 시사하는 것으로 보인다. 이것은 두 가지 측면을 갖고 있는데, 하나는 법관의 심증 형성의 자유를 부여하면서, 다른 한편으로 이를 제약하는 것이다."

이것은 우리로 하여금 정의와 선의 관계를 살펴보도록 이끌어 간다.

2. 정의와 선善

선善도 역시 두 가지 측면에서 법의 기술성과 연관되어 있다. 수직적으로 법의 궁극적 목적은 인간의 궁극적 목적과 같고, 그것은 하나님 안에 있는 것이다. 수평적으로는 이 궁극적 목적의 실현에 도움이 될 수 있는 것이라면 그것이 무엇이건 간에 법은 그 제한된 기능 내에서나마 최대한 완전하게 이를 가치로 인정하고 보호해야 한다는 것이다. 토마스 아퀴나스는 이 두 가지 입장을 종합하여 다음과 같이 설명하고 있다.

"개개인의 선은 공동선이라는 목적에 종속되어 있다. 왜냐하면 부분이 존재하는 것은 전체의 존재를 위해서이기 때문이다. 그래서 인류의 선은 개인적 인간의 선보다는 하나님의 속성에 더 가

정의의 원천: 자연법 연구   에필로그: 법의 기술성

깝다. 절대적인 최고의 선, 다시 말해 하나님이 공동선인 까닭은 모든 공동체의 선이 그분께 달려 있기 때문이다. 이에 비하여 특정한 사물에 붙어 있는 선은 그 자신의 개별적 선이고, 이것은 다른 사물의 선이 의존하는 고리이기도 하다. 모든 사물이 이런 식으로 연결되어 끝내 하나의 선, 다시 말해 하나님의 목적에 종속되는 것이다."[15]

그래서 개인이나 사회는 모두가 '하나님과 법률 아래sub Deo et sub lege'놓여 있는 것이다. 최고의 선, 즉 하나님에 이르지 못한 선이나 가치는 목적을 향한 수단이나 단계인 까닭에 상대적이다. 그러나 이것들이 필요한 수단이나 단계들인 한 목적으로부터 그 의의를 끌어낼 수 있다.

"외적인 부富도 육체의 생명과 건강을 유지하고 다른 사람들을 돕는 데 쓰이는 한 미덕이라는 선을 위해 필요하다. …따라서 부도 미덕의 실천을 위한 수단으로 쓰일 때는 선을 드러낸다. 그러나 그 정도가 지나쳐서 미덕의 실천이 부로 인하여 저지된다면 그러한 부는 더 이상 선한 것이 아니라 악한 것으로 간주되어야 한다."[16]

모든 사적 권리들은 목적에 달려 있으며, 그 범위는 제한되어 있다. 그러나 적절한 범위 내에 있는 개인적 권리들은 그 권리들이 기여하는 바 목적에 비춰 가치 있는 것으로 평가되어야 하고, 법에 의해 보호되어야만 한다. 그렇지만 가치들은 인간으로부터 독립하여 이리저리 아무렇게나 멋대로 존재하는 것이 아니다. 가치들의 중심에 인간의 안녕이 있고,

이것을 중심으로 가치가 배열되어 있는 것이다. 생명과 자유, 그리고 도덕적·지적·정신적 미덕과 같이 어떤 가치들은 인간에 고유한 반면, 사유 재산, 산업 및 상업적 기업의 가치들은 도구적이다.

아동 양육 관련 사건에서 미국 법정에서는 종종 궁극적 고려 요인은 해당 아동의 복리며, 여기에는 육체적, 지적, 도덕적 및 영적 안녕이 포함된다고 판시하고 있다. 이런 원칙이 비록 미성년자 관련 사건들을 통해 나오긴 했지만, 이것은 법의 핵심과 정신, 그리고 인간의 실존을 다루는 철학이 지녀야 할 태도에 하나의 단서를 제공하고 있다. 이 원칙에서 위에서 언급된 모든 측면에서 일반 성인들의 안녕에 관한 직접적 언급이 누락된 것은 어른들의 경우 자기 스스로 돌보는 것이 더 낫고, 어린이의 경우와 같이 그렇게 절실하고도 철저한 정도의 법의 보호까지는 필요 없기 때문이다.

법은 적절성과 실행가능성이라는 한계 내에서, 그리고 실질적 필요에 비례하여 성인 남녀, 즉 모든 인간에게 네 가지 측면에서의 안녕이 보장되는 것에 관심을 갖고 있는 것이다.

기독교적 법철학에 따르면 국가를 포함하여 모든 법적인 제도들은 '하나님의 형상대로 지음을 받은' 인간의 안녕을 그들의 목적으로 갖고 있다. 프랭크 쉬드Frank Sheed가 지적한 대로 "만약에 하나님이 없다고 하면 만물은 그 배경을 잃어버리고 만다."[17] 그렇게 되면 국가가 법에 따라 사람들에게 필요한 것을 제공해 주는 대신, 국가는 법을 압제의 수단으로 변질시켜 이 법으로 사람들을 노예로 만들어 버릴 것이다. 지금의 지식인을 자처하는 사람들 사이에는 인도주의를 말하면서 기독교 정신과는 거리를 두는 것이 하나의 유행처럼 되어 있다. 그러나 서양 문명에서

정의의 원천: 자연법 연구   에필로그: 법의 기술성

획득되어 온 인간의 존엄성에 대한 인식이 기독교의 영향에 기인한다는 것은 아무리 강조해도 과장이 아니다. 카트라이트John K. Cartwright 신부는 이 사실을 아주 잘 짚어준 바 있다.

"우리 법률은 그 바탕에 아주 중요한 고귀함을 지니고 있으니, 이것은 로마법에서 빌려 온 것도, 우리 조상들 속에 있던 몇 가지 민족적 역량 덕분도 아니다. 이것은 시내Sinai산의 성스러운 법률과 산상수훈의 설교에서 나온 빛이 거기에 있기 때문이다."[18] 그런 까닭에, "우리 법제의 첫 출발 당시부터 필요했던 그것은 지속적 유지와 발전을 위해서도 여전히 필요한 것이다."[19]

기독교는 사랑에 대한 새로운 관점을 세상에 제시하였고, 이로써 인간의 존엄성을 무한히 증진시켜왔다. 쉬드의 말을 다시 인용해 보자.

"개인이 지닌 가치가 기독교적 계시와 얼마나 밀접한지 사람들은 잘 생각하지 않는 경향이 있다. 예수가 이 땅에 오시기 전까지 인간들이 지닌 가치란 그저 왕이나 장군, 부자나 시인, 그것도 아니면 전사 정도였다. 한 인간이 인간이기 때문에 바로 가치가 있다는 관념이 종종 철학자들의 사고 속에 있기는 하였으나, 사회 전반에 그런 정신이 침투하지는 못했다. 모든 인간은 가치가 있는 존재일 뿐 아니라, 그것도 영원한 가치가 있는 존재라는 것은 예수로부터 시작된 메시지였고, 이 메시지는 세상에 혁명을 가져왔다."[20]

그러나 전반적으로 기독교 국가의 시민들은 마치 부유한 귀족 가문의 경망스러운 아이들처럼 자기 집안에 쌓여 있는 보물의 무한한 가치를 깨닫지 못하고 신기한 것, 이상한 것에 마음이 끌려 아무 가치도 없는 것을 쫓는 모습을 보이고 있다. 성경에 등장하는 비유 속의 탕자와도 같이 돼지가 먹는 먹이라도 갈망하는 것이다.

이런 단계에서 학문과 법이라는 전문영역에서의 영적 가치의 중요성을 깨닫는 선견지명이 있는 법률가들을 보게 된다는 건 다행한 일이 아닐 수 없다. 미국 변호사협회 회장을 지낸 스토리Robert G. Strory는 1953년 보스턴에서 <하나님과 법 아래에서Under God and the Law>에서 이런 말로 끝을 맺은 바 있다.

> "결국 법을 자유인들의 세계에서 가장 최고의 위치로 격상시키는 것은 우리들의 책임입니다. 우리는 아직까지 보편적 평화에 이르는 열쇠를 아직 발견하지 못했고, 모든 인류를 향한 정의의 성전도 짓지 못하였습니다. 우리 모두 덕성에 기초하고 자비에 의하여 조율되는 정의에 기여하는 사회를 만드는데 각자가 법률전문가로서 최선을 다합시다. 그래서 '하나님과 법 아래'라는 진지하고, 참되며, 그리고 기본적인 살아 움직이는 철학을 구현합시다. 이렇게 할 때 우리는 진정으로 '법 아래에서의 자유는 영원하리라'는 말을 할 수 있을 것입니다."

미국 로스쿨 협회 회장인 엘리엇Shelden D. Elliott 교수는 최근 그 협회에서 뉴욕 성요한 대성당의 제임스 파이크James A. Pike 주임사제의 말을 인용하면서 몇 가지 중요한 의미를 전달했는데, 여기에 그 일부를 인용한다.

"우리에게 필요한 건 모든 사람이 자신의 마음과 영혼, 그리고 힘을 다해 창조주의 부름에 따라 봉사해야 할 사명 안에 있다는 사실을 자각하는 것입니다. 바꿔 말하면 자신이 지니고 있는 특별한 재능을 항상 온전하게 사용하는 것인데, 이것이 이 사회 내에서 하나님의 뜻을 가장 잘 이뤄낼 수 있는 길입니다. 이를 요약하자면 그것이 교육, 사회사업, 벽돌쌓기, 법률 등 무엇이건 간에 자신의 일상적 일을 소명으로 승화시킨다면, 그것은 이름 그대로 최고의 직책이 되는 겁니다.

그래서 이러한 소명에 따르는 법률가라면 법률적 기준이나 협회의 윤리규칙보다 더 높은 차원의 요청이 있음을 늘 인식하고 모든 결정, 의뢰인에 대한 서비스, 이로 인해 미칠 영향, 자신을 향한 다양한 요구들에 대한 우선순위의 분배, 취해야 할 것과 취하면 안 될 것이 무엇인지 판단해야 합니다."[21]

판결문 속에서도 도덕적 가치에 대한 공감이 점차 확대되고 있다는 조짐을 읽을 수 있다. 변호사 징계 관련 사건에서 플로리다주 대법원의 터렐Turrell 대법관은 이렇게 판시하였다.

"정의를 다룬다는 것은 낱개로 떨어진 개념이 아니라, 전체로 묶여 있는 개념이다. 이것은 기독교 윤리에서 파생된 것으로 우리에게 세상의 그 어디에서도 가져다 주지 못하는 중요한 의의를 부여해 주고 있다. 정의는 개인의 생명·자유·재산에 영향을 미치는 모든 상충되는 것들을 놓고 올바른 해결 방안을 위해 심사숙고하도록 만든다. 법률가들과 판사들은 이런 목적을 위한 법의 청지기인 것이다."[22]

카도조 대법관은 이렇게 말했다.

"우리 사회생활 중 어떤 관계들은 관습적 도덕에 따라 행위할 의무를 부과할 뿐 그 이상 요구하지 않는 경우가 있다. 그런 경우엔 그 관습적 도덕이 판사에게 기준이 되어야 한다. 예컨대, '사는 쪽이 조심해야 한다.caveat emptor'[24]는 격언은 도덕이 그렇게까지 민감한 영혼의 문제까지 이어지지 않는 경우 종종 따라야 할 법적 기준이다. 일상에서 그 밖의 예를 들자면 수탁자와 수익자, 또는 주채무자와 보증인의 관계를 볼 수 있는데, 이때는 최대한의 선량한 양심과 분별력을 가진 사람이 자신에게 부과할 수 있는 가장 높은 기준에 따라 행동할 의무가 부과되는 것이다. 이런 사건들에서는 그러한 기준들을 준수토록 강제하는 것이 판사의 의무가 된다. 이런 관계에서 어느 일방 또는 타방에 대하여 새로운 사정을 참작하여 판결을 내릴 수 있는지 여부는 정의의 관점에서 유추하고, 편익은 어떠한지, 구체적 타당성이 있는지를 종합적으로 고려하여야 한다."[23]

현재 신탁관계가 아닌 영역에서도 법원이 적용하는 도덕적 기준은 확장되고 있다. 굿리치Goodrich 판사는 불공정 거래 관행을 다룬 사건에서 "이 법원은 현재 다루고 있는 분야에서는 '거래에서의 보다 높은 수준의 공정성 내지 상업윤리를 강제하는 방향으로 나가고 있음을 보여왔고, 이

정의의 원천: 자연법 연구 에필로그: 법의 기술성

런 경향은 여전히 지속'되고 있다."고 판시하였다.[25]

유명한 흑인분리정책 사건[26]에서 워렌Warren 미 연방 대법원장은 적법
절차와 평등보호의 관념을 '공정이라는 미국식의 이상理想'의 공통분모
로 더 단순하게 바꾸어 버렸다. 화이트White 대법관은 계약상의 분쟁을
다룬 사건에서 "본 사건의 경우를 비롯하여 모든 계약 안에는 어느 쪽도
계약의 정당한 결과를 향유할 수 있는 상대방의 권리를 해하거나 파괴
하는 결과로 이어지는 행위는 하지 않을 것이라는 신의와 공정한 거래
에 대한 서약이 내포되어 있는 것이다."[28]라고 판시하였다. 연방노동관
계법National Labor Relations Act의 바탕에 있는 철학이 무엇인지에 관하여 허
치슨Hutcheson 재판장은 이렇게 지적하였다.

> "이 입법은 증오나 악의의 정서를 만들어내고, 그런 분위기를 조
> 성하며, 사용자와 근로자들 사이에 인간이 공동으로 삶을 유지함
> 에 있어 필요한 예의나 친절함이 오가는 것을 방해할 의도로 이
> 뤄진 것이 아니다. 오히려 그런 정서나 분위기가 있다면 그것을
> 누그러뜨리고, 인간미가 담긴 소통을 장려함에 이 법을 만든 이
> 유가 있는 것이다."[29]

그는 이 설명 속에서 사랑의 복음과 '증오의 복음'[30]의 차이를 강조하
고 있다. 필자로서는 이런 판시들을 볼 때마다 토마스 아퀴나스의 심오
한 통찰력을 생각하지 않을 수 없다. "법의 목적은 사랑이며, 그 목적에
는 어떠한 제한도 없고, 오로지 법의 수단에서만 제한될 뿐이다."[31] 이
혜안 속에 법과 도덕 사이의 관계에 대한 전반적인 철학과 양자의 차이

가 들어 있다. 법과 도덕은 같은 목적을 갖고 있으나, 그 목적을 달성하기 위해 채택하는 수단에서 양자는 다르다.

내가 아는 바로는 예링이 '법학의 희망봉'이라고 부르곤 했던, 법과 도덕의 관계라는 복잡한 문제의 핵심을 토마스 아퀴나스와 같이 명확하게 본 사람은 없는 것 같다. 그리고 그 희망봉을 완전하게 성공적으로 돌아온 학자도 그가 유일할 것이라고 나는 믿는다. 그래서 필자는 인정법이 갖는 권한의 범위와 한계에 대한 질문을 갖고 그의 <신학대전Summa Theologica> 속의 <법에 관한 소고>로부터 두 항목에 대한 새로운 번역[32]을 인용하고자 한다.

<제96제 인정법이 지닌 권한의 범위 및 그 한계에 관하여>

[제2항 모든 악행에 대한 금지가 인법의 영역에 속하는가]

이 두 번째 쟁점에서 우리는 이렇게 전개할 수 있겠다. 먼저 모든 악한 행위를 금지하는 것이 인정법의 기능에 속한다는 생각을 할 수도 있다. 이 논거들을 보면 이렇다.

1. 이시도루스Isidorus Hispalensis, 560-636가 그의 저서 〈어원집Etymologies, v.20〉에서 말한 바와 같이 법은 내재된 두려움으로 인해 인간들의 무분별한 행위가 억제되도록 할 목적으로 제정된 까닭에, 각각의 모든 악행들이 금지되지 않는다면 무분별한 행태가 효과적으로 견제되지 않을 것이기 때문이다. 그러므로 인정법은 모든 악행을 금지해야 하는 것이다.

정의의 원천: 자연법 연구   에필로그: 법의 기술성

2. 나아가 입법자의 의도는 선량한 시민을 만드는 데 있다. 그런데 모든 악한 행위로부터 금지되지 않으면 시민이 선량해질 도리가 없다. 따라서 모든 악한 행위를 금지하는 것은 법의 영역에 속하는 것이다.

3. 게다가 인정법은 위에서 본 바와 같이**제95제 제2항** 자연법에서 파생되었다. 그런데 모든 악한 행위는 자연법에 반한다. 그러므로 인정법은 모든 악행을 금지해야만 한다.

– 그러나 어거스틴의 <자유의지론De libero arbitrio voluntatis>에는 이와 반대되는 주장, 즉, "내 생각에는 인민의 통치를 위해 만들어진 법률은 이런 것들 (다시 말해 일정한 악한 행위들)을 적당히 허용하면서, 대신 이런 행위에 대한 벌은 하나님의 섭리에 맡겨 둔 것이 아닌가 싶다."라는 말이 나온다. 하나님의 섭리에 따라 처벌되지 않는 악한 행위란 없다. 그러므로 인정법이 나서서 하나님과 같은 수준으로 금하지는 않음으로써 어떤 유형의 악행은 적당히 허용하는 셈이 된다.

– 이 쟁점에 관한 나의 답은 이렇다. 위에서 말한 것처럼**제90제 제1항 및 제2항**, 법은 인간의 행위에 대한 일종의 규칙이나 잣대로 만들어졌다. 그러나 잣대란 나의 책 <형이상학Metaphysics> 제10장에서 논한 바와 같이 측정될 사물의 본성에 부합해야만 하는 것이니, 이는 서로 다른 사물들은 서로 다른 잣대로 측정되어야 하기 때문이다. 그런 까닭에 법률 역시 그와 같은 조건을 충족시키는 한에서 인간에게 부과되는 것으로서, 이시도루스가 말한 것처럼 사물의 본성과 그 지방의 관습, 두 가지에 비추어 가능해야만 한다. 그래서 어떤 행위를 할 수 있는 힘이나 능력은 내적 습관이나 기

질에서 나오는 만큼, 어떤 행위에 대한 습관을 갖지 못하거나 미덕을 갖추지 못한 자는 그러한 것들을 지니고 있는 사람이 할 수 있는 것과 같은 행동을 동일하게 할 가능성이 없다. 이것은 마치 성인에게는 가능한 행동이 어린아이에게는 똑같이 가능하지 못한 것과 같다.

이런 이유로 동일한 법이 성인과 어린이에게 똑같이 적용되지 않는다. 어른들은 처벌하고, 그것도 아주 엄하게 처벌하는 법 아래에서도 어린이에게는 많은 것들이 용인되는 것이다. 마찬가지로 많은 것들이 정상적인 훌륭한 사람들 사이에는 용납되지 않지만 덜떨어진 인간들 속에서는 수긍되기도 하는 법이다.

더구나 인정법은 인간이라는 집단을 위해 만들어진 것으로, 인간의 대다수는 미덕에 있어서 불완전한 존재이다. 그래서 인정법은 선인善人들이 자제하는 모든 악한 행위들을 금지하지는 않고, 민중의 다수가 자제할 수 있는 더 심각한 악행들만을 금지하는 것이다. 그중에서도 특히 다른 사람들에게 해를 끼치는 악한 행위들, 그것을 금지하지 않고서는 인간 사회가 존속할 수 없는, 예를 들어 살인, 절도와 같은 것들이 인정법에 의해 금지된다.

- 이런 관점에서 살펴보면, 첫 번째 쟁점에 관하여 무분별한 행위들은 타인에게도 잘못된 것으로 드러난다고 해야 할 것이다. 그러므로 그것이 동료 시민들에게 해를 끼치는 행위로 규정되고 인정법에 의하여 금지된다는 것은 앞에서 말한 바와 같이 적절한 것이다.

- 다음 두 번째 쟁점과 관련하여서 인정법의 목적은 사람들을 급격하게 미덕으로 이끄는데 있지 않고, 차근차근 단계를 밟으며 계도하는 것이라고 말하고 싶다. 그래서 인정법은 이미 미덕에

정의의 원천: 자연법 연구 　　　　　　　에필로그: 법의 기술성

있어 상당히 성숙된 상태에 있는 사람들에게 기대할 수 있는 수준에 맞춰 불완전한 인간 집단의 절대다수에 대하여 단번에 모든 악행에서 벗어나라고 요구할 수는 없는 것이다. 그렇지 않으면 불완전한 인간들, 그러한 계율에 복종할 수 없는 사람들은 더 큰 악에 빠지게 될 것이다. 왜냐하면 '코를 비틀면 피가 나고'[잠언 30:33] 이라는 말씀과 같이 모두 중대한 악에 빠지게 될 것인데, 마태복음에 나오는 것처럼 완전한 삶의 계율이라는 '새 포도주'를 불완전한 인간이라는 '낡은 부대'에 넣게 되면, '부대가 터져 포도주도 쏟아지고 부대도 버리게 되는데', 이렇게 되는 과정에서 새 계율은 경시당하고, 그 경시 끝에 인간들은 더 큰 악에 빠지게 마련이기 때문이다.

- 세 번째 쟁점과 관련하여서는 자연법이 영구법이 인간 사회에 간여하는 하나의 특정한 참여 방식이긴 하지만, 인정법은 영구법에 미치지 못한다는 점을 지적하고 싶다.

실제로 성 어거스틴은 <자유의지론>에서 '많은 것들을 고려하여 국가의 통치를 위해 제정하는 법들은 하나님의 섭리에 따라 처벌되는 것들을 처벌대상으로 해 놓고 있지 않다. 그러나 법이 시시콜콜하게 모든 걸 다 이뤄내지 못한다는 이유로, 이것이 법이 달성하는 성과들까지 비난하고 흠잡을 이유는 되지 않는 것이다.'라고 말하고 있다. 그런 까닭에 인정법은 자연법이 금한다고 해서 그 모든 것을 금할 수는 없는 것이다.

[제3항 인정법이 모든 미덕을 포괄하는가]

이 문제는 이렇게 접근해 보자. 인정법이 모든 미덕을 세세하게 아우르지는 않을 것이라고 생각해 보자. 그것은 왜냐하면;

1. 악행은 덕행에 대립하는 것인데, 앞에서 말한 바와 같이 인정법은 모든 악행을 금하고 있지는 않다. 그렇다면 인정법은 모든 미덕을 또한 명하지는 않는 것이다.

2. 더욱이 덕행은 미덕에서 나온다. 그런데 미덕은 법의 목적이므로, 그 목적으로부터 나오는 행위들이 법이라는 명령 아래 놓이게 할 수는 없는 것이다. 그래서 인정법은 모든 덕행을 명하지 않는 것이다.

3. 또한 법은 이미 말한 바와 같이 공동선을 지향하고 있지만,**제90제 제2항** 어떤 덕행은 반드시 전체의 행복을 지향하지 않고, 사적 안녕을 향한다. 그러므로 법은 모든 덕행을 규율하지는 않는다.

- 이에 대해 아리스토텔레스는 <윤리학Ethics> 제5장 제1절에서 반대되는 주장을 하는바, 법은 우유부단한 자의 행동뿐만 아니라 용감한 행동, 절제있는 행동도 다루고 있는데, 이런 식으로 다른 미덕과 악도 규율하여, 전자에 대하여는 작위 명령을, 후자에 대하여는 부작위를 명하는 것이라 한다.

- 나는 이 문제에 관하여 우선 미덕의 유형이 그들의 목적에 따라 각기 달리 구분된다는 것은 위에서 말한 바에 비추어 아주 명백하다는 점을 상기시키고 싶다. 그래서 미덕이 지닌 모든 목적들은 개인의 안녕이라는 사적 복리에 관련되든지, 아니면 공동체의

정의의 원천: 자연법 연구   에필로그: 법의 기술성

공동선과 관련되든지, 이 둘 중 하나에 속한다.

예컨대, 불굴의 용기는 공동체의 보호를 위해서나, 어느 친구의 권리 보호를 위해서 실행에 옮겨지는데, 그 밖의 다른 미덕들도 마찬가지다. 우리는 위에서 법은 공동선을 지향한다고 했다. 그리고 법이 포괄할 수 없는 미덕이라고는 존재하지 않는다고 할지라도, 법은 공동선에 직접적으로 관련되는 덕행이나, 간접적이긴 하지만 공동선과의 매개 역할을 하는, 선한 질서에 속하는 덕행의 일종만을 규정한다. 즉 입법자는 그러한 법을 통해 시민들이 정의와 평화라는 틀 속에서 공동선 주변에 모여들도록 의도하는 것이다.

- 이런 관점에서 본다면, 첫 번째 쟁점에 관하여 나는 계명이 명하는 의무로부터 나오는 모든 악행을 인정법이 금하고 있지 않은 것처럼, 인정법은 모든 덕행도 세세하게 규정하지는 않는 것이라고 답하고자 한다. 특정한 악행만을 명시적으로 금하는 것처럼, 어떤 덕행들에 대해서만 작위 명령을 내리는 것이다.

- 두 번째 쟁점과 관련하여 필자는 행동이 덕행에 속한다는 것은 두 가지 의미에서 그렇게 된다고 답하고자 한다. 우선 정의로운 행위란 옳은 것을 행하는 것이고, 불굴의 행위는 용감한 것을 행하는 것이라는 의미에서 어느 사람이 하는 행위는 덕행이라고 말한다는 것이다. 이런 의미에서 법은 덕행에 속하는 일정한 행위들을 규정한다. 또 다른 의미에 있어서 어떤 행위가 덕행으로 불리게 되는 것은 유덕한 사람이라면 취하였을 법한 태도와 정신으로 그 행위를 하였기 때문이다. 그러한 행위는 항상 덕으로부터 나오는 까닭에 이런 행위는 법이 명령한다고 규율되는 것이 아니

다. 하지만 이런 행위가 입법자들이 대중을 이끌어가고자 하는 목적에 기여하는 것만큼은 사실이다.

- 세 번째 쟁점과 관련해서는 어떤 미덕이건 간에 위에서 말한 바와 같이 직접적이건 아니면 간접적이건 공동선을 지향하지 않는 것은 없다는 점을 말해두고 싶다.

토마스 아퀴나스는 인간의 사회적 삶을 전체적인 하나의 그림으로 파악한다. 윤리와 법은 자연법 위에 토대를 두고 있으며, 둘 다 인간의 행위를 그 대상으로 삼고 있다. 둘 다 인간들 사이에서 질서 있는 화합과 우의를 세워가는 것을 목표로 한다. 그러나 이 둘은 그 기능과 목적 달성에 이르는 수단의 제재적 성격에 있어 다르다. 법의 경우 그 제재는 주로 외부에서 오지만, 도덕 내지 윤리의 경우 그 제재의 주된 출처는 내부이다. 그의 저서 <이교도대전Summa Contra Gentiles>에는 이 점을 명료하게 드러내는 구절이 있다.

"각자가 자기에게 맡겨진 정의의 행위를 할 때 인간들 사이에서는 질서정연한 화합이 있게 되는데, 그래서 '공의의 열매는 화평이요, 공의의 결과는 영원한 평안과 안전이라.'이사야 32:17라는 말씀도 있는 것이다. 이 정의에 대한 준수를 위해 인간은 내면적 원리와 외면적 원리, 두 가지를 사용한다. 누가 하나님과 이웃에 대한 사랑을 품고 이를 통해 신성한 법의 계율을 지키려는 의지를 갖고 있다면 이때 정의는 내면적 원리에 의해 지켜진다고 할 수 있다. 다른 사람을 사랑하는 자는 누구든지 자기의 할 바를 자발적

정의의 원천: 자연법 연구   에필로그: 법의 기술성

으로, 그리고 기쁨으로 감당하며, 심지어는 덕행을 통해 그 이상의 것도 하게 된다. 이런 점에서 '사랑은 율법의 완성'로마서 13:10인 것이다.

타인을 사랑하게 되는 자는 자기의 할 바를 기쁨으로써 자연히 다하게 됨은 물론 때로는 관대하게도 자기의 할 바 이상으로 더 하게까지 되는 것이다. 이러한 의미에서 우리들은 법의 모든 이 행은 사랑에 의존한다.

그러나 어떤 사람들은 법이 명하는 바에 따라 자신에게 주어지는 정의의 몫을 내심으로 지키고자 할 만한 성품을 갖추지 못하고 있는 까닭에 법적 정의의 이행을 위해서는 외부적 힘이 이들을 끌어가지 않으면 안 된다. 그래서 이들은 형벌이 주는 공포 아래에서 자유민이 아니라 노예로서 법을 지키게 된다. 그래서 이사야 선지자는 '주께서 땅에서 심판하시는 때에 세계의 거민이 의를 배운다.'이사야 26:9라고 하였던 것이다.

이에 반하여 또 다른 이들은 법이 명하는 바를 자발적으로 행하려 하기도 하는데, 긍휼함을 지니고 이들은 그들 자신이 그들에게 법이요, 이들은 법안에서 자신들의 의지를 쳐서 관대함에 복종하게 한다. 이들을 위해 외적인 법을 만들어 강제할 필요는 없다. 그래서 '율법은 의로운 자를 위하여 만들어진 것이 아니요, 불의한 자를 위하여 만들어진 것'이라는 말도 있는 것이다. 이 말은 몇몇 사람들이 그 문구를 잘못 이해하고 있는 것처럼 의로운 자들은 법을 이행할 의무에 속박되지 않는다는 것이 아니라, 의로운 자들은 법이 없어도 정의를 행하는 경향을 지니고 있다는 뜻이다."[33]

이와 관련하여 공자의 가르침이 떠오른다.

"백성을 법으로써 지도하고, 질서를 형벌로써 유지하려 든다면, 백성은 형벌을 피하려 할 것이지만, 인간으로서의 자긍심과 자존심을 잃게 될 것이다. 그러나 백성을 덕행을 통해 지도하고 예법으로서 질서를 유지토록 하게 한다면 백성은 자긍심을 잃지 않을 뿐 아니라 자발적으로 선량한 시민이 될 것이다."[34] i

그러나 공자와 토마스 아퀴나스 사이에는 커다란 차이가 있는데, 공자의 말에는 사람은 법과 도덕과의 사이에서 하나를 선택하지 않으면 안 된다는 의미가 내포되어 있으나, 아퀴나스는 공자보다 좀 더 현실적인 입장에서 법률과 형벌의 필요성 및 그 교육적 가치를 들여다보고 있는 것이다.

실제로 아퀴나스는 법이 인간이 덕을 구비하도록 할 수 있다고 생각하였다. 예를 들어 신명기에는 '네 이웃의 포도원에 들어갈 때에는 마음대로 그 포도를 배불리 먹어도 되느니라, 그러나 그릇에 담지는 말 것'신명기 23:24이라 하였는데, 이것은 법의 계율이다. 그런데 "네 이웃을 네 몸과 같이 사랑하라."고 한 것은 도덕의 원리인바, 토마스 아퀴나스는 이 두 가지를 아주 매끄럽게 이어 하나로 만들었다.

"사도 바울은 '남을 사랑하는 자는 율법을 다 이루었느니라.'로마서 13:8고 하였는데, 왜냐하면 율법의 모든 명령, 특히 우리 이웃과

---

i_道之以政 齊之以刑 民免而無恥 道之以德 齊之以禮 有恥且格. 정치로 이끌어주고, 형벌로 다스리면 백성들은 형벌은 면하려 들되 염치는 모르게 된다. 덕으로 이끌어주고 예로 다스려 주면 염치를 알고 또 올바르게 된다.

관련된 것들은 주로 사람들이 서로 사랑해야 한다는 목적을 지향하고 있는 것으로 보이기 때문이다. 사람들이 자기의 것을 타인에게 주는 것은 사랑의 힘인데, 사도 요한은 이 점을 더욱 분명하게 말해 주고 있다. '누가 이 세상의 재물을 가지고 형제의 궁핍함을 보고도 도와 줄 마음을 닫으면 하나님의 사랑이 어찌 그 속에 거하겠느냐.'요한일서 3:17 따라서 율법이 목적으로 하는 것은 사람들로 하여금 자신의 것을 남들에게 쉽게 내어주는 데 익숙해지도록 하는 데 있다. 그래서 사도 바울은 부자들에게 명하기를 '선을 행하고 선한 사업을 많이 하고 나누어 주기를 좋아하며 너그러운 자가 되라.'디모데전서 6:18고 하였던 것이다. 그래서 어떤 사람이 자신에게는 있으나 없으나 큰 손해가 없는 사소한 것임에도 그걸 필요로 하는 사람이 가져가는 것에 고통을 느낀다면 그런 사람은 타인에게 쉽사리 내주지 않을 것이다. 그래서 율법은 사람이 이웃의 포도밭에 들어가서 포도를 그곳에서 따먹는 것은 합법적이지만, 포도를 갖고 나오는 것은 금하였다. 왜냐하면 그렇게 되면 그 소유자에게 심각한 해를 끼치는 결과로 이어지고 평화를 어지럽히는 요인이 되기 때문이다. 반면 단정한 사람들 사이에서 허기를 면하기 위해 조금 따 먹는 것은 평온한 일상을 방해하는 것이 아니고, 사실상 오히려 우정을 더 다지고 사람들로 하여금 서로에게 조금씩 나눠주는 기쁨에 친숙하도록 하게 만든다."[35]

3. 정의와 미美

어느 법이나 어떤 판결이 공정하기 위해서는 그것이 실체적 진실에 바탕을 두어야만 하고, 그 목적은 선을 향함과 동시에, 그리고 최종적으로는 아름답지 않으면 안 된다. 그러므로 정의와의 내적인 관계에서 현실적으로 느껴지는 측면에서는 미美라는 관념이 선善이나 진眞보다 더 친밀하다고 할 수 있다. 내가 여기서 말하는 미美란 외관적인 아름다움이라던가, 판결문이나 법학 저술에서의 문학적 미려美麗함을 의미하는 것으로 이해되어서는 안 된다. 내가 염두에 두고 있는 것은 오로지 판결 그 자체의 아름다움이다.

이 대목에 있어서 토마스 아퀴나스의 확실한 설명을 들어보는 것도 괜찮을 것이다. "아름다움 내지 수려함을 만드는 요소는 명료함과 균형이다. 디오니시오스Dyonysius는 일찍이 '창조주의 본질 중 하나는 미인데, 이것은 만물의 조화와 명료함의 근원이기 때문'이라고 한 적이 있다. 육체적 아름다움은 신체의 각 부분이 싱그러우면서 잘 균형 잡혀있는 것에 있고, 그에 못지않게 찬사를 받아야 할 정신적 아름다움은 이성의 담백함을 쫓아 사물을 공평하게 다루는 데 있다."[36]

실제로 성령도 성부 하나님을 가리켜 '정의의 미'[37]라고 하였다. 미의 궁극적 근원은 삼위일체의 최고의 조화 속에 있다. 하나님의 아름다움은 그가 하신 모든 외적 및 내적 역사役事 가운데 반영되어 있다. 외경에는 이렇게 말하고 있다.

정의의 원천: 자연법 연구   에필로그: 법의 기술성

그분은 당신의 지혜로 만드신 것들을 아름답게 하셨도다.

…오! 그분이 하신 모든 일들은 얼마나 사랑스러운가!

우리가 보는 것은 그 모든 아름다움 중

찰나의 빛에 비춰진 것뿐이로다.

그는 모든 만물을 짝을 지어 만드셨고,

서로가 서로에게 균형을 이루도록 하셨으니,

그 대칭에는 조금의 오류도 없으며,

각자에게 그 몫의 복락을 보장하셨다.

그의 영광은 끝이 없도다.

- 집회서 42:21, 23-26

인간의 정신 안에 일어난 가장 큰 비극 중 하나는 인간의 영혼이 '문명
화civilized'에 너무 젖어 어린아이의 마음과 같은 신선한 감각을 상실하기
에 이르렀다는 것이다. 인류가 지금 제2의 타락을 경험하고 있는 것은
아닌가? 이와 같이 놀라운 우주 속에서 살아간다는 그 기쁨에 환희를
더 이상 느낄 수 없는 존재라면 인간은 도대체 어떻게 되는 걸까? 아무
것도 보지 못하고 볼 생각도 없는 인류에게 창조주는 언제까지 당신이
지은 이 아름다운 세상을 드러내 보이셔야만 하는가?
우리가 어린아이나 시인의 가슴과 눈을 갖게 된다면 세상은 얼마나 기
가 막힌 곳이 될 것인가?

보석처럼 하늘은 우리 위에 있으니

그 영광스러운 광경이 눈에 보이도다.

태양이 비추이는 그 길이 우리 눈에 뚜렷하니

가장 높이 계신 분, 창조주의 놀라운 솜씨로다.

달 또한 변화를 통해 우리에게 시간이 지남을 기록하게 하며,

즐거운 축제의 날이 언제 올지 신호를 보내도다.

…무지개를 보고, 그것을 지으신 이를 찬양할지어다.

장엄한 둥근 광채 속에 그 색깔들은 얼마나 아름다운가,

전능자의 손길이 어루만지도다.

- 집회서 43:1, 2, 6, 12, 13

독자들 입장에서는 이런 고찰이 법학과 무슨 관계가 있는지 의아해할지도 모르겠다. 솔직히 말하자면 우리 현실에 있는 주변의 이 아름다운 풍경을 섬세하게 느끼며 그 아름다움에 도취될 줄 모르는 둔감함을 지닌 사람은 정의가 흘러나오는 샘물이 어디인지 알 수 없고, 그저 그렇게 별 볼 일 없는 법률가로서 한 생애를 마감한다는 것이다.

어린아이들과 같은 마음은 참된 지혜와 참된 행복을 얻기 위해서는 절대적으로 필요한 요소이다. 그리스도 자신이 이 진리를 가장 분명하고도 확실한 말씀으로 우리에게 가르쳐주셨다.

"너희가 돌이켜 어린아이들과 같이 되지 아니하면 결단코 천국에 들어가지 못하리라."

- 마태복음 18:3

어린아이의 마음은 겸손함을 특징으로 하지만, 프랑스 리쥬Lisieux의 성聖 테레즈Thérèse의 누이였던 주느비에브Geneviève가 지적하였던 것처럼 그것은 겸손 이상이다.[38] 그것은 하나님에 대한 무한한 신뢰를 의미한다.

정의의 원천: 자연법 연구   에필로그: 법의 기술성

또한 그것은 에덴에서 아담과 하와가 비극적으로 타락하기 이전에 지니고 있었던 시선視線과 온정溫情에 깃들어있던 신선함과 순결함으로 우리의 정신과 영혼이 회복되어 간다는 것을 의미한다. 또 그것은 우리가 아버지 집의 한 식구로 이 우주를 자기 집처럼 이루 형언할 수 없는 평안함 속에서 즐긴다는 걸 뜻한다. 마지막으로 어린아이의 마음은 하나의 근원으로부터 흘러나오는 무한한 다양성으로부터 자양분을 얻는 단순함을 의미한다.

법률가가 만약 어린아이처럼 되지 못하면, 그는 '하나님의 나라에서 멀지 않은'마가복음12:34 서기관이 될 수 없고, 정의에 굶주리거나 목말라하지도 않을 것이며, 결국에는 법률가라는 이름값도 못 하게 될 것이다. 또 그가 배웠다는 것들은 생명력이라고는 없는 정보의 축적에 불과하고, 그것은 그 자신에게 어떤 기쁨도 주지 못하고, 타인들에게 행복을 가져다주지도 못한다. 법적 지혜가 없는 법학은 판결들이 처박혀 있는 쓰레기통으로 버려져 잔기술이라는 거미줄로 뒤엉킬 운명을 지니고 있을 뿐이다. 그런데 이것을 지혜의 아침 빛에 잠깐 비춰보기라도 하라. 그러면 이렇게 하는 것만으로도 쓰레기통으로 들어갈 법학은 거룩한 광채가 있는 것으로 변모해 갈 것이다. 천사들의 지식을 아침의 지식과 저녁의 지식으로 구분한 것은 성 아우구스티누스였다.[39] 토마스 아퀴나스는 이 부분에 관해 매우 흥미로운 주석을 덧붙이고 있다.

"새벽이 하루를 여는 것이라면 황혼은 하루를 마감하는 것이다. 지식도 그러하니 말씀에 있는 사물의 근원에 대한 지식을 새벽빛으로 묘사한다면, 각 사물마다 제각각 있는 본성에 관한 지식은

황혼의 빛이라 할 수 있다. 말씀은 스스로 있는 모든 존재의 근원
이요, 그로부터 실재가 흘러나오고, 그렇게 비추인 빛이 각 사물
에 들어가 그 고유의 존재를 만들어내는 것이다."[40]

이 설명을 우리 인간에게 적용해 보면 지혜는 아침 빛에 해당하고, 학문
은 저녁 빛에 속한다고 말할 수 있다. '인간적인 것과 신적인 사물에 대
한 지식'[41]으로서의 법학은 이 두 가지 지식을 다 포함하고 있다. 우리
는 영구법의 존재를 깨닫고, 인간의 자연적 이성의 명령에 지나지 않는
자연법의 명확한 원리들을 인식하기 위해서는 아침의 빛을 취해야 한
다. 반면 실정법에 대한 우리의 경험적 지식은 저녁의 빛에 속한다. 저
녁 빛에 비추인 지식이 법학 연구에 없어서는 안 된다는 점은 두말할 나
위가 없다. 우리는 실정법에도 정통해야만 한다. 그러나 저녁 지식과 아
침의 빛 사이에 절대적으로 중요한 관계를 알지 못하고 저녁 지식이 법
학의 전반을 휘젓고 지배하도록 놔둔다면 법실증주의라는 무저갱으로
굴러떨어지고 만다.

법학이 아침 지식으로만 되어 있지 않다는 것도 사실이다. 온전한 하루
를 만들어내기 위해서는 아침과 저녁, 두 가지 모두 필요하다. 그러나
여기서 강조되어야 하는 것은 기초는 아침 지식에 있으며, 저녁 지식을
그 궤도에서 벗어나지 않도록 바르게 인도하는 유일한 것 역시 아침 지
식이라는 점이다.

전반적으로 현대의 문명화 및 특별히 지금의 법학에 뿌리가 없는 것은
저녁 지식에만 전적으로 매달려 이것만을 흡수하고 있기 때문이다. 현
대 시기는 어린아이 시절의 그 순전한 관념들을 무시하고 제멋대로 하

고 싶어 하는 사춘기 청소년 같다. 그러나 사람이 진짜로 원숙해진다는 것은 다시 어린아이로 돌아가게 된다는 말과 같다.

노자는 "덕과 지혜가 성숙한 사람은 다시 어린아이와 같게 된다.含德之厚 比於赤子"[42]고 하였고, 맹자는 "위대한 사람이란 어린아이의 마음을 잃지 않은 사람이다.大人者 不失其赤子之心"이라고 하였다.[43]

많은 현대의 법학자들, 심지어 이념주의 유형에 속하는 사람들조차도 정의의 기준을 찾아 하나의 공식으로 만들어 보기 위해 자신들의 머리를 쥐어 뜯어왔으나 결국 실패로 이어지고 만 까닭은 단순한 진리를 찾는 과정에서 너무 복잡한 방법들에 호소하였고, 무엇보다 잘못된 방향 속에서 찾으려 하기 때문이다.

예수의 말처럼 "어찌하여 살아있는 자를 죽은 자 가운데서 찾으려 하는가?"누가복음 24:5 곰팡이 핀 판결집 속에서 자연법을 찾아낼 수 있을까? 그것이 육신의 마음 판에 새겨져 있지 않던가? 이런 걸 알면서도 세상에 대하여 박식함과 변증법적 논리를 과시하면서 그럴싸하게 평판을 얻고 명성을 쌓아볼까 기웃거리는 것은 아닌가? 그렇게 자연스럽지 않은 수단으로 자연법에 대한 관념을 세울 수 있다고 생각하는 건가? 우리에게 필요한 것은 단순함, 그리고 철저한 솔직함이다.

교황 비오 12세는 이 문제를 간결하게 정리했는데, 그는 "가장 심오하거나 혹은 미묘한 법학이라면 불의한 법, 그저 '법을 위한 법'과 진짜 법을 구분해 낼 수 있어야 하는데, 이에 필요한 기준은 이미 사물의 본성에서 유래하는 자연적 이성이라는 빛에 의하여 감지될 수 있고, 창조주가 인간의 마음속에 써놓은 그 법으로부터 인간 스스로 인식할 수 있으며,로마서 2:14-15 또 그런 기준은 계시에 의하여 명확하게 승인되어 있는 것이기도 합니다."[44]라고 말했다.

오랫동안 법학의 제반 문제를 다양한 시각에서 연구하고 고찰해 온 한 최고의 법학자로부터 나온 이 말은 자연법 또는 정의의 객관적 표준을 우리 마음 이외의 곳에서 찾으려 하는 무익한 노력에 대하여 우리들에게 경고를 하고 있다. 그렇지만 현대인의 마음이란 거짓 이론의 거미줄과 잡다한 지식에 의해 너무나도 눈이 어두워지고 있는 까닭에 단순함과 어린아이의 마음으로 돌아가지 않으면 가장 기초적이면서도 명백한 진리조차도 볼 수 없게 되는 것이다.

지금의 법학자들은 자연적인 것에서부터 얼마나 벗어나 있는지 '자연법'이라는 그 이름조차도 그들의 귀에는 부자연스럽게 들릴 정도이다.

노자는 "크다는 것은 간다는 것이요, 간다는 것은 멀어진다는 것이고, 멀어지는 것은 결국 돌아온다.大曰逝 逝曰遠 遠曰反"는 것[45]이라고 하였다. 우리는 이미 충분히 멀리 가지 않았을까? 지금은 단순함과 자연으로 되돌아와야 할 때가 아닌가? 인류의 문명을 올바른 궤도 위에 다시 얹어 놓기 위해서는 우리의 근원을 다시 추적해 들어가고, 시초로부터 출발해야 할 것이다.

이 시초로부터 다시 출발한다는 것은 바로 하나님 말씀으로부터 출발한다는 것이다. 오직 이렇게 하므로써 우리는 아침의 정신을 다시 붙잡을 수 있다.

구세주에 대한 시편 말씀 중 "주의 권능의 날에 주의 백성이 거룩한 옷을 입고 즐거이 헌신하니 새벽이슬 같은 주의 청년들이 주께 나오는도다."시편 110:3라는 구절은 아침 지식을 밝히는 빛의 고상한 아름다움을 노래하고 있다.

'아침의 모태'[46]로부터 난 하나님의 아들은 늘 새벽이슬과 같이 신선하게 영원에서 영원으로 아침의 빛과 어린아이의 마음을 비춰주고 있다. 말씀의 영구한 세대가 모든 생명, 법의 원천이며, 모든 피조물의 기쁨의 원천이다. 말씀은 모든 만물에 각기 본성을 주셨으며, 각자는 그 존재의 양태에 따라 그 정해진 질서를 쫓아 자리를 부여 받았다. 인간보다 하등의 피조세계에서는 그들의 자연법이 본능적으로 차질 없이 작동되고 있다. 별들은 그 조화로운 운행 속에서 하나님을 찬양하며, 자연의 모든 요소들은 각기 하나님이 그들에게 주신 범위 내에서 자신들의 기능을 수행함으로써 하나님께 영광을 돌리고 있다. 수목들은 그 종류대로 철을 따라 싹을 틔우고, 꽃을 피우며, 열매를 맺어 하나님을 찬미하고, 새들은 그 노랫소리로 창조의 역사를 기뻐하며, 모든 동물들은 창조주께서 그들에게 불어 넣으신 본능에 충실함으로써 그분을 찬양한다.

인간 아래의 모든 사물이 각자의 고유한 자연법을 쫓아 살아가며 존재하고 있음은 명백하다.

그런데 우리를 낙담시키는 불화와 비열한 범죄들이 자리잡고 있는 곳은 오로지 이 인간 세상뿐이다. 인간이 인간에 대하여 도대체 무엇을 하고 있는가? 모든 피조물에게 각자의 본성에 쫓은 법을 주신 하나님이 우리 인간의 본성에 적합한 법을 주시는 걸 잊으셨다는 말인가? 아니면 우리가 너무나 패역한 존재라서 하나님이 만들어 주신 법은 생각해 보려고도 하지 않고, 자연법이라면 그저 눈감고 반항심을 품은 채 우리 자신의 '법 쪼가리'들을 고집하는 것은 아닌가? 내 생각에는 후자의 가능성이 훨씬 높다.

그럼 우리들이 도대체 어떤 존재인지 보도록 하자. 모든 동물 가운데 이성과 자유를 부여받고 있는 것은 인간이 유일하다. 그러나 현대인은 자유를 자의와 방종으로 변질시키고, 자신에게 주어진 이성의 경이로운 힘으로 이 배반을 정당화시키기 위해 무진 애를 쓰고 있다. 인간은 자기보다 하등 단계의 피조 세계를 지배하는 질서와 조화를 감탄의 눈으로 들여다보면서 '그들과 같은' 법칙을 좇으면 혹시라도 우리도 역시 인간세상에 그와 같은 질서와 조화를 가져올 가능성이 있지 않을까 몽상에 젖기도 한다. 인간이 인간 자신의 자연적 본성이 아닌 하층 피조세계의 거울에 자신을 비춰보고 있는 것이다.

전례 없는 자연과학의 큰 진전은 사회과학과 윤리학 분야에도 이런 경향을 촉진시켜, 이런 분야의 학자들조차 자신들의 학문을 자연과학적 틀에 맞춰 넣는 것을 능사로 여긴다. 궁극적 목적, 그리고 가치들의 체계성과 같은 논의들은 유행과 대세를 좇는 사회학자들과 법학자들에 의해 '비과학적'이라는 이름하에 침묵을 강요당하고 있다. 그들이 합법적이라며 자신들의 영역 속으로 받아들이는 것은 수치와 통계가 전부이다. 효율성과 인과관계가 있는 것만이 그들의 유일한 우상이 되었고, 목적론을 언급하는 것들은 눈칫밥을 먹어야 했다. 인간의 행위와 인간관계를 설명하는 자리에는 결정론Determinism이 들어와 똬리를 틀었고 그 바람에 인간의 책임이라는 관념은 시야에서 사라지고 말았다.

법학도 그 전반적인 퇴행의 기류에 얹혀 떠내려가는 신세를 면할 수 없었는데, 이로 인해 법학 분야에서 정의에 대한 고려를 배척하는 데까지 타락하게 되었다. 모리스 코언Moris Cohen은 이런 풍조에 대하여 생생하게 증언하고 있는데, 그의 말은 내가 직접 경험하고 있는 것이기도 하다.

정의의 원천: 자연법 연구   에필로그: 법의 기술성

"대다수의 사람에게 법률이란 하나의 특별한 기술이다. 법률가들과 그 의뢰인들만을 위한 배타적인 그 무엇인 것이다. 수업 중에 어떤 학생이 자기들이 다루고 있는 판결들 중에서 정의를 찾아볼 수 없다고 불평했던 사실을 기억한다. 그때 교수는 이렇게 말했다. '여기는 법을 가르치는 강의실이지, 정의를 가르치는 곳이 아니라네.' 이 대답에 어느 정도의 진실이 있음은 물론이다. 많은 법들이 불의하고, 그럼에도 불구하고 우리의 법 체제의 일부가 되어 있다는 사실로 해서 그걸 지켜야 하고, 분석하기도 한다는 건 불행한 진실이다. 그러나 역사적, 그리고 도덕적 관점에서 이것이 최종적인 답변이 아님은 의심할 여지가 없다. 법이란 사회적 필요를 충족하기 위해 있는 것인데, 그 과정에서 법이 정의롭게 봉사하고, 아울러 공동체의 어느 쪽에 치우치지 않고 보편적 만족을 추구할 때만 장기적으로 그 법은 유지될 수 있는 것이다."[47]

20세기 초 시대를 지배했던 슬로건은 '사실, 사실, 그리고 또 사실Facts, facts, and more facts'이었다. 법 역시 법원에 의해 현실적으로 강제되기 위하여서는 사실들에 대한 증명이 요구되었다. 법학을 연구하는 사람들은 '순전한 사실의 기준'은 오직 절대적 존재가 그렇게 판단할 때만 타당하다는 것, 그리고 그 절대적인 분의 본질은 그 존재 자체에 있고, 그 절대자 아래 존재하는 모든 만물은 그들에게 부여된 각자의 본질의 점진적 구현을 통해 존재의 정당성을 드러내지 않으면 안 된다는 사실을 미처 깨닫지 못하였다. 이들은 법의 본질은 정의이며, 그 안에 정의를 향한 열망이 없는 어떤 법도 '참된' 법이 될 수 없다는 점도 알지 못하였다. 선善을 지향하여 만들어지지 않은 법은 '진정한'법으로 불릴 수 없다. 산타 크루즈Santa Cruz 사건에서 윌리엄 스콧William Scott 경은 이 점을 아주 깔끔하게 정리하고 있다. "내가 진정한 법이라고 말할 때는 정의의 원칙에 입각하여 문명국가들이라면 고수해야 할 정의의 원칙에 입각한 그런 규범들만을 의미하는 것이다."[48] 여기서 말하는 '진정한'이라는 말은 단순한 경험적 사실을 가리키고 있는 것이 아니라 존재being라는 더 높은 영역을 가리킨다. 돔 마미온Dom Marmion은 이 문제를 잘 설명하고 있다.

"본질적으로 인간은 이성적 존재이다. 인간은 이성이 없는 동물처럼 본능에 따라서만 행동할 수 없다. 인간이 지상의 다른 모든 피조물들과 구분되는 것은 인간에게는 이성과 자유가 부여되어 있다는 것이다. 그러므로 사람 안에서 주권을 행사하는 것은 이성이어야 한다. 그러나 사람은 피조물인 까닭에 이성은 자신이 의존하고 있는 하나님의 의지에 복속해야 하며, 그것은 자연법과 실정법에 의해 드러나게 된다. 하나님을 기쁘게 하기 위해 필요한 첫 번째 조건인 '진정함'에 이르기 위해서는 각 인간의 행위가 하나님의 뜻에 복종하는 자유와 이성을 지닌 피조물이라는 조건에 들어맞아야 한다. 그렇지 않으면 그 행위는 우리의 본성과 이에 내재된 고유한 특성 및 이들을 통할하는 법과 어긋나게 된다. 그것은 거짓이다."[49]

그러면 이제 자연법이라는 첫 번째 원리를 어디서 찾아야 하는가 하는 질문이 있을 수 있다. 이에 대한 답은 교황 비오 12세의 다음과 같은 명쾌한 설명에서 찾아볼 수 있다.

> "물질적으로나 영적으로, 혹은 물리적으로나 정신적으로 주의를 기울여 우주를 관찰할 때 각종 각양의 만물을 지배하는 질서와 조화에 경탄을 금할 수 없다. 인간에게 있어서는 그의 무의식적 활동이 끝나고 의식적이고 자유로운 활동이 시작되는 그 경계선까지 하나님이 모든 존재하는 것들 속에 두신 법칙에 따라 질서와 조화가 엄격하게 실현된다. 그 경계선을 넘어서도 여전히 하나님의 예정된 의지는 효력을 발휘한다. 그러나 그것을 현실화하고 발전시키는 것은 인간의 자유로운 결정에 맡겨져 있는데, 그것은 하나님의 뜻에 부합되거나 반할 수 있는 것이다."[50]

그렇다면 자연법의 씨앗 내지 시초는 인간의 본성 속에 있는 본능과 이성 사이의 경계선이다. 우리가 무의식에서 의식으로, 모호함에서 명료함으로, 본능에서 이성으로 넘어가는 바로 그 순간 고요하고 나지막한 양심의 소리가 우리에게 가르쳐주는 것을 분명하게 이해하고 확실하게 붙잡기 위해서는 아침의 빛과 아침의 정신이 필요하다. 인간을 인간으로 특징짓는 것은 물론 이성이지만, 토마스 아퀴나스가 말했듯이 인간이 지닌 본능이라 하더라도 그것은 하등 동물들의 그것보다 더 풍성하고 고귀하다.[51]
아퀴나스도 교황 비오12세와 같이 인간의 본능이나 생래적 성향은 이성에 의해 섬세하게 다듬어져야 할 원재료라고 생각하였다. 그래서 그들에게 있어서의 자연법은 실존적인 동시에 본질적이었고 심리학과 논리, 존재론과 윤리는 틈새 없이 매끄럽게 하나로 짜여져 있다. 그러나 교황 비오 12세의 철학에서 눈에 띄는 새로운 것은 자연적 이성과 양심이라는 자발적 명령의 형태로 로고스의 씨앗이 새로운 싹을 틔울 채비를 하고 있는 지점이 어디인지 그가 정확하게 가리키고 있다는 사실이다. 무의식 속에 기록된 자연적 이성과 양심은 의식의 세계에서 '공포'되고 인식된다는 것이다. 이곳에서는 이성이 여명을 맞이하고, 아침의 빛은 환하게 비추며, 이슬은 신선하고, 영원함이 '세미한 소리'**열왕기상 19:12**와 함께 현세로 자신을 살짝 드러낸다.

이런 간명한 진리는 우리 주께서 선포하신 것처럼 지혜롭고 슬기 있는 자들에게는 감춰지고, 어린아이 같은 사람들에게만 드러난다.**마태복음 11:25**

그리고 가끔은 로버트 브라우닝Robert Browning과 같은 진실한 시인도 이 영원한 시작의 언저리를 순간적으로나마 포착한다.

해로 치면 봄
날로 치면 아침
아침으론 일곱 시
언덕에는 이슬이 구슬처럼 맺혀있고
종달새의 날개는 높이 펴졌네
덤불 위를 기는 달팽이
하나님은 당신의 나라에
세상 모든 것이 안녕하도다.

이것은 내가 알고 있는 것 중에서는 가장 심오한 통찰력을 지닌 시이다. 그럼에도 저녁의 피조물들은 이를 하나의 천박한 낙관주의로 비웃는다. 사실 피상주의자들의 눈에 피상적이지 않은 것이 있을 리 없다. 지금의 세계가 당면하고 있는 문제는 이 세상에 관한 한 인간의 마음속에서 하나님이 당신의 기쁨의 정원, 당신의 천국을 만들어 주실 여분의 공간을 찾을 수 없다는 데 있다.

쉬드의 다음과 같은 혜안은 신학자들에게 울림을 준다. 그는 "너무나도 중요한 현실에 대한 각성이라는 점에서 시인들은 신학자들에게 줄 무엇인가를 갖고 있다."[52]라고 하면서 이렇게 말한다.

> "워즈워드의 '기쁨에 가득 찬 달빛, 허공중에 홀로 비추는 그 빛을 둘러보라'라는 시와 베르길리우스Virgil의 '만물 속에 눈물이 어리어 있도다.Sunt lachrymae rerum'는 시는 천팔백 년의 시간을 초월하여 동일한 진리를 증언하고 있다. 자연이 죽은 존재라는 생각을 하는 시인들은 행복할 수 없다. 그들은 자신들이 느끼는 그 생명이 무엇인지는 모르지만 자연 속에 생명의 숨결이 있음을 감지한다. 기독교인들은 이와 정반대이다. 그들은 그 생명의 신비가 무엇인지 알지만 대부분 느끼지 못한다. …크리스찬이 진리로 알고 있는 것을, 시인들은 생명력 있는 사실로 응답하는 것이다."[53]

이런 사실은 법률가들에게 있어서도 마찬가지이다. 법의 기술성은 인간 관계와 활동의 전 영역을 그 소재로 삼는다. 갈등과 불화의 소용돌이 속에서 법의 장인(匠人)은 질서와 조화에 맞춰 그 영역의 음악을 창조한다. 법이 다루는 문제는 매우 지저분할 수 있지만, 그것을 다루는 방식은 매우 아름다울 수 있다. 악행은 비루하고 비열하지만, 그것을 바로잡는 일은 고귀하고 하나님이 하시는 일과 유사한 것이다. 흑암을 밝히는 것이 빛이듯, 잘못을 바로잡는 것은 정의이다.[54] 이 일이 얼마나 하나님의 신성에 가까운가 하는 것은 이사야 선지자의 장엄한 예언에서 뚜렷하게 알 수 있다.

광야와 메마른 땅이 기뻐하며
사막이 백합화 같이 피어 즐거워하며,
무성하게 피어 기쁜 노래로 즐거워하며 레바논의 영광과 갈멜과
사론의 아름다움을 얻을 것이라.
그것들이 여호와의 영광 곧 우리 하나님의 아름다움을 보리로다.
너희는 약한 손을 강하게 하며 떨리는 무릎을 굳게 하며,
겁내는 자들에게 이르기를
"굳세어라, 두려워하지 말라, 보라 너희 하나님이 오사
보복하시며 갚아 주실 것이라.
하나님이 오사 너희를 구하시리라." 하라.
- 이사야서 35:1-4

법은 현실과 이상이 만나고 인간과 하나님이 만나는 장場이다. 연꽃처럼 그 뿌리는 진흙 속 깊이 뿌리를 내리고 있으면서 그 우아한 꽃송이를 하늘로 향해 피운다. 토마스 아퀴나스는 "모든 행동이 인간 생활의 올바른 목적을 지향할 때 인생이라는 무대에서는 사려분별이 지혜가 된다. 그런 까닭에 온 우주의 가장 높은 원인, 즉 하나님을 생각하는 사람에게는

정의의 원천: 자연법 연구   에필로그: 법의 기술성

일말의 주저함도 없이 지혜의 사람이라는 칭호가 붙을만한 가치가 있는 것이다."[55]라고 말했다.

법학도는 법적 질서를 우주적 질서와 연결시킬 때에만 지혜를 얻을 수 있고, 지혜만이 그를 법학자라는 이름에 걸맞는 존재로 만들어 줄 수 있다. 이 점에 관해 조셉 스토리Joseph Story는 다음과 같이 말한 적이 있다.

"대부분의 저명한 정치가들은 법률가였고 더욱이 그들은 철학과 고대로부터 현대까지의 모든 지혜와 자유롭게 접촉할 수 있는 법률가였다. 완전한 법률가란 완전한 웅변가와도 같이 각 방면의 지식에 정통하도록 자기 자신을 배양하지 않으면 안 된다. 따라서 인간의 본성과 그 생활에 관계되는 것이라면 그에게 있어서 무관한 것이라는 건 있을 수 없으며, 쓸모없는 것이란 존재하지 않는다. 그는 인간의 마음을 탐구해야 하고, 인간의 감정과 욕구와 정서를 그 근원까지 들여다봐야 한다.

…이 목적을 위해서는 모든 시대를 관통하는 최고의 정신이 그의 일에 스며들도록 해야 한다. 자연을 거닐며 그 아름다움, 장엄함, 그리고 조화를 사색하는 가운데 사고를 배양하고, 덕성을 함양해야 한다. 법률가는 문명사회의 유일한 단단한 토대로서의 종교가 주는 교훈을 깊이 통찰하고, 여기에서 종교적 의무뿐만 아니라 희망을, 그리고 단순한 위로를 넘어 절제와 영광을 끌어내야 한다."[56]

밴더빌트 대법원장은 "법학을 연구하고 실무에 종사한다는 것은 문제를 해결하는 것에 있는 만큼, 우리 마음은 감성을 키우고, 또한 가장 넓은 의미에서의 예술이라는 분야에서 최고도로 얻을 수 있는 미적 감각을 함양함으로써 얻게 되는 균형을 필요로 한다."[57]라고 하여 왜 법률가가 폭넓은 교양을 가져야 하는지 강조하기도 하였다.

판사에게는 시인이 되는 자질이 있어야 한다고 말한 사람이 카도조였다. 카도조를 그렇게 훌륭한 법관으로 만들어 준 것은 이러한 시적 감수성이었음에 틀림없다. 그에게 있어서 정의는 실정법규를 단순히 따르는 것 이상의 훨씬 더 미묘하고 포괄적인 이념이었다. 그것은 '순전하고 고귀한 것을 향한 열망, 가득한 행복감, 그리고 염원과 동의어'[58]였다. 때로 "정의에 관하여 이야기할 때 우리가 종종 염두에 두어야 할 자질은 관용인데, 이것은 비록 여러 특성 중의 하나이긴 하지만 종종 다른 것들과 대조된다."[59]

카도조는 더 나아가서 재판의 기술성을 요리에 비유한다. "그대로 두면 산패酸敗되어 버릴 성분들은 거기에 단맛을 첨가하여 그 동일성이 변하지 않도록 하여 보존한다. 그리고 그걸로 원하는 대로 요리를 하되 전체적인 판단은 그걸 받아들이거나 거부하거나 하는 훈련된 미각에 따른다."[60] 논리적 대칭과 변화의 요구에 대하여 언급하면서 그는 "우리가 묶여 있는 거기에 바로 해방이 있다. 운율과 악보가 있어서 제약을 받기도 하지만, 시대적 필요와 균형의 절박함이 때로는 그로 인해 갇혀진 사고를 자유롭게 하기도 하고, 그 갇힘 속에서 놓여나게 하기도 하는 것이다."[61]라고 하였다. 이에 대한 구체적 사례로 카도조 자신이 내린 판결 하나가 있다.

<데 치코 대對 슈바이처De Cicco v. Schweizer> 사건[62]에서 아버지가 그 딸에

　　　정의의 원천: 자연법 연구　　　　　　　에필로그: 법의 기술성

게 어떤 이태리 백작과 결혼하는 대가로 지참금을 주기로 문서로 약속하였었는데, 이 약속 당시 이미 딸은 그 백작과 약혼을 한 상태였다. 이 약속을 유효하도록 하는 정당한 약인consideration이 존재하였는지 여부가 이 사건의 쟁점이었다. 계약 관계를 규율하는 커먼로의 일반원칙에 따르면 약인은 약속을 한 자에게 이익을 주던지, 상대방에게 어떤 손실이 생기던지 하지 않으면 안 되었다. 이 사건에서 피고는 부친에게는 아무런 이익이 없고, 딸에게도 아무런 손실이 없다고 주장하였는데, 왜냐하면 약속 당시 이미 딸은 법적으로는 혼인을 한 상태였기 때문이다. 어느 일방이 법적 구속력을 따르기로 한 그 전제 조건이 사라진 상태에서는 약인도 없는 것으로 봐야 한다는 것은 일반적으로 맞는 말이었다.

하지만 카도조 대법관은 약인이 존재한다고 판정하였다. 그는 약인의 개념을 기존의 선례에서 다루지 않은 범위까지 확장하였다. 그러나 그렇다고 하여 그가 선례를 깨뜨리는데 까지 이른 것은 아니었다. 그는 이렇게 판시하였다.

"피고는 딸이 결혼을 하게 되면 친정으로부터 신부 자신과 그 장래에 태어날 자식들을 위해 적정한 경제력을 제공받을 수 있을 것이라는 믿음을 갖고, 한 남자와 한 여자가 혼인에 따른 책임을 지려고 했던 사실을 알고 있었다. 피고는 두 남녀가 아직 약혼 상태에서 자유롭게 그 책임에서 벗어나거나 혼인을 미룰 수 있는 그동안에도 마치 이런 경제력 제공이 주어질 것처럼 하였다. 한편 이 두 남녀가 이에 따라 파혼하거나 결혼을 미루지 않았다는 것에는 다툼의 여지가 없다.

이 두 사람은 어떤 경우엔 맹세와 의식적 결단을 통해, 또 어떤 경우엔 반쯤은 인식이 없거나 무의식을 좇아 행동을 하였는데, 이둘의 행동을 좌우했던 모든 동기와 유인이 일일이 다 바깥으로 드러날 것으로 기대하여서는 안 된다. 피고 자신이 한 약속에 따른 자연적 결과가 두 사람으로 하여금 파혼이나 혼인을 연기할 생각을 하지 않도록 유도한 측면이 있다면 그것으로 충분하다. 그 순간부터 두 사람에게는 현실적 선택지가 남아 있지 않게 되었다. 철학자들이 말하는 이른바 '유동적living' 선택권이 박탈된 셈인데, 이 사실만으로써 상대방에게 손실이 있었다고 추론할 수 있는 것이다."

이 판결문의 마지막 부분에서 카도조 대법관은 이 사건에서 약인의 개념을 확장하게 된 진정한 사법적 동기를 명쾌하게 고백하였다.

"법은 가능하면 혼인 합의에 호의를 갖고, 이를 옹호하기에 힘쓴다. …또 법은 사람들이 타인들의 삶에 가장 깊숙한 곳에 영향력을 미칠 의도로 선의로 약속한 것들이 명예롭게 이행되도록 하기위해 모호한 말과 행동의 의미를 최대한 적극적으로 해석하여야한다."

이것이 내가 말하고 싶은 이른바 '아름다운 판결'이며, 여기에서는 자연적 이성과 법적 이성이 조화를 이뤄 작동하고 있다. 만일 어떤 판사가진정으로 민감하다면 그는 민감함만을 위한 민감함에는 빠지지 않을 것이다. 만일 그 이성이 곧지 못하고 교활하다면 그 마음은 단순해지고 완고해질 뿐이다. 이것은 정의는 현실에 눈멀지 않고, 냉정한 관찰을 유지하는 데 있음을 보여준다. 정의는 불편부당하지만 그렇다고 중립적이지는 않다. 정의에는 미소도 있고, 찌푸림도 있는 것이다. 명예롭고 공정한 것에는 미소를 짓지만, 불합리하고 비열한 것에는 미간을 찡그리는 법이다.

논리와 선례의 기능은 법의 균형과 질서를 유지하는 것이다. 하지만 카도조의 말을 다시 인용하자면, "새로운 문제가 생길 때 그것을 면밀하게 검토해 보면 형평과 정의가 우리의 사고를 균형과 질서에 들어맞는 해결책으로 인도하거나, 그때까지는 알려지지 않았던 균형과 질서의 출발선으로 우리를 이끌어 주게 된다."[63] 그래서 다른 모든 기능에 있어서와 마찬가지로 법이라는 기능을 발휘함에 있어서 "우리는 단순히 경험으로만 알 수 있는 영역을 뛰어넘는 직관 내지 통찰의 번뜩임에 의존하는 데서 벗어날 수 없는 것이다."[64]

법원이 자신 앞에 놓여 진 사건 속에 포함되어 있는 대립적 이해관계를 어떻게 저울질하며, 각 사건이 지닌 상황과 긴급성을 쫓아 판정을 어떻게 조율해가는지 들여다보는 것보다 더 흥미로운 일은 없다.

법적인 선악의 대부분은 시간과 장소에 따라 상대적이다. 서덜랜드 Sutherland 대법관은 "불법방해nuisance는 마당 대신 응접실에 있는 돼지와 같이 그 잘못된 장소만 바꿔준다면 그냥 올바른 일이 될 수도 있다."[65]고 하였다. 이것은 풍향계처럼 법이 매우 변덕스러운 것이 아닌가 생각하게 할 수도 있다. 그러나 구체적 결정들이 가변적이 되도록 압박하는 것은 바로 근본적 원리들이 지닌 그 불변성이라는 점을 명심해야만 한다. 그 한 예로 1744년 영국 형평법원에서 내려진 <오미찬드 대對 바커 Omychund v. Barker>[66] 판결을 보자.

이 사건의 쟁점은 어느 인도인 증인에게 힌두교식 방식에 따른 선서를 허용할지 여부에 관한 것이었다. 법원은 제정법에 명문 규정은 없었지만 그런 식의 선서를 인정하였다. 이 사건에서 주목할 만한 내용은 서른아홉 살의 젊은 법무차관인 머레이Murray의 진술이다. 그는 이렇게 말했다.

"모든 경우가 한꺼번에 다 생기는 건 아닙니다. 지금은 어떤 인종의 인도인이 등장했지만, 나중엔 또 다른 인도인 종족이 나타날 수 있겠지요. 하나의 제정법이 모든 경우의 수를 고려하여 다 규정할 수는 없습니다. 이런 까닭에 커먼로, 다시 말해 정의의 샘물로부터 길어낸 규칙에 의해 자체적으로 작동되는 커먼로가 의회 제정법보다 우월합니다."[67]

변론 과정에서 아주 자연스럽게 나온 이 발언은 커먼로의 본질에 대한 가장 심오한 통찰력을 담고 있다. 정의의 샘물은 영원한 반면, 여기에서 길어낸 규칙들은 가변적인 것이다. 불변성과 가변성이 여기에서 하나로 결합되어 있음을 알게 된다. 머레이가 후일의 맨스필드 경이 된 것은 조금도 놀라운 일이 아니다.

모든 영국의 법관들 중에서 아직도 현대의 미국 판결문 속에 가장 빈번하게 인용되고 있는 사람은 맨스필드경이다. 그래서 나는 미국의 법학이 맨스필드경의 정신에 깊이 영향을 받고 있다는 인상을 갖고 있다. 많

정의의 원천: 자연법 연구   에필로그: 법의 기술성

은 사건에서 역동적 성향과 고귀한 도덕적 이상주의가 매우 유익하게 결부되어 있음을 보게 된다.

"선례구속이라는 원칙에 그 자체로 완고하고도 융통성 없이 그대로 붙어 있어야만 될 미덕이란 없다. 시대가 변하고 관습이 바뀌고 인간이 범하고 있는 작위 및 부작위에 의한 모든 죄과에도 불구하고, 인류의 역사는 항구적이며 변함없는 몇몇 이상에 점점 가까이 다가가고 있음을 간증하는바, 그 이상 중 하나는 인도주의적 배려에 입각한 정의의 관념이다."[68]라는 견해는 그 대표적인 예이다.

법학의 측면에서 커먼로의 가장 훌륭한 판사들이 정의와 형평이라는 항구적이며 불변인 원리들에 그 시선을 확실히 고정시켜 놓은 탓에 도구적 이론이나 개념들을 다룰 때는 오히려 유연하고도 합리적이 될 수 있었다는 사실은 매우 중요하다.

이와 관련하여 공자는 다음과 같이 말했다. "기능이 본성을 앞서게 되면 현학적이 되고, 본성이 기능을 앞서면 야비한 무식에 머물게 되니, 오직 기능과 본성이 조화를 이룰 때에만 진정한 문화인이 되는 것이다."ii라고 하였다.[69] 이런 기준에 비춰보면 커먼로의 역사에는 수많은 진정한 문화인들이 있었다고 할 것이다.

커먼로의 가장 좋은 점이라면 거기엔 아름다운 장면과 함께 숭고한 면까지 있다는 것이다. 유연함이 요구될 때는 유연함을 보일 수 있고, 엄격함이 요구될 때는 엄격할 수 있는 것이다.

우리는 커먼로의 엄선된 사례들을 통해 법의 기술을 가르칠 때 별을 바라보는 사람들의 발이 아주 단단하게 지상을 딛도록 하면서, 땅에 묶인

---

ii_역자 주. 質勝文則野 文勝質則史 文質 彬彬然後 君子. 사람의 바탕이 학문보다 앞서면 투박하고, 학문이 사람의 바탕보다 앞서면 꾸밈이 많다. 학문과 바탕이 함께 어우러진 연후에야 군자라 할 수 있다.

자들의 눈은 위를 향하도록 할 수 있다. 이것은 완고한 마음을 활기차게 하고 고상하게 만듦에 있어 유용하고, 역동적이고 유연한 본성이 길을 잃고 헤맬 때는 경고를 보낼 것이다. 이것은 공정과 정의에 대한 열정적 사랑, 균형감각, 중용을 추구하는 습관, 삶의 리듬에 대한 즉각적 반응, 사물의 경중에 대한 분별력, 불변의 법 원칙에 대한 일편단심, 그리고 그 불변의 원칙을 실행하기 위한 수단을 강구함에 있어서의 다양한 접근방식을 법학도의 사고에 불어 넣어 줄 것이다.

또 이것은 위대한 법학자들이 하나님의 사랑을 위해 유한과 무한, 시간과 영원 사이를 오가며 작은 매듭 하나하나를 어떻게 끈기 있게 풀어왔는지 구체적 사례를 보여줌으로써 그가 붙들고 있는 이 전문 직업이 형언할 수 없는 고귀한 것이라는 사실을 그에게 일깨워 줄 것이다. 이것은 인류의 행복을 증진하기 위해 법안에서 따뜻한 가슴과 냉철한 머리가 어떻게 같이 작동할 수 있는지도 가르쳐 준다.

마지막으로 이것은 내재와 초월, 하나와 다수, 항구성과 가변성, 이상과 현실, 자연과 인위, 이성과 의지, 질서와 자유, 개인과 집단, 그리고 기타 많은 문제들에서 보는 바와 같이 법학이라는 학문이 운명적으로 부딪칠 수 밖에 없는 이율배반 내지 패러독스에 주의를 기울이게 할 것이다.

그런데 이런 문제들은 양쪽을 왔다 갔다는 진동추를 멈추게 하려 하거나, 적당하게 타협을 시도하거나, 어느 한 편을 들어서 해결될 수 있는 것들이 아니다. 이에 대한 해결방안은 부분적 진리들이 하나의 전체로 엮이고, 불협화음이 우주적 조화로움 속에 녹아드는 한층 더 차원 높은 세계로 오르는 데 있다. 왜냐하면 홀로된 인간에게 불가능한 것도 하나님의 도움이 있는 인간에게는 가능하기 때문이다.

이것을 깨달을 때 비로소 법학 연구자는 '법학이라는 즐거운 빛', '정의의 아름다움'에서 흘러나오는 환희를 스스로 맛보기 시작할 것이다.

주註

1. De Legibus, fol. 3.

2. 위 같은 글. fols. 2 and 3.

3. S. T., I–II, 104. 4. in corp.

4. Holmes, Collected Legal Papers, p.26.

5. Ethics, bk v.

6. 마태복음 5:20.

7. Theology and Sanity, p.43.

8. 위 같은 글. p.52.

9. Toms v. State, 239 P. 2d at p.821. People v. Kovacik, 128 N. Y. S. 2d 492.

10. Kidd v. State (1953), 261 P. 2d 224.

11. 72 S.Ct. 205.

12. Thayer, A Preliminary Treatise on Evidence at the Common Law (Little, Brown & Co.,1898), p.277–8.

13. Manifesta [or notoria] Probatione Non Indigent. (What is obvious stands in no need of proof.)

14. Non refert quid notum sit judici, si notrum non sit in forma judicii. (What is known personally to the judges, but not known to through the form of judicial proceeding, cannot be the basis of judgement.)

15. Summa Contra Gentiles, III. 17. 5. 여기서는 조셉 리커비의 아래 책을 참조하였다. Joseph Rickaby, S. J., Of God and His Creatures (Burns, Oates, 1905), p.197.

16. 위 같은 글. p.305.

17. Communism and Man, p.136. 또 아이젠하워(Eisenhower) 대통령의 다음과 같은 예리한 통찰력을 참조하라. "하나님이 계시지 않는다면 이 미국의 정부 형태는 물론 어

떤 미국적 삶의 방식도 존재할 수 없습니다. 최고 절대적 존재에 대한 인식은 가장 첫 번째이며 가본적인 미국주의적 표현인 것입니다. 건국의 아버지들은 하나님을 개인적 권리의 창조자로 인정하였습니다…. 그러나 많은 나라들에서 인간의 권리의 창조자는 국가라는 주장이 있습니다. 만일 국가가 권리를 주는 것이라면, 그 국가는 그 권리를 박탈할 수 있고, 또 필연적으로 박탈할 수 밖에 없습니다." New York Herald Tribune, February 21, 1955.

18. 설교의 한 대목으로 다음에서 볼 수 있다. The Congressional Record(February 4, 1954) as extension of remarks of Hon. Edith Nourse Rogers of Massachusetts.

19. 위 같은 글.

20. Communism and Man, p.135.

21. Journal of Legal Education, vol.7 (1954) p.275.

22. Lambdin v. State (1942), 150 Fla. 814, 9 So. 2d 192.

23. The Nature of the Judicial Process, p.109-10.

24. "Let the buyer beware."

25. Q-Tips, Inc. v. Johnson & Johnson (1953), 206 F. 2d 144 at 145.

26. Brown v. Board of Education of Topeka (1954), 74 S.Ct. 686. Bolling v. sharpe (1954), 74 S. Ct. 693.

27. 74 S. Ct. 694.

28. Brawley v. Crosby, etc. Foundation (1954), 267P. 2d 28.

29. National Labor Relations Board v. Valentine Sugars (1954), 211 F. 2d 317, at 320.

30. 판시 요지는 근로관계의 바탕을 이루는 철학이 해당 쟁점 법률 해석의 배경이 되어야 한다는 것이다.

31. S. T., II-II, 184. 3. in corp. 여기서는 길비의 번역본을 사용하였다. Gilby's translation in his St. Thomas Aquinas: Philosophical Texts, p.330.

32. 이 구절의 번역은 안토니 로 가토(Anthony Lo Gatto) 신부의 도움을 받았다.

33. Rickaby, Of God and His Creatures, p.291.

34. 논어.

35. S. T., I-II, 105. 2. ad 1.

36. 위 같은 글. II-II, 145. 2. in corp. Gilby, St. Thomas Aquinas: Philosophical Texts, p.78.

37. 예레미야 31:23; 50:7

38. Ste. Thérèse de l'Enfant-Jesus: Conseils et Souvenirs, recueillis par Soeur Geneviève de la Sainte Face (Carmel de Lisieux, 1952), p.30-40.

39. St. Augustine, De Genesi ad Litteram, 2:8

40. S. T., I, 58. 6. in corp.

41. Justinian, Institutes, 1. 1. 1. Digest, 1. 1. 10.

42. 도덕경 제55장.

43. 맹자 4. 2. 12.

44. Allocution on "Law and Conscience"; Discorsi agli Intellettuali: 1939-1954, p.213.

45. 도덕경 제25장.

46. Callan and McHugh, The Psalms Explained (Wagner, 1929), p.399, note 3 참조. 저자들에 따르면 이 구절의 히브리 원어는 "주의 권능의 날에 거룩함으로 단장하여 주의 백성이 자신을 기꺼이 드리라, 그러면 아침의 태로부터 주의 젊음의 이슬이 너희에게 주어지리라."고 해석될 수 있다고 한다.

47. Cohen, The Faith of a Liberal (Henry Holt, 1946), p.42.

48. The Santa Cruz (1798), 1 C. Robinson 49. Sir William Scott. 후일 스토웰경 (Lord Stowell)은 해상포획법(Prize Law)의 가장 위대한 창시자가 되었다.

49. Dom Marmion, Christ, The Life of the Soul (Sands, 1922), p.215.

50. "Law and Conscience"; see Discorsi agli Intellettuali: 1939-1954, p.211.

51. S. T., I-II, 94. 2. in corp.

52. Theology and Sanity, p.268.

53. 위 같은 글. p.317.

54. 에베소서 5:13.

55. S. T., I, 1. 6. in corp.

56. Miscellaneous Writings (1852), p.527-8.

57. Vanderbilt, "A Report on Prelegal Education," New York University Law Review, vol.25 (1950), p.215.

58. Cardozo, The Growth of the Law, p.87.

59. 위 같은 글. p.87.

60. 위 같은 글. p.88.

61. 위 같은 글. p.89.

62. (1917), 221 N. Y. 431, 117 N. E. 807.

63. The Growth of the Law, p.88-9.

64. 위 같은 글. p.89.

65. Euclid v. Ambler Realty Co. (1926), 272 U. S. 365, 47 S. Ct. 114 at 118.

66. (1744), 26 English Rep. 15.

67. 위 같은 글. p.22-23.

68. Judge Hardy in Long v. Northern Soil Conservation Dist. of La.,(1954), 72 So. 2d 543.

69. 논어.